C·H·Beck

PAPERBACK

Nur wenige Päpste haben bei ihrem Amtsantritt so viele Erwartungen und Hoffnungen auf sich gezogen wie Franziskus. Der neue Papst steht für eine umfassende Reform der Kirche an Haupt und Gliedern, für die Sehnsucht von Millionen Katholiken nach einer Erneuerung festgefahrener Strukturen und Glaubenslehren. Manche halten für schlechthin entscheidend für die Zukunft der Kirche, ob es Papst Franziskus gelingen wird, den Vatikan in das 21. Jahrhundert zu führen.

Doch wer ist dieser Jorge Mario Bergoglio, der angetreten ist, die Trägheit der Herzen zu überwinden? Daniel Deckers, FAZ-Redakteur und einer der besten deutschen Kenner des Vatikans, hat sich intensiv mit der Biographie des Papstes beschäftigt und schildert sein Leben und seinen Werdegang vor dem politischen und theologischen Hintergrund der lateinamerikanischen Zeitgeschichte. So ist ein ungewöhnlich differenziertes Portrait entstanden, das zugleich die kirchen- und allgemeinpolitischen Konturen dieses Pontifikates klar hervortreten lässt.

Daniel Deckers, promovierter Theologe, ist Redakteur der «Frankfurter Allgemeinen Zeitung» und dort zuständig u.a. für die katholische Kirche in Deutschland und das Ressort «Die Gegenwart». Er hat u.a. das Buch «Der Kardinal. Karl Lehmann. Eine Biographie» (2001) sowie Werke zur Geschichte des deutschen Weines vorgelegt.

Daniel Deckers

Papst Franziskus

Wider die Trägheit des Herzens

Eine Biographie

C.H.Beck

Dieses Buch erschien zuerst 2014 in gebundener Form im Verlag C.H.Beck.

2. Auflage. 2015

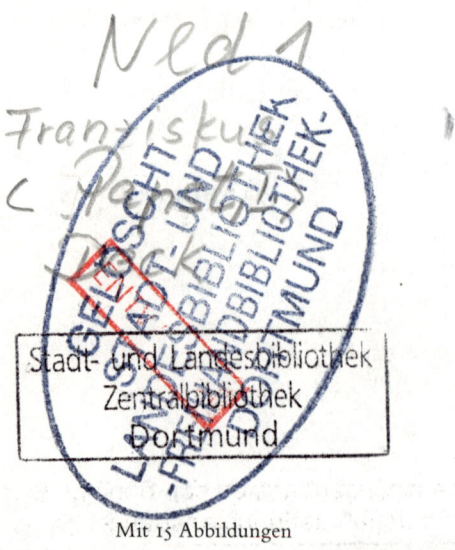

Mit 15 Abbildungen

1. Auflage in C.H.Beck Paperback. 2016
Diese Auflage wurde aktualisiert.
© Verlag C.H.Beck oHG, München 2014
Satz: Janß GmbH, Pfungstadt
Druck und Bindung: Druckerei C.H.Beck, Nördlingen
Umschlaggestaltung: malsyteufel, willich
Umschlagabbildung: Papst Franziskus hält Generalaudienz
am 13. November 2013, © Eric Vandeville/picture alliance
Printed in Germany
ISBN 978 3 406 68866 9

www.beck.de

Inhalt

OUVERTÜRE   Baue meine Kirche wieder auf
7

1. KAPITEL   Von den Schiffen
23

2. KAPITEL   Es hat mich getroffen
67

3. KAPITEL   Soldat in der Schule des Volkes
105

4. KAPITEL   Miserando atque eligendo
179

5. KAPITEL   Wider die Trägheit des Herzens
253

6. FINALE   Die Freude des Evangeliums
329

CODA   Dank
339

Anmerkungen
341

Literaturhinweise
357

Bildnachweis
360

Personenregister
361

OUVERTÜRE

Baue meine Kirche wieder auf

Noch müht sich die Sonne mit dem Dunst des Morgens, doch das bunte Volk stört das nicht. Im Gegenteil. Der Himmel meint es wieder einmal gnädig mit den zehntausenden Pilgern, die von allen Seiten auf den Platz vor der Basilika Sankt Peter strömen. Keine sengende Hitze wie im Sommer, erst recht kein Regen, wie er im Herbst den Petersplatz in ein unansehnliches Meer aus Schirmen und Plastikponchos verwandelt, auch keine kalten Böen, die im Winter durch die Kolonnaden fegen. Überhaupt: der Winter. Wie fast überall in Europa hat er im ersten Jahr des Pontifikates von Papst Franziskus auch in Rom nicht stattgefunden.

Doch an den Launen der Witterung liegt es nicht, dass die Generalaudienz auch an diesem 26. Februar unter freiem Himmel stattfindet. Fast ein Jahr nach seiner Wahl zum Oberhaupt der römisch-katholischen Kirche zieht der Mann vom Ende der Welt noch immer die Menschen an wie ein Magnet. Ob Sommer, Herbst oder Winter, die Aula Paolo VI hätte die Pilger nicht fassen können, die Woche für Woche Papst Franziskus sehen und hören wollen.

50 000 sind es heute, vielleicht 60 000, vielleicht doch etwas weniger – wer will sie zählen? Und wer will die Namen der Städte und Bistümer, der Pfarreien oder der Schulen, der Orden oder der Einrichtungen behalten, die zur Begrüßung auf Italienisch, Polnisch, Deutsch oder Spanisch über den Platz hallen? Beifall und Fahnen geben die Richtung zu erkennen, in der die gerade Angesprochenen in der Masse vermutet werden müssen. Aber mal hier, mal da brandet nicht allein Beifall auf, sondern Jubel. Von Ferne folgt die akustische Spur einem weißen Punkt, der sich wie von Geisterhand geführt knapp über den Köpfen der Menge hin und her bewegt. Papst Franziskus, der als «Persönlichkeit des Jahres» vor kurzem auf dem Titel-

7

blatt der amerikanischen Zeitschrift «Time» zu sehen war, nimmt sich wieder einmal alle Zeit der Welt für seinen *giro*, die Fahrt kreuz und quer durch die Reihen der Pilger. Und was für eines Jahres.

Der Zusammenbruch

Gut ein Jahr ist vergangen, seit Papst Benedikt XVI. zum letzten Mal bei einer Generalaudienz zu sehen war. Am 6. Februar 2013 betritt er in weißer Soutane, mit roten Schuhen und mit goldenem Brustkreuz die überdachte Audienzhalle. Wie viele Menschen den Mann mit den tiefliegenden, schwarz umrandeten Augen noch sehen und hören wollten, ist nicht überliefert. Vielen Katholiken gleich welcher Herkunft und welchen Ranges ist ob des Skandals namens «Vatileaks» längst Hören und Sehen vergangen. Ein Papst, der vor «Raben» nicht sicher ist, die über Jahre Dokumente von seinem Schreibtisch entwenden und in Zeitungen und Büchern verbreiteten,[1] – das setzt nicht nur den Treuesten der Treuen zu. Niemand vermag mehr zu sagen, wem in der Umgebung des Papstes noch zu trauen ist. Die Kommunikation in der Kirche bricht zusammen. Bald ist das Pontifikat Benedikts XVI. auch formell Geschichte.

Am Montag, dem 11. Februar, erklärt der deutsche Papst seinen Verzicht auf das Amt des Bischofs von Rom. Mit purpurfarbener Mozetta und einer breiten Stola bekleidet, denselben Insignien, mit denen Joseph Kardinal Ratzinger am Abend des 19. April 2005 als Papst unter die Augen der Öffentlichkeit getreten war, bricht er mit dem ungeschriebenen Gesetz, dass ein Papst nicht zurücktritt.

«Nachdem ich wiederholt mein Gewissen vor Gott geprüft habe, bin ich zur Gewissheit gelangt, dass meine Kräfte infolge des vorgerückten Alters nicht mehr geeignet sind, um in angemessener Weise den Petrusdienst auszuüben»,[2] lässt Papst Benedikt das wegen dreier Heiligsprechungen zusammengekommene Kardinalskollegium am Rosenmontag 2013 wissen. Kardinaldekan Angelo Sodano verliest eine vorbereitete Erklärung, nahezu allen steht der Schock ins Gesicht geschrieben. Niemand hatte etwas geahnt. Auch außerhalb der Mauern des Vatikans will kaum jemand auf Anhieb die Nachricht vom Rücktritt des Papstes glauben. Aber für einen Aprilscherz ist es zu früh.

Es gibt kein Zurück. Mag der Krakauer Kardinal Stanislaw Dziwisz mehr oder weniger unverhohlen darauf hinweisen, dass Christus oder Papst Johannes Paul II. auch nicht vom Kreuz herabgestiegen seien, der Entschluss ist unumstößlich: «Mit voller Freiheit», so hat es Benedikt am Rosenmontag 2013 gesagt, verzichte er auf das Amt des Bischofs von Rom. Am Montag der letzten Februarwoche nimmt Papst Benedikt aus den Händen dreier Kardinäle seines Vertrauens einen Bericht über «Vatileaks» entgegen. Drei Tage später steigt ein weißer Hubschrauber über dem Petersdom auf und nimmt Kurs auf Castel Gandolfo, die unweit Roms gelegene Sommerresidenz der Päpste. Am 28. Februar 2013 um 20.00 Uhr ist der Stuhl des Heiligen Petrus vakant.

Wie wird es weitergehen? Welchen Namen wird der alte Papst wohl tragen? Welche Titel führen? Wo seinen Wohnsitz nehmen? In welcher Kleidung und mit welchen Insignien sich der Öffentlichkeit zeigen? Die symbolische Ordnung der Kirche wird besichtigt und auf Schäden untersucht. Hat Ratzinger das Papstamt entmystifiziert, wenn nicht gar profaniert? Und mit seinem Schritt einen langen Schatten auf das öffentliche Sterben seines Vorgängers Johannes Paul II. geworfen? Wer aber, so wird eingewandt, hätte mit lautererem Sinn von der Möglichkeit Gebrauch machen können, dass auch ein Papst auf sein Amt verzichten kann? Und dass es dazu nicht mehr bedarf, als dass «der Verzicht frei geschieht und hinreichend kundgemacht, nicht jedoch, dass er von irgendwem angenommen wird»? So ist es Recht in der Kirche.[3]

Eigentlich nicht

Diese Möglichkeit wiederum stellt Berufstheologen und Kirchenrechtler vor Fragen, die sich seit Jahrhunderten nicht mehr gestellt hatten: Ist das eine Papstamt nicht so untrennbar mit einer Person verbunden, dass sich schon die Vorstellung verbietet, dass es zwei Päpste geben könnte? Kardinal Gerhard Ludwig Müller, der Präfekt der vatikanischen Kongregation für die Glaubenslehre, wird noch mehr als ein Jahr nach dem Amtsverzicht Benedikts sagen, diese Konstellation könne theologisch «eigentlich nicht» eintreten. Da ist die Geschichte längst über die Theologie hinweggegangen.

Was aber geht in Jorge Mario Kardinal Bergoglio vor? Anders als etwa die Mehrzahl der deutschen Kardinäle hat der Mann vom Ende der Welt es sich nicht nehmen lassen, am Vormittag des 28. Februar 2013 im Vatikan zu sein. Er möchte der eigens anberaumten letzten Begegnung von Papst Benedikt mit dem Kardinalskollegium nicht fernbleiben. Obwohl er äußerst ungern reist, hat Bergoglio die argentinische Hauptstadt am Dienstag, dem 26. Februar, verlassen.

Wie immer hat er den Flug gebucht, der Buenos Aires um die Mittagszeit verlässt und am kommenden Morgen in Rom eintrifft, wie immer reist er in schlichtem Schwarz, wie immer mit wenig Gepäck, wie immer lässt er seine schwarze Aktentasche mit Brevier, Kalender und Rasierapparat nicht aus den Augen. Ebenfalls wie immer sitzt er in Reihe 25 der Economy-Klasse, wie immer vor einem der Notausgänge, wie immer am Gang. Ein Platz, wie er unter Vielfliegern beliebt ist, weil er mehr Beinfreiheit gewährt – bei einem Transatlantikflug von etwa 14 Stunden Dauer keine geringe Erleichterung für einen 76 Jahre alten Mann, der mit Rückenbeschwerden zu kämpfen hat und orthopädische Schuhe tragen muss.

Und wie immer wird er bald wieder nach Buenos Aires zurückkehren, in jene Stadt, in der er groß geworden war und außerhalb derer er nichts bewirken könne, wie er vor Jahren seinem Förderer Kardinal Antonio Quarracino anvertraut hatte. Kardinal Bergoglio lässt es jeden wissen, der ihn in den Tagen vor der Abreise nach Rom auf die Möglichkeit anspricht, dass die Wahl des Kardinalskollegiums diesmal auf ihn fallen könne. Wenige sind es nicht, die diese Möglichkeit erwägen. Evangelina Himitian[4], Paul Vallely[5] und Elisabetta Piqué[6], die im Jahr 2013 detailreiche Lebensbilder von Papst Franziskus vorgelegt haben, wissen von vielen Augen- und Ohrenzeugen jener Tage zu berichten. Ihnen allen sagt Bergoglio, dass er spätestens zu Beginn der Karwoche zurück sein wolle. Die Predigt für die Chrisam-Messe ist schon geschrieben und soll umgehend in Druck gehen.[7]

Warum sollte er nicht zurückkehren? Auch nach dem letzten Konklave in jenen denkwürdigen Apriltagen des Jahres 2005 ist er schließlich nicht als Papst in Rom geblieben. Damals war er acht Jahre jünger gewesen als jetzt und dennoch nicht gewählt worden. Damals war der Name Bergoglio kurz aufgeblitzt. Er soll der «Gegenkandidat» von Joseph Kardinal Ratzinger gewesen sein. Wer? Warum? Der Jesuit aus Argentinien verschwindet aus dem Fokus der internationalen Öffentlichkeit so schnell, wie er aufgetaucht ist. Der Kelch des Papstamtes ist an ihm vorübergegangen und sollte wohl nie wieder zum Greifen nahe sein. Oder sollte es doch zutreffen, was manch ein Jesuit für gut verbürgt hält: Dass Bergoglio nicht lange nach dem Konklave des Jahres 2005 beginnt, mit Hilfe einer Lehrerin seine Italienischkenntnisse zu verbessern?

Haut ab, alle

Wenn es wirklich so gewesen sein sollte, dann lässt Bergoglio es sich nicht anmerken, dass er sich für einen Papst in Reserve hält. Ende April 2005 nimmt er den zur Routine gewordenen Lebens- und Arbeitsrhythmus wieder auf, als wäre nichts gewesen: Nach einer Nacht mit wenig Schlaf das Gebet in der Frühe, die Telefongespräche mit seinen Priestern am Morgen, die Besprechungen mit Mitarbeitern, die direkten Begegnungen mit Menschen jeder Herkunft, die Fahrten mit dem Bus in die Elendsviertel der Millionenmetropole, die Besuche bei Priestern, die Segnung von Häusern und Kirchen, Gottesdienste, Wallfahrten, Vorträge. Rom ist weit, und in Argentinien nichts gut.

Im April 2003 hatte der peronistische Kandidat Néstor Kirchner in der Präsidentenwahl über den gleichfalls im Peronismus beheimateten vormaligen Präsidenten Carlos Menem obsiegt und bald nach seiner Vereidigung am 25. Mai, dem Nationalfeiertag, einen aus der Geschichte sattsam bekannten Grundton angeschlagen.[8] Als der argentinische Fußball zu Beginn des 20. Jahrhunderts aus dem Schatten der vielbewunderten Fußballnation England trat, war Beobachtern auf beiden Seiten des Atlantiks die andere, kreativ-individualistisch-improvisierende Spielweise der Argentinier aufgefallen.[9] Das stolze «la nuestra» («unsere Art») war damals das Schlüsselwort. Jetzt soll ein kreativ-eigensinniges «la nuestra» wieder zum identitätsbildenden Faktor werden.

Die Zeitläufte hat Kirchner auf seiner Seite. Im Dezember 2001 war eine seit Jahren schwelende Wirtschaftskrise eskaliert, das Land erklärt gegenüber den internationalen Gläubigern die Zahlungsunfähigkeit, innerhalb weniger Tage wechseln sich fünf Präsidenten an der Macht ab. «Que se vayan todos» – «Haut ab, alle»: Die Verzweiflung der Bürger, deren private Bankguthaben eingefroren worden waren, macht sich in gewaltsamen Protesten und Straßenblockaden Luft. 28 Personen sterben. Eineinhalb Jahre später übernimmt Kirchner ein Land, dem es dank einiger Wirtschaftsreformen seines Vorgängers Eduardo Duhalde und der stetig steigenden Nachfrage nach Rohstoffen wie Soja und Getreide wieder besser geht. Die Wirtschaft wächst so schnell wie nirgendwo auf dem Subkontinent, die Arbeitslosenquote von offiziell zwanzig Prozent geht zurück.

Dennoch können die meisten Bischöfe mit der aggressiv-nationalistischen Pose Néstor Kirchners nicht viel anfangen – und Kirchner nichts mit der in seinen Augen tief in die ewigen Machenschaften der «Rechten» und der in die Menschenrechtsverletzungen während der Militärdiktatur verstrickten Kirche. Auch nicht mit dem Primas von Argentinien, Jorge Mario Kardinal Bergoglio, obwohl dessen Unterstützung für die Slumpriester (*curas villeros*) ganz nach seinem Geschmack hätte sein müssen.

Doch anstatt die Regierung für ihre Sozialprogramme zu loben, macht Bergoglio aus seiner Abneigung gegenüber dem auf Polarisierung und Konfrontation angelegten «Kirchnerismo» kein Hehl.[10] Der Präsident und seine Gattin Cristina hören sich die Vorhaltungen des Jesuiten einmal an und nie wieder: Am 25. Mai 2004 sitzen sie wie versteinert in der Kathedrale von Buenos Aires, als Bergoglio aus Anlass des Te Deum am Nationalfeiertag die Predigt hält. Im Jahr darauf, nach der Rückkehr Bergoglios vom Konklave in Rom, lässt der Präsident sich zum ersten Mal entschuldigen. Er wird die Kathedrale niemals wieder betreten.

«Uns fehlt sehr die Begegnung; wir neigen viel mehr dazu, das zu betonen, was uns trennt, statt das, was uns verbindet; wir neigen dazu, den Konflikt zu verschärfen, anstatt uns zu verständigen. Man könnte sogar sagen, dass wir Freude daran haben, untereinander Krieg zu führen», wird Bergoglio Jahre später im Gespräch mit den beiden Journalisten Sergio Rubin und Francesca Ambrogetti formulieren.[11]

Er selbst überlässt es nicht den *curas villeros* zu zeigen, was es in einem von tiefen politischen und sozialen Verwerfungen gezeichneten Land heißt, gemeinsam und solidarisch zu handeln. Er selbst leiht seine Stimme denen, die keine Stimme haben. Bergoglio wird zur Ikone der Papiersammler, zum Anwalt der ungeborenen Kinder, zum Advokaten rauschgiftabhängiger Jugendlicher, zur Stimme der zur Prostitution gezwungenen Frauen aus der Dominikanischen Republik oder der Bolivianer ohne Papiere, die in Argentinien die Drecksarbeit machen dürfen. «Moderne Sklaverei», sagt der Kardinal.[12]

Das gläubige Volk

Im Mai 2007 versammeln sich Repräsentanten aller Bischofskonferenzen Lateinamerikas und der Karibik zu ihrer V. Generalversammlung im brasilianischen Marienwallfahrtsort Aparecida. Papst Benedikt findet empathische Worte über die «reiche und tiefe Volksfrömmigkeit» in Lateinamerika, sieht die «vorrangige Option für die Armen» verwurzelt in dem «Glauben an jenen Gott …, der für uns arm geworden ist, um uns durch seine Armut reich zu machen».[13] Benedikt spricht Bergoglio aus dem Herzen – die Bischöfe und Kardinäle betrauen den argentinischen Kardinal Jorge Mario Bergoglio mit dem Vorsitz des Redaktionskomitees, das das Abschlussdokument ausarbeiten soll. Es wird zur Magna Charta der Kirche Lateinamerikas im 21. Jahrhundert.

Indes geht es auch in Aparecida nicht ganz konfliktfrei zu. Denn Bergoglio ist nicht nur von manchen Politikern nicht gut gelitten. Auch kirchlichen Gruppen, die dem konservativ-traditionalistischen Spektrum zuzuordnen sind, ist der Kardinal von Buenos Aires suspekt. Zwar ist an Bergoglios Treue zum kirchlichen Lehramt nicht zu zweifeln. Doch gerade deswegen sind ihm jene einflussreichen Kräfte in der Kirche zuwider, die sich in einer sterilen Orthodoxie gefallen und darüber die Augen vor den Sorgen und Nöten der Menschen verschließen.

«Es gibt innerhalb der Religionen Gruppierungen, die, um das Präskriptive zu betonen, das Menschliche beiseitelassen, sie reduzieren die Religion darauf, was man morgens, nachmittags und abends beten soll und was passiert, wenn man das nicht tut. Es gibt eine spirituelle Nötigung der Anhänger und vieler Menschen mit schwachem Geist, das kann zu einem Mangel an Freiheit führen. Eine andere Eigenart dieser Gruppierungen besteht darin, dass sie sich immer auf der Machtsuche befinden», (BS 239) äußert Bergoglio drei Jahre vor seiner Wahl zum Papst.

Schon immer hatte er den Vertretern des *tradicionalismo* eine «Vogel-Strauß-Mentalität» vorgehalten – aber auch die nicht geschont, die sich in Utopien verlören und geradezu zwanghaft bemüht seien, auf der jeweils neuesten Welle zu reiten.[14] Seinen Weg hat er schon als junger Provinzial der argentinischen Jesuitenprovinz gefunden: «Wenn du wissen willst, *was* die Mutter Kirche glaubt, wende dich an das Lehramt – es ist dazu da, die Lehre der Kirche auf unfehlbare Weise zu verkünden. Wenn du aber wissen willst, *wie* die Kirche glaubt, halte dich an das gläubige Volk.»[15] Das war im Jahr 1974.

Römische Übungen

Das Wohlwollen von Papst Benedikt und der Rückhalt in den Bischofskonferenzen Lateinamerikas sind nicht dazu angetan, Bergoglios Gegner in Argentinien und in Rom milde zu stimmen.[16] Doch wer oder was hat man gegen ihn? Immerhin hatte Papst Johannes Paul II. ihn im Jahr 2001 in das Kardinalskollegium aufgenommen. Eine persönliche Auszeichnung ist die Aufnahme des Mainzer Kardinals Lehmann in den «Senat» der Kirche,[17] eine Anerkennung der Kardinalspurpur für den vatikanischen «Ökumene»-Minister Walter Kasper.[18] Bei Bergoglio ist es eine Pflichtübung, wie bei vielen anderen Erzbischöfen von Hauptstadtdiözesen auch.

Pflichtübungen sind es auch, den Argentinier in die eine oder andere Kongregation oder den ein oder anderen Rat zu berufen. Die Türen der wichtigen Bischofskongregationen bleiben verschlossen. Hat er vielleicht nicht nur Gegner im Vatikan wie den Kardinalsstaatssekretär Angelo Sodano und auch Konkurrenten wie den Argentinier Leonardo Sandri? Sondern auch durch ostentative Distanz zu dem Gehabe an der Kurie manches Wohlwollen verspielt? Hier das höfische Gehabe und der kuriale Stil – dort ein Erzbischof, der sich anlässlich der Aufnahme in das Kardinalskollegium die Soutane seines drei Jahre zuvor verstorbenen Vorgängers anpassen lässt? Die Taten sagen mehr als alle Worte. Und sagen muss Bergoglio nicht viel – er sieht genug.

Bergoglio, der Neocon

Als Kind italienischer Einwanderer ist er auch ohne Worte mit der «romanità» vertraut, jenem System von Geben und Nehmen, das im Vatikan unter Papst Johannes Paul II. von italienischen Kardinälen, römischen Familien, über die Welt verstreuten Gönnern und einem weltumspannenden Netz so genannter neuer geistlicher Gemeinschaften perfektioniert worden ist.

Bergoglio hält sich bewusst von der Kurie fern. Wenn er wirklich nach Rom reisen muss und keinen wichtigen Grund für seine Abwesenheit bei endlosen Sitzungen vorschützen kann, nimmt er nicht im Vatikan oder in mondänen Hotels Quartier. Man trifft ihn in einem vatikanischen Gästehaus unweit der Piazza Navona, dem «Domus Internationalis Paulus VI». Von dort aus geht er zu Fuß zu Sitzungen und Verabredungen über den Tiber, wie immer im schwarzen Mantel, wie immer unerkannt in einer kleinen Kirche in der Nähe des Vatikans ein kurzes Gebet sprechend.

Dabei wäre es für den Jesuitenkardinal ein Leichtes gewesen, in einem der zahlreichen Häuser unterzukommen, die seine Ordensgemeinschaft in Rom unterhält. Doch Bergoglio macht auch um die Kommunitäten der Jesuiten in Rom einen großen Bogen. Obwohl einer der wenigen Jesuitenkardinäle weltweit, ist er im Orden nicht gut gelitten. Verkörpert Bergoglio etwa nicht genau jenen unbedingten Gehorsam gegenüber dem Lehramt der Kirche, der sich in den Jahren des Pontifikates von Johannes Paul II. wie Mehltau über die katholische Kirche gelegt hat? Hat er jemals etwas mit der doch so wegweisenden lateinamerikanischen Theologie der Befreiung anfangen können?

Als der Ordenshistoriker Jeffrey Klaiber SJ im Jahr 2007 «die» Geschichte der Jesuiten in Lateinamerika veröffentlicht, bekommen es alle schriftlich, die es schon immer wissen wollten oder schon immer gewusst hatten: Als Novizenmeister, Provinzial und Rektor des Colegio Máximo von San Miguel habe Bergoglio die Provinz im Stil und im Geist der Zeit vor dem II. Vatikanischen Konzil geprägt.[19]

Keinen Gebrauch macht Klaiber von einer anderen Deutung des offenbar zerrütteten Verhältnisses zwischen Bergoglio und seinem Orden. Vor dem Konklave 2005 hatte unter den Kardinälen ein Dossier die Runde gemacht, in dem Bergoglio vorgeworfen wurde, die beiden Jesuiten Orlando Yorio und Francisco (Franz) Jalics den Schergen der Militärdiktatur ausgeliefert zu haben.[20] Jalics und Yorio hatten diesen Verdacht immer wieder selbst gestreut. Er passt zu dem Bild Bergoglios, das sich festgesetzt hat: In der Tiefe seines Herzens sei er ein «Neokonservativer», hieß es am 4. Juni 1997 sogar in der durchaus konservativen argentinischen Zeitung «La Nación». Tags zuvor war er von Papst Johannes Paul II. zum Nachfolger des Erzbischofs von Buenos Aires, Kardinal Antonio Quarracino, ernannt worden.

Zu alt

Nun, am 28. Februar 2013, dem letzten Tag des Pontifikates von Benedikt XVI., ist dieser Mann wieder in Rom. Für die einen ist er der Reaktionär, andere erinnern sich an ihn als an den Gegenkandidaten Ratzingers, wiederum andere haben ihn in Aparecida erlebt, andere halten ihn für undurchschaubar, noch andere sind geneigt, ihn für einen verkappten Komplizen des argentinischen Militärs zu halten.

Den künftigen Papst sieht in Jorge Mario Bergoglio so gut wie niemand. Und das nicht nur im Kardinalskollegium. Erst recht nicht in den italienischen Medien, die sich wie immer mit Spekulationen überbieten.

Hat Papst Benedikt nicht Kardinal Angelo Scola von Venedig nach Mailand versetzt, um ihn in die beste Ausgangsposition für seine Nachfolge zu bringen? Ist es nicht Zeit für einen Lateinamerikaner, aber einen wie den 1949 geborenen Odilo Pedro Scherer, den brasilianischen Kardinal mit deutschen Wurzeln und Erfahrungen in der vatikanischen Kurie? Wäre nicht die Wahl eines Afrikaners das Zeichen schlechthin? Der Ghanaer Peter Turkson, der Mann Benedikts für Gerechtigkeit und Frieden, darf in keiner Aufzählung der «papabili» fehlen. Vielleicht ist es aber nach dem Pontifikat des deutschen «Professors Papst» höchste Zeit für einen zupackenden Amerikaner, etwa den Kapuziner Sean O'Malley, der die nach dem Missbrauchsskandal der Jahre 2001–2003 am Boden liegende Diözese Boston wiederaufgerichtet hat? Wenn nicht für einen US-Amerikaner, so doch für Kardinal Marc Ouellet? Der Kanadier hat als Präfekt der Bischofskongregation nicht nur das Vertrauen Benedikts genossen. Ouellet hat auch mehrere Jahre in Lateinamerika verbracht und wäre womöglich für die Kardinäle aus dieser Region wählbar.

Von Jorge Mario Bergoglio ist so gut wie nie die Rede, was manch einem Kardinal im Nachhinein Anlass zu abfälligen Bemerkungen über «die Medien» bieten wird. Dabei gibt es für das «Fehlen» Bergoglios einen einfachen und zudem überzeugenden Grund: Der Argentinier ist alt, zu alt.

Am 17. Dezember 2012 hatte der Erzbischof von Buenos Aires seinen 76. Geburtstag gefeiert. Im Jahr zuvor hatte er Benedikt, wie es sich gehört, aus Anlass der Vollendung des 75. Lebensjahres den Amtsverzicht angeboten. Dieser hatte ihn nicht angenommen, wie es bei Kardinälen üblich ist, die noch im Konklave wahlberechtigt sind. Doch scheint Bergoglio es nicht darauf angelegt zu haben, bis zum Jahr 2016 im Amt zu bleiben. Längst hat er das Zimmer in jenem Altenheim für Priester ausgeguckt, das in jenem Stadtviertel von Buenos Aires liegt, in dem er groß geworden ist.

Jetzt, am 26. Februar 2014, wenige Wochen vor dem ersten Jahrestag seiner Wahl, präsentiert er sich der jubelnden Menge, als sei er niemals jemand anderes gewesen als Papst Franziskus. In einem weißen Mantel dreht er auf dem offenen Wagen Runde um Runde, nicht in einer Kabine aus Panzerglas sitzend wie sein Vorgänger, sondern stehend, grüßend, Kinder herzend, Gesichter streichelnd. Sicher, auch im Jahr 2005 kamen Mittwoch für Mittwoch Zehntausende auf den Petersplatz, um den deutschen Gelehrten-Papst mit der hohen, melodischen Stimme zu hören. Bergoglio aber will man nicht nur hören, sondern spüren. So erinnern die Bilder am ehesten an die ersten Monate des Pontifikates von Johannes Paul II. Der brachte aus einem Land hinter dem Eisernen Vorhang die Botschaft mit: «Habt keine Angst», sein erstes Lehrschreiben hieß «Erlöser des Menschen». Franziskus bittet um das Gebet des Volkes und schreibt «Die Freude des Evangeliums».

Doch so vielfältig die Parallelen zwischen dem am 13. März 2013 gewählten Franziskus und dem am 27. April 2014 heiliggesprochenen Johannes Paul II. sind, die Kirche und die Welt sind längst nicht mehr die des Jahres 1978. Auch das Jahr 2005, in dem Joseph Kardinal Ratzinger Papst wurde, mutet im Abstand von fast zehn Jahren fremd an. Auf den Polen, der zum «Gewissen der Welt» geworden war, folgt ein Deutscher. Mal mehr, mal weniger beabsichtigt bricht er dabei mit vielem, was in der Kirche mehr oder weniger gute Übung war.

Auf den politischsten aller Päpste der Neuzeit folgt einer der unpolitischsten: Benedikt XVI. ersetzt den mit allen Wassern gewaschenen Staatssekretär Kardinal Angelo Sodano durch einen nicht minder machtbewussten, aber in diplomatischen Dingen ahnungslosen Getreuen namens Tarcisio Bertone. Bald steht das Kürzel SDB, das die Zugehörigkeit Bertones zur Kongregation der Salesianer Don Boscos signalisiert, für eine von Jahr zu Jahr mächtiger werdende Seilschaft: «Sono di Bertone.»

Auch das unter Johannes Paul II. eingespielte Verhältnis von Dogma (Glaubenskongregation) und Diplomatie (Staatssekretariat) gerät durch die Ernennung eines Mannes aus der Abteilung Dogma zum Chef der Abteilung Diplomatie aus den Fugen. Das Staatssekretariat wird von einander bekriegenden Seilschaften paralysiert. Als Macht- und Steuerungszentrum fällt es für Jahre aus. Doch entgegen allen guten Ratschlägen wohlmeinender Kardinäle wie dem Kölner Erzbischof Joachim Meisner hält Ratzinger bis zu seinem Amtsverzicht im Februar 2013 an Bertone fest. So legt er selbst die Grundlage für ein Pontifikat, das allen guten Worten und allem guten Willen zum Trotz unter einer Kaskade weitgehend selbstverschuldeter Fehlleistungen begraben wird.

Die «Regensburger Rede» des Papstes während seines Heimatbesuches im September 2006 stößt vor allem die muslimische Welt vor den Kopf, Gesprächsbrücken werden für unpassierbar erklärt, in Somalia wird eine Nonne ermordet. Auch die Kirchen der Reformation können nach «Regensburg» alle Hoffnungen begraben, während des Pontifikats von Benedikt XVI. auf Augenhöhe mit dem Vatikan zu sprechen. Die unbeschränkte Wiederzulassung des vorkonziliaren Ritus mit einer Karfreitagsfürbitte, die noch den Geist des katholischen Antijudaismus atmet, versetzt die jüdischen Gemeinschaften rund um den Globus in Aufregung. Dass einer der vier Bischöfe der Piusbruderschaft, deren Exkommunikation Papst Benedikt im Sommer 2009 aufhebt, öffentlich den Holocaust leugnet, macht das Maß voll.

Gewiss sind die Ursachen für ein Chaos dieses Ausmaßes nicht alleine in Rom zu suchen. In der muslimischen Welt ist das Klima gegenüber dem Westen schon nach der Machtübernahme Ajatollah Chomeinis im Jahr 1979 merklich abgekühlt, der Angriff der Amerikaner auf den Irak im Jahr 2003 bringt das Fass zum Überlaufen. Von der Euphorie des ausgehenden 20. Jahrhunderts weit entfernt ist auch das Klima in der Ökumene. Mit den Kirchen der Reformation wird selbst eine «Ökumene des Lebens» in bioethischen Fragen von Jahr zu Jahr schwieriger, in der Orthodoxie will die zu alter Staatsnähe zurückgekehrte russisch-orthodoxe Kirche nichts von einer Verständigung mit dem Vatikan wissen.

Doch je länger Papst Benedikt im Amt ist, desto weniger Zeit und Energie bringt er für die Pflege der Beziehungen mit anderen Kirchen und Religionsgemeinschaften auf. Aus dem apolitischen wird ein adialogisches Pontifikat. Spötter meinten, dass Benedikt nur morgens Papst sei, nachmittags wieder Professor und abends Privatmann, von allen unliebsamen Besuchern und Begebenheiten sorgsam abgeschottet durch seinen Privatsekretär Georg Gänswein. Als Benedikt im Februar 2013 eingesteht, seinem Amt physisch wie psychisch nicht mehr gewachsen zu sein, ist nicht nur er dem Zusammenbruch nahe. Die Kurie ist es auch.

Vom Ende der Welt

Nur so ist es zu erklären, dass sich schon während der Versammlungen der Kardinäle vor dem eigentlichen Konklave, den so genannten Generalkongregationen, einige verstohlene Blicke auf einen Kardinal vom Ende der Welt richten. Wenn einer mit der Kurie nichts zu schaffen hat, dann Bergoglio. Und wenn einer unbeirrt einen eigenen Weg gegangen ist, dann der Argentinier, der überdies in einer kurzen, aber prägnanten Rede den Mut aufbringt, die Selbstbezüglichkeit der Kirche als ihre größte Sünde zu bezeichnen. «So jemanden brauchen wir», geht es mehr als einem Kardinal durch den Kopf. Doch alle hüten sich, den Namen Bergoglio vorzeitig ins Gespräch zu bringen.

Am dritten Tag des Konklaves kann der französische Kardinal Jean-Louis Tauran von der Benediktionsloggia des Petersdoms aus der Welt verkünden, dass ein gewisser Jorge Mario Bergoglio zum Papst gewählt worden ist. Das Glückwunschtelegramm der italienischen Bischofskonferenz an den Mailänder Kardinal Angelo Scola, das nach dem Läuten der Glocken des Petersdomes an die Öffentlichkeit gelangt, sagt alles über den Zustand der Kirche in der Alten Welt.

Doch warum nennt sich der neue Papst nicht Benedikt oder Johannes, wie der «Papa buono», der mit der Ankündigung des II. Vatikanischen Konzils das «aggiornamento» der Kirche im 20. Jahrhundert ermöglicht hatte, oder vielleicht Paul, nach jenem Papst, der 1975 das Apostolische Schreiben «Evangelii nuntiandi» verfasst hatte, den Text, den Bergoglio mehr schätzte als alle anderen der Konzils- und Nachkonzilszeit? Nein, Franziskus möchte er genannt werden, wie Kardinal Tauran es einer atemlos lauschenden Masse mit den Worten mitteilt, «... sibi imposuit nomen Franciscus». Warum?

Der Heilige aus Assisi, der den Vögeln predigte, der sein gutes Leben als Kaufmannssohn gegen das bessere eines Armen einge- tauscht hatte,[21] der hatte – so sprach der Papst einige Monate später vor hunderttausenden Jugendlichen während des Weltjugendtages in Brasilien – von Gott den Auftrag erhalten: «Baue meine Kirche wie- der auf.»

1. KAPITEL

Von den Schiffen

Am 17. Dezember 1936 wird dem aus Italien eingewanderten Mario José Francisco Bergoglio und seiner italienischstämmigen Frau Regina María Sívori ein Sohn geboren. Am Ersten Weihnachtstag desselben Jahres wird er in der Kirche María Auxiliadora y San Carlos getauft, einer neoromanischen Basilika, die seit kurzem als Hauptkirche der Salesianer Don Boscos dient. Selbstverständlich ist es ein Salesianer, der den Erstgeborenen tauft: P. Enrique Pozzoli. Der Ordensmann ist ein Freund der Familie Sívori, mit dem ältesten Bruder der Mutter, Vicente, teilt er die Leidenschaft für Fotografie. Womöglich sind die Brüder dem Salesianer aber auch in dem Katholischen Arbeiterverein begegnet, in dem sie verkehren. Mit den Salesianern kennt sich aber auch der Vater des Täuflings aus. Er gehört, wie sein ältester Sohn später festhalten sollte, schon zu der «salesianischen Familie», ehe er einen Fuß auf argentinischen Boden gesetzt hatte.[1] Die Bergoglios sind angekommen. Doch wo?

Ein Paris, das spanisch spricht

Im argentinischen Sommer des Jahres 1929 hatten sich Giovanni und Rosa Bergoglio mit ihrem Sohn Mario José zu den Millionen Auswanderern gesellt, die seit Mitte des 19. Jahrhunderts der Alten Welt den Rücken gekehrt hatten, um in dem gelobten Land Argentinien ein neues Leben anzufangen.

Wie die Überlieferung der Bergoglios es will, entbehrt die Ankunft im Hafen von Buenos Aires nicht einer gewissen Komik. Großmutter Rosa trägt einen Mantel mit Fuchspelzkragen, «der prächtig aussah, aber absolut ungeeignet war für das erdrückend feuchte Klima des Sommers in dieser Stadt» (RA 27).

Doch wo sonst hätte die resolute Dame den Erlös aus dem Verkauf all ihrer Habseligkeiten besser aufbewahren können als im Futter ihres besten Stückes?

An die Rückkehr nach Italien verschwenden die Neuankömmlinge anscheinend keinen Gedanken. Warum auch? Das Argentinien des Jahres 1929 ist, wenn man so will, die Erste Welt. Italien ist auch zehn Jahre nach dem Ende des Ersten Weltkriegs Zweite Welt, und – je weiter man nach Süden kommt – Dritte. Als der mit diktatorischen Vollmachten regierende «Duce» Benito Mussolini sich Ende der zwanziger Jahre anschickt, die malariaverseuchten Pontinischen Sümpfe trockenzulegen, war in dem kriegsversehrten Europa die Formulierung «riche comme un Argentin» («reich wie ein Argentinier») noch immer in aller Munde.

Wie die Vereinigten Staaten ist auch Argentinien das Land unendlicher Möglichkeiten, jedenfalls in den Köpfen der in die Millionen gehenden Zahl der Spanier und Italiener, die es seit der Mitte des 19. Jahrhunderts nicht in den angelsächsisch geprägten Norden des amerikanischen Doppelkontinentes zieht, sondern in den Süden. Dorthin kann man außer seiner Sprache auch seine katholische Religion unbeschwert mitnehmen.

Freilich geben nicht nur die Erzählungen der Ausgewanderten allen Recht, die sich vor dem Ersten Weltkrieg oder erst recht danach mit dem Gedanken tragen, Europa hinter sich zu lassen. Eine nicht minder verlockende Botschaft enthalten die Statistiken. Seit den 1870er Jahren war keine Wirtschaft der Welt schneller gewachsen als die Argentiniens: im Durchschnitt um sechs Prozent. Fast täglich verlassen Kühlschiffe mit Rindfleisch den Hafen von Buenos Aires und nehmen wie die Massengutfrachter mit Getreide an Bord Kurs auf Großbritannien. Gemessen an dem Pro-Kopf-Einkommen ist Argentinien zu Beginn des 20. Jahrhunderts eines der zehn reichsten Länder der Welt. Sicher, in Großbritannien, dem mit Abstand wichtigsten Absatzmarkt, ist der Wohlstand noch größer. Aber rechnerisch geht es den Argentiniern vor 1914 und erst recht nach 1918 besser als den Deutschen, den Italienern oder auch den Franzosen und Schweizern.

Herrschen heißt bevölkern

Doch was heißt es, ein Argentinier zu sein? Um das Jahr 1870 leben gerade einmal zwei Millionen Menschen in einem Land von der mehrfachen Ausdehnung Europas, das sich seit der Verfassung des Jahres 1853 als Argentinien bezeichnet. Am Vorabend des Ersten Weltkriegs wird Argentinien dank eines immensen Stroms von Einwanderern mit etwa 7,8 Millionen Einwohnern das bevölkerungsreichste Land südlich des Río Grande nach Brasilien und Mexiko sein. «Herrschen heißt bevölkern» («*gobernar es poblar*»), hieß es bei Juan Bautista Alberdi, einem Vertreter der so genannten Generation von 1837, die die Grundlagen für die goldenen Jahre Argentiniens gelegt hatte.[2]

Schon im Jahr 1854 war mit dem Bau der ersten Eisenbahntrasse begonnen worden, 1870 ist die Achse Buenos Aires – Rosario – Córdoba vollendet. Kurze Zeit später beginnt die so genannte Eroberung der Wüste, jenes weiten Landes, bis hinauf in den Chaco. Die weißen Argentinier gehen mit den kleinen Gruppen von Indigenen kaum zimperlicher um als die weißen Amerikaner mit den Indianern. Domingo Faustino Sarmiento, der Argentinien von 1868 bis 1874 als Präsident regierte, hatte schon 1845 in seinem bis heute emblematischen Essay «Facundo – Civilización y barbarie» dem Land eine europäisch-aufgeklärt-fortschrittliche Zukunft gewiesen – und das kolonial-katholische Erbe, das in der Volkskultur und der Volksreligiosität weiterlebte, als rückständig abgetan. Jorge Mario Bergoglio wird zeit seines Lebens ein Advokat dieses vermeintlich Rückständigen sein.

Auf Sarmientos «aufgeklärter» Linie bewegt sich auch General Julio A. Roca, der Argentinien zwischen 1880 und 1886 regierte. Er stützt sich dabei auf die städtische Oligarchie sowie eine Liga der Gouverneure aus den Provinzen – ein Muster, das sich in der argentinischen Geschichte immer wieder zeigen sollte: Personen und Klientelbeziehungen sind schon immer wichtiger als Institutionen und Rechtsordnungen.[3] Auch daran wird Jorge Mario Bergoglio immer wieder Anstoß nehmen.

1884 führt Argentinien die allgemeine Schulpflicht ein und setzt mit einem öffentlichen und kostenlosen Primarschulsystem auf dem gesamten Kontinent Maßstäbe. 17 Jahre später folgt die allgemeine Wehrpflicht, im Jahr 1912 wird das allgemeine Wahlrecht für Männer samt Wahlpflicht beschlossen – was in vielen Ländern Europas vor dem Ersten Weltkrieg Zukunftsmusik war, ist in Argentinien Realität. Alles spricht dafür, dass Argentinien im Süden der beiden Amerikas nicht hinter den Vereinigten Staaten im Norden des Doppelkontinentes zurückstehen wird.

Was das Weiße Haus in Washington ist, wird in Buenos Aires das Rosa Haus (*Casa Rosada*): der Amtssitz des Präsidenten. Wie der amerikanische Kongress im klassizistischen Stil und mit europäischen Baumaterialien errichtet wurde, so kopiert man in Buenos Aires beim Bau der Regierungsgebäude und des Kongresses europäische Stilformen und verwendet importierte Baumaterialien. Mit klassischer Architektur macht auch die britische Kaufhauskette «Harrods» von sich reden: Das erste Kaufhaus außerhalb des Vereinigten Königreiches entsteht dort, wo der englischen Lebensart eine fast sklavische Ehrerbietung entgegengebracht wird. 1914 wird «Harrods» in Buenos Aires eröffnet. Und weil die Stadt am Río de la Plata im Wettstreit der Metropolen der Welt nicht hintanstehen darf, braucht Buenos Aires auch eine Untergrundbahn, wie London, Paris, Berlin oder New York. 1913 wird die erste, fast sieben Kilometer lange Linie A der «Subte» eingeweiht.

Nicht fehlen dürfen im Land der italienischen und spanischen Einwanderer auch die schönen Künste. 1857 war das erste Teatro Colón in Buenos Aires eröffnet worden, 1908 wird der gleichnamige Neubau mit einer Aufführung von Verdis «Aida» seiner Bestimmung übergeben. Noch heute ist das Colón eines der schönsten Opern- und Konzerthäuser der Welt, für manche das Schönste. Im Jahr 1910, als das Land mit allem erdenklichen Pomp den hundertsten Jahrestag des Beginns der Unabhängigkeitskämpfe gegen die spanische Krone begeht, lässt sich der spanische Schriftsteller Blasco Ibáñez in seinem Buch «Argentina y sus grandezas» zu der Einschätzung hinreißen, Buenos Aires sei ein Paris, das Spanisch spreche.[4]

Der Spanier unterschlägt, dass ein erheblicher Teil der Einwanderer nicht von der iberischen Halbinsel stammt, sondern aus Italien.

Im (europäischen) Schicksalsjahr 1914 war die Hälfte der *porteños*, wie die Einwohner von Buenos Aires genannt wurden (und werden), nicht in Argentinien geboren. Im ganzen Land war es jeder Dritte. Doch Ibáñez hatte insoweit Recht, als der Hautfarbe und der Sprache der Bewohner nach die Hauptstadt und die Küstenregion Argentiniens ebenso gut am Mittelmeer hätten liegen können als in Südamerika.

Anders das weite, feuchte Hinterland westlich und nordwestlich von Buenos Aires, die *pampa húmeda* der Provinz Buenos Aires sowie der Provinzen Entre Ríos, Santa Fé und Córdoba. Das flache, fruchtbare Gebiet ist für den Anbau von Getreide und extensive Viehhaltung wie geschaffen. Hier ist die Heimat der Viehtreiber (*gauchos*) und anderer unzivilisierter Elemente. Zivilisation – das ist in Argentinien seit je die Stadt. Aus der größten von ihnen stammt Papst Franziskus. Die Stadt ist seine Wüste, sein geistlicher Erfahrungsraum.

Der Hauptstrom der Einwanderung hatte sich zwischen 1870 und 1914 in das weite Land ergossen. Der Ausbruch des Ersten Weltkriegs ist eine Zäsur. Nicht nur das Wachstum der Bevölkerung stockt. Auch die Wirtschaft schrumpft, schließlich lebt sie ausschließlich vom Export von (gefrorenem) Fleisch und von Getreide. Der Einbruch ist so stark, dass der «Economist» am 15. Februar 1914 ihn zum Anlass nimmt, Argentinien die Titelgeschichte zu widmen. Unter der Überschrift «The Parabel of Argentina» (Das Lehrstück Argentinien) porträtiert die weltweit gelesene Zeitschrift ein potentiell reiches Land, das sich seit genau hundert Jahren weitgehend selbstverschuldet im Niedergang befindet: «Gute Regierungsführung entscheidet.» In Buenos Aires ist die Zeitschrift in Windeseile ausverkauft.

Samen auf die Straße

Doch wie es mit Bildern nun einmal ist: Ihre Macht ist oft stärker als die Wirklichkeit, und sei diese noch so lange schon Geschichte. So kehrt ungeachtet aller düsteren Vorzeichen nach dem Ersten Weltkrieg auch jene Familie in Schüben ihrer norditalienischen Heimat den Rücken, die zur Familie des ersten in Lateinamerika geborenen Papstes werden sollte.

Mitte des 19. Jahrhunderts finden sich die Vorfahren väterlicherseits in Bricco Marmorito in der Provinz Asti, wo noch heute entfernte Verwandte des Papstes leben. Der Großvater Giovanni Angelo wird am 13. August 1884 schon in der Lombardei geboren, in Portacomaro. Von dort geht es Anfang 1906 in die piemontesische Hauptstadt Turin. Giovanni Bergoglio versucht sein Glück als Inhaber eines Kaffee- und Getränkegeschäfts und findet in einer von Salesianern geleiteten Pfarrei Anschluss. Ein Jahr später heiratet er die 23 Jahre alte Rosa Margarita Vasallo aus Piana Crixia, einem kleinen Dorf etwa 40 Kilometer von der Küstenstadt Savona (Ligurien) entfernt. Am 2. April 1908 erblickt der erste Sohn das Licht der Welt: Mario José Giuseppe Francesco Bergoglio – der Vater von Papst Franziskus.

Glücklich werden die beiden in der norditalienischen Industriemetropole nicht. 1918 ziehen Giovanni und Rosa mit ihren Kindern nach Asti und eröffnen dort aufs Neue ein Lebensmittelgeschäft. Mario José, der älteste Sohn, findet in Asti bei der Banca d'Italia Arbeit. Sein Sohn Jorge Mario wird sich später daran erinnern, dass sein Vater schon in Turin bei der Bank gearbeitet hatte. Doch dieser ist wohl kaum im Alter von zehn Jahren Bankangestellter gewesen.

Der «große Krieg» hat einen langen Schatten auf Italien geworfen. Drei Jahre hatte das Königreich gegen Österreich-Ungarn gekämpft und am Ende nur dank der Hilfe der Alliierten den Sieg (und Südtirol) davongetragen. Die landschaftlich reizvolle, aber gebirgige Gegend um Asti ist und bleibt ein Armenhaus – und Argentinien eine Verheißung: «Die Italiener pflegten zu sagen, in Argentinien müsse man nur Samen auf die Straße werfen, dann wachse da eine Pflanze. Darüber hinaus kannten sie nur die Viehhaltung in Ställen, nicht die im Freien. Zur Zeit meines Vaters baute man in den norditalienischen Bergen den Stall direkt an das Wohnhaus an, damit die Wärme der Tiere für die Heizung sorgen konnte. Das Vieh weidete nicht draußen, sondern man brachte ihm Gras und Getreide», (RA 114) wird es viele, viele Jahre später heißen. Und auch, dass Reichtum nicht unbedingt glücklicher macht, jedenfalls der Reichtum Argentiniens, der in den Augen des argentinischen Kardinals

Jorge Mario Bergoglio fast ein Fluch ist: «Ich weiß wirklich nicht, ob nicht unser so großer Reichtum dazu beigetragen hat, uns die Dinge so leicht zu machen.»

1922 wandern drei Brüder Giovannis aus. Wie Millionen andere Italiener zieht es sie nicht in die Vereinigten Staaten, sondern nach Argentinien. Lange hält es auch Giovanni und Rosa nicht mehr in Italien. Im Jahr 1990 wird Bergoglio andeuten, seine Großmutter habe es mit den erstarkenden Faschisten zu tun bekommen – oder diese mit ihr. Rosa habe sich in der jungen «Katholischen Aktion» engagiert und allerorten Vorträge gehalten, etwa über das Thema «Der heilige Josef im Leben der Jungfrau, der Witwe und der verheirateten Frau».

«Es scheint, dass meine Großmutter Dinge sagte, die der damaligen Politik quer kamen … Einmal verweigerte man ihr den Zutritt zu dem Raum in dem sie sprechen sollte. Daraufhin hielt sie ihren Vortrag auf der Straße und stellte sich dazu auf einen Tisch.»[5]

Nonna Rosa scheint eine außergewöhnliche Frau gewesen zu sein.

Freilich glaubt Jorge Mario Bergoglio nicht, dass die politische Situation den Ausschlag dafür gegeben hat, dass seine Großeltern nach Argentinien ausgewandert sind. Denn einer der Brüder des Großvaters hatte in Paraná, der Hauptstadt der an Uruguay grenzenden Provinz Entre Rios, ein Handwerksunternehmen gegründet und war im Begriff, reich zu werden.

Die Großeltern beschließen, den drei Brüdern des Großvaters nach Argentinien zu folgen. Das Geschäft in Asti wird verkauft, die Anstellung des einzigen Sohnes Mario José bei der Banca d'Italia gekündigt, eine Schiffspassage ins Auge gefasst und alles für die Ausreise vorbereitet. Doch beinahe, so heißt es in dem ersten und einzigen autobiographisch angelegten Gesprächsbuch «El Jesuita», wären die Auswanderer niemals in der neuen Heimat angekommen: Das Schiff, mit dem die Großeltern hätten reisen wollen, habe auf der Überfahrt Schiffbruch erlitten und Hunderte Passagiere in die Tiefe gerissen.

In der Tat war der «Principessa Mafalda» das Schicksal nicht hold. Das 1909 in Dienst gestellte Schiff, das in den zwanziger Jahren von der Navigazione Generale Italiana auf der Route Genua – Buenos Aires eingesetzt wird, schlägt am 25. Oktober 1927 bei einer Havarie vor der Küste Brasiliens leck. Mehr als 300 Auswanderer ertrinken, vor allem jene, die eine Passage in den Zwischendecks gebucht haben.

Ob auch die Bergoglios unter den Toten gewesen wären, dürfte zweifelhaft sein. Angeblich waren sie nicht auf der «Principessa Mafalda», weil sich ihre Ausreise verzögert habe. Nur: Die italienische «Titanic» sinkt im Herbst 1927, die Bergoglios treffen fast eineinhalb Jahre nach der größten Katastrophe der zivilen Seefahrt Italiens in Buenos Aires ein – und das bei mehreren Abfahrten nach Südamerika im Monat.

Sei es, wie es sei: Jorge Mario Bergoglio wird am 20. Oktober 1990 in Córdoba eigenhändig zu Papier bringen, sein Vater sei am 25. Januar 1929 an Bord der «Giulio Cesare» in Buenos Aires eingetroffen. «Eigentlich hätten sie eine frühere Überfahrt nehmen sollen; mit der Prinzessin Mafalda, die Schiffbruch erlitt. Sie können sich vorstellen, wie oft ich der göttlichen Vorsehung gedankt habe.»[6]

In der Tat verzeichnet die Passagierliste der «Giulio Cesare» unter den 2000 Auswanderern unter anderem einen Giovanni Bergoglio, 45 Jahre alt und in Alessandria geboren, dazu einen Mario desselben Familiennamens, ebenfalls aus Alessandria, 21 Jahre alt – den Groß-vater und den Vater des Papstes. Allerdings lief das Schiff ausweislich der Daten des «Centro de Estudios Migratorios Latinoamericanos» (Cemla) erst am 15. Februar 1929 in Buenos Aires ein.

Die Neuankömmlinge halten sich nicht lange in der vibrierenden Hauptstadt ihres neuen Heimatlandes auf. Von Bergoglios Vater Mario José weiß der älteste Sohn immerhin, er habe sich kurz bei den Salesianern einquartiert und ein Mitglied dieser im 19. Jahrhundert gegründeten Kongregation zu seinem Beichtvater erwählt.

Bald geht es dem Río Paraná hinauf in die gleichnamige Stadt, wo die drei Brüder des Großvaters mittlerweile ein vierstöckiges Gebäude ihr Eigen nennen, mit Aufzug und Kuppel – den «Palacio Bergoglio» (RA 29). Auch vor Mario José, dem jungen Neu-Argentinier, liegt eine glänzende Zukunft. Als Buchhalter der Banca d'Italia kommt er dem Familienunternehmen wie gerufen.

Alles weist in Argentinien darauf hin, dass es nur nach oben geht – zumal seit wenigen Jahren nicht mehr alleine die Agraroligarchie den Ton im Land angibt. Argentinien ist im Begriff, sich auch politisch und gesellschaftlich zu modernisieren: Nach der Einführung des Männerwahlrechts war 1916 ein Kandidat in das Amt des Staatspräsidenten gewählt worden, der erstmals nicht den traditionellen landbesitzenden Familien oder dem städtischen Handelsunternehmertum nahestand: Hipólito Yrigoyen aus der im Jahr 1891 gegründeten Radikalen Bürgerunion (Unión Cívica Radical, UCR).

Zwei Jahre nach seiner Wahl setzt Yrigoyen an der ältesten Universität des Landes, der im Jahr 1613 von Jesuiten gegründeten Nationaluniversität Córdoba, eine Reform in Gang, die sich als wegweisend für ganz Lateinamerika erweisen soll. Die bislang von der lokalen Elite kontrollierte Universität erhält eine Autonomie einschließlich studentischer Mitverantwortung, die für die damalige Zeit nachgerade revolutionär ist. Die Demokratisierung der Universität soll aber nur der Auftakt der Demokratisierung der politischen Macht in der Provinz sein.[7] Die Nachricht verbreitet sich schnell in ganz Lateinamerika.[8]

In Peru erwächst der universitären Reformbewegung einer der wichtigsten lateinamerikanischen Politiker des 20. Jahrhunderts, Víctor Haya de la Torre. Der Gründer der Amerikanischen Revolutionären Volksallianz (Alianza Popular Revolucionaria Americana, A.P.R.A.)[9] wird zusammen mit dem späteren argentinischen Caudillo Juan Domingo Perón zu dem wichtigsten politischen Repräsentanten eines «lateinamerikanischen» Weges werden, der sowohl gegen den Imperialismus Washingtons wie gegen den Totalitarismus Moskaus gerichtet sein wird. Eine solcherart «lateinamerikanische» Identität wird auch in Jorge Mario Bergoglio einen Advokaten finden.

Die Kraft dieses Menschenschlags

In die Präsidentschaft Yrigoyens fallen auch die ersten Versuche der Arbeiterschaft, sich politisch zu organisieren. Eine umfassende Sozialgesetzgebung, die europäische Standards übertrifft, wird zum Katalysator für die Bildung von Gewerkschaften. In dieser wiederum organisierten sich vorwiegend jene europäischen Einwanderer, die schon in ihren Herkunftsländern allen Spielarten «linken» bis revolutionären Denkens zugetan waren.

Vergleichsweise harmlos sind die 13 Sozialdemokraten, die Deutschland nach dem Erlass des Bismarckschen Sozialistengesetzes verlassen hatten. Unter dem Namen «Vorwärts» rufen sie den ersten Arbeiterverein des Landes ins Leben, der noch heute besteht und als älteste sozialistische Organisation auf dem Subkontinent gilt.[10] Ungleich stärker und radikaler als die Deutschen sind die Italiener und Spanier. Mit ihnen wandern vor allem die Ideen des Anarchismus und des revolutionären Syndikalismus nach Argentinien ein. Der erste katholische Arbeiterverein entsteht erst spät, im Jahr 1892. Es bedurfte eines Anstoßes von außen, nämlich der Veröffentlichung von «Rerum Novarum», der ersten Sozialenzyklika des päpstlichen Lehramtes durch Papst Leo XIII.[11] Das Thema Kirche und Arbeiterschaft sollte ein dorniges Thema bleiben – und auch Bergoglio immer wieder beschäftigen.

Außer der Universitätsreform werden Arbeiterproteste und deren blutige Niederschlagung zu einer Signatur der bis 1922 dauernden Präsidentschaft Yrigoyens und der sechsjährigen Regierungszeit seines Nachfolgers Marcelo Torcuato de Alvear. Bei Zusammenstößen zwischen streikenden Arbeitern, Streikbrechern, jungen Nationalisten und Sicherheitskräften sterben im Januar 1919 in Buenos Aires während der argentinischen *semana trágica* (je nach Quelle) zwischen 140 und 700 Personen. Blut fließt bald darauf auch in Patagonien, wo das Militär im Jahr 1922 mehr als tausend streikende Landarbeiter erschießt. Fortan braucht sich die UCR keine Hoffnungen zu mehr machen, jemals die erstarkende Arbeiterschaft für ein neues Argentinien zu gewinnen.

Kaum ist der Erste Weltkrieg zu Ende, geht es in Argentinien wieder aufwärts. Die Ausfuhr landwirtschaftlicher Produkte steigt, ausgangs der zwanziger Jahre ist Argentinien wie ehedem eines der wohlhabendsten Länder der Erde – und wie ehedem fast vollständig vom Export von Fleisch und Getreide abhängig. Das Gros – mehr als achtzig Prozent – wird nach Westeuropa verschifft.[12]

Die Euphorie endet jäh. Im Oktober 1929 bricht in den Vereinigten Staaten eine seit langem schwelende Wirtschaftskrise aus, die binnen weniger Tage große Teile der Weltwirtschaft erfasst. Die Exporte sinken bald auf nur noch ein Drittel des Wertes aus der Zeit vor der Krise. Die Arbeitslosigkeit steigt in einem Maß, das für das Einwanderungsland Argentinien unvorstellbar ist. Offiziell sind im Jahr 1932 etwa 400 000 Personen ohne eine Arbeitsstelle, nach inoffiziellen Quellen sind es fast drei Millionen.[13]

Wo weniger Ausfuhr, da auch weniger Einfuhr – und das in einem Land, in dem außer Fleisch und Getreide so gut wie nichts produziert wird. Schnell wird klar, dass die Fixierung auf die Ausfuhr landwirtschaftlicher Produkte das Land in eine fatale Abhängigkeit gebracht hat. Sie muss um jeden Preis verringert werden. Doch wie immer gehen die sozialen Verwerfungen den wirtschaftlichen Strukturreformen voraus und werden von diesen noch verschärft.

Schon in den zwanziger Jahren hatte sich zu der Einwanderung von Italienern und Spaniern, aber auch von Briten und Deutschen sowie Levantinern eine starke Binnenwanderung gesellt. «Schwarzköpfe» *(cabecitas negras)* aus den entlegenen Provinzen des Landes im Norden und Osten, wo sich Reste der indigenen Kulturen erhalten hatten, sowie Einwanderer der zweiten Generation zieht es in die Küstenstädte, allen voran nach Buenos Aires. In den dreißiger Jahren verstärkt sich der Zustrom. Das Volk, das nach einem mittlerweile geflügelten Wort des mexikanischen Literaturnobelpreisträgers Octavio Paz «von den Schiffen» abstammt (wie die Mexikaner von den Azteken und die Peruaner von den Inkas), findet sich wieder am Hafen ein. Aber immer weniger kommen von den Schiffen. 1947 hat Buenos Aires fast 1,4 Millionen Binnenwanderer aufgenommen.[14]

Mit dabei: die Bergoglios. Das Familienunternehmen in Paraná bricht im Jahr 1932 zusammen, die Wege der Brüder, die sich gerade wiedergefunden hatten, trennen sich. Juan Lorenzo, der Chef der Firma, erkrankt an Leukämie und stirbt. Alles wird verkauft, vom Palacio bis zur Friedhofsgruft. Giovanni, der jetzt Juan heißt, seine Frau Rosa und Sohn Mario stehen buchstäblich auf der Straße.

«Ein anderer fing wieder von vorne an und war sehr erfolgreich. Der Jüngste ging nach Brasilien, und mein Großvater kaufte mit einem Darlehen von 2000 Pesos ein Geschäft. Mein Vater, der Buchhalter war und in der Verwaltung der Firma arbeitete, half ihm, indem er mit einem Korb die Ware lieferte, bis er in einer anderen Firma eine Arbeit fand. Sie fingen mit der gleichen Selbstverständlichkeit wieder von vorne an, mit welcher sie gekommen waren. Ich glaube, dies beweist die Kraft dieses Menschenschlags», (RA 29) wird Jorge Mario Bergoglio später sagen. Nicht in dem Buch «El Jesuita» festgehalten ist die Rolle, die Pater Pozzoli in diesem tragischen Moment spielt: Er bringt die Eltern eines seiner *muchachos* mit einem Mann zusammen, der ihnen zu dem Geld verhilft, mit dem sie in Flores ein Lebensmittelgeschäft eröffnen können.[15]

Aufbruch – Zusammenbruch – Neubeginn: Wie in einem Brennglas spiegelt sich in der kurzen Geschichte der Bergoglios die lange Geschichte Argentiniens – eine Geschichte, die sich von 1914 an fundamental von der der Vereinigten Staaten unterscheiden sollte. Washington hatte mit dem Eintritt in den Ersten Weltkrieg im Jahr 1917 endgültig die internationale politische Bühne betreten und sollte sie nicht mehr verlassen. Argentinien wird im Lauf des 20. Jahrhunderts jenen Wohlstand verspielen, auf den es so stolz war. Kein Wunder, dass Washington kaum irgendwo in Südamerika eine solch bizarre Mischung aus Hochmut und Verachtung entgegengebracht wird wie in Argentinien. Denn nicht überall reicht die Kraft für einen Neubeginn. In den Städten entsteht ein Proletariat. 60 Prozent der Arbeiterfamilien in Buenos Aires leben im Jahr 1937 zusammengepfercht in einem Zimmer.[16] In dieselbe Zeit fällt die Entstehung der ersten Elendsquartiere. Sie werden im Leben Jorge Marios Bergoglios eine entscheidende Rolle spielen. Denn auch das ist Argentinien: 1914 lebt schon etwa die Hälfte seiner Bewohner in Städten. In den dreißiger Jahren sind es 60 Prozent.

Das «lange» 19. Jahrhundert Argentiniens ist im Jahr 1930 nicht nur in sozialer Hinsicht beendet, sondern auch in Wirtschaft und Politik. Nach dem Ende der Amtszeit seines Nachfolgers Marcelo Torcuato de Alvear hatte Yrigoyen sich abermals zur Kandidatur für die UCR bereit erklärt und war 1928 für eine zweite sechsjährige Amtszeit gewählt worden. Diese währt nur kurz. Das Militär putscht unter dem Eindruck der Weltwirtschaftskrise am 6. September 1930 die gewählte Regierung aus dem Amt – und das mit stiller Sympathie vieler Argentinier, die sich an der Auflösung des Parlamentes, dem Notstandsregime und dem Verbot wichtiger Parteien weniger stören als an dem vermeintlichen Versagen einer demokratisch gewählten Regierung.

Der Putsch sollte nicht das Ende instabiler Verhältnisse sein. Wegen fortgesetzter Wahlfälschung und zunehmend autoritärer zivil-militärischer Herrschaftsformen gehen die Jahre von 1930 bis 1943 als *década infame* in die Geschichte ein. Freilich kommt es während der Herrschaft des Militärs und ihrer zivilen Marionetten zu einer wichtigen Neuorientierung der argentinischen Wirtschaft. Nach dem doppelten Schock des Ersten Weltkriegs und der Weltwirtschaftskrise hat sich die Einsicht durchgesetzt, dass sich das Land aus der fatalen Abhängigkeit von der Ausfuhr landwirtschaftlicher Produkte befreien muss. Unter General Agustín P. Justo forciert der argentinische Staat die Industrialisierung der Wirtschaft, um die fast vollständige Abhängigkeit von der Einfuhr von Industrieerzeugnissen zu überwinden. Ausländisches Kapital fließt in das Land, zahlreiche europäische und nun auch amerikanische Firmen lassen sich in Argentinien nieder. Allerdings zahlt das Land einen hohen Preis. Die Amerikaner wollen investieren, sind aber an argentinischen Erzeugnissen nicht interessiert. Die Handelsbilanz ist strukturell negativ.[17] Zu der Abhängigkeit vom Agrarsektor gesellt sich die Abhängigkeit vom Wohlwollen der Akteure auf dem Weltmarkt.

Als emblematisch für die neue Epoche gilt der 1933 in London unterzeichnete Handelsvertrag zwischen Argentinien und dem Vereinigten Königreich, der Roca-Runciman-Vertrag. Dieser sichert den Briten im Gegenzug gegen Abnahmegarantien für Rindfleisch eine bevorzugte Behandlung britischer Investoren und Unternehmen in Argentinien zu, etwa in Gestalt der Übernahme des gesamten Eisenbahnwesens im Land. Von dem damaligen argentinischen Vizepräsidenten Julio Argentino Roca Jr. ist die Aussage überliefert, wegen der wechselseitigen Abhängigkeit könnte man Argentinien unter wirtschaftlichem Gesichtspunkt als integralen Bestandteil des britischen Empires bezeichnen.

Segne den Enkel

Als sich die Bergoglios im europäischen Winter des Jahres 1928 in Genua einschiffen und im Februar 1929 im argentinischen Sommer ihre neue Heimat erreichen, können sie von all diesen Verwerfungen und Krisen nichts ahnen. So werden sie auch noch nicht von den Maßnahmen getroffen, die schon bald nach ihrer Ankunft eingeleitet werden, um den Strom der Einwanderer zum Versiegen zu bringen. Im Jahr 1930 hebt die Regierung die Visagebühren drastisch an. Zwei Jahre später heißt es, dass Auswanderern ohne feste Arbeit oder auskömmliches Vermögen die Einreisepapiere verweigert werden sollten. In den zehn Jahren zwischen 1931 und 1940 zählt das Land offiziell nur noch rund 72 000 Einwanderer. Zwischen 1901 und 1910 waren es etwa 1,1 Millionen gewesen.

Dass die goldenen Jahre zu Ende sind, spiegelt sich auch auf anderen Feldern als nur auf dem Arbeitsmarkt. 1935 besuchen 3,4 Millionen Argentinier eine Theateraufführung – eine immens hohe Zahl, die noch immer dafür steht, dass Buenos Aires hinter den Metropolen Europas und auch der Vereinigten Staaten nicht hintanstehen muss. Freilich waren es zehn Jahre zuvor mehr als doppelt so viele gewesen.

Depression, Arbeitslosigkeit, Militärherrschaft, Parteienverbot – kann man das Fühlen und Denken von Papst Franziskus ohne diese und andere Wechselfälle der argentinischen Geschichte verstehen? Das liefe darauf hinaus, in der Erklärung des Antitotalitarismus eines Papst Johannes Paul II. von dessen Erfahrung mit nationalsozialistischem Terror und mit sowjetischer Unterdrückung abzusehen. Oder den verbissenen Kampf von Joseph Kardinal Ratzinger gegen den Verbleib der katholischen Kirche im System der gesetzlichen Schwangerenberatung deuten zu wollen, ohne dessen Skepsis gegenüber einer allzu großen Macht des Staates gegenüber der Kirche zu sehen, die in der Biographie des katholischen Hitlerjungen tief verwurzelt ist.

Indes wäre es fahrlässig, Erinnerungen an bestimmte Begebenheiten für eine objektive Beschreibung von Wirklichkeit zu halten. Nicht nur die eigene und selbst die kollektive Erinnerung können trügen – der Schiffbruch der «Principessa Mafalda» ist womöglich erst im Abstand vieler Jahre mit der Erinnerung an die Ausreise der Großeltern und des Vaters verschmolzen. Einen nicht zu unterschätzenden Verzerrungseffekt bewirkt auch die soziale Erwünschtheit beziehungsweise Unerwünschtheit bestimmter Aussagen oder Beschreibungen. Was wollte Bergoglio nun andere von sich wissen lassen, etwa über seine Kindheit und Jugend? Und was wissen andere über ihn zu sagen?

Mario José Bergoglio lebt noch nicht lange in Buenos Aires, da findet er die Frau seines Lebens, Regina María Sívori. Wieder hatte er bei den Salesianern angeklopft. Einige aus der Gruppe der jungen Männer, die sich um Pater Pozzoli scharen, haben auch junge Schwestern …

«Sie lernten sich 1934 in einer hl. Messe kennen, in San Antonio, dem Oratorium der Salesianer in Almagro, ihrem Stadtviertel. Im Jahr darauf haben sie geheiratet», (RA 33) erzählt der älteste der Söhne. Im Unterschied zu ihrem künftigen Mann ist Regina in Argentinien geboren. Ihr Vater ist Tischler und steht der eher laizistischen UCR nahe. (BS 151) Doch auch sie hat italienisches Blut. Die Vorfahren ihres Vaters stammen aus Genua, ihre Mutter ist eine Piemonteserin. Auch in der Fremde bleiben die Norditaliener unter sich.

In ihrer Sprache lebt die Erinnerung an die Heimat fort. «Ich erinnere mich sehr gut an einen dieser Großonkel, der ein alter ‹Gauner› war und der uns Lieder zweifelhaften Inhalts in Genueser Dialekt beibrachte. Daher sind ‹unaussprechliche› Wörter das Einzige, was ich in diesem Dialekt ausdrücken kann», (RA 33) wird Jorge Mario Bergoglio dereinst bekennen.

Kaum ein Jahr nach der Hochzeit seiner Eltern, die am 12. Dezember 1935 in der Salesianer-Basilika gefeiert wird, kommt Jorge Mario zur Welt. In den folgenden Jahren wird seine Mutter vier weiteren Kindern das Leben schenken. Jorge ist gerade ein Jahr alt, als seine Mutter das zweite Kind erwartet. Wie gut, dass die Großeltern nur einen Steinwurf von der Familie des ältesten Sohnes entfernt leben. Rosa Margarita Vasallo de Bergoglio, die Großmutter, nimmt den kleinen Jorge von nun an tagsüber zu sich. Keine Person sollte ihn so sehr prägen wie seine *Nonna*, eine Frau mit einem großen Herzen: «Als ich ein kleiner Junge war, gab es in meiner Familie beispielsweise eine gewisse puritanische Tradition, nicht fundamentalistisch, aber auf dieser Linie. Wenn jemand Nahestehendes sich scheiden ließ oder sich trennte, betrat man sein Haus nicht mehr; man glaubte kaum weniger, als dass die Protestanten alle in die Hölle fahren würden. Aber ich erinnere mich an das eine Mal, als ich bei meiner Großmutter war, einer großartigen Frau, und gerade zwei Frauen von der Heilsarmee vorbeikamen. Ich fragte sie mit meinen fünf oder sechs Jahren, ob das Nonnen seien, weil sie diese Häubchen aufhatten, die sie früher trugen. Sie gab mir zur Antwort: ‹Nein, das sind Protestanten, aber sie sind gut.› Das war die Weisheit der wahren Religion.» (BS 86)

Und auch das: «Doch ich erinnere mich an zwei kurze Reime, die mir meine Großmutter beibrachte: ‹Schau, Gott schaut dich an, schau, gerade jetzt schaut er dich an; schau, sterben wirst auch du, weißt du auch nicht, wann.› Das hatte sie unter Glas auf ihrem Nachttisch, und jedes Mal, wenn sie sich hinlegte, las sie es. Auch siebzig Jahre später kann ich das nicht vergessen. Es gibt noch einen Vers, von dem sie mir erzählte, sie habe ihn auf einem italienischen Friedhof gelesen: ‹Mensch, der du vorüberschreitest, halt inne in deinem Schritt und denk vor allen Schritten an deinen letzten Schritt.› Sie vermittelte mir das Wissen, dass alles zu Ende geht, dass man alles gut hinterlassen muss.» (BS 95)

Das Piemontesische, die Sprache seiner Großeltern väterlicherseits, bleibt für Bergoglio zeitlebens der «Klang der Kindheit». Seine Eltern sprechen mit ihm und allen Geschwistern ausschließlich Spanisch. Nach Italien gibt es kein Zurück.

Fast schon selbst im Alter eines Großvaters, fasst Erzbischof Jorge

Die Familie mütterlicherseits: hintere Reihe: Onkel Adrian Sívori (links), Mutter María Regina Sívori (Mitte), seine Tante Catalina Ester Sívori (rechts). Vordere Reihe: Onkel Vincente Francisco Sívori (links), Großvater Francisco Sívori Sturta (2. v. l.), Großmutter María Gogna de Sívori (2. v. r.), Onkel Luis Juan Sívori (rechts), undatiertes Photo.

Mario Bergoglio die Erinnerung an seine Großmutter und die Ambivalenz jedes Einwanderers ausgerechnet in die Worte des deutschen Romantikers Friedrich Hölderlin. Er nennt ihn einen «Meister der Nostalgie».

«Vieles hast du erlebt, du teure Mutter! und ruhst nun / Glücklich, von Fernen und Nahn liebend beim Namen genannt, / Mir auch herzlich geehrt in des Alters silberner Krone», so lautet der Beginn eines der vielen Gedichte, die ihn faszinieren. Es endet mit den Versen: «Kommen will ich zu dir; dann segne den Enkel noch Einmal, Daß dir halte der Mann, was er, als Knabe, gelobt.» (RA 31)

Bemerkenswert ist indes nicht nur das Faible für Literatur und Dichtung, das an dieser und vielen anderen Stellen der Erinnerungen Bergoglios aufblitzt. Ein Schlüssel zum Verständnis seines Denkens ist auch der Zusammenhang, den er zwischen der Erinnerung an seine Großmutter und der Krise Argentiniens im ersten Jahrzehnt des 21. Jahrhunderts herstellt. «Die Gestalt der Großeltern ist ja nach und nach in der Gesellschaft verblasst», sinniert der Erzbischof. In der Finanzkrise tauchten sie wieder auf, «weil man sie wieder braucht, damit sie auf die Kinder aufpassen». (RA 34)

Die ganze Familie

Vater Bergoglio findet bald in einem der vielen kleinen Unternehmen, die in Buenos Aires der Krise trotzen, sein Auskommen. Der Verdienst reicht aus, um eine siebenköpfige Familie zu ernähren. Man lebt einfach, ist aber nicht von Existenzängsten geplagt. Doch das Meer ist für den Jungen Jorge Mario und seine Geschwister weit, Urlaub in einem der mehr oder weniger mondänen Seebäder Argentiniens undenkbar. Man lebt in der Stadt, im Viertel, der *parroquia* (Pfarrgemeinde), der Nachbarschaft, im Verein.

Kennen gelernt hatten sich die Eltern im Stadtteil Almagro, einem vorwiegend von Basken und Italienern bevölkerten *barrio* (Viertel). Die Familie gründeten sie im benachbarten Stadtviertel Flores – ohne den Kontakt mit dem Nachbarviertel zu verlieren. Denn in Almagro spielte der Vater Basketball. Der Name des Clubs, in dem er auf viele andere italienischstämmige Einwanderer trifft, lautet San Lorenzo.

In deutschen oder englischen Ohren ist dieser Name der irgendeines Clubs. Nicht so in Argentinien. Dort ist San Lorenzo weniger als Basketball- denn als Fußballklub bekannt, und das in einem Land, in dem die Bevölkerung dem Fußball mehr zugetan ist als nahezu überall. Namen wie Messi und Maradona können jedoch nicht darüber hinwegtäuschen, dass der Ursprung der Fußballbegeisterung der Argentinier wie so vieles andere in ihrem Land nicht spanischen oder italienischen Ursprungs ist. Auch die Leidenschaft für den Fußball (wie für das Polospiel) ist ein Erbe der Engländer.[18]

Bis heute lebt die Erinnerung an das glorreiche ausgehende 19. Jahrhundert und die damit einhergehende Fußballbegeisterung in den Namen von vier der fünf prestigeträchtigsten argentinischen Fußballvereine fort: Boca Juniors, River Plate, Racing Club (nach Racing Paris) und Independientes. Doch wie so vieles andere argentinische Mimikry wird auch die fußballerische Orientierung an Europa bald in ihren Grundfesten erschüttert. Ein eigener, argentinischer Stil bildet sich heraus: «La nuestra» wird zu einem geflügelten Wort – und zu einem neuen Mythos. In den Jahren, in denen die Bergoglios sich mit dem Gedanken tragen, Italien den Rücken zu kehren, gehen die besten argentinischen Fußballvereine auf Tournee. 1925 bewundert man die Boca Juniors in Europa, bei den Olympischen Spielen des Jahres 1928 in Amsterdam gewinnt die argentinische Nationalmannschaft die Silbermedaille.

Zu den vier «europäischen» Mannschaften gesellt sich ein fünfter Verein: San Lorenzo de Almagro. Sein Ursprung liegt nicht in der anglophil-imitierenden Kultur des späten 19. Jahrhunderts. Ein Priester der Gemeinschaft der Salesianer Don Boscos, die sich seit ihrer Gründung im 19. Jahrhundert der Jugendarbeit verschrieben hat, gründet im Jahr 1908 mit einer Gruppe von Straßenkickern den ersten argentinisch-katholischen Sportclub. San Lorenzo schließt bald zu den vier tonangebenden Clubs in Buenos Aires auf.

Jorge Mario Bergoglio wächst mit San Lorenzo auf – und nicht nur er. «Die ganze Familie ging hin, auch meine Mutter, die uns bis 1946 begleitete.» (RA 131) Mitglied oder gar aktiver Sportler wird er jedoch nicht, weder als Schüler noch als Lehrling. Auch die Studentenjahre im Jesuitenorden scheinen ihn nicht wieder mit dem inzwischen zu nationaler Größe herangewachsenen Fußballverein in Kontakt haben treten lassen. «Eine Beziehung entwickelte sich erst, als er Bischof wurde, und dann später Kardinal»,[19] erinnert sich Oscar Luchini, ein Laie, der sich um die Kapelle kümmert, die am Sitz des Fußballklubs entstanden ist. Als der Verein im Jahr 2008 seiner Gründung vor hundert Jahren in einer Kapelle in jenem Viertel gedenkt, in dem er gegründet worden war, darf das Ehrenmitglied «Erzbischof» nicht fehlen. «Wie immer kam er mit dem Bus und wollte nicht, dass wir ihn abholten oder anschließend nach Hause brachten. So war er immer.»

Padre Jorge wird am Mittwoch, dem 13. März 2013, zum Oberhaupt der römisch-katholischen Kirche gewählt. Am folgenden Sams-

*Kardinal Jorge Mario
Bergoglio posiert in
Buenos Aires mit einem
Trikot des Fußballclubs
San Lorenzo,
undatiertes Foto.*

tag muss San Lorenzo zu einem Auswärtsspiel in Colón in der Provinz
Santa Fé antreten. Auf dem Trikot der Spieler prangt das Konterfei
ihres Ehrenmitglieds Papst Franziskus. Der argentinische Fußballver-
band hat für den Verein eine Ausnahme gemacht, denn auf Trikots
darf nichts zu sehen sein, was mit Politik oder Religion zu tun hat.

Warum die Mutter den Vater und die Kinder nur bis zum Jahr
1946 auf den Sportplatz begleitet, erschließt sich aus den Erzählungen Bergoglios nicht. Nicht 1946, sondern im Februar 1948 kommt
es nach der Geburt der jüngsten Schwester María Elena zu Kompli-
kationen. Die Mutter ist nach der fünften Entbindung eine Zeitlang
gelähmt und erholt sich nur langsam. Die Geschwister können offenbar nicht im Haus bleiben. Wieder ist Pater Pozzoli nicht nur als
«Spiritual der Familie» zur Stelle, sondern mit Rat und Tat. Den drei

Brüdern vermittelt er einen Internatsplatz in dem Colegio Wilfrid Barón de los Santos Angeles in dem (damaligen) Dorf Ramos Mejía unweit von Buenos Aires. Die Schwester kommt in einem Mädcheninternat unter. Jorge Mario wird seinen Schulabschluss 1949 in Ramos Mejía machen, der zweitälteste Sohn im Jahr darauf.

Anfangs haben die Kinder noch ihrer Mutter beim Kochen zur Hand gehen müssen, allen voran Jorge Mario, mit zwölf Jahren der älteste. Oft findet er die Mutter am Tisch sitzend vor, Kartoffeln und andere Zutaten um sich herum.

«Und dann erklärte sie uns, wie wir alles vermischen und kochen mussten, weil wir ja keine Ahnung hatten: ‹Jetzt tut das und das in den Kochtopf und jenes in die Pfanne ...›, erklärte sie uns. Und so lernten wir kochen. Wir können alle kochen, wenigstens milanesas», (RA 34) erinnert sich Bergoglio Jahrzehnte später an die Zeit, in der er lernte, panierte Rinderschnitzel zuzubereiten, eines der vielen italienisch-argentinischen Nationalgerichte.

Wie so vieles aus seiner Kindheit wird ihn auch diese Zeit ein Leben lang prägen. Vierzig Jahre nach der Erkrankung seiner Mutter steht Jorge Mario Bergoglio, der Rektor des Jesuitenkollegs in San Miguel, regelmäßig in der Küche und lässt die Mitbrüder an seinen italienischen Kochkünsten teilhaben. Und sollten die Gerüchte stimmen, dann kann sich auch Papst Franziskus in dem Gästehaus Santa Marta «milanesas» zubereiten.

Schöne Stimmen

Nicht nur an gutem Essen darf es in einer italienischen Familie niemals fehlen. Auch nicht an Musik, vor allem dann, wenn sie nach Heimat klingt: «Mit unserer Mutter hörten wir immer samstags um zwei Uhr nachmittags die Opern, die vom ‹Staatsradio› (heute *Radio Nacional*) gesendet wurden. Sie versammelte uns um einen Radioapparat und erklärte uns, bevor die Oper begann, worum es ging. Wenn eine besonders wichtige Arie begann, sagte sie: ‹Hört gut zu, jetzt werden sie ein wunderbares Lied vortragen.› Diese Stunden des Kunstgenusses mit unserer Mutter und uns drei älteren

Brüdern jeden Samstag um zwei Uhr nachmittags waren wirklich wundervoll.» (RA 33)

Eine schöne Erinnerung, die freilich mehr Botschaften enthält als das Familienidyll einer Mutter, die mit ihren Söhnen schönen Stimmen lauscht. Wie durch ein Schlüsselloch lässt Bergoglio den Adressaten seiner Erzählung in jene Epoche Argentiniens schauen, in der das Land stolz ist auf seine europäisch geprägte Lebensweise – und auf Frieden.

Nicht nur der Erste, auch der Zweite Weltkrieg findet in Argentinien nicht statt, sieht man von der Selbstversenkung des deutschen Panzerschiffes «Admiral Graf Spee» in der Mündung des Río de la Plata am 17. Dezember 1939 ab. Viele Besatzungsmitglieder finden in Argentinien eine neue Heimat. Trotz vehementen Drucks der Vereinigten Staaten weigern sich die argentinischen Generäle, die 1943 zum zweiten Mal binnen weniger Jahre geputscht haben, an der Seite der Alliierten in das Kriegsgeschehen einzugreifen. Manche halten es mit dem franquistischen Spanien, das offiziell neutral bleibt, manche sympathisieren heimlich mit den Deutschen und offen mit Benito Mussolini, solange dieser an der Seite Hitlers steht, anderen imponieren trotz allem die Vereinigten Staaten.[20] Alle profitieren von den Lieferungen von Fleisch und Getreide nach Großbritannien. In Europa und in Asien wird gestorben, in Buenos Aires versammeln sich italienische Auswanderer, die es zu bescheidenem Wohlstand gebracht haben, samstags nachmittags um das Radio, um der wöchentlichen Opernübertragung zu lauschen.

Freilich ist auch die längste Oper irgendwann zu Ende, und der Samstag hat noch viele Stunden. Es lockt das Kino in Flores.[21] Dieser Ort zieht nicht nur die Eltern an, sondern auch die Kinder. Hätte man Joseph Kardinal Ratzinger oder Papst Johannes Paul II. im Alter von mehr als 70 Jahren die Frage gestellt «Welche Art Filme mögen Sie?», wären wohl ungläubige Blicke die Antwort gewesen. Nicht so Jorge Mario Bergoglio: «Die von Tita Merello natürlich und des italienischen Neorealismus, in welchen meine Eltern mich und meine Geschwister eingeführt hatten. Sie ließen nicht einen Film von Anna Magnani und Aldo Fabrizi aus, die sie uns erklärt haben.» (RA 131)

Was für ein Glück, dass im Kino von Flores manchmal drei Filme hintereinander gezeigt werden.

Wie so viele Prägungen durch das Elternhaus hat Bergoglio auch die Vorliebe für Musik und Film bis heute bewahrt. Ein Fernsehgerät hat er nach allen Erzählungen nie besessen, aber ein Radio und Schallplatten mit klassischer Musik. Im Jahr 2010 wissen seine Gesprächspartner Rubin und Ambrogetti, dass ihn der dänische Film «Babettes Fest» sehr berührt habe – den kann er nicht vor dem Jahr 1987 gesehen haben.

Auf vertrautem Fuß steht Bergoglio auch mit dem Kino Argentiniens. «Claro de Luna», ein Schwarzweißfilm des Regisseurs Luis César Amadori aus dem Jahr 1942, «Los Isleros», ein Film von Lucas Demare aus dem Jahr 1951 mit besagter Schauspielerin Tita Merello in der weiblichen Hauptrolle, und «Esperando la Carroza», eine schwarze Komödie aus dem Jahr 1985 – diese drei Filme nennt er auf die Frage, an welchen Film er sich besonders erinnere. Doch schließt er seine Einlassung mit den Worten: «… jetzt gehe ich nicht mehr ins Kino». (RA 131).

Musik und Kino am Samstag, am Sonntag nach dem Gottesdienst vielleicht ein kleiner Spaziergang und ein Besuch bei der Verwandtschaft – wie aber verbringt Jorge Mario die Tage von Montag bis Freitag? Am Vormittag findet man ihn zusammen mit den Kindern des *barrio* in der Schule. Argentinien ist stolz darauf, eine der niedrigsten Analphabetenquoten der Welt zu haben. Man lebt in Buenos Aires ja nicht in Lateinamerika, sondern in einem Vorposten europäischer Zivilisation. Das Sekundarschulwesen ist allerdings schon damals unterentwickelt, so dass Jorge Mario nicht der einzige Zwölfjährige sein dürfte, den der Vater anhält, sich allmählich an körperliche Arbeit zu gewöhnen.

Noch aber ist der Nachmittag frei, jedenfalls nach Erledigung der Hausaufgaben. Man trifft sich auf einem der vielen Plätze und spielt. Basketball, Fußball, wonach der Sinn steht. Wie sich der Älteste der Bergoglio-Söhne schickt, ist den Erinnerungen ehemaliger Mitschüler nicht ganz zweifelsfrei zu entnehmen. Der mythischen Figur des *pibe*, des verschwitzten, vom Kampf um den Ball gezeichneten Jungen im Fußballdress,[22] entspricht Jorge wohl nicht – wiewohl das typisch argentinische Wort *pibe* bis heute zum Wortschatz des Papstes gehört.

Evangelina Himitian zitiert in ihrem Lebensbild einen Mitschüler, der wissen will, dass Bergoglio auch auf dem Fußballplatz nicht ohne Bücher erscheint. Wenige Zeilen später heißt es, Jorge habe zusammen mit einem Vetter die Partien organisiert. Aus Erinnerungsfragmenten dieser Art wird der Schluss gezogen, er sei schon immer ein Anführer gewesen, aber immer schon unauffällig, so wie ihn heute die Welt sieht.

Bergoglio antwortet im Alter von mehr als 70 Jahren auf die Frage, ob er Hobbies habe: «Als Junge habe ich Briefmarken gesammelt.» (RA 120) Und Freundschaften hat er in der Schule geschlossen, manche fürs Leben. Estela Quiroga, eine Lehrerin aus der Primarschule, wird viele Jahre später seiner Priesterweihe beiwohnen. Der Junge und seine Lehrerin werden sich bis zu deren Tod im Jahr 2006 nicht aus den Augen verlieren.

Wort gehalten

Einer anderen, ungleich zarteren Freundschaft ist nur ein kurzes Leben vergönnt. Jedenfalls will es so eine Anekdote, die sich unter anderem in den Erzählungen von Bergoglios Schwester María Elena erhalten hat, der jüngsten der fünf Geschwister und der einzigen, die die Wahl des Bruders zum Papst noch erleben sollte.

Demnach hat auch eine Dame reiferen Alters namens Amalia die Wahl Jorge Mario Bergoglios zum Papst verfolgt – und sich bei dieser Gelegenheit an einen zwölf Jahre alten *pibe* erinnert, der ihr als zwölf Jahre altem Mädchen eine Karte geschrieben hatte. Darauf war ein kleines Haus mit rotem Dach zu sehen, über dem geschrieben stand: «Dieses Häuschen kaufe ich dir wenn wir heiraten. Wenn du mich nicht heiratest, werde ich Priester.»[23] Die Eltern des Mädchens Amalia waren nicht begeistert, dass ein Zwölfjähriger Zukunftspläne für ihre Tochter schmiedet. Der Überlieferung nach setzt es bei Amalia Hiebe vom Vater. Heute tröstet sich die einstmals Angebetete mit der Erkenntnis: «Er hat Wort gehalten.»

Außerdem – so heißt es 2013 in schnöder Verachtung der Leiden des jungen Jorge – nehme die Angebetete in Bergoglios Leben die Stellung derjenigen Frau ein, die in ihm als Erste den Wunsch geweckt habe, eine Familie zu gründen und ein Haus zu besitzen.

Wenn Bergoglio als Zwölfjähriger fest entschlossen ist, im Fall des Falles den Weg zum Priestertum einzuschlagen, dann müssen ihn recht bald Zweifel an dieser Entscheidung beschlichen haben. Im fortgeschrittenen Alter berichtet er, die Idee Priester zu werden sei ihm so gekommen, wie andere sich vorstellen konnten, Ingenieur, Arzt oder Musiker zu werden.

Diese Äußerung ist nicht nur deswegen bemerkenswert, weil aus ihr jene Selbstverständlichkeit spricht, mit der sich Jugendliche und angehende junge Männer noch vor zwei Generationen für den Priesterberuf entschieden. Aus ihr spricht auch die soziale Wertschätzung des Priesters: Ihn in einem Atemzug mit einem Ingenieur oder einem Arzt zu nennen ist ein Reflex einer Zeit, in der ein katholischer Geistlicher ein hohes, wenn nicht höchstes Sozialprestige genoss – den Musiker in der Aufzählung darf man getrost auf das Konto des Musikliebhabers Jorge Mario Bergoglio buchen. Drittens und letztens spiegelt sich in dieser Aussage die Mobilität in der argentinischen Einwanderungsgesellschaft. Wenn es Einwandererkindern denkbar erscheint, Arzt oder Ingenieur zu werden, dann kann es um das Land nicht allzu schlecht stehen. Um Brot und Arbeit muss sich niemand sorgen – noch nicht.

An die Arbeit

Im März 1945 tritt Argentinien doch noch in den Krieg gegen Deutschland ein – die Aussicht ist zu verlockend, von dem Wiederaufbau Europas zu profitieren. Das geht nicht auf. Washington nimmt den argentinischen Generälen die provozierende Neutralität noch lange übel. Von den Marshall-Krediten profitiert Buenos Aires nicht.

Doch ist die Struktur der argentinischen Wirtschaft Mitte der vierziger Jahre eine andere als zu Beginn der Weltwirtschaftskrise im Jahr 1929. Der Zusammenbruch des Außenhandels und der damit einhergehende Mangel an Industriegütern hatten das Militär in den dreißiger Jahren zu einer Modernisierung einiger Sektoren des Staates veranlasst – etwa zu der Gründung einer Zentralbank und dem Aufbau einer nationalen Industrie. War die Zahl der Industriestandorte zwischen 1913 und 1935 von 39 189 auf gerade einmal 40 600 gestiegen (was einem Wachstum von drei Prozent in 22 Jahren entsprach), so schnellt sie bis zum Jahr 1939 um 33 Prozent auf 53 866 hoch.

Dieselbe Sprache spricht die Verteilung der Bevölkerung auf die verschiedenen Sektoren der Volkswirtschaft. Zwischen 1914 und 1940 steigt der Prozentsatz der Bevölkerung, die im industriellen Sektor beschäftigt ist, um 122,3 Prozent, während im landwirtschaftlichen Sektor der Anstieg lediglich 19,3 Prozent beträgt und damit geringer ist als das Bevölkerungswachstum. Die Folge: Um 1944 ist der Anteil des Bruttoinlandsprodukts, der in der Industrie erwirtschaftet wird, zum ersten Mal größer als der Anteil der Landwirtschaft. Sollte man etwa zwei Generationen warten müssen, ehe aus einem Einwandererkind ein Akademiker wird? Nicht in Argentinien!

Der Buchhalter Mario José Bergoglio lässt keine Zeit verstreichen. Im Alter von zwölf Jahren muss sein Ältester neben der Schule kleinere Arbeiten übernehmen. In einer Strumpffabrik, die von der Firma betreut wird, in der der Vater arbeitet, macht sich der Junge als Reinigungskraft nützlich. So geht es zwei Jahre. Im dritten Jahr überträgt man ihm kleinere Aufgaben in der Verwaltung.

Nach einem Universitätsstudium sieht es nicht aus. Aber für den Besuch einer Sekundarschule reicht es, wenn auch einer speziellen. Im Jahr 1950 findet man den noch nicht Fünfzehnjährigen an der Escuela Técnica de Oficios Industrias de la Alimentación (heute: Escuela técnica No. 27 «Hipólito Yrigoyen»), die wenige Jahre zuvor im Stadtviertel Floresta gegründet worden war.

Bald bleibt dem Jungen für kleinere Arbeiten nebenher nicht mehr viel Zeit. Von morgens sieben bis mittags ein Uhr ist das Labor der Arbeitsplatz, nach einer Pause von einer Stunde heißt es, bis zum Abend die Schulbank zu drücken. Das Älteste der Bergoglio-Kinder soll offenbar einen richtigen Beruf erlernen: Chemielaborant (wie man wohl in Deutschland sagen würde), und damit einen nachgerade typischen Lehrberuf in einer Zeit, in der Argentinien dazu übergeht, wenigstens eine Nahrungsmittel- und eine Leichtindustrie aufzubauen, um die Abhängigkeit von Importen zu verringern.

Was Bergoglio veranlasst, diese Ausbildung zu machen, ist nicht überliefert. Jedoch fügt sich der Berufsweg des jungen Mannes in das überkommene Muster der argentinischen Einwanderungsgesellschaft: Integration durch Arbeit. Dass dieses Modell nicht mehr lange prägend sein sollte, konnte Bergoglio damals nicht ahnen. Er sollte der letzten Generation angehören, für die das Versprechen einer besseren Zukunft in Argentinien wahr wurde.

«Ich bin meinem Vater sehr dankbar, dass er mich zum Arbeiten geschickt hat. Die Arbeit war eines der wenigen Dinge in meinem Leben, die mir sehr gut getan haben, und speziell im Labor lernte ich das Gute und das Schlechte einer jeden menschlichen Aufgabe kennen», (RA 36) hebt Bergoglio mehr als 50 Jahre später hervor. Als Erzbischof von Buenos Aires lässt er es sich nicht nehmen, jedes Jahr an der Wallfahrt zum Heiligen Kajetan teilzunehmen. Dieser Heilige ist zuständig für *pan y trabajo* – Brot und Arbeit.

Wie er aus der Primarschule seine Lehrerin Esther Quiroga Zeit seines Lebens in Erinnerung behalten sollte, so geht ihm aus seiner Zeit an der Escuela técnica eine Lehrerin namens Esther Balestrino de Careaga nicht aus dem Sinn. Die Frau stammt aus Paraguay, wo sie in den vierziger Jahren neben ihrem Studium der Biologie und der Pharmazie als Sozialistin und Frauenrechtlerin den Militärs unangenehm auffällt. 1947 flieht sie nach Argentinien, heiratet und bekommt drei Kinder. Bergoglio erinnert sich daran, dass sie mit dem Kommunismus sympathisiert und ihm kommunistische Schriften zu lesen gegeben habe.[24] Das hält ihn nicht davon ab, die promovierte Lehrerin zu schätzen, die 1953 oder 1954 in seinem Leben auftaucht war. «Ich mochte sie sehr gern und erinnere mich, dass sie einmal zu mir sagte, als ich ihr eine Analyse brachte: ‹Ché … Na, das hast du aber schnell gemacht.› Und sofort fragte sie mich: ‹Aber hast du diese Dosierung beachtet oder nicht?› Ich erwiderte darauf, wozu ich dies tun sollte, wenn doch alle höheren Dosierungen mehr oder weniger das gleiche Ergebnis brachten. ‹Nein, man muss die Dinge richtig machen›, rügte sie mich. Sie hat mich definitiv gelehrt, was eine ernsthafte Arbeit ausmacht. Ich verdanke dieser großen Frau wirklich viel.» (RA 36)

Etwa nur das Arbeitsethos? Oder auch eine erste Berührung mit einer anderen Welt politischer Ideen als der, die im Argentinien des Juan Domingo Perón zur Staatsdoktrin geworden war: «Ich las «Nuestra Palabra» (Unser Wort) und «Propósitos» (Ziele), eine Publikation der kommunistischen Partei, und ich war begeistert von den Beiträgen von Leónidas Barletta, der eines ihrer markantesten Mitglieder war und in der Welt der Kultur hohes Ansehen genoss und von dessen Artikeln ich für meine politische Bildung profitiert habe. Aber ich war nie Kommunist.» (RA 53)

Esther Careaga bleibt ihren politischen Überzeugungen treu – bis in den Tod. «Jahre später, während der letzten Diktatur, musste sie die Entführung einer Tochter und eines Schwiegersohnes erleiden, und sie wurde dann selber zusammen mit den französischen Nonnen, Alice Domon und Léonie Duquet, entführt und ermordet.» (RA 36)

Von diesem Schicksal ist Anfang der fünfziger Jahre nichts zu ahnen, obwohl auch damals ein Militär an der Spitze des Staates steht, Juan Domingo Perón. Aber sowohl der Putsch des Jahres 1943 als auch der des Jahres 1930 waren ohne Blutvergießen und ohne nachfolgenden Staatsterrorismus ausgegangen.

Aus meinem Innersten

Was soll aus dem Jungen werden? Jorge ist anscheinend kein schlechter Schüler. Aber eine Leidenschaft für Chemie oder Physik kann man ihm nicht nachsagen. Er hat eine Schwäche für Literatur, an der er seine Mitschüler und Kameraden offenbar ausgiebig teilhaben lässt. «Er war ein Fachmann für Borges»,[25] so zitiert Evangelina Himitian einen Priester, der mit Bergoglio aufwuchs und heute an jener Kirche im Stadtviertel Flores seinen Dienst versieht, in dem Bergoglio später sein Berufungserlebnis haben sollte. «Wenn er kam, berichtete er von dem, was er gerade las.»

Das argentinische Nationalepos «Martín Fierro», das die Lebensgeschichte des gleichnamigen *gaucho* erzählt und bis heute einer der Kristallisationspunkte der Suche nach der *argentinidad* ist, kennt der Junge angeblich auswendig.[26]

Von «Martín Fierro» ist es nicht mehr weit zu der Vorliebe Jorge Mario Bergoglios für «Los novios» von Alessandro Manzoni (1785–1873), für Dante Alighieris «Göttliche Komödie», für den «Don Quixote» von Cervantes, für die Gedichte Friedrich Hölderlins (1770–1843). Aus vielen dieser Werke wird Bergoglio in Predigten, Ansprachen und Texten zitieren, zumal er sie später in seiner kleinen Bibliothek schnell zur Hand hat. Nicht fehlen dürfen darin auch argentinische Autoren wie Leopoldo Marechal (1900–1970) und natürlich Jorge Luis Borges.

Über den 1899 in Buenos Aires geborenen bedeutendsten Schriftsteller Lateinamerikas in der ersten Hälfte des 20. Jahrhunderts sagt Bergoglio lange nach dessen Tod im Jahr 1986, dieser habe «die geniale Art, über fast alles zu erzählen, ohne sich selbst in den Vordergrund zu rücken. Er war ein sehr weiser und tiefer Mensch. Das Bild, das ich von seiner Einstellung zum Leben habe, ist das eines Menschen, der die Dinge an ihren Platz stellt, der die Bücher in den Regalen ordnet wie der Bibliothekar, der er ja selber war». (RA 129 f.)

Dass Borges anfangs den Militärputsch des Jahres 1976 begrüßt und sich bis an sein Lebensende nicht als Christ versteht, sondern als Agnostiker bezeichnete, stört Bergoglio nicht im geringsten. Denn Borges war ein Agnostiker, «der jeden Abend das Vater unser betete, weil er es seiner Mutter versprochen hatte, und der schließlich mit religiösem Beistand starb». (Ebd.)

Nicht fehlen darf in diesem «argentinischen» Panorama die Wertschätzung Bergoglios für die argentinischste aller lateinamerikanischen Rhythmen, den Tango. «Das ist Musik, die aus meinem Inneren kommt», (RA 130) sagt Erzbischof Bergoglio – im Präsens. Verkörpert wird der Tango in Bergoglios Jugend vor allem von Orchestern wie dem Orquesta Típica von Juan D'Arienzo und natürlich dem 1887 oder 1890 geborenen Sänger und Komponisten Carlos Gardel. Der ist freilich schon eine Legende, ehe Jorge Mario das Licht der Welt erblickt. Am 24. Juni 1935 war er bei einem Flugzeugunglück in der kolumbianischen Stadt Medellín ums Leben gekommen.

Andere Namen fallen: Julio Sosa, genannt «El Varón del Tango», und Ada Falcón, von der Bergoglio zu berichten weiß, sie sei später Nonne geworden. Tatsächlich hat sich die gefeierte Sängerin und Schauspielerin im Jahr 1942 aus der Öffentlichkeit zurückgezogen und lebt mit ihrer Mutter ein einfaches, dem Gebet gewidmetes Leben auf dem Gelände eines Franziskanerklosters.

Das Gespräch kommt auch auf die Sängerin Azucena Maizani. Dieser 1902 geborenen Künstlerin hat Bergoglio nach eigenen Worten auf dem Sterbebett im Jahr 1970 die Krankensalbung gespendet. «Ich kannte sie, weil wir Nachbarn waren, und als ich erfuhr, dass sie ins Krankenhaus eingeliefert wurde, ging ich sie besuchen.»

Auch der «Tango Nuevo» scheint Bergoglio nahegegangen zu sein. Verkörpert wird er vor allem durch den genialen Komponisten und Bandoneón-Spieler Astor Piazzolla (1921–1992) und sein Quintett, aber auch durch Amelita Baltar (geb. 1940). Von dieser Tango-Sängerin weiß Bergoglio zu sagen, diese interpretiere die Vokalstücke Piazzollas am besten.

Gleichwohl ist der Tango wohl nicht diejenige Musikrichtung, der er als junger Mann die meiste Sympathie entgegenbringt. Jorge zieht die «Milonga» vor, einen im ländlichen Argentinien beheimateten Tanz mit oft poetischen Texten aus der *gaucho*-Kultur.

Über der Oper, den argentinischen Rhythmen und dem Tanz steht aber schon bald Bergoglios Liebe zu klassischer Musik. Welche Komponisten er bevorzugt, erschließt sich aus seinen spärlichen Auskünften über sein Leben nicht in vollem Umfang. «Unter denen, die ich am meisten bewundere, ist die Leonoren-Ouvertüre Nr. 3 von Beethoven», (RA 130) wird er auf die Frage nach einem musikalischen Werk seiner Wahl antworten. Wobei er gleich hinzusetzt: «… in der Interpretation von Furtwängler, der nach meiner Auffassung der beste Dirigent einiger Sinfonien Beethovens und der Werke Wagners ist». Also nicht nur Wiener Klassik und romantische Dichtung, sondern auch Richard Wagner und seine als Gesamtkunstwerk angelegte Musikwelt?

Perón – Mythos und Wirklichkeit

Die Jugend des Papstes fällt in eine politisch ungemein bewegte Zeit. Mit dem «Peronismus» entsteht ein nationaler Mythos, ohne den auch das Argentinien der Gegenwart nicht zu verstehen ist. Formell umfasst dieser Mythos das politische System mit der in den vierziger Jahren von Oberst Juan Domingo Perón gegründeten «Gerechtigkeitspartei» (Partido Justicialista, PJ) als dessen Dreh- und Angelpunkt. Die PJ ist noch heute stärkste politische Kraft des Landes. Carlos Menem, Néstor Kirchner und dessen Frau Cristina Fernández de Kirchner, die als Präsidenten die Geschicke Argentiniens seit den neunziger Jahren maßgeblich bestimmt haben, sind sämtlich aus der Gerechtigkeitspartei hervorgegangen.

Inhaltlich besteht dieser Mythos aus der Saga der Integration der Industriearbeiter und der urbanen Mittelschicht in die Gesellschaft. Mittels einer fortschrittlichen Sozialgesetzgebung und der Absorption der Gewerkschaftsbewegung in die Politik entsteht in den vierziger Jahren ein in Südamerika einzigartiges Gesellschaftsmodell, das bis heute zu einem Gegenpol eines ungezügelten Kapitalismus verklärt wird – tendenziell auch von Papst Franziskus. Damals richtete sich der Peronismus aber nicht nur gegen eine angelsächsisch-protestantisch-individualistische Wirtschaftsordnung à la Washington, sondern auch gegen den Kommunismus der Sowjetunion. Der Gegensatz zwischen Kapital und Arbeit soll auf einem «dritten» und überdies argentinischen Weg aufgelöst werden, dem der katholischen Soziallehre.

Verkörpert wird dieser Weg nicht allein von Oberst Perón. Noch stärker als dessen Ausstrahlung ist die seiner zweiten Frau, der aus einfachsten Verhältnissen stammenden «Evita». Die Geschichte ihres Aufstiegs zur nationalen Wohltäterin an der Seite ihres Mannes und zur Schutzheiligen der *descamisados* (Hemdlosen) wird zu einer Legende, die bis heute nichts an Strahlkraft eingebüßt hat.

Ohne den Peronismus ist auch die Geschichte der katholischen Kirche in Argentinien nicht zu verstehen. Und das nicht nur deswegen, weil Perón lange von einem großen Teil der argentinischen

Hierarchie und des mehrheitlich katholischen Wahlvolks enthusiastisch als Garant einer Sozialpolitik aus dem Geist der katholischen Soziallehre unterstützt wird. Ohne den Peronismus kaum denkbar ist auch die Entwicklung der «Theologie des Volkes» durch die erste Generation argentinischer Geistlicher, die in den fünfziger Jahren in Europa eine solide theologische Ausbildung erhielt. In Erzbischof Jorge Mario Bergoglio sollte die aus der Ideologie und der Erfahrung des Peronismus geborene Theologie des Volkes eine Verkörperung finden – und in Papst Franziskus ein Oberhaupt der römisch-katholischen Kirche, das von seiner argentinischen Herkunft mindestens so stark geprägt ist wie Johannes Paul II. von der Geschichte Polens und Papst Benedikt XVI. von der Geschichte Deutschlands im 20. Jahrhundert.

Am 4. Juni 1943 putscht eine «Grupo de Oficiales Unidos» (GOU) gegen die (durch den üblichen Wahlbetrug an die Macht gekommene) zivile Regierung von Präsident Ramón Castillo. Ausnahmezustand, Parteienverbot, Verhaftungen, Zensur – die nationalistisch-antikommunistisch gesonnenen Offiziere machen ihrem Ruf alle Ehre, zumal sie es auch auf die nach wie vor dominierenden «liberal-aufgeklärten» Traditionen der Republik abgesehen haben. Per Dekret wird am 31. Dezember 1943 katholischer Religionsunterricht als Pflichtfach an den staatlichen Schulen eingeführt – eine Kriegserklärung an den liberalen Geist, der seit den 1880er Jahren an den staatlichen Schulen und Universitäten vorherrscht. In die Richtung einer «Allianz zwischen Kreuz und Schwert» weist die Beförderung der Gottesmutter Maria in Gestalt der «Virgen del Carmen» in den Rang eines Heeresgenerals. In dasselbe Bild passen die Unterdrückung kommunistischer und sozialistischer Organisationen, Zensur von Presse und Rundfunk sowie die Auflösung der politischen Parteien.

Juan Domingo Perón, der in den dreißiger Jahren als Militärattaché an mehreren Botschaften des Landes tätig war, entwickelt sich schnell zu dem starken Mann der Revolution. An der Spitze eines eigens geschaffenen Arbeitsministeriums versucht er, aus der Verachtung der Eliten gegenüber den Nöten der Arbeiterschaft wie aus der sektiererischen Agitation linksextremer Gruppen Kapital zu schlagen. Mittels einer ausgedehnten Sozialgesetzgebung verhilft er den

Gewerkschaften erstmals zu einer aktiven Rolle in Staat und Gesellschaft.[27] Dass sie im Gegenzug weitgehend vom Staat kontrolliert werden, ist das kleinere Übel. Zwischen 1941 und 1945 steigt die Zahl der Gewerkschaften von 156 auf 969.

1944 wird der neue Held der Arbeiterschaft auch Kriegsminister und später Vizepräsident. Die Machtfülle Peróns ruft demokratische und den traditionellen Eliten verpflichtete Kräfte gleichermaßen auf den Plan. Dass sich der amerikanische Botschafter auf die Seite derer schlägt, die den autoritär-nationalistischen Kurs des Militärs kritisieren, macht diese nur noch unglaubwürdiger.

Anfang Oktober 1945 kommt es innerhalb der Militärregierung zum Bruch. Perón wird gezwungen, auf alle Ämter zu verzichten, und wie Hipólito Yrigoyen vor ihm und Präsident Frondizi nach ihm auf der im Río de la Plata vor der Küste Uruguays gelegenen Insel Martín García interniert. Die Internierung Peróns ruft die Gewerkschaften auf den Plan, die für den 18. Oktober 1945 zu einem Generalstreik aufrufen. Als sich die Massen schon einen Tag früher im Stadtzentrum von Buenos Aires versammeln, haben die Gegner Peróns verloren. Der Oberst wird zurückgeholt und wendet sich vom Balkon der *Casa Rosada* aus an eine triumphierende Menge. Der Mythos Perón ist geboren.

Mate sí, Whisky no

Kaum ein halbes Jahr später, im Februar 1946, geht Perón aus der Präsidentenwahl als Sieger hervor. Die antiamerikanischen Töne («Mate sí, Whisky no») haben ihre Wirkung nicht verfehlt. Außerdem scheint es ausgemacht, dass Perón ein national-katholisches Projekt verwirklicht.[28] Große Teile der Hierarchie und der Laien der katholischen Aktion scharen sich um ihn. Deren Gegner sind auch die Gegner Peróns: Liberale, Kommunisten, Sozialisten, Demokraten. Katholische Kräfte, die für eine aufgeklärte demokratische Ordnung nach europäischem Modell eintreten, wie es der französische Publizist Jacques Maritain vertritt, sind in Argentinien kaum zu finden.

Großen Rückhalt hat der Peronismus in der Katholischen Arbeiterjugend (Juventud Obrera Católica, JOC), dem argentinischen Ableger der Christlichen Arbeiterjugend (CAJ). Diese war nicht nur in Europa, sondern ist auch in Argentinien insofern ein neues Phänomen, weil an die Stelle der Orientierung an Alter und Geschlecht erstmals die Berufstätigkeit oder, wenn man will, die «Klassenzugehörigkeit» zum Organisationsmerkmal geworden ist. Viele «Jocistas» werden umgehend in peronistischen Gruppen aktiv. Allerdings lässt die JOC sich nicht ganz von peronistischen Organisationen vereinnahmen.

Dank der enormen Devisenreserven, die Argentinien während des Krieges durch die Lieferung von Getreide und Fleisch vor allem nach Großbritannien hatte anhäufen können, fällt es Perón zunächst leicht, seine kostspielige Politik zu finanzieren. Die große Mehrheit der Argentinier wähnt die Krisen der Kriegsjahre und der Zwischenkriegszeit überwunden und das Land wiederum im Gleichschritt mit Europa und Nordamerika. Das Volk, das von den Schiffen gekommen ist, schaut nach wie vor nicht sehnsüchtig zurück.

Ob Bergoglios Vater je einer dieser Gewerkschaften angehört hat oder dem Peronismus Sympathien entgegengebracht hat, ist nicht bekannt. Dennoch dürfte die Vermutung nicht übertrieben sein, dass sich die Bergoglios voll und ganz als Teil des peronistischen *pueblo* fühlen. Schließlich profitieren sie von der umfassenden Sozialgesetzgebung und teilen auch den weltanschaulichen Hintergrund, vor dem der Präsident zu handeln vorgibt: die Katholische Soziallehre, wie sie von den Päpsten Leo XIII. und Pius XI. in den Enzykliken «Rerum Novarum» (1891) und «Quadragesimo Anno» (1931) entwickelt worden war. Perón kann sich sogar als deren Avantgarde verstehen. Zwar war die Katholische Soziallehre im Deutschland des 19. Jahrhunderts als Reaktion auf die Verelendung der Landbevölkerung und die Entstehung eines städtischen Industrieproletariats entstanden und allmählich vom kirchlichen Lehramt rezipiert worden. Doch ist es nicht zu bestreiten, dass die katholische Kirche in Europa weite Teile der Arbeiterschaft «verloren» hat – wie es bis heute im Kirchendeutsch heißt. Tatsächlich hat die katholische Kirche (ebenso wie die evangelische) sie nie gewonnen. Was in der Alten Welt gescheitert ist, soll in der Neuen Welt Argentiniens Wirklichkeit werden. Die Versöhnung von Kirche und Arbeiterschaft.

Rettung des Abendlandes

Dass die Rettung des katholisch-christlichen Abendlandes im Süden der Neuen Welt ihren Ausgang nimmt, erfährt das staunende Publikum nicht nur aus vielen Reden Peróns und zahllosen publikumswirksamen Aufzügen bei kirchlichen Feiern. Der 1946 gewählte Präsident lässt seinen Worten bald Taten folgen, zumal er in Kardinal Santiago Luis Copello einen vehementen Unterstützer hat. Copello, ein an der Päpstlichen Universität Gregoriana der Jesuiten ausgebildeter Argentinier, war 1927 Militärbischof geworden, ein Jahr später Generalvikar des Erzbistums Buenos Aires und 1932 Erzbischof.

Dank des Organisationstalentes des Kardinals und der Unterstützung vieler wohlhabender Familien entstehen Dutzende neue Kirchen und Pfarrgemeinden.[29] Der Eucharistische Weltkongress, der im Oktober 1934 in Buenos Aires stattfindet, taucht das Aufbauwerk umgehend in das rechte Licht – Kardinalstaatssekretär Eugenio Pacelli, der künftige Papst Pius XII., wohnt jenem Ereignis persönlich bei. Gleichwohl bleibt die Zahl der Pfarreien insgesamt gering, selbst im Vergleich mit anderen Ländern Lateinamerikas. 931 Pfarreien in ganz (!) Argentinien stehen mehr als 3100 in Brasilien und fast 1900 in Mexiko gegenüber. Nicht nur dieser Umstand deutet darauf hin, dass die Kirche mehr als 125 Jahre nach der Unabhängigkeit noch tief in einer quasikolonialen Mentalität verhaftet ist. Zudem liegen die meisten Pfarreien – wie seit Jahrhunderten – in den Städten. Und wie überall in Südamerika ist der Anteil ausländischer Priester hoch. Schätzungen zufolge sind in den dreißiger Jahren mehr als dreißig Prozent der Geistlichen Ausländer, zumeist Spanier und Italiener.

Mit dem Erstarken des Peronismus einher geht eine personelle und theologische «Argentinisierung» des Klerus. Seit dem Ende der dreißiger Jahre steigt die Zahl «autochthoner» Priesterberufungen. Die Investitionen in Priesterseminare und der Enthusiasmus des Eucharistischen Weltkongresses tragen Früchte. Bald sollte der Peronismus das Seine dazutun. Die drei Jahre von 1946 bis 1949 sind geprägt von offenkundigen Übereinstimmungen zwischen Präsident Perón und der katholischen Kirche. Das Parlament, das 1946 nach drei Jahren Unterbrechung seine Arbeit wiederaufnimmt und von den Peronisten beherrscht wird, heißt den Religionsunterricht, den die Militärregierung per Dekret eingeführt hatte, umgehend gut. Die Argumente, die in der Debatte in beiden Häusern vorgebracht wurden, lassen den Charakter der neuen «populistischen» Ideologie klarer denn je erkennen: Dort ein elitärer Liberalismus, hier der wahre Volkswille, das eigentliche, das katholische Argentinien. Perón nennt den Religionsunterricht öffentlich ein Heilmittel, um «die weltweite geistliche Krise zu überwinden».[30]

Auch in anderer Hinsicht provoziert Perón die traditionellen Eliten. Das klassische, von liberalen Historikern gepflegte Geschichtsbild, in dem das spanische Erbe Argentiniens als koloniales Relikt abgetan wird und die aufgeklärt-westeuropäische Lebensweise das Maß aller Dinge ist, wird auf den Kopf gestellt. Das peronistisch-revisionistische Narrativ entfaltet sich in einer Kulturgeschichte Argentiniens, in der das einfache Volk und die Arbeiterschaft als Träger des geschichtlichen Prozesses erscheinen – ein Topos, der von der argentinischen Theologie bald aufgegriffen und verstärkt wird.

In diesem Sinn lassen der Oberst und seine Evita kaum eine Gelegenheit aus, sich als treue Mitglieder der Kirche zu zeigen – und Mitglieder der Kirche sich als treue Anhänger Peróns. Wann immer es darum geht, neue Wohnviertel oder Schulen einzuweihen oder Kreuze für die neuen Arbeitsgerichte zu segnen, sind Kardinal Copello oder einige militant-peronistische Geistliche wie der Jesuit Hernán Benítez[31] oder auch Peróns geistlicher Berater Virgilio Filippo nicht weit. Der Bischof von Resistencia, Nicolás de Carlo, soll sogar die Veröffentlichungen Peróns vorab auf deren Übereinstimmung mit der Katholischen Soziallehre geprüft haben – so hat es Papst Franziskus aus seiner Erinnerung im Jahr 2014 zwei argentinischen Journalisten berichtet. Für ihn ein Beweis dafür, dass es eine innere Verbindung zwischen der peronistischen Doktrin und der Sozialverkündigung der Kirche gab.[32]

Eine steile Karriere machte auch die «Jungfrau von Luján». Diese Mariengestalt erfreut sich der persönlichen Verehrung des Präsidenten, der 1946 zusammen mit seiner Frau das Nationalheiligtum besucht. Bald wird die Jungfrau von Luján Patronin der argentinischen Polizei. Ihr Bild schmückt jede Wache. Als Perón die sich in englischem Besitz befindende Eisenbahn verstaatlicht, muss die Jungfrau abermals herhalten. Als Patronin der argentinischen Eisenbahn hält sie bald in jeden Bahnhof Einzug.

Hochzeit des Nationalismus

Wie viel der junge Jorge Mario Bergoglio von diesem neuen Geist eingeatmet hat, ist schwer zu ermessen. Er selbst bestreitet, sich jemals einer Partei angeschlossen zu haben.[33] Im Jahr 2010 wird er im Zusammenhang mit nationalistischen und auch antisemitischen Tendenzen während des Peronismus sagen: «Es war eine Hochzeit des Nationalismus, der das Katholische auf ungerechte Weise vereinnahmte.» (BS 211) Mit nationalistisch-konservativen und dabei antisemitischen Strömungen macht er noch Jahrzehnte später eigentümliche Erfahrungen. «Heute gibt es auch Zeitschriften, die von Ultranationalisten herausgegeben werden und in denen man mich der Häresie beschuldigt, weil ich einen Dialog mit anderen Gruppierungen führe.»

Als die Putschoffiziere der GOU 1943 die Macht übernehmen, ist Jorge sieben Jahre alt. Als Perón zum Präsidenten gewählt wird, elf. Während Perón seinen Einfluss auf das Bildungswesen verstärkt und den Peronismus zu einer neuen Weltanschauung stilisiert, geht Bergoglio auf die Technikschule. Im Herbst 1954 kommt es zum ersten öffentlichen Konflikt mit großen Teilen der katholischen Hierarchie. Diese wiederum mobilisieren die katholischen Volksmassen gegen Perón: Bergoglio ist 18 Jahre alt. Dass ihm die Bilder der Kirchen, die militante Peronisten im Zentrum von Buenos Aires in Brand stecken, nicht nahegehen, ist kaum zu glauben. Ebenso wenig das Verbot des gerade eingeführten Religionsunterrichts an staatlichen Schulen, die

Legalisierung der Ehescheidung und die Liberalisierung der Prostitution.

Dem steilen Aufstieg Peróns folgt ein ebenso steiler Niedergang. Der Auslöser ist – wie so oft in Argentinien – eine Wirtschaftskrise.[34] Anfangs hatte Perón eine exzessive Verstaatlichungspolitik betrieben, mit der er die Eisenbahnunternehmen, die Gasversorgung oder auch die Handelsflotte sowie mehrere (zu den Aerolineas Argentinas fusionierte) Fluggesellschaften der staatlichen Bürokratie einverleibte. Den Wirtschaftsboom und die «Wohltaten» für die Arbeiter finanziert er mit den hohen Devisenreserven und hohen Gewinnabschöpfungen aufgrund der guten Exportkonjunktur.[35] Schon bald sollten die Kosten der Verstaatlichungspolitik, die als Meilenstein auf dem Weg in die wirtschaftliche Unabhängigkeit verbrämt wird, und die Expansion des Wohlfahrtsstaats die Wirtschaft strangulieren. Obwohl die Reallöhne um 62 Prozent (!) innerhalb von nur vier Jahren steigen, macht sich Unruhe breit. Die bürgerlich-städtischen Schichten einschließlich der Studenten und Intellektuellen haben sich mehrheitlich nie mit dem Caudillo anfreunden können, ebensowenig die alteingesessenen Großgrundbesitzer und Teile des Militärs. Perón muss auf der Hut sein.

Um seine Machtbasis zu verbreitern, setzt Perón auf die Schüler der Sekundarschulen. Wie die Gewerkschaften und Jugendorganisationen will er sie auf sein Gesellschaftsmodell einschwören. Als er von den katholischen Bischöfen verlangt, die Gruppen der erst 1931 gegründeten «Katholischen Aktion» aufzulösen, in denen die Sekundarschüler organisiert sind, stößt er auf Widerstand. Dabei waren die Bischöfe einer ähnlichen Forderung, nämlich nach Auflösung der christlichen Gewerkschaften, in den vierziger Jahren widerstandslos nachgekommen. Damals hatten sie nicht viel zu verlieren, denn die Gewerkschaften waren schwach. Anders die Schülerorganisationen. Sie sind stark. Die Bischöfe weigern sich.

Nach den ersten Jahren eines scheinbar bruchlosen Einvernehmens zwischen dem einfachen katholischen Volk und seiner Hierarchie sowie dem neuen Präsidenten und dessen Bewegungen macht sich auch in der Kirche Unruhe breit. So sehr die neue Verfassung des Jahres 1949 katholische Werte wie Gerechtigkeit und Institutionen wie die Familie zu schützen vorgibt, so sehr erregt das Vorhaben Peróns Verdacht, mittels einer Verfassungsänderung eine zweite Amtszeit anzustreben. Mit Verstörung wird auch registriert, dass der so genannte «dritte Weg» zwischen Marxismus und Liberalismus, den Perón anfangs aus der Sozialverkündigung des kirchlichen Lehramtes abgeleitet hatte, zunehmend als originäre peronistische Ideologie angepriesen wird. Mit einem Mal ist von peronistischer Philosophie und peronistischer Ethik die Rede, einfach, praktisch, volkstümlich, zutiefst christlich und zutiefst humanistisch, wie Perón im Jahr 1950 darlegt.

Die Aufgabe, den Peronismus als allumfassende nationale Ideologie zu implementieren, kommt dem 1949 gegründeten Erziehungsministerium zu. An dessen Spitze tritt ein Peronist, der als militanter Antiklerikaler und Freimaurer bekannt ist. Das anfangs über die Maßen harmonische Verhältnis zwischen dem Großteil der Bischöfe und den maßgebenden Kräften im Peronismus schlägt in sein Gegenteil um. Die finanzielle Unterstützung der katholischen Privatschulen wird suspendiert, 1954 der Religionsunterricht abgeschafft.

Auch der Kult um Peróns Gattin Evita hat Züge angenommen, die der katholischen Kirche missfallen müssen. 1947 hatte sie auf ihrer Reise durch das zerstörte Europa auch Papst Pius XII. besucht – ihr geistlicher Mentor, der Jesuit Hernán Benítez, hatte ganze Arbeit geleistet. Doch bald ist das Christentum nur noch die Vorstufe einer säkularen Erlösungsreligion, die nicht zufällig ihren Familiennamen trägt.

In einer Selbstdarstellung, die 1951 als Biographie getarnt erscheint, stilisiert sich Evita zur Erlöserin der darbenden Arbeiterklasse – die Mittel dazu erhält ihre «Sociedad de Beneficios» vom Staat. Dann schickt sich Evita Perón an, als eine Art weiblicher Christus eine neue argentinische Volksreligiosität zu begründen. «Gott gehört eher den Armen als den Reichen», lässt sie ihre Anhänger wissen. Und: Sie liebe Gott in den *descamisados*, den Hemdlosen.[36]

Übers Jahr ist Evita tot. Sie stirbt am 26. Juli 1952 an Krebs, kaum 33 Jahre alt. Der Kult, der um die jung Verstorbene entsteht, nimmt bald Züge einer Heiligenverehrung an – was nicht allen gefällt. Die Bischöfe wollen der Entstehung eines staatlich forcierten religiösen Paralleluniversums nicht länger zuschauen. Doch je deutlicher sie sich gegen den Totalitätsanspruch des Peronismus aussprechen, desto mehr verhärten sich die Fronten – zumal auch die von Perón mit allen Mitteln bekämpfte politische Opposition die Chance erkennt, den mittlerweile unverhüllten Antikatholizismus einiger Sektoren des Peronismus für ihre Zwecke zu nutzen.

Die Spannungen eskalieren am 17. Oktober 1954. In einer Rede greift Perón nicht nur die üblichen «Feinde» an, Kommunisten und Liberale, sondern bezichtigt Bischöfe und katholische Laien des «Antiperonismus» und des Versuchs ihn zu stürzen, etwa durch Bestrebungen, eine christlich-demokratische Partei zu gründen. Zu dem Verbot des Religionsunterrichts gesellen sich Schikanen gegenüber Ordensschulen (allen voran das Colegio de La Inmaculada der Jesuiten in Santa Fe, das bald einen Lehrer namens Jorge Mario Bergoglio sehen sollte), Anweisungen an Banken, kirchlichen Einrichtungen keine Kredite mehr zu geben, und Zusammenstöße zwischen militanten Peronisten und katholischen Kritikern des Diktators.[37]

Welche Strategie Perón in dem Konflikt mit der katholischen Kirche verfolgte ist bis heute umstritten. Sollte er sich jedoch erhofft haben, von der unaufhaltsam voranschreitenden Wirtschaftskrise ablenken zu können, dann hat er sich getäuscht. Denn mittlerweile ist offensichtlich, dass die Versprechungen des peronistischen Wohlfahrtsstaates auf Sand gebaut sind.

Nach dem Zweiten Weltkrieg sollten sich mit dem Auftritt der Vereinigten Staaten auf der europäischen Bühne allmählich neue weltwirtschaftliche Strukturen mitsamt neuen Handelsströmen herausbilden, die den argentinischen Exportinteressen nicht entgegenkommen. Die Militärregierung hatte nie ein Hehl aus ihrer Abneigung gegenüber den Vereinigten Staaten gemacht und bis zum

27. März 1945 gezögert, dem Deutschen Reich und Japan an der Seite der Alliierten den Krieg zu erklären. Nach dem Ende der Kämpfe in Europa und auf den asiatischen Kriegsschauplätzen fühlen sich die Vereinigten Staaten nicht verpflichtet, bei der Neugestaltung des Atlantikhandels argentinische Interessen zu berücksichtigen. Seinerseits hatte Perón keine Gelegenheit ausgelassen, um die Amerikaner wissen zu lassen, dass sein «national-sozialistisches» Wirtschafts- und Gesellschaftsmodell dem «individualistisch-kapitalistischen» haushoch überlegen sei.

Die Amerikaner verstehen schnell. Im Zuge des Marshall-Plans, mit dem die eigenen Ausfuhren forciert werden, gehen Argentinien die wichtigsten Auslandsmärkte verloren, allen voran Großbritannien. Die während des Krieges angehäuften Devisenreserven sind bald aufgebraucht. Weil der Außenwert des Pesos ständig sinkt, verteuern sich die Importe – und das bei einer weiterhin schwachen industriellen Basis.

Perón ändert seinen wirtschaftspolitischen Kurs nicht. Wie viele andere lateinamerikanische Länder folgt er den Rezepten der vor kurzem ins Leben gerufenen Wirtschaftskommission der Vereinten Nationen für Lateinamerika (CEPAL). Generalsekretär dieser Einrichtung mit Sitz in Santiago de Chile ist seit 1950 der vormalige argentinische Zentralbankpräsident Raúl Prebisch. Der sieht in einer Mischung aus keynesianisch inspirierter Stimulierung der Binnennachfrage und einer nachholenden Entwicklung *(desarrollismo)* den Königsweg, um die Lücke zwischen den westlichen Industrienationen im Zentrum der Weltwirtschaft und den Staaten an der «Peripherie» zu schließen. Eine starke Stellung nimmt in dieser Vorstufe der so genannten Dependenztheorie der Staat ein: Er muss die Bedingungen schaffen, um die «peripheren» Ökonomien vor den imperialen Bestrebungen der «Zentren» zu schützen. Also Steigerung der Wertschöpfung im Land durch Verarbeitung der Rohstoffe sowie auf Importsubstitution setzende Industrialisierung anstatt Integration in den Weltmarkt, ausländische Direktinvestitionen und freier Kapitalverkehr.[38]

Dank einer Verfassungsänderung, die seine Wiederwahl erst möglich macht, wird Perón im Jahr 1951 im Amt bestätigt – nicht zuletzt dank der Stimmen der Frauen, denen er und seine Frau Evita im Jahr 1947 das Wahlrecht zugebilligt hatten. Das Ende seiner dritten Amtszeit wird er nicht mehr erleben, jedenfalls nicht als Präsident. 1955 wird der Mann, der selbst nach einem Militärputsch die politische Bühne betreten hatte, seinerseits durch das Militär aus dem Amt gejagt.

Schon am 16. Juni 1955 wird Perón wegen des Konflikts mit der Kirche von Papst Pius XII. exkommuniziert. Auf der Plaza de Mayo versammeln sich Zehntausende, die den Präsidenten ihrer Unterstützung versichern. Kampfflugzeuge der Luftwaffe und der Marine bombadieren die *Casa Rosada* und schießen in die davor versammelte Menge. Mehr als dreihundert Demonstranten sterben, achthundert werden verletzt. Am Abend bricht der Militärputsch zusammen. Peronisten legen in den ältesten (und reichsten) Kirchen im Zentrum von Buenos Aires Feuer. Ein zweiter Putschversuch im September 1955 ist erfolgreicher, obwohl Perón seine *revolución justicialista* für beendet erklärt hat und die oppositionellen politischen Kräfte nicht länger verfolgt. Am 16. September flieht der Caudillo nach Paraguay.

Befreiende Revolution

Das Militär, das eine «Befreiende Revolution» (*revolución libertadora*) ausruft, wird von starken Kräften aus dem Parteienspektrum unterstützt. Die Militärs kommen auf die alte Verfassung des Jahres 1853 zurück und verbieten unter anderem die Wiederwahl des Präsidenten. Auf dem Gebiet der Wirtschaft und Sozialpolitik behalten sie indes vieles bei, was Perón eingeführt hatte und bis heute in nostalgischer Verklärung als Ausdruck der Integration der Arbeiterschaft und der unteren Mittelschicht in die argentinische Gesellschaft gilt. Die protektionistischen Regelungen, die den Wettbewerb begrenzen, bleiben ebenso in Kraft, die starke Stellung der Gewerkschaften wird nicht angetastet. Kennzeichnend ist darüber hinaus eine massive Ausdehnung des öffentlichen Sektors, der sich zunehmend als Entwicklungshemmnis eigener Art herausstellen wird. Der neue, als gemäßigt geltende Präsident General Eduardo Lonardi träumt von einem Peronismus ohne Perón und einer Versöhnung mit der katholischen Kirche.

Lonardis Amtszeit währt nur wenige Monate. Schon im November 1955 und damit kurz vor dem 19. Geburtstag Jorge Mario Bergoglios wird er durch General Pedro Eugenio Aramburu ersetzt. Dieser spricht und handelt für die traditionellen Eliten des Landes, verbietet die Partei des mittlerweile in Venezuela im Exil lebenden Perón, verhaftet ehemalige Regierungsmitglieder und untersagt alles, was im öffentlichen Raum an seinen Vorvorgänger erinnern könnte. Selbst die Erwähnung des Namens des vormaligen Machthabers und seiner Frau wird unter Strafe gestellt. Die Repression stößt bald auf Widerstand, der im Juni 1956 eskaliert. Es kommt zu einem Putsch gegen Aramburu. Einige Militärs und Zivilisten, die loyal zu Perón stehen, werden auf Anordnung des Präsidenten erschossen.[39] Am 1. Mai 1958 verliert Aramburu die Macht an Arturo Frondizi, der nur insofern aus einer «freien» Präsidentenwahl hervorgegangen ist, als der PJ daran nicht teilnehmen darf.

2. KAPITEL

Es hat mich getroffen

Es ist der 21. September 1954, der «Tag des Studenten». Wie viele Jugendliche macht sich auch Jorge Mario Bergoglio auf, um den Frühlingsanfang mit seinen Kameraden zu feiern. 17 Jahre ist der junge Mann alt, der Abschluss der Ausbildung zum Chemielaboranten steht bevor. Ungeachtet der politischen Turbulenzen sind die Aussichten auf dem Arbeitsmarkt gut, noch greift die Politik des *desarrollismo*. Doch Jorge Mario wird nicht den Beruf ergreifen, auf den er sich seit Jahren vorbereitet hat.

Angeblich hat er schon Ende 1952 gegenüber einem Schulkameraden die Absicht geäußert, nach dem Abschluss der Sekundarschule nicht Chemiker, sondern Priester werden zu wollen – und nicht nur das. Nicht Pfarrer wolle er werden, sondern dem Jesuitenorden beitreten, weil er den Menschen in den *villas* nahe sein wolle.[1] Allerdings waren die Jesuiten in den fünfziger Jahren eher für ihre Arbeit an Schulen und Universitäten bekannt.

Doch gleich was Bergoglio 1952 über Priester und Jesuiten weiß, es hält ihn nicht davon ab, seine Freizeit mit seinen Kameraden zu verbringen und sogar mit einem Mädchen aus seinem Stadtviertel «zu gehen». «Hatten Sie eine Freundin?», (RA 129) wird er im Alter von mehr als 70 Jahren gefragt. «Ja. Sie gehörte zu der Gruppe von Freunden, mit denen wir tanzen gingen.» Nachfrage: «Warum haben Sie die Beziehung beendet?» Antwort: «Ich entdeckte meine religiöse Berufung.»

Brot und Kuchen

Folgt man der Darstellung in «El Jesuita», dann lässt Jorge Mario Bergoglio an jenem 21. September 1954 seine Clique für einen Moment Clique sein und betritt kurz die Kirche San José de Flores, um zu beichten. «In dieser Beichte ist mir etwas Seltsames passiert. Ich weiß nicht, was es war, aber es hat mein Leben verändert. Ich würde sagen: Es hat mich getroffen, als ich offen und ungeschützt war», (RA 50) heißt es rückblickend im Jahr 2010. «Es war die Überraschung, das maßlose Erstaunen über eine wirkliche Begegnung. Ich merkte, dass ich erwartet wurde. Das ist die religiöse Erfahrung: das Erstaunen darüber, jemandem zu begegnen, der dich erwartet. Von diesem Zeitpunkt an ist es Gott, der einen mit einer Ausschließlichkeit umwirbt, wie es sie nur in der ersten Liebe gibt. Man sucht Ihn, aber Er sucht dich zuerst. Man möchte Ihn finden, aber Er findet uns zuerst.»

1990 hatte Bergoglio diese Begebenheit etwas anders dargestellt. Zum ersten Mal habe er seine Berufung im Internat in Ramos Mejía gespürt – er muss 13, höchstens 14 Jahre alt gewesen sein. Damals habe er mit einem berühmten «Berufungsfischer» gesprochen, einem Salesianer. Auf der Sekundarschule aber dann: «Chau!!» – Was wohl soviel heißen soll wie «futsch.»[2]

Bergoglio verbringt in diesen Jahren viel Zeit im Haus seiner Großeltern mütterlicherseits, also jener Familie, in der Pater Pozzoli ein- und ausgeht. «Merkwürdigerweise pflegte ich damals nicht nur bei Pater Pozzoli zu beichten, sondern bei einigen anderen ‹Beichtgrößen› ... aber im September 1954 ‹geht Troia in Flammen auf›, und ich vertraue mich der geistlichen Führung von Pater Duarte Ibarra an.» Die Beziehung dauert nur ein Jahr. Duarte Ibarra stirbt im Jahr 1955.

Bergoglio überstürzt nichts. Erst im Jahr 1956 schließt er die Schule ab. Er ist 20 Jahre alt. Was hat er seit dem 21. September 1954 erlebt? «Sagen wir mal, dass Gott mich einige Jahre an der Nase herumgeführt hat», sagt er seinen Biographen Rubin und Ambrogetti.[3] «Wir sind so schwach, dass wir uns stets der Versuchung zur Uneindeutigkeit ausgesetzt sehen: Man möchte das Brot und den Kuchen, das Gut der Weihe und das Gut eines Lebens als Laie. Vor meinem

Eintritt ins Seminar war ich auf diesem Weg», (BS 62 f.) erzählt er seinem Freund Abraham Skorka.[4]

Wenn Gott dich ruft

Gegenüber seiner Familie erwähnt Jorge Mario Bergoglio 1954 anscheinend nicht, dass er sich mit dem Gedanken trägt, Priester zu werden. «Zuhause merken sie nichts. Sie waren praktizierende Katholiken, aber hätten es lieber gesehen, wenn ich einige Jahre gewartet und ein Universitätsstudium begonnen hätte.»[5]

Als Jorge sich seinen Eltern offenbart, taucht der Vorschlag auf, den Rat von Pater Pozzoli einzuholen. Die Eltern ahnen nicht, dass ihr Sohn seinen Seelenführer längst eingeweiht hat.

Am 12. Dezember 1955 feiern die Eheleute Bergoglio ihren 20. Hochzeitstag mit einer Messe in der Kirche San José de Flores. Mit dabei ihre fünf Kinder – und Pater Pozzoli als Zelebrant. Im Anschluss an den Gottesdienst lädt der Vater zum Frühstück in ein Café. Nachdem der erste Hunger gestillt ist, kommt die Sprache auf die Zukunft des ältesten Sohnes. Sicher, das mit der Universität sei schon gut ... Aber es gebe Dinge, die man dann tun müsse, wann Gott wolle, dass sie getan würden. Pozzoli erzählt von Berufungen, von einem Priester, der ihn gefragt habe, ob er nicht Priester werden wolle. Mit seinen Schilderungen erreichte er, was er wollte. Er «erweichte ihre Herzen», heißt es im Jahr 1990.

In den Versionen der Berufungsgeschichte, die Bergoglio später erzählt, kommt Pater Pozzoli nicht vor. «Zuerst habe ich es meinem Vater gesagt. Der fand es gut. Er war sogar glücklich darüber. Er hat mich nur gefragt, ob ich mir meiner Entscheidung sicher sei. Und er hat es dann meiner Mutter erzählt, die das als gute Mutter schon geahnt hatte.» (RA 51)

Mama Regina verhehlt nicht ihre Enttäuschung. ««Ich weiß nicht, ich sehe dich nicht darin ... Du musst etwas warten ... Du bist der Älteste ... Arbeite erst einmal weiter ... Studier zu Ende», sagte sie mir. Ehrlich gesagt, hat es meine Mutter eher nicht so gut aufgenommen.»

Der angehende Geistliche Jorge Mario Bergoglio (hinten, 2. v. l.)
mit Eltern und Geschwistern (undatiertes Photo).

Im September 1956 bezieht Jorge Mario das Seminario Metropolitano der Erzdiözese Buenos Aires, das nach dem Stadtteil, in dem es liegt, bis heute als Seminario de Villa Devoto bekannt ist. Als er seine wenigen Habseligkeiten in das Priesterseminar bringt, bleibt seine Mutter zu Hause. Im Seminar wird sie ihn niemals besuchen. Wieder findet Jorge Halt bei seiner Großmutter Rosa: «Als ich es meiner Großmutter erzählt habe, die es schon wusste, aber so tat, als wisse sie nichts, hat sie mir geantwortet: ‹Gut, wenn Gott dich ruft, gepriesen sei der Herr.› Sofort fügt sie hinzu: ‹Bitte vergiss aber nie, dass die Türen unseres Hauses dir immer offen stehen und dass niemand dir einen Vorwurf machen wird, wenn du dich dafür entscheidest zurückzukommen.›» (RA 52 f.)

Er wird nicht zurückkommen. Auch seine Geschwister gehen nach und nach eigene Wege. Oscar Adrián wird nach einem kurzen Intermezzo als Lehrer Verwaltungsangestellter, heiratet und wird Vater dreier Kinder. Drei Kinder sollte auch Alberto Horacio (gest. 2010) bekommen, der im Handel mit Autoteilen sein Geld verdienen wird. Marta Regina (gest. 2007) wird zwei Söhnen das Leben schenken, von denen einer dem Onkel in den Jesuitenorden folgt. Einer der beiden Söhne seiner jüngsten Schwester María Elena wird Jorges Patensohn.

Ob Bergoglio weiß, was ihn in Villa Devoto erwartet, geht aus seinen autobiographischen Einlassungen nicht hervor. So ist auch nicht zu ermessen, inwieweit er sich darüber Gedanken macht, wie weit der Weg zum Priestertum noch sein würde. Denn mit 20 Jahren gehört Bergoglio nicht nur zu den älteren unter den Kandidaten. Als Chemielaborant bringt er auch nicht die Voraussetzungen mit, um sogleich das Studium aufnehmen zu können.

Das Seminario Metropolitano ist im Unterschied zu vielen anderen Diözesanseminaren in Lateinamerika keines, in dem schlecht ausgebildete Kleriker einen mittelmäßigen Klerus ausbilden. Vielmehr hatte man die Ausbildung der angehenden Priester im 19. Jahrhundert den Jesuiten anvertraut. Jetzt, Ende der fünfziger Jahre, sind die ersten Diözesanpriester im Begriff, die Jesuiten an der Theologischen Fakultät zu ersetzen, die seit 1915 mit dem Seminar verbunden war – auch das eine Spätfolge der Neuorganisation der katholischen Kirche in

Der Jesuit und Theologe Juan Carlos Scannone im Garten des Colegio Máximo (Buenos Aires, 29. November 2013).

den dreißiger Jahren und ihrer anschließenden, vom Peronismus inspirierten und finanziell großzügig dotierten «Argentinisierung».[6]

Noch aber geben die Jesuiten den Ton an, auch und gerade in dem «Kleineren Seminar», in dem etwa hundert Priesteranwärter wohnen, die zur Vorbereitung des Theologiestudiums die klassischen Sprachen Latein und Griechisch erlernen und in die Geheimnisse der humanistischen Bildung eingeführt werden müssen.

Einer der Jesuiten, der Jorge Mario Bergoglio unterrichtet, hört auf den Namen Juan Carlos Scannone.[7] Der gebürtige Argentinier ist fünf Jahre älter als Bergoglio und hat gerade das Philosophiestudium abgeschlossen. Vor dem Beginn des Theologiestudiums verbringt er, wie es bei den Jesuiten üblich ist, zwei Jahre in einer Einrichtung des Ordens, um dort zu dozieren. Scannone unterrichtet ihn in Griechisch und macht ihn mit den Klassikern der Weltliteratur vertraut.

Wie das Leben im Seminar abläuft, ist in den Schilderungen Bergoglios nicht überliefert. Zwei Begebenheiten haben sich indes so tief in sein Empfinden eingeprägt, dass er noch Jahrzehnte später davon erzählen wird. «Als Seminarist verzauberte mich ein junges Ding, das ich auf der Hochzeit eines Onkels kennenlernte. Ihre Schönheit, ihre intellektuelle Ausstrahlung überraschten mich … na ja, ich war eine ganze Zeit lang wie belämmert, sie ging mir nicht aus dem Kopf. Als ich nach dem Hochzeitsfest ins Seminar zurückkam, konnte ich eine ganze Woche lang nicht beten, denn immer wenn ich es tun wollte, kam mir das Mädchen in den Sinn. Ich musste neu darüber nachdenken, was ich machen wollte. Noch war ich frei, denn ich war ja noch Seminarist, ich konnte also nach Hause zurückgehen, und das war's dann. Ich musste noch einmal über diese Option nachdenken.» (BS 62)

Das Ergebnis: «Wieder wählte ich den geistlichen Weg – oder ließ mich wählen.»

Mit der Zeit im Seminar verbindet Bergoglio eine zweite «existenzielle» Erfahrung. Im August 1957, mitten im argentinischen Winter, wird das Seminar von einer Grippewelle erfasst. Bei den meisten Seminaristen verläuft die Erkrankung glimpflich – bis auf zwei. Einer davon ist Jorge Mario Bergoglio. Er wird mit Symptomen einer schweren Lungenentzündung in das nahe gelegene Hospital Sirio-Lebanés gebracht. Die Ärzte sind ratlos. «Einmal, als ihn das Fieber wieder schüttelte, umarmte Jorge Bergoglio – damals 21 Jahre alt – seine Mutter und fragte sie verzweifelt: ‹Sag mir, was ist los mit mir?› Sie wusste nicht, was sie ihm antworten sollte.» (RA 42). Einige Tage schwebt er zwischen Leben und Tod. Dann wird ein Teil des rechten Lungenflügels operativ entfernt. Er überlebt.

Während des zweiten Jahres im Seminar ist die religiöse Berufung Bergoglios gereift. Die *humanidades* sind nahezu abgeschlossen, bald könnte er im *Seminario mayor* mit dem Studium beginnen und nach drei, vier Jahren zum Priester geweiht werden. Statt dessen beschließt er nach seiner Genesung im November 1957, nicht mehr ins Seminar zurückzukehren. Er möchte in die Gesellschaft Jesu eintreten. Wieder vertraut sich Bergoglio Pater Pozzoli an, den er in diesen Monaten häufig besucht. «Er prüft die Berufung und gibt mir grünes Licht.»[8] Eines jedoch stört den erfahrenen Seelenführer. Das Noviziat wird erst im März beginnen. Bis zu der Abreise nach Córdoba vergehen also noch vier Monate. Pozzoli ist nicht wohl bei dem Gedanken, dass der junge Bergoglio während der langen Ferienmonate alleine sein könnte. Bergoglio verbringt den Sommer bei Salesianern in einem Haus in Tandil, rund 360 Kilometer südlich von Buenos Aires.

In seinen Erinnerungen hat sich die Krankheit unauslöschlich eingebrannt. «Bergoglio störten die konventionellen Floskeln, die ihm viele sagten, wie ‹Das wird schon vorübergehen› oder ‹Wie schön wird es sein, wenn du wieder nach Hause kommst›, (RA 42) wissen seine Biographen Rubin und Ambrogetti Jahrzehnte später zu berichten: «Aber dann ließ eine Besucherin die vorgefertigten Sprüche beiseite und sprach ihm wirklich Mut zu. Es war eine Ordensfrau, Sr. Dolores, die er nie vergessen hatte, seit sie ihn auf die Erstkommunion vorbereitet hatte.» «Sie sagte mir etwas, das sich mir tief eingeprägt hat und mir großen Frieden gab: ‹Jetzt folgst du Jesus nach›», (RA 42 f.) erinnert sich der Kardinal.

Fortschrittliche Kraft

In den ersten Märztagen des Jahres 1958 verlässt Jorge Mario Bergoglio in Begleitung seiner Eltern die Stadt, in der er geboren und aufgewachsen ist. Das Ziel der Reise ist die Stadt Córdoba, die zweitgrößte des Landes. Dort schließen sich am 11. März 1958 die Tore des Noviziates der argentinischen Jesuitenprovinz hinter dem jungen Mann. Zwei Jahre später, am 12. März 1960, legt der künftige Papst in Córdoba die so genannten zeitlichen Ordensgelübde ab. Er verspricht, gemäß den drei «evangelischen Räten» Armut, Ehelosigkeit und Gehorsam zu leben.[9]

Was hat den fast 22 Jahre alten Sohn italienischer Einwanderer dazu bewogen, die Idee von einem Leben als Pfarrer im Dienst der Erzdiözese Buenos Aires aufzugeben und sich den Jesuiten anzuschließen? Der mehr als siebzig Jahre alte Kardinal Bergoglio erklärt es so: «Eigentlich wusste ich nicht so richtig, wohin ich mich wenden sollte. Was klar war, war meine Berufung als Priester. Nachdem ich zuerst im Erzbischöflichen Priesterseminar von Buenos Aires war, bin ich – angezogen von der fortschrittlichen Kraft der Gesellschaft Jesu für die Kirche – dort eingetreten.» (RA 51)

Fortschrittliche Kraft? «Wir würden in militärischer Sprache sagen: Weil diese Kraft sich im Gehorsam und in der Disziplin entfaltete.» In einem anderen Gespräch – schon als Papst – wird er sagen: «An der Gesellschaft Jesu haben mich drei Dinge berührt: der Sendungscharakter, die Gemeinschaft und die Disziplin. Das mutet seltsam an, weil ich von Geburt an ein undisziplinierter Mensch bin. Aber die Disziplin der Jesuiten, ihre Art mit der Zeit umzugehen, hat mich sehr beeindruckt.»[10]

Ahnte Bergoglio damals, worauf er sich einließ? «Dazu kommt, dass dieser Orden auf die Mission hin orientiert ist. Mit der Zeit kam in mir nämlich der Wunsch auf, nach Japan in die Mission zu gehen, wo die Jesuiten seit alters her ein wichtiges Apostolat ausüben.» (RA 51) Der Wunsch geht nicht in Erfüllung. «Während ich Theologie studierte, habe ich dem Generaloberen, es war Pater Arrupe, geschrieben, dass er mich nach Japan oder anderswohin senden sollte. Aber er hat gut nachgedacht und sehr liebevoll zu mir gesagt: ‹Sie hatten doch eine Lungenkrankheit, das ist nicht so gut für eine so harte Arbeit›, und ich bin in Buenos Aires geblieben.»[11]

Ein langer Weg

Eines wird Bergoglio sicher bedacht haben: Der Weg zum Priestertum, den er mit dem Eintritt in den Jesuitenorden einschlägt, ist bedeutend länger als der im Diözesanseminar. Jesuiten wie Juan Carlos Scannone, die er im Kleinen Seminar kennen gelernt hatte, dürften ihm von den «langen Jahren der Ausbildung»[12] ausführlich erzählt haben: Drei Jahre Philosophie, dann zwei Jahre praktische Tätigkeit in einem Werk des Ordens, dann nochmals vier Jahre Theologie mit der Priesterweihe nach dem dritten. Von 1960 an gerechnet würde Bergoglio frühestens im Jahr 1968 geweiht werden – im Alter von fast 32 Jahren.

Diese Aussicht schreckt den Kandidaten nicht. Denn wie überall auf der Welt ist der Jesuitenorden in Argentinien nicht nur der seit Jahrhunderten umstrittenste, sondern auch der prestigeträchtigste und mächtigste Männerorden der katholischen Kirche. Unter dem Eindruck der Reformation hatte der Baske Iñigo (Ignatius) von Loyola (1491–1556) mit mehreren seiner Gefährten die «Gesellschaft Jesu» gegründet. Papst Paul III. hatte die «Societas Jesu» (S.I./SJ) im Jahr 1540 bestätigt. Ihre Mission, die Erneuerung der Kirche, führt sie schnell bis an die Grenzen der bekannten Welt. Über Peru erreichen die ersten Jesuiten im November 1585 das Territorium des heutigen Argentinien.

In der zwölf Jahre zuvor gegründeten Stadt Córdoba rufen sie zunächst eine Schule und bald darauf die erste und damit älteste Universität des Landes ins Leben. Gleichfalls von Córdoba aus bemühen sich Jesuiten um die Mission der (wenigen) Indigenen, die in dem endlos weiten Raum zwischen den Anden und der von portugiesischen Siedlungen gesäumten Atlantikküste leben. Mit so genannten Reduktionen, weitgehend von der Außenwelt abgeschlossener Siedlungen, wagen sie im 17. und 18. Jahrhundert ein zivilisatorisches Experiment, dessen Spuren in Gestalt einzelner Kirchen noch heute zu sehen und in Gestalt barocker Kompositionen zu hören sind.[13] Das Verbot des Jesuitenordens in den Ländern der portugiesischen (1759) und der spanischen (1767) Krone sowie die Aufhebung des Ordens im Jahr 1773 durch Papst Clemens XIV. bedeuten auch das Ende der Reduktionen.

Im Jahr 1814 macht Papst Pius VII. die Aufhebung des Jesuitenordens rückgängig. Als die Jesuiten, die zwei Generationen zuvor aus den portugiesischen und spanischen Territorien Mittel- und Südamerikas vertrieben worden waren, in Mexiko wieder lateinamerikanischen Boden betreten, sind die Unabhängigkeitsbestrebungen in Südamerika in vollem Gang.

Auch das erst 1776 gegründete Vizekönigreich La Plata ist im Begriff, seine Unabhängigkeit von Spanien zu erkämpfen. In der «Mai-Revolution» des Jahres 1810 übernimmt eine von Kreolen gestellte *junta* die Macht in Buenos Aires. Sechs Jahre später erklären die Vereinigten Provinzen am Rio de la Plata ihre Unabhängigkeit vom Königreich Spanien. Bis heute leben diese Ereignisse als die Gründungsdaten der argentinischen Geschichte fort. Am 25. Mai jedes Jahres wird des Beginns der Revolution im Jahr 1816 gedacht, der 9. Juli ist der Unabhängigkeitstag. Erzbischof Bergoglio wird diese Daten immer wieder zum Anlass nehmen, um den Argentiniern im Allgemeinen und der politischen Klasse im Besonderen den Spiegel der Geschichte vorzuhalten.

Zwanzig Jahre nach dem Untergang des Vizekönigreiches kehren auch die Jesuiten wieder zurück. Die ersten Ordensmänner erreichen Buenos Aires, die Hauptstadt eines jungen Staates, der sich im Wesentlichen entlang der Mündung des La Plata sowie der Atlantikküste erstreckt, im Jahr 1836. Mit dem weiten Hinterland und der Andenregion verbinden die Hauptstadt nur wenige Straßen. Das Land nennt sich Argentinien.

Lange sollen die Jesuiten nicht bleiben. Wie in vielen anderen Ländern Süd- und Mittelamerikas sind nach der Unabhängigkeit die Ideen der europäischen Aufklärung und der Antiklerikalismus auch in Argentinien auf fruchtbaren Boden gefallen. Das Land ist von tiefen Gräben durchzogen, politischen, gesellschaftlichen und ideologischen. Nur sieben Jahre nach ihrer Rückkehr werden die ersten argentinischen Jesuiten von dem Caudillo Juan Manuel de Rosas (1793–1877) vertrieben und finden in Uruguay, Chile und Bolivien Zuflucht.[14] In den meisten anderen Ländern Südamerikas soll es den Jesuiten im Verlauf des 19. Jahrhunderts nicht besser ergehen – mit Ausnahme von Chile und Brasilien. Dort besteht der Jesuitenorden seit seiner Wiedergründung bis heute ohne Unterbrechungen.

Zwei Jahre nach Rosas' Sturz, im Jahr 1854, kehren die Jesuiten nach Buenos Aires zurück. Kurz darauf überträgt man ihnen die Leitung des Diözesanseminars von Buenos Aires. Wie überall widmen sich die Jesuiten der Ausbildung der Jugend, der Seelenführung und der Organisationen der Laien in Form der so genannten Marianischen Kongregationen.

Aus der Zeit der Wiedergründung des Ordens Mitte des 19. Jahrhunderts stammen denn auch die Ordenshäuser und Schulen (*Colégios*) in Córdoba, Santa Fé und der Bundeshauptstadt Buenos Aires. Das Kolleg in Buenos Aires wird im Jahr 1868 gegründet und erhält den Namen El Salvador. Wie das Seminario Metropolitano spielt auch diese Einrichtung im Leben Bergoglios eine wichtige Rolle.

Ähnlich unselbständig wie die argentinische Kirche insgesamt ist lange Zeit auch der argentinische Zweig des Ordens. Zunächst unterstehen die Niederlassungen in Argentinien, Chile, Uruguay und Paraguay einer Mission, die einer spanischen Ordensprovinz zugeordnet ist. Dann werden Argentinien und Chile als Provinz unabhängig. 1937 wird die chilenische Vizeprovinz gegründet und von Argentinien getrennt. Allerdings bestreiten die angehenden Jesuiten beider Länder noch lange Zeit gemeinsame Ausbildungsphasen. 1961 wird auch Uruguay eine Vizeprovinz.

Daher wird auch der junge Jorge Mario Bergoglio einige Monate im Nachbarland Chile verbringen. In der im Kolonialstil erbauten Casa Loyola, in einem kleinen Ort namens Padre Hurtado zwanzig Kilometer von Santiago de Chile entfernt gelegen, beginnt er im März 1960 zusammen mit annähernd hundert angehenden Jesuiten aus mehreren südamerikanischen Provinzen des Ordens sein «Juniorat» genanntes Propädeutikum.[15]

Die Argentinier sind nicht nur an ihrem melodiösen, oft umgangssprachlichen Spanisch und an Eigentümlichkeiten wie «Che» und «Vos» leicht zu erkennen. Ein Altersgenosse Bergoglios, der zur selben Zeit Provinzial der chilenischen Provinz sein sollte, wie Bergoglio Provinzial der argentinischen, erinnert sich daran, dass sich die Argentinier nicht nur mit Namen vorstellen, sondern sofort den Namen «ihres» Fußballclubs hinzufügen. Außerdem lassen sie kaum eine Gelegenheit aus, zwischen Latein und Griechisch, Cicero und Xenophon oder Kunstgeschichte sich sportlich zu betätigen, sei es auf dem Fußballfeld, sei es im Schwimmbecken.

Freilich ist aus dieser Zeit auch eine andere Schilderung überliefert. «Ich unterrichte Religion, die kleinen Jungen und Mädchen sind sehr arm. Manche tragen noch nicht einmal Schuhe, wenn sie in die Schule kommen»,[16] schreibt Jorge Mario im Mai 1960 seiner Schwester María Elena. Diese Form der Armut war dem strebsamen Sohn strebsamer Einwanderer in Buenos Aires nicht begegnet. Noch nicht.

Überheblichkeit der Jugend

Nach der Rückkehr aus Chile beginnt Jorge Mario Bergoglio im März 1961 in Argentinien das Studium der Philosophie. Wie es im Orden Brauch ist, geht es dem Studium der Theologie voran. Ein halbes Jahr später, am 24. September 1961, stirbt sein Vater. Er wurde nur 53 Jahre alt. Über die Todesursache und -umstände ist nichts überliefert, ebenso

wenig, wie die Familie den Tod des Vaters aufnimmt. Überliefert –
und noch dazu von eigener Hand – ist nur eine Begebenheit: Pater
Pozzoli, der zu der Familie des Vaters wie der Mutter nach wie vor
engen Kontakt hält, möchte bei der Totenwache ein Foto der um den
Leichnam des Vaters versammelten fünf Kinder machen. Jorge Mario,
der Älteste, ist nicht einverstanden. «Mit der Überheblichkeit der
Jugend» habe er diesen Plan vereitelt, schreibt Bergoglio im Jahr 1990.
«Ich glaube, dass Pater Pozzoli wusste, was in mich gefahren war, aber
er sagte nichts. Wenn ich gewusst hätte, dass er selbst in weniger als
einem Monat sterben würde …»[17]

Wenige Wochen nach dem Tod seines Vaters besucht Jorge Mario
Bergoglio Pater Pozzoli, den man in das italienische Krankenhaus
eingeliefert hat. Er findet ihn schlafend. «Ich ließ nicht zu, dass man
ihn weckte (ich fühlte mich schlecht und ich wusste nicht, was ich sagen sollte). Ich verlasse das Zimmer und bleibe bei einem Pater stehen,
der sich dort aufhält. Wir unterhalten uns. Bald kommt ein anderer
Pater aus dem Krankenzimmer und sagt mir, Pater Pozzoli sei aufge-
wacht. Man habe ihm gesagt, dass ich da gewesen sei; ich möge doch,
wenn ich noch da sei, in das Zimmer kommen. Ich antworte ihnen,
sie sollten Pater Pozzoli sagen, dass ich schon gegangen sei. Ich weiß
nicht, was mit mir los war, ob ich Angst gehabt hatte oder was auch
immer … Ich war 25 Jahre alt und studierte im ersten Jahr Philosophie … Aber … wenn es möglich wäre, diesen Moment noch einmal
Wirklichkeit werden zu lassen, würde ich es tun. Wie oft habe ich
mich gegrämt und geschämt für meine ‹Lüge› gegenüber Pater Pozzoli,
als dieser im Sterben lag. Das ist einer von diesen Momenten in meinem Leben (von denen es nicht viele gibt), die einer am liebsten noch-
mal durchleben möchte, um sich anders zu verhalten.»[18]

1964 kehrt Bergoglio an die Schule zurück. Nach dem Juniorat
und dem Abschluss des dreijährigen Philosophiestudiums hat man
ihn an das Kolleg Inmaculada Concepción in Santa Fé entsandt. Der
Kontrast zu der ärmlichen Dorfschule in Chile könnte nicht größer
sein. Unversehens findet sich Bergoglio, der Einwanderersohn, an
einem der prestigeträchtigsten Kollegs des Landes wieder, an dem
seit Generationen die Söhne der besten (und betuchtesten) Familien
des Landes ein- und ausgehen.

Wie das Land, so hat sich auch die Hauptstadt nach dem Sturz Peróns vor mittlerweile acht Jahren nicht beruhigt. Nach der Präsidentenwahl des Jahres 1958, bei der peronistische Parteien nicht zugelassen waren, hatte der Rechtsanwalt Arturo Frondizi (UCR) die Macht übernommen. Die Wirtschaft des Landes wird für ausländische Unternehmen geöffnet, die Autonomie des kirchlichen Schulwesens wiederhergestellt, die Universitäten werden aus der geistigen und personellen Umklammerung durch den Peronismus befreit, neue Fakultäten entstehen. Für einen Moment hat es den Anschein, als mache Argentinien, das Land der ins Unendliche gehenden Zahl verschenkter Möglichkeiten, endlich etwas aus sich selbst. Doch der Traum ist schnell zu Ende. 1962 wird Frondizi von Militärs gestürzt und durch José María Guido ersetzt.

1963 übernimmt nach Wahlen, bei denen die Peronisten abermals ausgeschlossen sind, Arturo Umberto Illia das Präsidentenamt. Auch er ist ein Mann von Gnaden der Militärs, auch er wird seine Amtszeit nicht regulär beenden. 1966 heißt der Putschgeneral Juan Carlos Onganía. Er ist als fanatischer Katholik und glühender Antikommunist bekannt.

Wieder einmal behauptet das Militär, eine Revolution ins Werk gesetzt zu haben. Anders als vor zehn Jahren heißt sie nicht «befreiende», sondern «argentinische» Revolution. Wie üblich besteht sie darin, dass der Kongress und die Provinzparlamente aufgelöst und die Richter des Verfassungsgerichtes ihrer Ämter enthoben werden. Den politischen Parteien ergeht es nicht besser. Auch sie werden aufgelöst und enteignet. Nach der Aufhebung der Selbstverwaltung der staatlichen Universitäten und der Entfernung der Universitätspräsidenten kommt es am 29. Juli 1966 zu Unruhen. In der «Nacht der langen Schlagstöcke» besetzt das Militär die Universität von Buenos Aires. Dennoch wird es später heißen, bei dem «Onganiat» handele sich um eine «dictablanda» (*blanda* = weich) – im Unterschied zu dem, was zehn Jahre später kommen sollte, der «dictadura» (*dura* = hart).

Zu dieser Wahrnehmung trägt bei, dass die Inflation, die im Jahr 1966 wieder einmal Schwindel erregende 32 Prozent erreicht hatte, in den kommenden Jahren sinken sollte. Doch nicht ein neues Wirtschaftsmodell steht Pate, sondern ein radikales Anpassungsprogramm mit einer Mischung aus protektionistischen und dirigistischen Eingriffen. Das Auf und Ab Argentiniens geht munterer weiter als je zuvor.

Bergoglios Produkte

Traut man den Schilderungen jener Jahre, wie sie in Bergoglios autobiographischen Erzählungen überliefert sind, so geht der junge Jesuit in diesen neuerlich kritischen Jahren seinen Weg, ohne dass die politischen Verwerfungen ihn auch nur berühren. Er geht nicht einmal mehr zur Wahl, woran sich Zeit seines Lebens nichts mehr ändern sollte. (BS 152)

Elisabetta Piqué, die argentinische Biographin Bergoglios, hat zahlreiche ehemalige Schüler des jungen Jesuiten befragt. Sie alle zeichnen das Bild eines bei aller Jugendlichkeit und bei viel Sinn für Humor doch ernsthaften jungen Mannes.

«Er strahlte Autorität aus und gewann dadurch den Respekt und die Zuneigung der Schüler», sagt Germán de Carolis.[19] «Sein Wissen über den Stoff, den er unterrichtete, war enorm, so dass seine Literaturstunden überfüllt waren. Jedermann sah, dass es ihm Spaß machte zu unterrichten, und dass er von seiner Berufung zum Priester absolut überzeugt war.» Auch auf die älteren Jesuiten macht der junge Scholastiker einen guten Eindruck. «Vom ersten Augenblick an hatte ich den Eindruck, eine reife Persönlichkeit vor mir zu haben. Er war diskret, ernst und ausgeglichen. Die Schüler schätzten ihn sehr», (B 14) berichtet Pater Carlos Carranza, der dem mehr als zehn Jahre jüngeren Jorge Mario Bergoglio an dem Jesuitenkolleg in Santa Fé begegnet. Der Einwanderersohn erweist sich nicht nur als eloquent, sondern auch als literarisch hochgebildet. Außerdem vermag er offenbar sehr anschaulich und lebendig zu erklären.

In Santa Fé bleibt er ein Jahr. Die zweite Hälfte des «Interstizes» verbringt Bergoglio wieder in seiner Heimatstadt Buenos Aires und unterrichtet am Colegio del Salvador, dem traditionsreichsten Jesuitenkolleg des Landes. Wieder lernen die Schüler den Scholastiker als Fachmann für Literatur kennen. Außerhalb des Unterrichts engagiert er sich in den «Akademien», in denen sich die Schüler während ihrer Freizeit mit Literatur beschäftigten. Cervantes, Luis de León, Sor Juana Inés de la Cruz – im ersten Jahr steht spanische Literatur auf dem Stundenplan. Im zweiten Jahr unterrichtet Bergoglio argentinische Literatur. Natürlich liest er «Martín Fierro» und bespricht ausführlich die *literatura gauchesa*. Von deren «liberalem» Gegenentwurf «Civilización i Barbarie» ist nicht die Rede. Um so mehr von Jorge Luis Borges.

An Selbstbewusstsein mangelt es dem jungen Jesuiten nicht. Dann und wann lädt er Schriftsteller ein, die den in blauen Anzügen mit weißen Hemden und blauen Krawatten gekleideten Schülern zwei oder drei Tage lang aus ihrer Arbeit berichten oder über andere Werke dozieren. Einer davon ist Borges selbst. Im August 1965 steht er, fast erblindet, den staunenden Schülern Bergoglios Rede und Antwort. Im selben Jahr erscheint unter dem Titel «Cuentos originales» eine Sammlung von 14 Kurzgeschichten. Sieben der Schüler, allesamt Mitglieder der Literaturakademie Santa Theresa, deren Präsident Bergoglio geworden ist, haben sie verfasst – und Borges das Vorwort.

Einer der Nachwuchsautoren ist ein junger Mann namens Rogelio Pfirter, Jahrgang 1948. Dieser wird nach seinem Jurastudium in den diplomatischen Dienst seines Landes treten und als Botschafter in London maßgeblich zur Versöhnung Argentiniens mit Großbritannien nach dem Falkland-Krieg des Jahres 1983 beitragen. Auf noch fruchtbareren Boden fallen die Anregungen Bergoglios und Borges' bei Jorge Milia. Dieser wird selbst Schriftsteller. Der Kontakt zwischen Milia und seinem Kurzzeit-Literatur-Dozenten Bergoglio wird alle Wechselfälle des Lebens überdauern.

Bergoglio «war der erste, der weibliche Schauspielerinnen in der Theatergruppe unseres Kollegs zugelassen hat», erzählt Milia viele Jahre später der Jesuitenzeitschrift «La Civiltà cattolica».[20] Zuvor hatten sich die Laienschauspieler für Frauenrollen stets verkleiden müssen. Bergoglio, so Milia, habe jedoch gemeint, das schade dem Bild der Frau.

Pfirter schreibt es der Persönlichkeit Bergoglios zu, dass der Jahrgang 1965 ein starkes Zusammengehörigkeitsgefühl entwickelt.[21] Im August 2010, 45 Jahre nach dem Ende der Schulzeit am Kolleg, kommen «Bergoglios Produkte» nochmals zusammen. Der Diplomat steht damals kurz vor dem Ende seiner zweiten vierjährigen Amtszeit als Generaldirektor der UN-Organisation für das Verbot chemischer Waffen (OPCW). Alle schwelgen in Erinnerungen.

1965 zieht Bergoglio aus der Innenstadt von Buenos Aires fort an jenen Ort, an dem er mehr Zeit seines Lebens verbringen sollte als an jedem anderen: Zum Theologiestudium findet man ihn in dem im Jahr 1931 gegründeten Ausbildungszentrum der argentinischen Jesuitenprovinz, dem Colegio Máximo in der Vorstadt San Miguel.

Doch was heißt Studium der Theologie im Jahr 1965? Was lernt Bergoglio? Wer lehrt ihn? Welche Bücher hat er zur Hand? In den autobiographischen Darlegungen und den Schilderungen seiner Biographen klafft für die Jahre 1965 bis 1973 eine große Lücke. Immerhin ist zu erfahren, dass der fast 30 Jahre alte Jorge Mario Bergoglio bei Pater Enrique Laje im ersten Jahr der Theologie Vorlesungen in Ekklesiologie und katholischer Soziallehre hört. Außerdem geht er Pater Laje bei der Verwaltung der Bibliothek zur Hand. (B 77)

Doch welche Ekklesiologie? Und welche Soziallehre? Gut möglich, dass er sich damals mit «Quadragesimo anno» beschäftigt, der Sozialenzyklika von Papst Pius XI., auf die sich Perón in seinen «katholischen» Jahren immer wieder berufen hatte und deren «dritter Weg» noch immer einer Verwirklichung harrt. Gut möglich auch, dass «Mater et magistra» zur Sprache kommt, die einzige Sozialenzyklika von Papst Johannes XXIII. Sie war im Jahr 1961 veröffentlicht worden und atmete den Geist der Entkolonialisierung Asiens und Afrikas. Hoffnungsvoll stimmte auch die zeitliche Übereinstimmung zwischen dem Erscheinen der Enzyklika und der im Jahr zuvor erfolgten Wahl John F. Kennedys zum Präsidenten der Vereinigten Staaten. Dieser bietet am 13. März 1961 Lateinamerika eine neue, von wechselseitigem Respekt und der Förderung der Demokratie gekennzeichnete Zusammenarbeit an, die «Alianza para el Progreso». Vier Jahre später ist nicht nur Kennedy tot, sondern auch die «Alianza». Von all diesen Texten und Ereignissen könnten die Vorlesungen Pater Lajes im Fach «Katholische Soziallehre» gehandelt haben.

Doch wovon handelt die «Ekklesiologie»? Ein Curriculum oder Vorlesungsmitschriften sind nicht überliefert. Aber Laje dürfte seinen Studenten kaum jene grundlegenden theologischen Werke über die Kirche vorenthalten haben, die vor und während des II. Vatikanischen Konzils (1962–1965) als Pflichtlektüre galten. Also auch nicht das Buch eines französischen Jesuiten, aus dem Bergoglio bis heute auswendig zitiert, wenn er mit einer enigmatischen, aber einprägsamen Metapher den häufigsten und gefährlichsten Irrweg der katholischen Kirche beschreibt: «Die Mutter Kirche liegt immer in Wehen unseres Lebens im Geiste wegen. Aber die ärgste Gefahr für jene Kirche, die wir sind, die perfideste Versuchung, die tückisch nach jedem Sieg über die andern neu erwacht, ja sich eben aus diesen Siegen ernährt, ist die ‹geistliche Weltlichkeit› (wie Abt Vonier es nannte). ‹Wir verstehen darunter die anscheinende Abkehr von der anderen Weltlichkeit, wobei aber das sittliche, ja geistliche Leitbild nicht die Glorie des Herrn, sondern der Mensch und seine Vervollkommnung wäre. Radikale Anthropozentrik: das ist das Wesen der geistlichen Weltlichkeit. Sie wäre dann unverzeihlich geworden, wenn (falls es möglich wäre) ein Mensch alle geistliche Vollkommenheit besäße, aber ohne sie auf Gott zu beziehen.»[22]

«Geistliche Weltlichkeit» – diese Formulierung muss sich dem jungen Theologiestudenten Bergoglio eingebrannt haben. Zu finden ist sie im letzten Abschnitt eines Buches, das in den vierziger Jahren in Frankreich erschien und bald ins Spanische und auch ins Deutsche übersetzt worden war. Verfasst hatte es der französische Jesuit Henri de Lubac.

Nachdem dieser sich die Metapher «geistliche Weltlichkeit» zu eigen gemacht hat, fährt er fort: «Sollte je diese geistliche Weltlichkeit sich in der Kirche einnisten und ihr innerstes Prinzip unterwühlen, dann wäre sie viel verhängnisvoller als jede bloß sittliche Verweltlichung. Verderblicher auch als der scheußliche Aussatz, der in gewissen Geschichtszeiten das Antlitz der Braut so entstellt hat, da sich ‹im Namen der Religion das Ärgernis im Heiligtum installierte und von einem freigeistigen Papst repräsentiert, das Antlitz Christi unter Schmuckbehang, Schminke und Schönheitspflege begrub›.»[23]

Zusammen mit den Dominikanern Yves Congar und Marie-Dominique Chenu zählte de Lubac in den vierziger und fünfziger Jahren zu den Erneuerern der Lehre von der Kirche und war ein vehementer Befürworter der Abkehr von der Fixierung auf ein Zerr-bild der Theologie des Thomas von Aquin namens «Neuscholastik».

Doch die «nouvelle théologie» und ihre Vertreter waren dem Lehramt und ihren Orden keineswegs willkommen. Schon de Lubacs «Catholicisme» (1938) wird skeptisch beäugt. Seine historischen Studien über die Gnadenlehre aus dem Jahr 1946 tragen ihm seitens seines Ordens acht Jahre Lehrverbot ein. Der Jesuit forscht über Buddhismus und veröffentlicht 1953 seine bahnbrechende «Meditation sur l'Eglise» – jenes Buch, das der Student Bergoglio in spanischer Übersetzung in Argentinien verschlungen haben dürfte und auf das er sich Zeit seines Lebens immer dann beziehen sollte, wenn er sein Ideal einer «dienenden Kirche» formulieren wird: Im Herbst 2007 hätte er (wenn er nicht krank geworden wäre) dem Kardinalskollegium in Rom de Lubacs Rede von der «spirituellen Weltlichkeit» nahegebracht, auch im Gespräch mit Rabbi Skorka darf der Topos nicht fehlen: «Unter einem verweltlichten Geistlichen stellt man sich oft einen vor, der heimlich eine Frau hat, doch das ist nur eines der Doppelleben, die vorzukommen pflegen. Da sind jene, die darauf aus sind, das Religiöse für politische Allianzen zu verhandeln oder für die geistliche Weltlichkeit. Ein katholischer Theologe, Henri de Lubac, sagt, das Schlimmste, was den Gesalbten, den zum Dienst Berufenen passieren kann, sei, nach den Kriterien der Welt zu leben statt nach den Kriterien, die der Herr durch die Gesetzestafeln und das Evangelium aufgetragen hat. Geschähe das in der ganzen Kirche, wäre die Situation sehr viel schlimmer als in jenen beschämenden Epochen mit zügellosen Priestern. Das Schlimmste, was uns im Priesterleben passieren kann, ist weltlich zu sein, Bischöfe oder Geistliche *light*.» (BS 60 f.)

Im März 2013 ergreift Kardinal Jorge Mario Bergoglio während einer der Aussprachen der Kardinäle vor dem Beginn des Konklaves das Wort. Nach seiner Wahl zum Papst lässt Papst Franziskus alle Welt auf dem Umweg über eine kubanische Kirchenzeitung wissen, was er während der wohl längsten und wichtigsten drei Minuten seines Lebens gesagt hat – auch über die «spirituelle Weltlichkeit».[24]

Anfang Oktober 2013 erscheint die italienische Zeitung «La Repubblica» mit einem mehrseitigen Text, der als Niederschrift eines

Gesprächs daherkommt, das der Gründer und Chefredakteur der Zeitung, Eugenio Scalfari, mit Papst Franziskus geführt hat. Wieder fehlt die Warnung vor «spiritueller Weltlichkeit» nicht, gar nicht zu reden von «Evangelii gaudium» (EG), der im November 2013 veröffentlichten Programmschrift des Papstes über die Reform der katholischen Kirche. «Die spirituelle Weltlichkeit, die sich hinter dem Anschein der Religiosität und sogar der Liebe zur Kirche verbirgt, besteht darin, anstatt die Ehre des Herrn die menschliche Ehre und das persönliche Wohlergehen zu suchen. Es ist das, was der Herr den Pharisäern vorwarf: ‹Wie könnt ihr zum Glauben kommen, wenn ihr eure Ehre voneinander empfangt, nicht aber die Ehre sucht, die von dem einen Gott kommt?› (Joh 5,44). Es handelt sich um eine subtile Art, ‹den eigenen Vorteil, nicht die Sache Jesu Christi› zu suchen (Phil 2,21). Sie nimmt viele Formen an, je nach dem Naturell des Menschen und der Lage, in die sie eindringt. Da sie an die Suche des Anscheins gebunden ist, geht sie nicht immer mit öffentlichen Sünden einher, und äußerlich erscheint alles korrekt. Doch wenn diese Mentalität auf die Kirche übergreifen würde, wäre das unendlich viel verheerender als jede andere bloß moralische Weltlichkeit.»[25]

Alles im Fluss

Freilich ist de Lubacs «Meditation» schon während des Theologiestudiums Bergoglios im Begriff, «unaktuell» zu werden. So jedenfalls schreibt es der Jesuit selbst im Vorwort zu einer Neuauflage aus dem Jahr 1967. «Erstens weil seit seiner Abfassung ein allgemeines Konzil stattfand, das eine Dogmatische Konstitution über die Kirche promulgiert hat. Und wenn im vorliegenden Buch sich nichts findet, was mit dem Werk des Konzils im Widerspruch steht, wenn es sogar diesem Werk in mehr als einer Beziehung vorgegriffen hat, so bedürfte es doch einiger Zusätze, um allen Perspektiven von ‹Lumen Gentium› zu entsprechen.»[26]

«Lumen gentium» ist der Name jener Dogmatischen Konstitution über die Kirche, die nicht nur damals die Gemüter erregt, sondern es bis heute tut. Als de Lubac die Neuausgabe seines Buches über die

Kirche vorbereitet, ist der Text gerade drei Jahre alt. Alles ist im Fluss. «In den heute tonangebenden Kreisen erweckt es einen peinlichen Eindruck, wenn einer es laut und unumwunden zu sagen wagt, dass er die Kirche Christi liebt. Schon damit allein ist er beinahe als ein Einzelgänger und Außenseiter abgestempelt – falls er nämlich nicht denen Beifall klatscht, die die Kirche einer totalen Kritik unterwerfen. Und wenn er gar noch bei der Tradition Belehrung sucht – so ehrwürdig, reich und fruchtbar diese auch sein mag –, dann ist er hoffnungslos des Infantilismus überführt.»

Starker Tobak – doch was de Lubac 1967 zu Papier bringt, kennzeichnet die Unruhe, die die Kirche lange vor dem Konzil ergriffen hat und die das Konzil nicht in ruhigere Bahnen zu lenken vermocht hatte. Und genau in jener Zeit innerer und äußerer Anfechtungen beginnt Bergoglio sein Theologiestudium.

Dabei gibt es im 20. Jahrhundert keine Zeit in der Geschichte der Kirche, die von Umbrüchen, Aufbrüchen und Abbrüchen so gekennzeichnet ist wie die Jahre unmittelbar nach dem II. Vatikanischen Konzil. Und das ist nicht allein in Europa so. Auch in Argentinien.

Doch was war das II. Vatikanum und warum?

Diese erste (und einzige) «ökumenische», das heißt weltweite Bischofsversammlung des 20. Jahrhunderts war im Jahr 1959 von dem «guten» Papst Johannes XXIII. einberufen und 1962 eröffnet worden. Das Ende des Konzils sollte der hochbetagte Papst nicht mehr erleben. Angelo Roncalli, der von Papst Franziskus am 27. April 2014 heilig gesprochen werden sollte, verstirbt am 3. Juni 1963. Zu seinem Nachfolger wählen die Kardinäle einen der engsten Mitarbeiter des 1958 verstorbenen Papstes Pius XII., Giovanni Battista Montini. Der war 1954 Erzbischof von Mailand geworden und sieht ebenso wie sein Vorgänger keinen Anlass, sich in die Tradition der Pius-Päpste zu stellen, die seit dem 19. Jahrhundert nur von Leo XIII. und Benedikt XV. unterbrochen worden war. Montini nennt sich aber auch nicht Johannes, sondern Paulus – er ist der erste dieses Namens seit dem Tod von Papst Paul V. im Jahr 1621.

Dass er das von seinem Vorgänger einberufene Konzil nicht fortsetzen könnte, kommt niemandem in den Sinn. Doch längst bevor die Bischofsversammlung mit der vierten Sitzungsperiode im Winter 1965 zu Ende geht, hat sie in vielen Kirchen Europas, aber auch Lateinamerikas eine kaum noch zu kontrollierende Dynamik freigesetzt. Diese sollte nicht nur das herkömmliche, selbstzentrierte Selbstverständnis der Kirche als einer *societas perfecta* oder als *corpus Christi mysticum* in den Hintergrund treten lassen. Im Zeichen des neuen Vorstellung der Kirche als dem «wandernden Volk Gottes» (*pueblo*) brechen sich Entwicklungen Bahn, die sich in Europa etwa mit der liturgischen Bewegung oder der «nouvelle théologie» lange angekündigt hatten. Die Kirchen an der Peripherie, darunter die argentinische, trifft das Konzil weitgehend unvorbereitet.

Ein neues Pfingsten

Immerhin ist in einem Schreiben der argentinischen Bischofskonferenz vom 13. Mai 1966 von einem «neuen Pfingsten» die Rede. «Erstens: Das Konzil hat uns einen neuen Geist gegeben, eine neue Mentalität, eine neue Psychologie, ja selbst einen neuen Stil und eine neue Sprache. Zweitens: Das Konzil hat uns auf dem Gebiet der Lehre und der konkreten Wegweisungen ein reiches Erbe hinterlassen. Drittens: Das Konzil verpflichtet uns, diese Wegweisungen gemeinsam in unserem Land zu verwirklichen.»[27]

Doch wie? Nach einer ausführlichen Beschreibung der Pläne des Konzils für die Organisation des Lebens innerhalb der Kirche, etwa durch die Bildung von Priester- und Pastoralräten, sowie einer Neubestimmung des Verhältnisses von Kirche, Staat und Gesellschaft erklären die Bischöfe, sie wollten einen gemeinsamen «Pastoralplan für Argentinien» entwickeln und sich dabei von einer Pastoralkommission aus Bischöfen, Priestern, Ordensleuten und Laien anleiten lassen. Das ist die Geburtsstunde der so genannten «Comisión Episcopal de Pastoral» (COEPAL). Sie soll die zentrifugalen Kräfte bändigen, die von dem Konzil und vor allem den Priester-Reformgruppen ausgehen, die auch in Argentinien wie Pilze aus dem Boden schießen.

Ähnliche Phänomene gibt es in den Jahren nach dem II. Vatikanum in vielen Ländern. In der Bundesrepublik Deutschland etwa entfesselt das Konzil eine Dynamik, die so stark ist, dass sie fast den Essener Katholikentag des Jahres 1968 gesprengt hätte. Kanalisiert werden kann sie am Ende nur durch die Einberufung der Gemeinsamen Synode der Bistümer der Bundesrepublik Deutschland. Dieses «deutsche Konzil» tagt von 1971 an im Würzburger Dom und geht zehn Jahre nach dem Ende des II. Vatikanischen Konzils im Herbst 1975 zu Ende.[28] In Argentinien setzen die Bischöfe «nur» auf eine Kommission – doch die hat es in sich. Anstatt deren Mitglieder aus verschiedenen Sektoren der Kirche zu rekrutieren, um alle wichtigen Strömungen an der Formulierung des ersten nationalen Pastoralplanes zu beteiligen, übernehmen die «Progressiven» innerhalb des argentinischen Episkopates das Ruder: Manuel Marengo, Vicente Zaspe und Enrique Angelelli.[29]

Ihnen zur Seite stehen zwei Priester, die sich unter anderem als Gründungsmitglieder der «diözesanen» Theologischen Fakultät von Buenos Aires einen Namen gemacht haben: Lucio Gera und Rafael Tello. Hinzu kommen Fachleute für Soziologie (Justino O'Farrell) und Katholische Soziallehre (Gerardo T. Farrell), die beiden Jesuiten Fernando Boasso und Alfredo Sily sowie die drei Ordensfrauen Aída López, Laura Renard[30] und Esther Sastre. Laien werden, anders als von den Bischöfen angekündigt, nicht in den Beraterkreis berufen.

Der Arbeit der COEPAL und ihrer Wirkung tut das rückwirkend betrachtet keinen Abbruch. Denn keine Gruppe von Theologen sollte mit ihrer Arbeit das Profil der lateinamerikanischen Theologie insgesamt wie auch – als Ergebnis davon – das Denken von Papst Franziskus stärker prägen als diese. Die COEPAL wird zur Wiege der so genannten «Theologie des Volkes» – einem Entwurf, Theologie von und für Lateinamerika zu betreiben, der sich in wesentlichen Punkten von der weitaus bekannteren «Theologie der Befreiung» unterscheiden sollte.

Lucio Gera

Der Kopf der Gruppe ist der 1924 in Italien geborene, aber in Argentinien aufgewachsene Theologe Lucio Gera.[31] Er zählt zu jener ersten Generation der Diözesanpriester von Buenos Aires, die nach der Übernahme der Theologischen Fakultät und des diözesanen Priesterseminars akademische Verantwortung übernehmen soll. Seinerseits ist Gera geprägt durch den ersten Aufbruch der argentinischen Kirche in den späten dreißiger Jahren und die religiös-politische Utopie des Peronismus, nämlich die Versöhnung von Kirche, Staat und Arbeiterschaft im Zeichen sozialer Gerechtigkeit.

Als Gera Argentinien Anfang der fünfziger Jahre verlässt, um seine Studien in Europa fortzusetzen und sich so auf die Übernahme wissenschaftlicher Verantwortung in seiner Heimat vorzubereiten, steht der Peronismus noch in Blüte. Nach dem Lizentiat in Rom und einer Promotion an der Friedrich-Wilhelms-Universität in Bonn kehrt er im Jahr 1955 in seine Heimat zurück. Perón ist gestürzt, sein populistisch-religiöses Projekt diskreditiert. Was bleibt von der erst im Wachsen begriffenen «argentinischen» Identität der katholischen Kirche, von ihrer noch jungen Verbindung mit dem «Volk» (*pueblo*), der Integration der Arbeiterschaft nicht nur in die Gesellschaft, sondern auch in die Kirche?

Gera setzt weiterhin auf das Volk. Als Priester engagiert er sich dazu nicht allein in der katholischen Studentenschaft (JUC), wie es in vielen Kurzbiografien heißt. Seine eigentliche kirchlich-politische Heimat wird die Kirchliche Arbeiterjugend (JOC).[32] Ein Einzelgänger ist Gera nicht, sondern in der JOC in bester Gesellschaft, etwa des nur wenig jüngeren Geistlichen Eduardo Pironio. Dieser wird 1967 Generalsekretär des 1955 gegründeten Rats der Lateinamerikanischen Bischofskonferenzen (Celam).[33] Kein Wunder, dass Gera auch außerhalb Argentiniens Furore macht. Im Celam wird man auf den Dekan der Theologischen Fakultät von Buenos Aires ebenso auf aufmerksam wie in anderen Kreisen, die sich im Windschatten des II. Vatikanischen Konzils um eine Neubestimmung des Ortes der lateinamerikanischen Kirche bemühen. Als einer der schillerndsten Intellektuellen

Lateinamerikas, der frühere Priester Ivan Illich, im Jahr 1964 zu einer ersten Konferenz lateinamerikanischer Theologen in das brasilianische Petrópolis lädt, ist der Argentinier Lucio Gera unter den Teilnehmern. Aus Peru reist Gustavo Gutiérrez an, der spätere «Vater der Theologie der Befreiung», aus Uruguay der Jesuit Juan Luis Segundo.

«Che! Das sollen Leute sein, die abergläubisch sind? Oder wenig Ahnung vom Glauben haben?»[34] Carmelo Giaquinta (1930–2011), wie Gera lange Zeit Professor an der Theologischen Fakultät von Buenos Aires und später Erzbischof von Resistencia, erinnert sich noch nach Jahrzehnten daran, wie er zusammen mit Lucio Gera den weithin bekannten Kreuzweg in Tandil (Provinz Buenos Aires) besucht. Es ist die Zeit kurz nach dem II. Vatikanum. Es entspinnt sich ein Gespräch über den Volksglauben. Seit dem Beginn der sechziger Jahre ist es in der so genannten Pastoralsoziologie Mode, Kreuzwege, Wallfahrten, Marien- und Heiligenverehrung als Aberglauben abzutun. Die beiden Theologen beobachten die Menschen, die den Kreuzweg gehen: eine junge Frau, die einen Kinderwagen schiebt, ein Pärchen, einen jungen Mann. «Wie fromm. Nichts daran ist Spinnerei, sondern reiner Glaube.» Die Theologen sind überzeugt, dass dieser Glaube sich entwickeln kann und reifen muss, aber er ist echt, er kommt aus dem Innersten.

Die *pastoralistas* hingegen hätten für dieses «Volk Gottes» nichts übrig, weil sie auch von den Reformen des Konzils nichts verstanden hätten. «Keine Ahnung von dem, was *sensus fidelium* heißt, keinen Schimmer davon, dass das Konzil seine Ekklesiologie um die biblische Idee des Volkes Gottes zentriert hat – und vor allem um seine konkrete Geschichte.» Die beiden Männer lassen, wie Giaquinta berichtet, ihrer Wut freien Lauf.

Einen Geistesverwandten haben Gera und Giaquinta in Rafael Tello (1917–2002).[35] Dieser ist im Unterschied zu Gera in Argentinien geboren und hatte zunächst Jura studiert. Zum Priester geweiht wurde er 1950. In seiner offiziellen Biografie heißt es, er sei bis 1958 (wie Gera) geistlicher Begleiter der katholischen Studentenschaft (JUC) gewesen und habe dann (wie Gera) eine Professur an der Theologischen Fakultät der Katholischen Universität Argentiniens übernommen.

Auch das ist nur die halbe Wahrheit. 1967 ist Tello einer der Mitbegründer der Bewegung «Priester für die dritte Welt» (Movimiento de Sacerdotes del Tercer Mundo en la Argentina, ab 1970 Movimiento de Sacerdotes para el tercer Mundo, MSTM) – der Antwort auf den Zusammenschluss mehrerer Bischöfe aus Lateinamerika, Afrika und Asien im September 1967 zu den «Bischöfen für die dritte Welt». Auch Gera sollte dieser Bewegung eng verbunden sein.[36]

Der Theologiestudent Jorge Mario Bergoglio hat zu dieser Zeit mutmaßlich keinen direkten Kontakt zu Tello. Allerdings kennt er ihn seit vielen Jahren. Als Siebzehnjähriger hatte er zusammen mit einem seiner Brüder an einer Rüstzeit für Heranwachsende teilgenommen. Tello ist damals unter anderem bei der JOC aktiv. Davon berichtet Bergoglio nichts. Nur, dass man sich bei der gemeinsamen Zugfahrt unterhalten und er den Brüdern einige Bücher zum Lesen empfohlen habe.[37]

Eine wichtige Rolle spielt auch der bonaerenser Priester Justino O'Farrell (1924–1981). Dieser hat sich als Soziologe einen Namen gemacht und an der Universität von Buenos Aires einen der so genannten *cátedras nacionales* für Soziologie inne.[38] Von ihm ist eine Beobachtung überliefert, die wie die Wertschätzung der Volksfrömmigkeit zu den Gründungsintutionen der «Theologie des Volkes» zu zählen ist. In Argentinien speist sich diese Frömmigkeit, wie O'Farrell im Jahr 1966 scharfsinning beobachtet, aus zwei verschiedenen Quellen.

Die eine ist der *catolicismo folk*: religiöse Praktiken und Sozialformen, die sich aus den Tiefenschichten der ländlichen und dörflichen Traditionen speisen und mit den Binnenwanderern an den Rändern der großen Städte weiterleben. Dort bilden sie das gesellschaftliche Substrat, aus dem sich Werte und Verhaltensweisen wie Freundschaft, Ehrlichkeit und wechselseitige Unterstützung speisen und dem Einzelnen, der sich in einer unpersönlichen Stadt verloren fühlt, ein Minimum an Würde verleiht.

Von dieser «traditionellen» Erscheinungsform unterscheidet O'Farrell den «Volkskatholizismus» *(catolicismo popular)*. Diesen gebe es auch in ländlichen Regionen, lebendig sei er aber vor allem in den Städten. Die Nachkommen der europäischen Einwanderer seien es, die sich der Kirche durch die Verehrung bestimmter Heiliger,

durch besondere Frömmigkeitsformen, aber auch durch «Passage-
riten» wie Taufe, Eheschließung oder Beerdigungen verbunden
wüssten.

«Dem Volkskatholizismus und dem ‹folk›-Katholizismus ist mehr
als die Hälfte der argentinischen Bevölkerung zuzurechnen»,[39] stellt
O'Farrell fest. Diese bilde die «marginalisierte und immer in Bewegung befindliche» Masse der städtischen Gesellschaft wie der weiten
ländlichen Räume. Deswegen müsse dringend eine *pastoral de masas*
entwickelt werden, die auf die Welt der Arbeiter und der Landbevölkerung zugeschnitten sei und es diesen ermögliche, sich mit der
Kirche zu identifizieren und als Teil von ihr zu begreifen. Jorge
Mario Bergoglio wird Zeit seines Lebens nicht anderes tun als das:
die Volksfrömmigkeit und den folk-Katholizismus fördern, wo und
wie er kann.[40]

Die Argumente, die die argentinischen Theologen der Beobachtung der Frömmigkeitsstile ebenso entnehmen wie dem Nachdenken über die Lehrschreiben «Ecclesiam suam» (1964) und die Sozialenzyklika «Populorum progressio» (1967) von Papst Paul VI. sowie
den Konzilsdokumenten «Lumen gentium» (1964) und «Gaudium et
Spes» (1965), verdichten sich in dem Beitrag Lucio Geras zu der
II. Generalversammlung des Celam, die 1968 im kolumbianischen
Medellín stattfindet.[41] Mit der Formulierung, Lateinamerika werde
«aufgrund seiner eigenen Berufung ... seine Befreiung mit jeder Art
von Opfer versuchen» ist diese Zusammenkunft die Geburtsstunde
eines genuin lateinamerikanischen Selbstbewusstseins der katholischen Kirche auf dem Subkontinent.[42]

Die Kirche in Argentinien erlebt ihr «Medellín» nur ein Jahr später. Als gemeinsame Frucht des Dokumentes von Medellín und der
Arbeit der COEPAL verabschieden die argentinischen Bischöfe 1969
einen ersten gemeinsamen Pastoralplan. Gera gehört zu diesem Zeitpunkt der von Papst Paul VI. errichteten Internationalen Theologenkommission an. Dort sitzt der Argentinier auf Augenhöhe mit
den angesehensten Theologen jener Zeit, allen voran Henri de Lubac SJ, Yves Congar OP, dem deutschen Jesuiten Karl Rahner sowie
Professor Joseph Ratzinger.[43] Allerdings scheidet Gera schon im Jahr
1973 und damit vor Ablauf der ersten Berufungsperiode aus der

Theologenkommission aus. Im selben Jahr lösen die argentinischen Bischöfe die COEPAL auf. Unter anderem hatte sich Kardinal Juan Carlos Aramburu, der Erzbischof von Buenos Aires, mit Rafael Tello überworfen und ihm nicht nur die kirchliche Lehrerlaubnis entzogen, sondern auch untersagt, das Priesteramt auszuüben.

Die Gründe, die den Kardinal zu diesem Schritt bewogen, sind jedoch nicht so schwerwiegend, dass Tello Zeit seines Lebens in Acht und Bann geblieben wäre. Aramburus Nachfolger Antonio Quarracino erlaubt dem zurückgezogen lebenden Priester, wieder als solcher tätig zu sein. Jedoch fehlt es bei Quarracinos Tod im Jahr 1998 an der Schriftform.

Kurz nach seiner Ernennung zum Erzbischof besucht Bergoglio den mittlerweile 70 Jahre alten Geistlichen. Der bittet ihn um die schriftliche Erlaubnis, wieder als Priester tätig sein zu dürfen. «Mit innerer Freude» bringt Bergoglio am folgenden Tag alles Erforderliche auf den Weg.

«Wie viele Propheten wurde er zu seiner Zeit nicht verstanden»,[44] bekennt Bergoglio im Jahr 2012 aus Anlass der Vorstellung eines Buches über Rafael Tello, zu dem er das Vorwort beigesteuert hat.[45] «Er musste sich inmitten schwieriger Zeiten bewähren. Die siebziger Jahre waren für die Seelsorger, die unter den einfachen Gläubigen arbeiteten, eine einzige Feuerprobe»,[46] erinnert sich Bergoglio. Tello habe sich darin bewährt und nach Wegen «ganzheitlicher Befreiung» des Volkes gesucht, ohne in den *reduccionismo* der Ideologien zu verfallen. In der Tat: Tello war in den sechziger Jahren einer der Begründer der jährlichen Jugendwallfahrt zu der Virgen de Luján, dem nationalen Marienheiligtum. Als Erzbischof lässt Bergoglio es sich nicht nehmen, wenn immer möglich an dieser Wallfahrt teilzunehmen. Er ist einer von Hunderttausenden.

Land voller Widersprüche

Doch Impulse für Lateinamerika hin, Theologenkommission her, aus der Perspektive des Jahres 1966 gilt es zunächst «nur», die Impulse des Konzils für die Kirche in Argentinien fruchtbar zu machen. Weder möchte man in jene selbstgefällige Selbstbezüglichkeit einer vorkonziliar-paternalistischen Kirche zurückfallen noch sich von dem revolutionären Elan fortreißen lassen, der sich in nahezu allen lateinamerikanischen Gesellschaften in Windeseile ausbreitet. Seit der kubanischen Revolution des Jahres 1959 ist der gesamte Kontinent in Gärung begriffen. Zwar weisen die Vereinigten Staaten die Sowjetunion in der Kuba-Krise des Jahres 1962 in die Schranken und vereiteln eine direkte militärische Präsenz der kommunistischen Großmacht in ihrem «Hinterhof». Aber damit ist längst nicht gesagt, dass die gewaltsame Auflehnung gegen den Imperialismus der *gringos* und der ihnen wohl gesonnenen Eliten nicht auch in anderen Ländern Schule machen könnte. Wieder einmal erweist sich das Militär, dessen Generalität zum großen Teil in den Vereinigten Staaten ausgebildet worden ist, als der treueste Verbündete Washingtons.

In Brasilien putscht das Militär mit Unterstützung des amerikanischen Auslandsgeheimdienstes CIA im Jahr 1964 gegen Präsident João Goulart. Im selben Jahr verdrängen die Generäle in Bolivien einen rechtmäßig gewählten Präsidenten. Der Argentinier Ernesto «Che» Guevara, der seit 1959 als Revolutionsbotschafter der Castro-Brüder tätig ist, möchte in Afrika und in Lateinamerika «mehrere Vietnams» schaffen. Im Oktober 1967 wird er in Bolivien von Sicherheitskräften erschossen. Die überwiegend kleinbäuerliche Bevölkerung war von der Idee nicht angetan, als eine «unerweckte Masse, die zu mobilisieren war», die Speerspitze im «Kampf gegen den Imperialismus» zu bilden.[47]

In Argentinien fallen die Radikalisierungstendenzen der sechziger Jahre auf besonders fruchtbaren Boden. Zehn Jahre nach dem Sturz Peróns sind die politischen Kräfte und gesellschaftlichen Organisationen, die sich seinem Projekt verpflichtet fühlen, noch immer verboten. An Stärke haben sie nicht verloren, im Gegenteil. Zu den peronistischen Gewerkschaften, die sich als Opposition gegen General Onganía profilieren, gesellen sich mit einem Mal Angehörige jener höheren Schichten, die mit Perón nichts hatten anfangen können, nun aber im Peronismus den Widerstand gegen die Militärherrschaft verkörpert sehen.

Nun ist es nur noch ein kurzer Weg zu der Gründung der nationalistisch-linksperonistischen Guerrilla. Angesichts des hohen Verstädterungsgrades Argentiniens ist es nur logisch, dass die etwa 6000 *montoneros* sich die großen Städte des Landes zum Schlachtfeld erwählen, allen voran den Großraum Buenos Aires. Ein beträchtlicher Teil der selbsternannten Kämpfer für Gerechtigkeit rekrutiert sich aus Studenten aus gutkatholischem Haus – der kolumbianische Priester Camilo Torres, der sich 1965 zusammen mit Studenten dem «Ejercito de Liberación Nacional» (ELN) angeschlossen hatte und wenige Monate später getötet wurde, ließ grüßen.

Entsprechend gering ist die Hemmschwelle, wenn es um die Abrechnung mit politischen Gegnern und Volksfeinden geht. Der vormalige General Pedro Eugenio Aramburu, der 1956 für das «Massaker von Sán Martín» an aufrührerischen Peronisten verantwortlich war, wird entführt und nach kurzem Prozess ermordet, an Angehörigen der traditionellen Agraroligarchie werden Exempel statuiert. Durch die Entführung zweier Söhne einer der reichsten Unternehmerfamilien erpressen die *montoneros* 60 Millionen Dollar sowie Kleidung und Lebensmittel im Wert von nochmals 1,2 Millionen Dollar. Publikumswirksam wird die Beute unter den «Armen» verteilt.

Im Klerus stößt der sozialrevolutionäre Zeitgeist keineswegs auf taube Ohren. 1967 nennen die Bischöfe Argentinien ein «Land voller Widersprüche». Potenziell sei das Land reich, aber von Unterentwicklung und Armut gezeichnet. Auch führen sie Klage über die Missachtung der Würde des Arbeiters und seines Rechts auf gesellschaftliche Teilhabe, wie auch, dass man die Arbeit ihres wahrhaft christlichen Sinnes beraubt. «Es ist schon fast zur Gewohnheit geworden, dass große Teile der Bevölkerung ungerechterweise marginalisiert sind, indem ihnen nicht nur die Wohltaten der Arbeit vorenthalten werden, sondern dass sie nicht einmal die Möglichkeit haben, zu arbeiten.»[48]

Wenig später folgt ein Satz, der auch in dem Schreiben «Evangelii gaudium» von Papst Franziskus stehen könnte (wobei Franziskus konsequent im Ich-Stil schreibt): «Als Hirten unseres Volkes sind wir sehr besorgt, dass der Egoismus – eine Form der moralischen Unterentwicklung – oder eine andere als eine ganzheitliche Vision des wirtschaftlichen Geschehens das christliche Verständnis von Entwicklung verdirbt.»[49]

Das Bemühen der Bischöfe ist unübersehbar, eine «soziale» Agenda zu formulieren, ohne von linksradikalen Kräften vereinnahmt werden zu können. Peinlich genau wird das Wort Klassenkampf vermieden und durch «Ungleichgewicht» der Klassen ersetzt. Auch die Bezugnahme auf die Arbeiterschaft als den Hauptleidtragenden der wirtschaftlichen und gesellschaftlichen Verwerfungen ist so formuliert, dass den Bischöfen (und ihren Beratern) kein ideologischer Strick gedreht werden kann.

Kronzeuge ihres guten Willens ist niemand anders als Papst Paul VI.: Auch dieser sei gegen improvisierte Reformen sowie überstürzte Prozesse und verurteile jede Versuchung, Gewalt anzuwenden. Aber genauso wenig verhehle er, dass tief greifende Veränderungen dringend ins Werk gesetzt werden müssten. Denn so wenig das Heil von revolutionären Veränderungsprozessen komme oder auch nur von der Abschaffung des Privateigentums, so wenig könne man auf den «liberalen Kapitalismus» setzen. Dieser sei vielmehr mit Papst Paul VI. eindeutig «zu verdammen».

Doch wenn nicht Liberalismus und noch weniger Kommunismus, was dann? Die Bischöfe sind um eine Antwort nicht verlegen: Moral geht vor Wirtschaft, Gemeinwohl vor Gewinn, Solidarität vor Interesse, Arbeit vor Kapital, der Verbraucher vor den Interessen der Produzenten, das Wohlergehen der Welt vor Partikularinteressen, heißt es in wohl gesetzten Worten in dem 1969 verabschiedeten Pastoralplan.[50]

Theologie des Volkes

Freilich können alle mehr oder weniger guten Worte der Bischöfe die Uhren nicht mehr zurückdrehen. Im dritten Jahr der «dictablanda» von General Juan Carlos Onganía befindet sich die öffentliche Ordnung in Argentinien wieder einmal in Auflösung. Im Mai 1969 kommt es in Córdoba, der zweitgrößten Industriestadt des Landes, zu gewaltsamen Zusammenstößen zwischen Demonstranten und

Sicherheitskräften: Die Provinzregierung hatte den Samstag wieder zum Arbeitstag erklären wollen, was die ohnehin gegenüber der «liberalen» Wirtschaftspolitik feindlich eingestellte Arbeiterschaft auf die Straße treibt. Studenten schließen sich dem Protest an. Zahlreiche Personen werden bei dem «Cordobazo» getötet. Einen Monat später wird ein führender Gewerkschaftsvertreter ermordet. In den Augen zunehmend radikaler auftretender Linksperonisten steht dessen Kooperationsbereitschaft mit dem Militär der Bildung eines «sozialistischen Vaterlands» im Weg.[51]

Anders als die Bischöfe sind sich viele «Priester für die Dritte Welt» nicht sicher, ob die Anwendung von Gewalt zur Veränderung der «herrschenden Verhältnisse» immer und unter allen Umständen von Übel sei. In den über das ganze Land verstreuten Gruppen des MSTM wogt die Debatte viele Jahre hin und her. Für «Sozialismus» sind sie alle, aber nicht alle für einen nach dem Muster des «real existierenden Sozialismus» in der Sowjetunion und deren Satellitenstaaten. Gera, Tello und andere gemäßigte Mitstreiter setzen auf einen argentinischen Sozialismus, «la nuestra». Die Erinnerung an den Peronismus und Perón nimmt fast magische Formen an.

Wie intensiv der junge Jesuit Mario Bergoglio diese Debatte verfolgt, erschließt sich aus seinen autobiographischen Einlassungen und den Schilderungen seiner Weggefährten nicht. Seit 1967 studiert er Theologie und lebt in dem Colegio Máximo seines Ordens, einer weitläufigen Anlage in San Miguel, einer etwa 30 Kilometer vom Zentrum entfernten Stadt im Großraum Buenos Aires.

Zu folgenreichen Begegnungen kommt es indes auch schon dort. 1967 ist ein Jesuit von seinem Auslandsstudium nach Argentinien zurückgekehrt und dem Kolleg zugewiesen worden, der Bergoglio zehn Jahre zuvor im «kleinen Seminar» unterrichtet hatte: Juan Carlos Scannone. Von nun an sollen sich die Lebenswege dieser beiden Männer für lange Zeit nicht mehr trennen. Scannone wird anwesend sein, als Bergoglio nach seiner Priesterweihe am 13. Dezember 1969 durch Erzbischof Ramón José Castellano seine erste Heilige Messe, die Primiz, feiert. Als Novizenmeister wird Bergoglio von 1972 an wie Scannone in San Miguel leben. Der Provinzial Bergoglio wird 1976 die Leitung der Provinz in das Ausbildungs- und Studienhaus in San

Miguel verlegen, wo Scannone weiterhin unterrichtet. Als Rektor des Hauses wird er von 1980 bis 1986 dessen Oberer sein.

Scannone ist Philosoph, kein Mitglied des MSTM, geschweige denn – wie viele der führenden Theologen Argentiniens – ein Anhänger des Peronismus. Dennoch fragen Kardinal Aramburu und andere Bischöfe nach seiner Lehre, weil er damals über Theologie der Befreiung und ähnliche Themen schreibt. Bergoglio lässt auf die Rechtsgläubigkeit seines alten Griechischlehrers nie etwas kommen. Von Nello Scavo lässt sich Scannone so zitieren: «Ich galt als Vertreter der Befreiungstheologie, einer Strömung, die dem Regime ein Dorn im Auge war. Bergoglio machte mir immer wieder klar, in welcher Gefahr ich schwebte. Obwohl unsere theologischen Standpunkte verschieden, wenn auch, wie ich glaube, nicht so weit voneinander entfernt waren, wollte er nie, dass man mir den Mund verbat. Nicht einmal dann, als einige Bischöfe beim Pater Provinzial intervenierten und darauf hinwiesen, dass meine Ansichten als unbequem, um nicht zu sagen als ungebührlich galten. Doch Pater Jorge hat mich nie aufgefordert, das zu ändern. Er hat mir sogar erklärt, was ich tun musste, um die Zensur der Militärs zu umgehen und meine Überlegungen außerhalb von Argentinien bekannt zu machen.»[52]

Mehr noch. Vom 8. bis zum 15. Juli 1972 soll im spanischen El Escorial eine erste Begegnung zwischen Theologen aus Lateinamerika und Europa stattfinden, um über die neuen Ansätze theologischer Reflexion diesseits und jenseits des Atlantiks zu sprechen. Eingeladen sind unter anderem der Peruaner Gustavo Gutiérrez, der 1971 das Buch «Teología de la Liberación: Perspectivas» veröffentlicht hatte, und der argentinische Dogmatiker Lucio Gera, Professor an der Katholischen Universität Buenos Aires, Mitglied der COEPAL und Mitglied der Internationalen Theologenkommission. Gera sagt die Teilnahme an dem Kongress unter Hinweis auf sein chronisches Rückenleiden ab. Nun soll Juan Carlos Scannone Argentinien repräsentieren. Der Jesuit zögert und sucht Rat bei seinem geistlichen Begleiter, dem Novizenmeister Jorge Mario Bergoglio. Der einstige Schüler ermuntert seinen Lehrer, die Reise auf sich zu nehmen.

Die Reise in den Escorial sollte Scannones Leben verändern. «Ich säße heute nicht hier», sagte an einem Vormittag im März 2014, an dem er seine Erinnerungen an die Jahre mit Bergoglio Revue passieren lässt. Denn seit dem Erscheinen der Dokumentation des Kongresses im Jahr 1973 ist Scannone die unverwechselbare Stimme jener «argentinischen» Schule der lateinamerikanischen Theologie, die mit Papst Franziskus seit März 2013 Weltgeltung beanspruchen kann.[53]

Im Unterschied zu vielen anderen so genannten Befreiungstheologen wird Scannone nie wirklich im Verdacht stehen, die durchaus nicht engen Grenzen theologischer und philosophischer Reflexion über die befreiende Kraft des christlichen Glaubens zu sprengen. Vielmehr schreibt Scannone schon in den frühen siebziger Jahren derart differenziert über die unterschiedlichen Strömungen in der lateinamerikanischen Theologie, dass seine wohlbegründete Ablehnung der um sich greifenden «marxistischen Gesellschaftsanalyse» und die Betonung der Kultur[54] sowie der Volksreligiosität[55] als Ausgangspunkt einer wirklichen «Theologie der Befreiung» die «römische» Wahrnehmung des theologischen Geschehens in Lateinamerika maßgeblich beeinflussen.

Als etwa die vatikanische Kongregation für die Glaubenslehre im August 1984 eine «Instruktion» über «einige Aspekte der Theologie der Befreiung» vorlegt[56] und der argentinische Bischof Antonio Quarracino als Celam-Präsident einen interpretierenden Aufsatz in der Vatikanzeitung «L'Osservatore Romano» veröffentlicht, dient Scannones Unterscheidung von vier Strömungen innerhalb der Befreiungstheologie als Schlüssel zur Abgrenzung von mehr oder weniger orthodoxen Tendenzen.[57]

Seinerseits steht Bergoglio über Scannone, aber auch über Gera und Tello spätestens seit Mitte der siebziger Jahre in engem Kontakt mit der Ideenwelt der argentinischen «Theologie des Volkes».[58] Ohne dass er selbst je akademisch-theologische Werke veröffentlicht hätte, muss Bergoglio dieser Generation zugerechnet werden. Denn so scharf er sich von allen «eurozentrischen» Diskursen in der Theologie und damit auch einer marxistischen Geschichtsdeutung abgrenzt (und als Provinzial wohl auch entsprechende Tendenzen zu unterbinden versucht), so sehr wird Bergoglio versuchen und andere veranlassen, das Leben der Kirche aus der Perspektive des *pueblo fiel*, des gläubigen Volkes, zu betrachten und zu verändern.

Auf diesem Weg wird ihm Scannone immer folgen – und noch im Alter von mehr als 80 Jahren keine Strapazen scheuen, um seinem Schüler Bergoglio beiseitezustehen. Denn dieser hat, ebenfalls in hohem Alter stehend, Argentinien verlassen, um unter dem Namen Franziskus in Rom zu leben.

Segen für die Mutter

Von der Anwesenheit Scannones bei seiner Primiz spricht Bergoglio im Jahr 2010 im Rückblick auf seine Priesterweihe nicht. Im Vordergrund stehen die Erinnerungen an den schon 1961 verstorbenen Vater und die Versöhnung mit der Mutter, die sich mit der Entscheidung ihres ältesten Sohnes so schwergetan hatte. «Aber ich erinnere mich und sehe sie noch, wie sie am Ende der Feier zur Priesterweihe vor mir kniete, um meinen Segen zu erbitten.» (RA 52)

Noch prägender als die Erinnerung an die Mutter ist die Erinnerung an *Nonna* Rosa, die Großmutter. Die alte Frau war sich nicht sicher gewesen, ob sie die Priesterweihe ihres Enkels noch erleben würde. 1967 schreibt sie einen Brief und bewahrt ihn zusammen mit einem Geschenk so auf, dass beides Jorge Mario auch nach ihrem Tod erreichen würde. «Glücklicherweise lebte sie noch, als ich die Priesterweihe empfing, und sie konnte mir beides selber aushändigen.» (RA 135)

Den Brief bewahrt Papst Franziskus noch heute in seinem Brevier auf. «An diesem wunderbaren Tag, an welchem Du Christus, den Erlöser, in Deinen geweihten Händen halten wirst, und an dem sich Dir ein weiter Weg für das allertiefste Apostolat eröffnet, überreiche ich dir dieses bescheidene Geschenk, das kaum materiellen Wert besitzt, aber von sehr großem geistlichen Wert ist.» (Ebd.) Worum es sich bei diesem Geschenk handelt und was Großmutter Rosa ihrem Enkel anvertrauen wollte, erfährt man nicht.

Dafür teilt Bergoglio viele Jahre nach dem Tod seiner Großmutter einige Gedanken aus ihrem Testament mit: «Mögen diese meine Enkel, denen ich das Beste meines Herzens gewidmet habe, ein langes und glückliches Leben haben. Aber wenn eines Tages der Schmerz,

Jorge Mario Bergoglio (links) und Pedro Arrupe (rechts) bei einer Messe im Colegio del Salvador (Buenos Aires, 1973).

die Krankheit oder der Verlust eines lieben Menschen sie mit Betrübnis erfüllen, dann mögen sie sich daran erinnern, dass ein Seufzer vor dem Tabernakel, wo sich der größte und erhabenste Märtyrer befindet, und ein Blick auf die Muttergottes am Fuß des Kreuzes einen Tropfen Balsam auch auf die tiefsten und schmerzlichsten Wunden fallen lassen können.» (RA 135 f.)

Der jüngste Provinzial

Am 4. September 1970 reist Bergoglio nach Spanien. In Alcalá de Henares bei Madrid, so heißt es, soll er seine Ausbildung mit dem so genannten Terziat abschließen, darin eingeschlossen die dreißigtägigen «großen» ignatianischen Exerzitien. Von Spanien aus besucht er nach eigener Auskunft die Noviziate des Ordens in Europa. Er ist 33 Jahre alt und längst für Leitungsaufgaben vorgesehen.

Nach seiner Rückkehr – das Datum ist nicht überliefert – wird er zum Vizerektor des Colegio Máximo und zum Verantwortlichen für die Ausbildung der Novizen ernannt. Zugleich bestreitet er Lehrveranstaltungen an der Fakultät und wird in den so genannten Provinzkonsult berufen, jenes Gremium, das den Provinzial bei der Leitung der Provinz berät. Am 22. April 1973 – dem Gründungstag des Ordens – legt er das «feierliche» Ordensgelübde ab. Die drei früheren Gelübde werden wiederholt, als Priester fügt Bergoglio das den Jesuiten eigene «vierte Gelübde» hinzu, das ihn zum Gehorsam gegenüber dem Papst verpflichtet. Nur wenige Wochen später, am 31. Juli 1973, ernennt ihn der Generalobere des Jesuitenordens, Pater Pedro Arrupe, zum Provinzial der argentinischen Ordensprovinz. Jorge Mario Bergoglio ist noch nicht 37 Jahre alt und der jüngste Provinzobere des Jesuitenordens weltweit.

Weiß Pater Arrupe, in die Hände welches jungen und vielleicht noch unerfahrenen, aber von einem unbedingten Willen beseelten Mannes er die Geschicke der Provinz legt? «Jesuit sein heißt Soldat sein, weil das Symbol des Kreuzes die Jesuiten zu einer Kampfgemeinschaft zusammenruft.»[59]

3. KAPITEL

Soldat in der Schule des Volkes

«Im Jesuitenorden wird der Novizenmeister durch den Provinzial ausgesucht. Ihnen kommt die Aufgabe zu, die jungen Männer anzuleiten, die in den Orden eintreten wollen. Bergoglio erwies sich als ein Mann, der intuitiv die Fähigkeiten jeder Person erfasste und an die Neigungen und Charaktereigenschaften der Kandidaten anknüpfte, um Ihnen zu helfen, gute Priester zu werden.» (B 14) Carlos Carranza ist fast zehn Jahre älter als Bergoglio und hat den Werdegang des jungen Einwanderersohnes im Orden gut überblicken können. Allerdings zählt die argentinische Provinz im Jahr 1972 nur zwei Novizen. Von allen lateinamerikanischen Provinzen leidet außer der ecuadorianischen keine so sehr wie die argentinische.[1]

Aber wie sieht sich Bergoglio selbst in einer Zeit, in der die Zahl der angehenden Ordensleute und Diözesanpriester in Argentinien wie nahezu überall in der katholischen Kirche weltweit auf einen Tiefstand gefallen ist und auch die argentinische Provinz vor einer ungewissen Zukunft steht? Im Jahr 1976 charakterisiert Bergoglio Lehrer und Professoren an den Kollegien des Ordens und auch einen Novizenmeister namens Mauricio Jiménez mit den Worten, die Männer müssten im Heute die Grundlagen legen, auf deren Basis die heranwachsenden Jesuiten dereinst ihre «Kämpfe» bestehen könnten. «Demütig, aber standfest» müssten diese Männer sein – auch in der «beständigen, fast filigranen»[2] Aufgabe eines Novizenmeisters. Spricht da jemand über sich selbst?

Wenn, dann tut Bergoglio es zu einer Zeit, in der er die Aufgabe des Novizenmeisters abgegeben hat – und das nicht aus freien Stücken. Im Jesuitenorden ist es nicht unüblich, einen Priester auf die Leitung einer Provinz vorzubereiten, indem man ihn eine Zeitlang dem aktuellen Provinzial als «Sozius» beigesellt. Während Bergoglio

Novizenmeister ist, ist Ricardo O'Farrell Provinzial, der Sozius heißt Joaquín Ruiz Escribano. Auf einer Autofahrt von Córdoba nach Buenos Aires kommt Ruiz bei einem Unfall ums Leben.

Diesmal ist es Juan Carlos Scannone, der mit einer Lungenentzündung im Krankenhaus liegt. Bergoglio besucht ihn und hört Scannone sagen, er werde der nächste Provinzial sein. Am 31. Juli 1973 ernennt ihn Pedro Arrupe für drei Jahre zum Provinzial der argentinischen Provinz. Auf den Soldaten wartet ein Himmelfahrtskommando.

Provinz in Auflösung

Die Provinz ist in der tiefsten Krise seit der Rückkehr der Gesellschaft Jesu nach Argentinien in der Mitte des 19. Jahrhunderts. Im Jahr 1957, als Bergoglio den Weg in den Orden fand, gehörten der Provinz, die auch Uruguay umfasste, etwa 400 Mitglieder an. Gut 15 Jahre später hat sich die Zahl halbiert: Man zählt 166 Priester, 32 Brüder und 20 Novizen. Der Aderlass hat vor allem die Generation derer dezimiert, die mit Bergoglio zu studieren begonnen hatten. Wie aber mit der Hälfte der Priester und Brüder die vielen «Werke» des Ordens aufrechterhalten oder auch nur leiten? Wie eine dramatisch schrumpfende Ordensprovinz stabilisieren oder gar den Trend umkehren?

Dass sich ähnliche Tendenzen auch in Europa, den Vereinigten Staaten und in allen anderen Ländern Lateinamerikas zeigen, dürfte für Bergoglio kein Trost gewesen sein. Sicher hat er auch in Spanien und den Noviziaten in anderen europäischen Ländern gesehen, dass sich Priesterseminare und Ordenshäuser in atemberaubender Geschwindigkeit leeren. Dort hatte die Dynamik nicht zuletzt deswegen an Tempo gewonnen, weil manch ein angehender Geistlicher darauf hoffte, dass Papst Paul VI. das Priestertum auch verheirateten Männern öffnen würde. Das Konzil hatte diese Frage nicht entscheiden wollen und dem Papst und einer von ihm berufenen Kommission von Kardinälen aufgegeben, die Zölibatsverpflichtung aufzuheben oder zu bekräftigen. Die Meinungen gingen hin und her. Warum also sich

mit dem Zölibat oder der Verpflichtung zur Ehelosigkeit der Ordensleute belasten?

Ein Echo dieser Debatte ist auch in Argentinien zu vernehmen.
Doch scheiden sich die Geister nicht nur an dieser Frage. Seit Mitte
der sechziger Jahre hat sich das politische und gesellschaftliche Klima
so polarisiert, dass der Riss durch einzelne Diözesen und Ordensge-
meinschaften, ja Ordenshäuser geht. Ganz Radikale verlassen nicht
nur die Ausbildungshäuser, sondern brechen gleich ganz mit ihrem
bisherigen Leben und schließen sich der Guerilla an. Andere suchen
innerhalb ihrer Diözese oder Ordensgemeinschaft Gleichgesinnte,
verlassen die großen Häuser und verwirklichen in kleinen Gruppen
ihre Vision eines erneuerten, dem Geist der Zeit und der «Option
für die Armen» entsprechenden Ordenslebens.

Wiederum andere sehen fassungslos zu, wie das, was noch wenige
Jahre zuvor als gut und richtig galt, mit einem Mal keine Geltung
mehr beanspruchen darf. Wie diese zentrifugalen Kräfte gebannt
werden können und von wem, das ist die alles entscheidende Frage
für die, die wie Bergoglio mit Leitungspositionen in Orden und
Diözesen betraut werden.

Eiserne Garde

Die argentinische Provinz besitzt nicht nur eine Reihe angesehener
Schulen, sondern neben dem Kolleg in San Miguel zwei Universitäten. Die eine ist die 1959 gegründete Universidad Católica de Córdoba, die andere die zwei Jahre ältere Universidad del Salvador in
Buenos Aires. Auf Letzterer liegt nicht nur Segen. Der Betrieb der
von zwei Jesuiten ins Leben gerufenen Einrichtung bringt für die
Provinz erhebliche finanzielle Lasten mit sich.

Bald nach seiner Ernennung kann Bergoglio den Ordensgeneral
Pedro Arrupe in Argentinien begrüßen. Ein Jahr vor der nächsten
Generalversammlung der Gesellschaft Jesu, die im Herbst 1974 in
Rom beginnen soll, will dieser sich einen Eindruck des Lebens und
Arbeitens der Jesuiten in Brasilien, Paraguay, Uruguay, Chile und
Argentinien verschaffen.[3] Dort besucht er zusammen mit Bergoglio

unter anderem einige Jesuiten, die es sich zur Aufgabe gemacht haben, das Leben einfacher Landarbeiter in der bitterarmen Region La Rioja zu teilen. Unstimmigkeiten mit Bergoglio gibt es anscheinend nicht, auch nicht mit dem als sozialrevolutionär verschrieenen Bischof von La Rioja, Enrique Angelelli. Die Jesuiten bleiben in La Rioja und können an der «Option für die Armen» festhalten. Für andere «Werke» wie die Universidad del Salvador (USAL) sollte der Besuch Arrupes größere Konsequenzen haben.

Auf Anweisung des Ordensgenerals legen die argentinischen Jesuiten unter Führung Bergoglios die Universität in die Hände einer Gruppe von Laien, die der rechtsperonistischen Bewegung «Guardia de Hierro» (Eiserne Garde) angehört. Die Namensgleichheit dieser Gruppe mit einer faschistisch inspirierten Bewegung im Königreich Rumänien der Zwischenkriegszeit führt bis heute zu der Mutmaßung, es handele sich bei der argentinischen «Guardia de Hierro» um eine rechtsextremistische Vereinigung, der Bergoglio wenn nicht selbst angehörte, so doch Sympathien entgegenbrachte.

Richtig ist, dass sich in der «Guardia» während der Zeit, in der der Peronismus verboten war, viele besonders fanatische Peronisten gesammelt hatten. Richtig ist auch, dass Bergoglio wohl nicht gegen das religiös-politische Projekt des frühen Peronismus eingestellt war, Kirche, Arbeiterschaft und Nation zu versöhnen. Aber ein Parteigänger Peróns oder seiner Epigonen bis in die Gegenwart hinein war Bergoglio nie. Richtig ist aber nach Aussagen zweier einst führender Mitglieder der «Guardia», dass Bergoglio sowie einige andere Jesuiten vielen Mitgliedern ein Beichtvater oder wenigstens ein geschätzter Gesprächspartner in religiösen Fragen war.[4]

Im Mai 1975 und damit nicht einmal zwei Jahre nach dem Beginn der ersten Amtszeit Bergoglios als Provinzial ist es soweit. Die Zeitungen berichten über die Wahl eines neuen Rektors der USAL und der organisatorischen Trennung des Jesuitenordens von dieser Einrichtung, die diesem Akt vorausgegangen war.

Aus dem wenigen, was über Bergoglios Vorgehen bei der Übertragung der Universität in eine andere Trägerschaft bekannt ist, lässt sich entnehmen, dass der junge Provinzial mit großer Umsicht vorgegangen ist. Professoren der Universität stehen in direktem Kontakt mit Bergoglio, der seinerseits regelmäßig an den Sitzungen der verantwortlichen Gremien und an Veranstaltungen der Universität teilnimmt. Gleichzeitig besuchen Jesuiten in seinem Auftrag alle Abteilungen und informieren die Mitarbeiter darüber, wie die Entflechtung vonstattengehen soll.

Es gelingt, die USAL organisatorisch von der Provinz zu trennen, ohne die Prägung durch den Geist des Ordens aufs Spiel zu setzen. Ein Jesuit erhält mit dem Amt des Vizedirektors die Verantwortung für die Ausbildung, und schon 1980 tritt erstmals in Argentinien überhaupt eine Frau an die Spitze der mit den Jesuiten eng verbundenen Hochschule.[5]

«Es ist bemerkenswert, dass die Worte von Pater Bergoglio immer wohl bedacht waren, sei es, dass er eine Grenze zog, sei es, dass er Bedenken erhob», (B 145 ff.) erinnert sich die Professorin Luisa Rosell. Indes liest sich auch diese Schilderung unbeschwerter, als es damals zuging. Denn es reicht nicht, eine neue Verwaltungsstruktur zu finden, dazu eine Gruppe von Laien, die willens und fähig ist, eine Universität zu tragen und zu führen. Wie die gesamte Provinz ist die Universität in erheblichen finanziellen Nöten. Diese müssen behoben werden, ehe neue Träger gefunden werden können. Bergoglio veräußert eine Reihe Immobilien, die der Provinz gehören.[6]

Dem Vernehmen nach stößt der Provinzial nicht nur auf Zustimmung, sondern macht sich schon bald manch einen Mitbruder zum Gegner. Eines aber hatten alle begriffen: Wenn Bergoglio sich einmal entschieden hat, dann handelt er.

Nicht verhindern kann Bergoglio, dass die Universität am 25. November 1977 ein Mitglied der Militärjunta mit dem Ehrendoktorat auszeichnet: Admiral Emilio Massera. Bergoglio war ihm im Jahr zuvor zwei Mal begegnet und hatte die Begegnungen, bei denen es um die Freilassung zweier von Einheiten der Marine verschleppten Jesuiten ging, nicht in bester Erinnerung. Keinesfalls, so Bergoglio rückblickend im Jahr 2010, hätte er diesen Akt im Jahr 1977 verhindern können. Die Universität unterstand nicht mehr dem Orden, und er habe als «einfacher Priester» keine Autorität mehr besessen. Seine Meinung habe er dadurch zum Ausdruck gebracht, dass er an dem Festakt zur Verleihung der Ehrendoktorwürde trotz einer Einladung nicht teilgenommen habe. (RA 167 f.)

In der Jesuitenprovinz wird das Auftreten des Neuen mit einer Mischung aus ungläubigem Staunen und Respekt betrachtet. Doch wo geht die Reise hin? Will man sich einen umfassenden Überblick über das Wirken Bergoglios in seinen beiden Amtszeiten als Provinzial verschaffen, ist man mindestens auf die Akten angewiesen, die sich in der Kurie der argentinischen Provinz wie in der Ordenskurie in Rom erhalten haben. An die Öffnung der Archive ist auf Jahrzehnte hin nicht zu denken; wie viele andere muss auch die Rekonstruktion dieser Phase Fragment bleiben.

Einige Anhaltspunkte ergeben sich aus den Gesprächen mit ehemaligen und gegenwärtigen Mitbrüdern, die mittlerweile an verschiedenen Stellen gesammelt sind. Aber der doppelte methodische Vorbehalt, dass es sich um Erinnerungen handelt, die ihrerseits von sozial erwünschten Urteilen beeinflusst sein können, mahnt zur Vorsicht – ganz davon abgesehen, dass elementare Fakten nicht bekannt sind. So heißt es etwa, dass während der gesamten, zwei mal drei Jahre während Amtszeit Bergoglios viele Jesuiten den Orden verließen und gegen Ende der zweiten Periode die Zahl der Neueintritte stieg.[7] Doch verlässliche Zahlen über diese Entwicklungen liegen nicht vor.

Jederzeit überprüfbar ist indes die Erinnerung des argentinischen Jesuiten Fernando Albistur an die Entschiedenheit, mit der der neue Provinzial die orientierungslose Provinz auf einen neuen Kurs bringen will. Umgehend macht Bergoglio mit dem Programm Ernst, das Ignatius von Loyola der Gemeinschaft Jesu in die Wiege gelegt hatte: an die Grenzen zu gehen. «Es ist sehr bezeichnend, dass er kurz nach seiner Ernennung zum Provinzoberen von Argentinien Jesuiten als Missionare in ländliche Regionen schickte.» (B 84)

Diese sollte man sich aller landschaftlichen Schönheit Argentiniens zum Trotz nicht als Idyll vorstellen. «Er setzte unsere Missionen in der Provinz La Rioja fort, bald darauf begannen wir wieder in San José del Boquerón in der Provinz Santiago del Estero, wo wir Jesuiten seit dem Ende des 17. Jahrhunderts gewesen waren. Der Ort war extrem arm, die Leute wussten sich nicht zu helfen.» Diese Mission besteht noch heute.

Pater Albistur zieht von dieser Entscheidung eine direkte Linie in die Gegenwart. In der Aufwertung der «Missionen» zeige sich der Drang des Papstes, «an die Grenzen zu gehen, zu denen, die am weitesten weg sind, zu den Ausgeschlossenen, den Ärmsten der Armen». In La Rioja wird es im Übrigen bald zu einer schicksalhaften Begegnung kommen. Die Jesuiten arbeiten dort in einer Diözese, die von einem Bischof geleitet wird, der die Sendung der Kirche in ähnlichen Worten formulieren würde, wie sie Albistur Bergoglio in den Mund legt: Enrique Angelelli. Bergoglio fasst offenbar schnell Vertrauen zu dem fast zwanzig Jahre älteren Geistlichen und dieser zu ihm – was bald darauf drei Seminaristen das Leben retten sollte.

Das gläubige Volk

Freilich hat sich aus dem ersten Jahr des Provizialates ein kurzes Dokument erhalten, das mehr sagt als viele Worte: Bergoglios programmatische Ansprache zu Beginn einer Versammlung der Jesuiten der argentinischen Provinz, die am 18. Februar 1974 stattfindet. Er selbst wollte, dass diese Ansprache öffentlich wird. Bergoglio hat sie in sein erstes, im Jahr 1982 veröffentlichtes Buch «Meditaciones para Religiosos» aufgenommen, eine Sammlung geistlicher Vorträge und religiöser Betrachtungen.[8]

Anlass der Provinzversammlung 1974 ist die für den Herbst des selben Jahres einberufene 32. Generalkongregation. In Rom werden Delegierte aus jeder Provinz sowie aus den Einrichtungen erwartet, die dem Ordensgeneral direkt unterstellt sind, um zehn Jahre nach dem Ende des II. Vatikanischen Konzils über den Zustand und die Zukunft der «Gesellschaft Jesu» zu befinden. Bergoglio, der als Provinzial an der Generalkongregation teilnehmen wird, richtet den Blick aber zunächst nicht in die Zukunft des Ordens, sondern auf die Gegenwart und den Zustand der argentinischen Provinz.

In drei Punkten – jener im Jesuitenorden weit verbreiteten Form, seine Gedanken zu ordnen, die seit März 2013 alle Welt an Papst

Franziskus' Predigten und Ansprachen studieren kann – fasst Bergoglio seine Überlegungen zusammen: Drei Punkte, die er als «Zeichen der Gegenwart Gottes im Leben der Jesuiten» bezeichnet und die als solche den Rahmen bilden, um die «Einheit der Provinz» herzustellen.

Als ersten Punkt formuliert Bergoglio die «Überzeugung, dass es notwendig ist, sterile innerkirchliche Gegensätze zu überwinden, um auf diese Weise eine zielführende Seelsorgestrategie zu entwickeln, die den Feind sichtbar macht wie auch die Kräfte, mit denen man gegen ihn ankommen kann».

Der zweite Punkt lautet: «Klarheit angesichts falscher Lösungen für unsere Probleme in der Seelsorge».

Drittens: «Der Wunsch, Wege zu beschreiten, die Wege wirklichen Wachstums sind, weil sie die Wege unserer Geschichte sind, in der Gott uns rettet».

Bergoglio formuliert seine Anliegen in einer Sprache, die nicht nur gewöhnlichen Zuhörern weitgehend unverständlich ist – so dicht gepackt ist sie mit theologischen Fachbegriffen. Erschwerend kommt hinzu, dass er sich einer Sprache bedient, die von Denkformen, Formeln und Codewörtern geprägt ist, deren Bedeutung sich nur in Kenntnis der Grundlagentexte des Jesuitenordens erschließt, allen voran den «Geistlichen Übungen» des Ordensgründers Ignatius. Doch reicht es zum Verständnis der Absicht Bergoglios aus, ihm bis zu jenen Stellen seiner Ausführungen zu folgen, in denen er «Klartext» spricht.

Etwa in seinen Erläuterungen des ersten Punktes. Sein Anliegen schmückt er aus mit Hinweisen auf die «unfruchtbaren Konflikte mit der Hierarchie» und auf «Konflikte zwischen verschiedenen Flügeln», einem progressiven und einem reaktionären. In Phänomenen wie diesen erkennt er eine «Verabsolutierung sekundärer Fragen», durch die die einzelnen Teile mehr Gewicht bekommen als das Ganze. Mit dem Heiligen Ignatius formuliert der Provinzial, die Größe jedes Einzelnen bestehe darin zu akzeptieren, dass Gott immer größer sei und der Plan Gottes größer als jedes einzelne Projekt. «Wenn unser apostolisches Vorgehen diese Gespaltenheit, diese alles erschlagende Kleingeisterei, diesen Individualismus, diesen

Hass bzw. die Liebe ‹a la defensiva› nicht überwindet, was wird dann aus uns?»

Was den zweiten Punkt betrifft, die Klarheit, so erkennt der Provinzial eine Tendenz, eine Einheit vorzugaukeln, indem die wirklichen Konflikte umgangen werden. Eine weitere Tendenz beschreibt er mit den Worten, dass man die Einheit mit Mitteln herzustellen versuche, die von ihren Zielen losgelöst seien, eine dritte mit der Außerachtlassung der konkreten Wirklichkeit im Namen eines vermeintlich weiteren Horizontes.

Nichts anfangen kann Bergoglio mit abstrakten Ideologien, die der Wirklichkeit aufgepfropft werden. Dieses Problem stellt sich auch auf dem Gebiet der Religion. Die Debatten und Probleme in den Ländern des «Zentrums», wie sie unter Schlagworten wie «Gott ist tot» oder Säkularisierung oder auch Dialog mit anderen Weltanschauungen geführt werden, hält er für absolut untauglich, um die Situation in Argentinien zu bewältigen. Dann könne man gleich «einen Nandu mit einem Fasan verheiraten».

Was versteht nun Bergoglio unter dem dritten Aspekt, den er mit dem Wort *«un deseo»* beschreibt? Lobend hebt er eine gesunde «Allergie» unter den Jesuiten hervor gegenüber allen Versuchen, Argentinien mithilfe von Theorien zu verstehen, die nicht aus der nationalen Realität heraus entstanden sind. Was ihm aber weit wichtiger erscheint, ist die Anerkennung jenes Sinnes für authentische Religiosität (*«sentido de reserva religiosa»*), wie ihn das gläubige Volk (*«pueblo fiel»*) auszeichne. Genau diesen Weg der Anerkennung müssten auch die argentinischen Jesuiten gehen: «Ich möchte, ganz ungeschützt, erklären, was ich meine, wenn ich vom *pueblo fiel* spreche: Ich beziehe mich ganz einfach auf die Gläubigen, auf jene, mit denen wir in unserer priesterlichen Berufung und in unserem religiösen Zeugnis am meisten Kontakt haben. Mir ist klar, dass der Begriff *pueblo* hier bei uns mehrere Bedeutungen hat, was mit den verschiedenen ideologischen Konzepten zu tun hat, mit denen man die Realität des Volkes beschwört oder empfindet. Ich rede daher einfach vom *pueblo fiel*.»

Mit dieser Unterscheidung grenzt sich Bergoglio klar von den marxistisch-klassenkämpferischen wie soziologisch-reduktionistischen Deutungen der Kategorie «Volk» ab. Was aber ist seine Deutung? Bergoglio spricht nicht nur als Seelsorger, sondern als Theologe. Als solcher habe er sich während des Studiums sehr über eine Formel gewundert, die zum festen Traditionsbestand gehöre: Das gläubige Volk sei in dem unfehlbar, was es glaube. Diese Formel habe ihn zu einer eigenen Formel inspiriert, die möglicherweise nicht ganz so präzise sei, aber ihm sehr helfe: «Wenn du wissen willst, was die Mutter Kirche glaubt, wende dich an das Lehramt – es ist seine Aufgabe, die Lehre der Kirche auf unfehlbare Weise zu verkünden; wenn du aber wissen willst, wie die Kirche glaubt, halte dich an das gläubige Volk.»

Wie soll das gehen? «Das Lehramt sagt dir, wer Maria ist, aber das gläubige Volk zeigt dir, wie man Maria liebt.»

Das Bewusstsein der Argentinier von ihrer Geschichte speise sich, so Bergoglio, nicht aus ökonomischen Kategorien, etwa der abstrakten Unterscheidung von Bürgertum und Proletariat, sondern aus dem Leben, das in seiner Wurzel christlich geprägt ist. «Unser Volk besitzt eine Seele, und weil wir von der Seele eines Volkes sprechen, können wir auch von einer Hermeneutik sprechen, von einer Weise, die Wirklichkeit zu sehen, von einem Gewissen.»

Was heißt das für die Jesuiten? «Vielleicht können wir dieses Herkommen unseres Volkes im letzten nur verstehen, wenn wir uns an die alten Geschichten erinnern, an den Wagemut, an die Fähigkeit zur Unterscheidung und zur Entscheidung der ersten Jesuiten, die diese Länder betraten. Ohne zu wissen was auf sie zukommen würde, vor einer Sendung zu Menschen, bei denen mancher zweifelte, dass sie überhaupt eine Seele besäßen, waren sie in der Lage, den Weg der Seelsorge zu erkennen, der sich ihnen bot.»

Das Ergebnis: «Der einzige katholische Kontinent.»

Bergoglio will sich nicht im Triumphalismus ergehen oder Verdienste reklamieren, die den Vorgängern zustehen. Aber das Ergebnis diese Seelsorge sei, dass Gott im Herzen des argentinischen Volkes lebe und von dort nicht mehr verschwinden werde. «Deswegen ziehen unsere wirklich authentischen befreienden Projekte die Einheit dem Konflikt vor, denn sie rechnen damit, dass der Feind teilt, um zu herrschen. Was auf dem Spiel steht, ist das Projekt ‹Nation› und nicht das Fortkommen einer Klasse.»

An diesem Punkt schlägt Bergoglio eine Brücke zu jenem historisch-politischen Projekt des Peronismus, das im Leben seiner Familie und seiner Biographie viele Parallelen aufweist. «Ich glaube auch, dass für unser Volk die Arbeit eine Quelle der Würde ist. Und wenn wir uns schon mit einer Unterscheidung in verschiedene Klassen unserem Volk nähern wollten, dann stießen sie auf eine ganz einfache, aber allzu reale Zweiteilung: die einen arbeiten, die anderen lehnen sich zurück.»

In die Sprache der Theologie der siebziger Jahre übersetzt lautet dieses Projekt: «Unser gläubiges Volk trennt seinen christlichen Glauben nicht von seinen geschichtlichen Projekten, aber es vermischt sie auch nicht mit einem revolutionären Messianismus. Dieses Volk glaubt an die Auferstehung und das Leben: es tauft seine Kinder, und es begräbt seine Toten. Und es bittet. Wofür? Gesundheit, Arbeit, Brot, ein gutes Einvernehmen im Kreis der Familie, für das Vaterland, um den Frieden. Manche denken, das sei nicht revolutionär. Aber dasselbe Volk, das um den Frieden bittet, weiß zur Genüge, dass dieser die Frucht der Gerechtigkeit ist.»

Aus all dem ergibt sich, wie Bergoglio im letzten Abschnitt seiner Rede eingesteht, noch keine klare Strategie. Tag für Tag müsse man daran arbeiten, dass man in der Einheit wachse. Dann aber benennt er die entscheidenden Kriterien, die an diesen Prozess angelegt werden müssen: «Die Einheit ist wichtiger als der Konflikt, das Ganze ist wichtiger als die einzelnen Teile, die Zeit ist wichtiger als der Raum.»

Wer Bergoglio im Einzelnen vor Augen steht, als er diese durchweg provozierenden Formulierungen wählt, und worauf er im Detail anspielt, lässt sich ohne seine höchstpersönliche Hilfe nicht rekonstruieren. Es ist jedoch nicht vermessen, in seinen Worten nicht nur einen Kommentar zu der Verfassung der argentinischen Kirche im Allgemeinen und der Jesuitenprovinz im Besonderen zu lesen. Seine Ansprache vor der Provinzkongregation des Jahres 1974 ist seine «Magna Charta», so wie «Evangelii gaudium» im Jahr 2013 für die ganze katholische Kirche.

Vor allem auf die drei «christlichen Prinzipen» wird Bergoglio Zeit seines Lebens immer wieder zurückkommen – allerdings um eine vierte Maxime erweitert. 1980 heißt es: «Die Realität ist wichtiger als die Idee.»[9]

In der argentinischen Schule

Über die Amtsführung Bergoglios als Provinzial während des ersten, dreijährigen Mandates ist außer der Trennung von der Universidad del Salvador wenig bekannt. Nicht unwichtig ist jedoch, dass er zu dessen Ende hin die kleine Kommunität in der Stadt Buenos Aires auflöst, in der er mit seinem Sozius und einigen anderen Mitbrüdern lebt. Der Provinzial verlegt die Kurie ausgerechnet am 24. März 1976, dem Tag des folgenreichsten Staatsstreichs der jüngeren argentinischen Geschichte, nach San Miguel und damit in die direkte Nachbarschaft der Theologischen Fakultät und der Ausbildungskommunitäten der Provinz. (BS 203)

Warum? Alver Metalli, ein langjähriger Weggefährte des uruguayischen Philosophen Alberto Methol Ferré, zitiert in seinem 2013 erschienenen Buch über die Freundschaft zwischen Jorge Mario Bergoglio und Methol Ferré den damaligen Rektor der Universidad del Salvador, Francisco Piñón, mit der Vermutung, Bergoglio habe mit den Priestern zusammenwohnen wollen, «wie auch jetzt, als Papst, im Vatikan».[10] Vor allem habe er in San Miguel nicht nur Kontakt mit vielen Priestern und Professoren der Fakultät gehabt, sondern auch einen Überblick über die Entwicklung der Studenten, von denen einige seine Novizen gewesen waren. Freilich könnte auch die zunehmende Anarchie im Land eine Rolle gespielt haben.

1970 hat General Levingston Onganía im Präsidentenamt abgelöst, ohne eine Rückkehr zur Demokratie ins Auge zu fassen. Nur ein Jahr später wird Levingston durch General Lanusse ersetzt. Die noch immer verbotenen peronistischen Bewegungen und die UCR sind inzwischen übereingekommen, dass es Zeit sei, gemeinsam gegen das Militär Front zu machen. Diese aber lassen nicht von der Macht, was innerhalb des bürgerlichen Lagers immer mehr Verständnis auch für diejenigen Kräfte weckt, die zur Veränderung der Gesellschaft auf die Anwendung von Gewalt setzen. Gleichzeitig richten alle ihren Blick nach Madrid. Juan Domingo Perón wartet nur auf eine Gelegenheit, um endgültig in seine argentinische Heimat zurückzukehren. Die um sich greifende Anarchie kommt ihm nicht nur recht, sondern wird von seinen Strohmännern in Argentinien geradezu als Mittel zum Zweck eingesetzt: «Die linken Flügel der Gewerkschaften, kritische Intellektuelle und Künstler, viele Jugendliche sowie sozial engagierte Christen forderten die Rückkehr Peróns als unabdingbare Voraussetzung für die soziale und politische Umgestaltung des Landes. Selbst jene politischen Gruppen, die nicht zu den Anhängern des Peronismus gehören, waren inzwischen zu der Überzeugung gelangt, dass eine Befriedung des Landes ohne die Anwesenheit Peróns nicht möglich war.»[11]

Als das Militär für den 11. März 1973 eine Präsidentenwahl ansetzt, ist Perón eine Kandidatur noch immer verwehrt. Also kandidiert an der Spitze des von ihm geschmiedeten Wahlbündnisses namens «Frente Justicialista de Liberación Nacional» ein Mann namens Héctor Cámpora. Allen Argentiniern ist klar, dass dieser nur eine Marionette ist: «Cámpora al gobierno, Perón al poder» lautet die Parole. Auf Anhieb kann das Wahlbündnis annähernd 50 Prozent der Stimmen auf sich vereinigen.

Drei Monate später, am 20. Juni 1973, kehrt Perón nach fast 18 Jahren Exil zurück. Allen Erwartungen zum Trotz haben sich die gesellschaftlichen Kräfte seit dem Wahlsieg Cámporas nicht beruhigt, sondern noch stärker radikalisiert. Besetzungen von öffentlichen Gebäuden, Zeitungsredaktionen und Hochschulen sind an der Tagesordnung, linksperonistische Guerillagruppen ergehen sich in revolutionärer Rhetorik und liquidieren politische Gegner auf der peronistischen Rechten.

Diese wiederum will nicht hintanstehen. 1973 erwächst den *montoneros* in Gestalt der so genannten Antikommunistischen Allianz Argentiniens (AAA oder Triple A) ein Gegner, der ihnen an Brutalität nicht nachsteht. Gründer der AAA ist ein Vertrauter Peróns, sein langjähriger Sekretär José López Rega.

Schon die Ereignisse rund um die Rückkehr Peróns lassen erahnen, was auf das Land zukommt: Während der Caudillo zusammen mit seiner dritten Ehefrau María Estela Martínez de Perón am

20. Juni 1973 von Madrid kommend nach Buenos Aires fliegt, versammeln sich im Umkreis des Flughafens nach und nach etwa zwei Millionen Argentinier, um Perón einen triumphalen Empfang zu bereiten. «Die peronistischen Gruppen rivalisierten um eine günstige Position, um den alten Führer zu sehen und gleichzeitig vor ihm die eigene Stärke zu demonstrieren. Rechtsgerichtete Gruppen, die als Sicherheitsdienst für die Kundgebung beauftragt worden waren, eröffneten vom Podium aus das Feuer, um dem massiven Druck der Linken standzuhalten. Es gab zahlreiche Tote und Verletzte.»[12] Knapp vier Wochen nach dem «Massaker von Ezeiza» übernimmt Bergoglio das Amt des Provinzials der argentinischen Jesuitenprovinz.

Ob er damals ahnte, dass er bald in noch ganz andere Konflikte hineingezogen werden sollte? «In meinem Fall muss ich zugestehen, dass ich am Anfang vielen Beschränkungen bei der Interpretation bestimmter Vorfälle unterlag: Als 1973 Perón in das Land zurückkehrte und es zu der Schießerei in Ezeiza kam, begriff ich nichts. Genauso wenig, als Cámpora auf die Präsidentschaft verzichtete. Ich war damals nicht genügend politisch informiert, um all das zu verstehen.» (RA 153)

Als Bergoglio gut ein Jahr nach diesen Ereignissen im Herbst 1974 nach Rom fliegt, um an der 32. Generalkongregation der Gesellschaft Jesu teilzunehmen, ist Perón bereits tot. Im Herbst 1973 hatte er sich mit 62 Prozent der Stimmen zum dritten Mal zum Präsidenten wählen lassen. Seine dritte Frau Estela María Martínez de Perón, genannt Isabel, wurde Vizepräsidentin. Innerhalb der Regierung und innerhalb der peronistischen Sympathisanten bekämpften sich rechte und linke Strömungen bis aufs Blut.

Als die Preise im Zuge der Erdölkrise, die 1974 auch Argentinien erfasst, dramatisch steigen und die Gespräche zwischen Regierung, Gewerkschaften und Unternehmen über Lohnerhöhungen und die Versorgung des Marktes scheitern, kommt es am 8. Juli zum ersten Generalstreik, der sich jemals gegen eine peronistische Regierung gerichtet hat. Perón war eine Woche zuvor im Alter von 78 Jahren eines natürlichen Todes gestorben.

Kurz zuvor war der Slumpriester Carlos Mugica, der als fanatischer Peronist weithin bekannt war, vor seiner Kirche von mehreren Kugeln tödlich getroffen worden. Niemand bezichtigte sich damals des symbolträchtigen Mordes. Für die meisten war (und ist) klar, dass Mugica nur von der Triple A ermordet worden sein konnte.[13] Zu denen, die an dieser Version zweifeln, gehört Juan Carlos Scannone. Er schließt nicht aus, dass Mugica von noch radikaleren Linken erschossen wurde. Sein Tod könnte damit in Zusammenhang stehen, dass ein Teil «seines» Elendsviertels abgerissen werden sollte. Offenbar war Mugica bereit, mit staatlichen Stellen über eine Umsiedlung und eine damit einhergehende Verbesserung der Lebensbedingungen der Menschen zu verhandeln. In der Logik ultralinker Gruppen galt ein solches Verhalten als Verrat. Man wollte die Konflikte nicht durch Verhandlungen lösen, sondern erst noch zuspitzen, um eine revolutionäre Entwicklung in Gang zu setzen. Gut möglich, dass Mugica dieser Logik geopfert wird – ebenso wie im September 1974 der Generalsekretär des mächtigen peronistischen Gewerkschaftsverbandes CGT, José Russi.

Im Herbst 1999, 25 Jahre nach dem Tod Mugicas, lässt der Erzbischof von Buenos Aires, Jorge Mario Bergoglio, die sterblichen Überreste des Slumpriesters feierlich in seiner Kapelle «Christus der Arbeiter» in der Villa 31 im Stadtteil Retiro beisetzen.[14]

An die Kasernentore

Am 2. Juli 1974, einen Tag nach dem Tod ihres Mannes, wird «Isabel» als neue Staatspräsidentin vereidigt. Vergeblich versucht sie, sich zur Wiedergängerin der legendären Evita zu stilisieren. Die – immerhin – erste Staatspräsidentin eines lateinamerikanischen Landes wird zu einer Marionette der Militärs und ein willfähriges Werkzeug in den Händen von López Rega, dem «Hexer».

Die Spirale von Gewalt und Gegengewalt dreht sich immer schneller, ebenso der zerstörerische Kreislauf aus Lohnerhöhungen, Abwertungen und Preiserhöhungen. Das wirtschaftliche Chaos spiegelt sich jedoch nicht in den Schilderungen Bergoglios, nur die zunehmende Gewalt: «Schrittweise erfuhren wir von der Guerrilla, von ihrer Absicht, in Tucumán Fuß zu fassen, von den terroristischen Aktionen, bei denen es ebenfalls zivile Opfer gab, völlig unbeteiligte Menschen und junge Männer, die sich zum Militärdienst meldeten, bis dann das Dekret von Präsidentin Isabel Martínez de Perón erlassen wurde, das die ‹Vernichtung subversiver Tätigkeiten› anordnete. Von da an begannen wir uns bewusst zu werden, dass die Sache ernst war. Parallel dazu begannen nahezu alle, ‹an die Kasernentore zu klopfen›, d. h. nach dem Einsatz des Militärs zu rufen.» (RA 154 f.)

In Tucumán ist eine Guerrilla aktiv, die mit wenigen hundert Mitgliedern die Bevölkerung terrorisiert und zu deren Bekämpfung mehrere tausend Soldaten in Marsch gesetzt worden sind. Das Heer ist die einzig verbliebene Ordnungsmacht.

Am 24. März 1976 ist es soweit. Die Befehlshaber der drei Teilstreitkräfte Heer, Marine und Luftwaffe bilden eine Junta und stürzen die knapp zwei Jahre zuvor gewählte peronistische Regierung. Dass Frau Perón umgehend unter Hausarrest gestellt wird, ruft keine Proteststürme hervor. Die Inflationsrate war wieder einmal in Schwindel erregende Höhen gestiegen, dieses Mal auf 700 Prozent.

Und dann? Nach wenigen Monaten ist die Guerilla weitgehend zerschlagen und die Inflation eingedämmt. Nach grundlegenden Reformen unter Anleitung des Ökonomen José Alfredo Martínez de Hoz wächst die Wirtschaft. 1978 präsentiert sich Argentinien als Austragungsort der Fußballweltmeisterschaft als Land, in dem nach zehn Jahren Chaos die öffentliche Ordnung weitgehend wieder hergestellt ist.

Die Rückseite dieser Bilder, die im Jahr 1978 vielerorts im Westen nur allzu gerne gesehen werden, ist mit Blut gemalt. Sicherheitskräfte des Militärs und der Polizei sowie ihre paramilitärischen Helfer machen ungehindert Jagd auf alle, die sie für «Subversive» halten: Greifkommandos, die mit schwarzen Autos des Typs Ford Falcon ohne Nummernschild unterwegs sind, dringen zu jeder beliebigen Tages- und Nachtzeit in Häuser ein und verschleppen ihre Opfer auf Nimmerwiedersehen.

Der Staatsterrorismus, der von den Militärs als «Prozess der demokratischen Reorganisation» ausgegeben wird, ist weit brutaler als alles, was das an staatliche Repression gewöhnte Lateinamerika im 20. Jahrhundert erlebt hat. Binnen weniger Monate werden Tausende verschleppt, in geheimen Folterzentren zu Tode gequält oder bei lebendigem Leib über dem Atlantik oder der Mündung des Rio de la Plata aus Flugzeugen ins Meer geworfen. Tage oder Wochen später finden erholungsbedürftige Badegäste den einen oder anderen Leichnam beim morgendlichen Strandspaziergang.

«Den Putsch … billigten nahezu alle, die Mehrheit der politischen Parteien eingeschlossen», (RA 154) weiß Bergoglio im Jahr 2010. Die Erinnerung trügt ihn nicht. Warum sollten sich die Militärs 1976 anders verhalten als zehn Jahre zuvor? Damals waren zwar eine Reihe bürgerlicher Freiheiten eingeschränkt worden, aber von systematischer Verfolgung politischer Gegner oder massiven Menschenrechtsverletzungen konnte nicht die Rede sein. Daher konnte Bergoglio auch sagen: «Allerdings ist auch wahr, dass niemand (oder nur sehr wenige) sich vorstellen konnte, was dann geschehen würde.»

Der «Reinigungsprozess»

Die Reaktionen der meisten Kirchenführer auf den Putsch sind durchaus verständnisvoll. Sie teilen den Wunsch nach einem Ende des «schmutzigen Krieges», der seit drei Jahren das Land in Angst und Schrecken versetzt. Wenige Tage vor dem Putsch treffen sich die Spitzen der Teilstreitkräfte mit Militärbischof Adolfo Tortolo und vergewissern sich seines Einverständnisses. Tortolo hatte schon im Dezember 1975 einen «Reinigungsprozess» herbeigesehnt. Zuvor hatte Militärgeneralvikar Victorio Bonamín die Streitkräfte mit Worten angesprochen, die sich wie eine Aufforderung zum Eingreifen lasen.[15]

Rückblickend ist das Einvernehmen mit den Bischöfen auch nötig, denn die Geistlichen sind unter den Ersten, die erfahren, wie die Schergen der Junta mit allen verfahren, die ihr als «Subversive» erscheinen: Gewerkschafter, Geistliche, Intellektuelle, Akademiker oder bald darauf die Mütter der Plaza de Mayo, die angesichts des spurlosen Verschwindens ihrer Kinder nicht schweigen – auch sie verschwinden spurlos. Oft klopfen Mütter oder Väter, die verzweifelt nach ihren Kindern suchen, als Erstes an die Türen der Pfarrhäuser oder des Bischofshauses. Was mit den Verschwundenen geschieht, wissen am ehesten die zahlreichen Priester in Diensten des so genannten Militärordinariats. Sie tun ihren Dienst auch in den Folterzentren und beruhigen die Gewissen derer, die sich angeblich auf höheren Befehl oder zum Wohl des Vaterlandes über ihre wehrlosen Opfer hermachen, sie mit Elektroschocks quälen und schwangere Frauen so lange am Leben lassen, bis sie ihr Kind zur Welt gebracht haben. Dieses wird alsbald von einer Familie adoptiert, vornehmlich von Militärangehörigen.

Das ist der Unterschied gegenüber dem Putsch des Jahres 1966. General Rafael Videla, der Oberbefehlshaber des Heeres und gleichzeitig der neue Präsident, will zusammen mit General Emilio Massera (Marine) und General Ramón Agosti (Luftwaffe) nicht putschen, um die Macht schon nach wenigen Jahren wieder aus der Hand zu geben und das Land aufs Neue zum Spielball rechter und linker Kräfte werden zu lassen. Der «Erfolg» gibt den Militärs Recht. Die Guerrilla ist schon nach wenigen Monaten kaum noch kampffähig. Aber der Staatsterror geht unvermindert weiter. Widerstand gegen den in der argentinischen Geschichte neuen Staatsterror leisten nur wenige. Viele müssen dafür mit ihrem Leben bezahlen. Auch einige Geistliche zählen dazu, darunter ein Bischof, vielleicht sogar zwei. Aber sie sind mitnichten repräsentativ für die Mehrheit des Klerus, geschweige denn für die Mehrheit der Bischöfe. Einmütig hatte die Bischofskonferenz immer wieder die Anwendung von Gewalt verurteilt. Aber als das Militär putscht und zu Mitteln des Staatsterrorismus greift, ist von der Bischofskonferenz nur wenig zu hören – ganz im Gegenteil zu den Bischöfen in Chile oder auch in Brasilien, die sich ebenfalls Militärdiktaturen gegenübersahen.

In Chile etwa machen katholische Bischöfe unter Führung von Kardinal Raúl Silva Henríquez, dem Erzbischof von Santiago de Chile, drei Jahre nach dem Beginn der Militärdiktatur von General Augusto Pinochet die Sache der Menschenrechte zu der ihren und gründen die «Vicaría de la Solidaridad». Das Archiv, das die «Vicaría» über die Menschenrechtsverletzungen der Pinochet-Ära anlegt, ist heute eine der wichtigsten Quellen des kulturellen Gedächtnisses der chilenischen Nation.[16] Auch im benachbarten Brasilien stehen immer mehr führende Kirchenmänner den seit 1964 herrschenden Militärs reserviert bis offen ablehnend gegenüber.[17]

Sollte in Argentinien ein Erzbischof oder Kardinal je auf die Idee gekommen sein, es den chilenischen Bischöfen gleichzutun und eine Anlaufstelle für die Opfer der längst vor dem Beginn des «schmutzigen Krieges» um sich greifenden Gewalt einzurichten, so wird sie niemals verwirklicht. Diese Arbeit überlassen die Geistlichen mit Ausnahme des Bischofs Jaime de Nevares (Neuquén) anderen: Dem von dem späteren Friedensnobelpreisträger Adolfo Pérez Esquivel mit ins Leben gerufenen «Dienst für Frieden und Gerechtigkeit» (Servicio Paz y Justicia – Serpaj, gegründet 1974), der «Ständigen Versammlung für die Menschenrechte» (Asamblea Permanente por los Derechos Humanos – ADPH, gegründet 1975) oder auch der schon 1937 gegründeten «Argentinischen Liga für die Menschenrechte» (Liga Argentina por los Derechos del Hombre – LADH) sowie den Männern und Frauen des «Zentrums für juristische und soziale Untersuchungen» (Centro de Estudios Legales y Sociales – CELS, gegründet 1979).

So wird man auch das, was Bischöfe wussten und taten oder auch nicht, erst vollständig ermessen können, wenn eines Tages die Archive der Kirche geöffnet werden – vorausgesetzt, sie wurden sachgerecht geführt. Bis heute hat die argentinische Kirche ihre Akten weder für Zwecke der Strafverfolgung noch der wissenschaftlichen Aufarbeitung dieser dunkelsten Periode der jüngeren Geschichte Argentiniens zur Verfügung gestellt. Auch nicht einzelne Diözesen wie das Erzbistum Buenos Aires, dem ein gewisser Jorge Mario Bergoglio von 28. Februar 1998 bis zum 13. März 2013 vorstehen wird.

Es gab Hirten

Als Kardinal äußert sich Bergoglio über seine Vorgänger im Bischofsamt vorsichtig differenzierend: «Es ist sicher, dass sich einige Bischöfe früher als andere über die Methoden klar wurden, die man im Umgang mit den Gefangenen anwendete. Es stimmt, dass es Hirten gab, die klarer sahen und dadurch viel riskierten.» (RA 155)

Sein Vorvorgänger als Kardinal von Buenos Aires, Juan Carlos Aramburu, gehörte sicher nicht zu Letzteren. Auch nicht der damalige Vorsitzende der Bischofskonferenz, Adolfo Tortolo. Nicht klar ist bis heute auch, welche Rolle der Botschafter des Heiligen Stuhls spielte, der Apostolische Nuntius Pio Laghi. Schilderungen gemeinsamer Tennispartien mit Admiral Massera sind geeignet, ihn als Komplizen des Militärs erscheinen zu lassen.[18] Es fehlt aber nicht an Stimmen, die ihm großen Einfluss bei der Freilassung von Personen zusprechen, die von Agenten der Junta verschleppt worden waren. Unzweifelhaft ist die Gegnerschaft zu den Militärs nur bei einer äußerst kleinen Zahl von Bischöfen. Einer von ihnen ist der Erzbischof von Santa Fé, Vicente Faustino Zaspe (1920–1984), ehemals Mitglied der COEPAL: «Er war einer der ersten, denen klar wurde, wie die Diktatur vorging, und zwar aufgrund der gewaltsamen Entführung und bestialischen Folterung des Mannes, der bis zum Putsch Bürgermeister der Provinzhauptstadt gewesen war: Adán Noe Campagnolo.»

Und die anderen? Bergoglio nennt die Namen dreier anderer Bischöfe: Miguel Hesayne, Jorge Novak und Jaime Francisco de Nevares. Miguel Hesayne war zum Zeitpunkt des Militärputsches erst seit kurzem Bischof der Diözese Viedma (Provinz Río Negro), Jorge Novak, ein Mitglied der Steyler Missionare, wurde erst nach dem Putsch Bischof der neu errichteten Diözese Quilmes im Großraum Buenos Aires. Die Weihe fand am 19. September 1976 statt. Jaime Francisco de Nevares hingegen, seit 1961 erster Bischof der Diözese Neuquén im Norden Patagoniens, war schon in den sechziger Jahren als Anwalt der Arbeiterrechte eine Ausnahmeerscheinung. 1975 war er unter den Gründern der (ökumenischen) APDH.

Ein anderer Name fällt in diesem Zusammenhang nicht: Enrique Angelelli, der am 4. August 1976 bei einem Autounfall stirbt, der aller Wahrscheinlichkeit nach von Sicherheitskräften inszeniert ist. Hesayne, Novak und de Nevares sind die einzigen Bischöfe, die öffentlich das Militär bezichtigen, Angelelli ermordet zu haben. Die Mitglieder der Junta scheren sich nicht darum, sind die drei Geistlichen doch allesamt Bischöfe von unbedeutenden, randständigen Diözesen. Von Seiten der Erzbischöfe und Kardinäle oder des Vorsitzenden der Bischofskonferenz droht der Junta kein offener Widerstand.

Gleichwohl nimmt Bergoglio die argentinische Bischofskonferenz auch noch 30 Jahre nach dem Ende der Diktatur gegen aus seiner Sicht überzogene Vorwürfe in Schutz.[19] Dass die Bischofskonferenz diskretes Handeln öffentlichen Erklärungen vorgezogen hatte, angeblich aus Angst davor, Hinrichtungen zu beschleunigen, scheint ihm plausibel.

«Andererseits erlauben die Erklärungen des Episkopats ungeachtet der Diskretheit der Aktionen keinen Zweifel an seiner grundsätzlichen Haltung», (RA 155) sagt Bergoglio und verweist in diesem Zusammenhang auf ein Buch, das im Jahr 2006 und damit 25 Jahre nach dem Versöhnungsdokument «Iglesia y Comunidad Nacional» (1981) erschien ist. Es dokumentiert die Einlassungen der Bischofskonferenz aus den siebziger und achtziger Jahren.

«Ich hoffe, dass die politischen Parteien und andere Verbände um Verzeihung bitten, wie es die Kirche getan hat.» (RA 154) Bergoglio spielt auf einen Text an, den die Bischofskonferenz im Januar 1996 aus Anlass des 20. Jahrestages des Beginns der brutalsten Militärdiktatur des Landes im 20. Jahrhundert veröffentlicht hat. Im Jahr 2000 schließt sie sich der Initiative von Papst Johannes Paul II. an, während des Heiligen Jahres ein Schuldbekenntnis abzulegen. Und: «Die Kirche hat nicht geschwiegen. Und mehr noch: Es gibt ein Hirtenwort vom 15. Mai 1976, in dem die Besorgnis der Bischöfe bereits zum Ausdruck kommt, und eines vom April 1977, das vor der Folter warnt … Insgesamt gesehen sind einige Schlussfolgerungen vorsichtig formuliert, weil man … wirklich nicht gut darüber Bescheid wusste, was passiert. Aber Ereignisse wie das Massaker an den Pallottinerpatres und -seminaristen gaben den Erklärungen Kraft.» (RA 156).

Massaker an den Pallottinern? Einen Monat vor dem Attentat, dem Bischof Angelelli zum Opfer fällt, werden in der Nacht vom 4. auf den 5. Juli 1976 in Buenos Aires fünf Pallottiner im Altarraum ihrer Kirche hingerichtet, drei Priester, zwei Seminaristen.[20] Deren Mörder wollen die grausame Tat als Rache für einen blutigen Anschlag auf eine Polizeikaserne verstanden wissen. Die fünf Männer seien «M. S. T. M.» gewesen, Mitglieder der Bewegung «Sacerdotes para el Tercer Mundo», heißt es auf einem Papier, das die Mörder hinterlassen.

Einer der Geistlichen ist Bergoglio gut bekannt. Der Jesuitenprovinzial war der geistliche Begleiter und der Beichtvater von P. Alfredo Kelly. «Alfi», wie auch Bergoglio ihn nannte, wurde 43 Jahre alt. Das Requiem zelebrieren Kardinal Aramburu und Nuntius Laghi in Anwesenheit vieler ranghoher Militärs und Politiker. Zwei Tage nach dem Mord an den Pallottinern richtet die Bischofskonferenz eine nicht-öffentliche Protestnote an die Militärjunta, um gegen die jüngsten Gewaltakte zu protestieren, die «das Herz der Kirche verwundet hätten». Der Behauptung offizieller Stellen, dass die gottlosen Mörder in den Reihen der *montoneros* zu suchen seien, wird nicht widersprochen.

Fast 30 Jahre später, im April 2006, wird Erzbischof Bergoglio wieder an das Schicksal der Pallottiner erinnern, wie er es schon anlässlich des 25. Todestages am 5. Juli 2001 getan hatte. Wieder einmal streckt er dabei die Hand nach Präsident Kirchner aus, der ihm aus dem Weg geht, wo er kann. Kirchner kommt zu der Gedenkfeier: «Da es sich nicht um eine Messe handelte, die geplant war, bat ich ihn, die Feier zu leiten, als er in die Kirche ankam.» (RA 126) Es sollte die letzte persönliche Begegnung der beiden Männer sein. Kirchner stirbt im Jahr 2010.[21]

Das Drama des Vaterlandes

Wie ergeht es während der Militärdiktatur dem Provinzial der argentinischen Provinz der Gesellschaft Jesu? «Ich wiederhole es: Anfangs wusste man wenig oder nichts, wir wurden uns erst allmählich der Vorgänge bewusst. Ich selber als Priester wusste wohl, dass die Sache ernst war, und dass es viele Gefangene gab, wurde mir etwas später bewusst … Ich betone noch einmal, mir selber ist es schwergefallen, diese Dinge zur Kenntnis zu nehmen, bis man mich in Kontakt mit entsprechenden Leuten brachte und ich davon zunächst nichts erzählen durfte.» (RA 155)

Etwa so: «Nach dem Tod von Bischof Enrique Angelelli (dem Bischof von La Rioja, der sich durch seinen Einsatz für die Armen auszeichnete) habe ich im Kolleg drei Seminaristen seiner Diözese Unterschlupf gewährt, die Theologie studierten.» (RA 161)

Bergoglios erste dreijährige Amtszeit ist gerade zu Ende gegangen, Pater Arrupe hat ihn für drei weitere Jahre im Amt bestätigt. Ob er weiß, welchen Risiken sich der Provinzial aussetzt?

Im Juni 1976 ist die von Bischof Angelelli geleitete Diözese La Rioja in das Visier des Militärs geraten.[22] Anfang Juli erhält der Provinzial der Jesuiten einen Anruf aus La Rioja.[23] Ob er drei Seminaristen aufnehmen könne. Kurze Zeit später schickt der Bischof die drei Männer nach San Miguel mit dem Auftrag, dort ihr Theologiestudium fortzusetzen. Mehr sagt er nicht.

Kurz nach der Ankunft der drei Seminaristen steht ein junger Geistlicher vor ihnen. «Hola, ich bin Jorge. Seid ihr die aus Rioja?» Die drei Gäste halten den Mann für einen gewöhnlichen Priester. «Ja. Und wer sind Sie?» – «Ich bin der Provinzial.» Beinahe wären die drei vor Überraschung umgekippt, erinnert sich einer der Seminaristen, Enrique Martínez Ossolo, im Jahr 2013.

Am 4. August 1976 wird Angelelli seine «Option für die Armen» mit dem Leben bezahlen. Zwei Wochen zuvor hat er zwei Priester beerdigt, die in seiner Diözese gearbeitet hatten. Nicht die beiden Jesuiten, die Bergoglio und der Ordensgeneral Arrupe zwei Jahre zuvor besucht hatten, sondern den argentinischen Franziskaner Carlos de Dios Murias (geb. 1945) und den aus Frankreich stammenden Priester Gabriel Longueville (geb. 1931). Der Pfarrer und der Kaplan des Ortes El Chamical waren am 18. Juli entführt worden, zwei Tage später fand man die grausam verstümmelten Leichname am Rand einer Landstraße. Angelelli spricht während des Requiems von beiden als Märtyrern. Auf der Rückfahrt nach La Rioja, bei der er von einem Priester begleitet wird, kommt er bei einem inszenierten Autounfall ums Leben. Er soll Unterlagen bei sich gehabt haben, die die Sicherheitskräfte der Junta belasteten.[24]

Als Angelelli ermordet wird, ist Bergoglio nicht in San Miguel. Er ist zu einem Treffen von Mitgliedern der Gesellschaft Jesu nach Peru geflogen. Mitten in der Nacht kehrt er zurück und sucht die drei Seminaristen. Als diese Schritte auf dem Flur hören, wähnen sie sich bald in den Händen von Entführern.

«Macht auf, Jungs, ich bin's, Jorge.»[25]

Der Provinzial schärft seinen Gästen Verhaltensmaßregeln ein, die er schon an vielen Orten ausgegeben hat. Die drei müssten immer zusammenbleiben, niemals des Nachts das Haus verlassen, niemals das große Treppenhaus benutzen, sondern immer mit dem Aufzug fahren. In einem anderen Flügel des weitläufigen Kollegs ist ein Exerzitienhaus untergebracht, in dem Geistliche und Laien die Tage im Schweigen verbringen. Dort herrscht seit je ein Kommen und Gehen, ohne dass viele Fragen gestellt werden – ein nachgerade idealer Ort mit vielen kleinen Zimmern, in dem sich Männer und Frauen problemlos für mehr oder weniger kurze Zeit verstecken lassen, ehe sie auf welchen Wegen auch immer untertauchen oder gar das Land verlassen.[26] Die drei Seminaristen wissen bald, dass sie nicht die Einzigen sind, die Bergoglio vor Verfolgung schützt.

Im Jahr 1978 ist die größte Gefahr vorüber. Die drei Männer sollen zu Priestern geweiht werden. Aus Buenos Aires macht sich Jorge, der Jesuitenprovinzial, auf den Weg in die Provinz und gibt den drei Männern Exerzitien. Der Kontakt soll nicht abreißen. Im August des Jahres 2006 treffen sie sich anlässlich des Gedenkens an die Ermordung von Bischof Angelelli vor 30 Jahren in der Kathedrale von La Rioja wieder. «Jorge» ist mittlerweile Erzbischof von Buenos Aires und Kardinal. Es ist das allererste Mal, dass die argentinische Kirche offiziell des Mannes gedenkt, den sein Einsatz als Seelsorger an der Seite der Armen das Leben gekostet hat.

«Das Vaterland will uns als Männer und Frauen sehen, die frei sind»,[27] sagt Bergoglio in seiner Predigt über dem Grab des Bischofs. «Frei von Vorurteilen, frei von Machenschaften, frei von Ambitionen, frei von Ideologien.» Bergoglio erinnert an den Einsatz Angelellis und der beiden ermordeten Priester Murias und Longueville und des gleichfalls ermordeten Laien Wenceslao Pedernera für das Evangelium. «Am Tag, an dem Angelelli starb, es war der 4. August 1976, muss sich jemand gut gefühlt haben, weil er glaubte, einen Sieg errungen zu haben. Es war seine Niederlage. Dieses Blut ruft heute nach Leben, und das Gedächtnis an Angelelli ist keine sterile Erinnerung. Es ist ein Auftrag», sagt der Kardinal, der von zwölf Bischöfen und fast dem ganzen Klerus des Bistums La Rioja umringt ist. Bergoglio erinnert an einen Satz, den Angelelli oft gesagt hatte: «Wir müssen weitergehen.»

Natürlich darf an dieser Stelle sein Schlüsselbegriff nicht fehlen. Auf die Person Angelellis anspielend sagt er: «Das gläubige Volk (*pueblo fiel*) weiß, wer wirklich ein Hirte ist und wer nicht, sondern ein Söldner.» Und auch diese Begriffe kennzeichnen Bergoglio: Ein Mann «an der Peripherie» sei Angelelli gewesen, ein «Mann der Begegnung», der das «Drama des Vaterlandes» im April 1974 hatte kommen sehen, ohne darob zu resignieren.

In der Kathedrale gibt Bergoglio auch sehr persönliche Erinnerungen an den ermordeten Bischof preis. Am 13. Juni 1976 sei er in La Rioja gewesen, um an einer Rüstzeit mit Angelelli teilzunehmen. Dieser hat damals öffentlich Streit mit der Familie des Gouverneurs (und späteren argentinischen Präsidenten) Carlos Menem. Als Großgrundbesitzer passt diesem die Solidarität des Bischofs und des größten Teils seines Klerus mit den Landlosen und Kleinbauern überhaupt nicht. Der Bischof wird deswegen mit Steinen beworfen.

«Es waren unvergessliche Tage», erinnert sich Bergoglio, «denn wir empfingen die Weisheit eines Hirten und die Botschaft der Steinwürfe. Ich traf auf eine Kirche, in der Hirten und Herde gemeinsam verfolgt wurden.»

Politiker nehmen an dieser Ehrung nicht teil. Die Regierung der Provinz versammelt sich an jenem Ort, an dem der Bischof den «Unfall» hatte, in Buenos Aires hat Präsident Kirchner zu einer eigenen Gedenkveranstaltung eingeladen.

Die ehrenden Äußerungen Bergoglios sind in der argentinischen Kirche gleich zweifach eine Sensation: So hatte noch nie ein ranghoher Bischof über den Mann gesprochen, der längst für viele (nicht alle) ein Märtyrer ist. Und: Hatte sich Bergoglio nicht die längste Zeit über seine Wahrnehmung der Militärdiktatur ausgeschwiegen? Mit einem Mal sagt er «ich» – und das ein Jahr nach jenem denkwürdigen Frühjahr 2005, in dem man versucht hatte, mit unbewiesenen Behauptungen über seine Verstrickungen während der Zeit der Militärdiktatur seine Chancen zu hintertreiben, Nachfolger von Papst Johannes Paul II. zu werden.

Warum hat Bergoglio über seine Rolle während der Militärdiktatur geschwiegen? «Wenn ich seinerzeit nicht geredet habe, dann war

es, um nicht in ein Spiel anderer verwickelt zu werden, nicht weil
ich etwas zu verbergen gehabt hätte.» (RA 161)

Eine großartige Frau

Manches Fehlurteil über sein Verhalten wäre womöglich gar nicht
erst entstanden, hätte die Öffentlichkeit auch nur annähernd Kenntnis dessen gehabt, was Bergoglio zwischen 1973 und 1983 getan
hatte, um gefährdete Personen zu schützen oder gar ihr Leben zu
retten.

«Ich habe über Foz do Iguaçu einen jungen Mann außer Landes
gebracht, der mir auf meinem Personalausweis ziemlich ähnlich sah.
Er war als Priester mit Kollarhemd gekleidet, und so konnte er sein
Leben retten. Darüber hinaus tat ich, was ich in meinem Alter und
mit meinen wenigen Beziehungen tun konnte, um mich für ent-
führte Personen einzusetzen», (RA 162) ist im Jahr 2010 in dem
Buch zu lesen, dass aus seinen über mehrere Jahre verteilten Gesprächen mit den beiden Journalisten Rubin und Ambrogetti hervorgegangen ist. Nach der Wahl Bergoglios zum Papst wird der italienische Journalist Nello Scavo nach Argentinien fahren und nach
Personen fahnden, die über Bergoglios Verhalten während der Diktatur Auskunft geben können und wollen. Nach seiner Rückkehr
schreibt er ein Buch mit dem Titel «Bergoglios Liste». So viele «Ge-
rettete» wie auf «Schindlers Liste» hat er nicht finden können. Aber
es sind Dutzende, die sich daran erinnern können, dass Bergoglio
jedem half, der seine Hilfe brauchte.[28]

Es ist das Jahr 1976, als jene Frau vor ihn steht, die ihm als angehenden Chemielaboranten durch ihre Genauigkeit und ihr politisches Engagement beeindruckt hatte: Esther Balestrino de Careaga.
Sie ist nicht alleine, sondern wird von einer anderen Frau begleitet.

«Sie hatte zwei Söhne, die seit zwei oder drei Jahren verheiratet
waren; beide waren als in der kommunistischen Partei aktive Arbei-
tervertreter entführt worden. Die Frau war Witwe, und die beiden
Jungen waren das Einzige, was sie in ihrem Leben hatte. Wie diese
Frau geweint hat! Dieses Bild werde ich niemals vergessen. Ich habe

einige Nachforschungen angestellt, die zu nichts führten, und oft werfe ich mir vor, nicht genug getan zu haben.» (RA 162)

Esther Careaga hatte nicht zufällig Bekanntschaft mit dieser Frau geschlossen. Sie selbst hatte ein ähnliches Schicksal erlitten. Bald nach dem Militärputsch vom 24. März 1976 waren ihre beiden Schwiegersöhne entführt worden. Sie sollten nie wieder gesehen werden. Am 13. Juni 1977 verschleppen Sicherheitskräfte ihre 16 Jahre alte Tochter Ana María, die damals im dritten Monat schwanger ist. Zusammen mit anderen Frauen, deren Kinder oder Verwandte gleichfalls verschleppt worden sind, organisiert Esther Zusammenkünfte auf der Plaza de Mayo, wo sie Aufklärung über das Schicksal ihrer Lieben verlangen. Mit weißem Kopftuch marschieren sie schweigend um den Platz vor dem Regierungssitz, um auf das Schicksal ihrer Kinder aufmerksam zu machen. Bald schließen sich einige der Frauen zu einer Organisation «Mütter der Plaza de Mayo» zusammen. An diesem Platz liegen aber nicht nur der Präsidentenpalast und das Parlament, sondern auch die Kathedrale und der Sitz des Erzbistums Buenos Aires. Aus dieser Richtung haben die Frauen keine Unterstützung und die drei Generäle wenig bis keinen Widerstand zu erwarten.

Im Oktober 1977 wird Ana María nach vier Monaten in den Folterkellern der Schergen der Militärdiktatur freigelassen. Esthers Töchter fliehen über Brasilien nach Schweden, wo sie politisches Asyl erhalten. Die Mutter bleibt trotz vieler wohlmeinender Warnungen in Buenos Aires.

Nicht lange nach der Freilassung Ana Marías erreicht den Jesuitenprovinzial ein Anruf. Jorge Mario Bergoglio hört die Stimme seiner Chemielehrerin. Esther bittet ihn, sie aufzusuchen und einem entfernten Verwandten die Sterbesakramente zu spenden – so erinnert sich Uki Goñi im Dezember 2013 im britischen «Guardian».[29] Der Schriftsteller arbeitet als junger Redakteur für den englischsprachigen «Buenos Aires Herald» und steht mit Esther Careaga in engem Kontakt. Wie viele andere Mütter hatte sie (nur) in dieser kleinen, mutigen Zeitung ein Forum für ihre Anklagen gegen das Militärregime gefunden. Alle anderen Medien ziehen es vor, das Schicksal der *desaparecidos* und ihrer verzweifelten Angehörigen zu beschweigen oder gar den Kampf des Militärs gegen die «Subversiven» als notwendig zu rechtfertigen.

Im Haus enthüllt Esther Careaga ihrem vormaligen Schüler ihr eigentliches Anliegen: Bergoglio möge ihre Bibliothek mit allerlei «subversiver» Literatur von Marx und über Marxismus an sich nehmen. So geschieht es, obwohl Bergoglio sich selbst in Gefahr bringt.

Kaum sechs Wochen nach der Freilassung ihrer Tochter Ana María, am 8. Dezember, wird Esther verschleppt. Zusammen mit anderen Frauen und der französischen Nonne Alice Domon, die den Angehörigen «Verschwundener» beisteht, die sich regelmäßig in der Kirche Santa Cruz (Heilig Kreuz) im Stadtviertel San Cristobal versammeln, war sie im Begriff, eine erste Liste mit *desapareidos* zusammenzustellen und zu veröffentlichen. Dazu sollte es nicht kommen.

Die Frauen werden in das größte Geheimgefängnis des Landes gebracht, die «Mechanikerschule der Marine» (Escuela Superior de Mecánica de la Armada, ESMA). Zwei Tage nach Alice Domon wird deren französische Mitschwester Léonie Duquet von Sicherheitskräften aufgespürt. Die Frauen werden gefoltert, kurz vor dem Weihnachtsfest des Jahres 1977 unter Drogen gesetzt und bei lebendigem Leib aus einem Flugzeug ins Meer geworfen. Esther Careaga ist auf ihrem «Todesflug» (*vuelo de muerte*), wie das bestialische Vorgehen genannt wird, 59 Jahre alt, Schwester Léonie 61 Jahre, Schwester Alice 41.[30]

Esthers Leichnam wird nach wenigen Tagen an den Strand des Badeortes Santa Teresita angeschwemmt und, wie es üblich ist, zusammen mit den sterblichen Überresten anderer «Verschwundener» in einem namenlosen Grab verscharrt. Im Juli 2005 werden die Leichname von Gerichtsmedizinern exhumiert. Bald steht fest, dass Esther Careaga unter den Toten ist. Am 24. Juli 2005 wird sie im Garten der Kirche Santa Cruz beigesetzt, zusammen mit den sterblichen Überresten anderer Mütter der Plaza de Mayo, die mit ihr verschleppt worden waren.

Luis Bianco, der Sohn einer anderen Frau, deren Leichnam in dem selben Grab gefunden worden war, hat von den Angehörigen den Auftrag bekommen, bei dem Erzbischof von Buenos Aires, Jorge Mario Kardinal Bergoglio, um die Erlaubnis zu bitten, den ermordeten Frauen durch eine Bestattung auf dem Areal einer Kirche die letzte Ehre zu erweisen.

«Bergoglio zögerte und wollte wissen, warum man sie auf dem Gelände einer Kirche beisetzen wolle und nicht auf einem Friedhof», berichtet Goñi. Luis Bianco: «Ich berührte sein Knie und sagte ihm, eine der Mütter sei Careaga.»[31] Sichtlich berührt antwortet Bergoglio: «Careaga war eine gute Freundin und eine großartige Frau. Ich bin sicher, deine Mutter auch.» Dass Bergoglio der Beisetzung seiner vormaligen Lehrerin beiwohnt, ist nicht überliefert.

In Santa Cruz findet später auch Schwester Léonie ihre letzte Ruhe, die ältere der beiden französischen Nonnen. Die sterblichen Überreste von Schwester Alice sind nie gefunden worden.

Im Jahr 2010 soll Bergoglio als Zeuge in dem Prozess gegen mehrere Angehörige verschiedener Sicherheitsorgane vernommen werden, die an der Folter in der ESMA beteiligt waren. Auch der Fall der «verschwundenen» Mütter der Plaza de Mayo und der beiden französischen Nonnen kommt nochmals zur Sprache. Der Kardinal weigert sich, als Zeuge im Gerichtssaal aufzutreten und bietet unter Verweis auf die Rechtslage eine schriftliche Aussage an. Schließlich findet die mündliche Vernehmung am Sitz des Erzbistums statt.[32]

Eine «große Freundschaft» habe ihn mit seiner vormaligen Chefin verbunden, sagt er, als er über seine Beziehung mit Esther Careaga berichten soll. Bergoglio gibt sich wortkarg.[33] Von ihrem Verschwinden habe er aus der Zeitung erfahren, ihr Schicksal habe ihn sehr geschmerzt, sofort habe er Kontakt mit ihren Angehörigen aufnehmen wollen, doch niemanden erreichen können, da sie sich alle versteckt hielten.

«Ich habe mich bemüht, mit Leuten zu sprechen, die etwas für sie hätten tun können», fährt er fort. Mit wem? «Leuten mit Beziehungen, Menschenrechtler.» Ob er mit staatlichen Stellen Kontakt aufgenommen habe, möchte ein Opferanwalt wissen: «Nein. Alles spielte sich auf dem Gebiet der Erzdiözese Buenos Aires ab, ich war Provinzial der Jesuiten.»

Bergoglio windet sich. «Wie war Ihre Beziehung zu Esther Balestrino?» «Eng, wirklich eng». «Hätten Sie dann nicht mehr tun können?» «Ich habe getan, was ich konnte.»

Nicht alle Begegnungen enden ohne Hoffnung. Bergoglio erinnert sich an einen jungen Katecheten, der entführt worden war. «Auch in diesem Fall habe ich mich innerhalb meiner wenigen Möglichkeiten bewegt. Ich hatte ein zu geringes Gewicht. Ich weiß nicht, inwieweit meine Nachforschungen einen Einfluss hatten, aber es ist wahr, dass der junge Mann Gott sei Dank innerhalb kurzer Zeit befreit wurde. Wie war seine Familie glücklich!» (RA 163 f.)

Aber: «An Orten, wohin Leute verschleppt wurden, war ich nicht – außer einmal in einer Luftwaffenbasis in der Nähe von San Miguel, im Nachbarort José C. Paz, wo ich etwas über das Schicksal eines jungen Mannes herauszufinden versuchte.»

Wenn er aber nicht in Haftanstalten war, wie kommt es, dass er sogar versucht, mit Präsident Videla und Admiral Massera Kontakt aufzunehmen?

«Zweimal habe ich den General Videla und den Admiral Massera gesehen. In einem meiner Versuche, mit Videla zu reden, habe ich es so angestellt, dass ich mich erkundigt habe, welcher Militärgeistliche bei ihm die Messe hielt. Den überredete ich dann, sich krank zu melden und mich als seinen Vertreter zu schicken. Ich erinnere mich, dass ich die Messe an einem Samstagnachmittag in der Residenz des Oberbefehlshabers der Armee vor der gesamten Familie Videla hielt. Danach bat ich wieder um ein Gespräch, immer mit dem Plan, den Aufenthaltsort der festgehaltenen Priester herauszufinden.» (RA 165)

Zwei Jesuiten

Bei den «festgehaltenen Priestern» handelt es sich um zwei Geistliche namens Orlando Yorio und Francisco Jalics. Beide sind nicht irgendwelche Priester. Beide sind Mitglieder der «Gesellschaft Jesu», namhafte Mitglieder ihrer Provinz und dem erheblich jüngeren Provinzial in verschiedenen Funktionen begegnet. Bei Pater Yorio hatte der Theologiestudent am Colegio Máximo Dogmatikvorlesungen gehört, Francisco (Franz) Jalics war sein Lehrer in Fundamentaltheologie. Außerdem war Jalics, der 1927 in Budapest als Ferenc

Jalics geboren wurde, nach dem Zweiten Weltkrieg mit seiner Familie nach Deutschland geflohen und wieder zurück in Ungarn Jesuit geworden war, während Bergoglios ersten Jahren im Orden eine Zeitlang dessen geistlicher Begleiter.

Indes leben Jalics und Yorio 1976 schon lange nicht mehr in San Miguel. Vier Jahre zuvor hatten sie sich, wie es damals in Mode gekommen war, mit zwei anderen Jesuiten in einer kleinen Kommunität niedergelassen. Sie lag in einem alten, ruhigen Viertel von Buenos Aires. Yorio, der offen mit dem MSTM sympathisierte, war nach eigenen Angaben schon damals Anfeindungen ausgesetzt. Angeblich gab es im Orden schon 1971 Überlegungen, ihn mit der Begründung aus der Seelsorge abzuziehen, er müsse weiter studieren. An den entsprechenden Beratungen in dem so genannten Provinzkonsult habe auch Bergoglio teilgenommen, so Yorio in einem Brief, den er im Jahr 1977 an P. Moura SJ richtet, den in der Ordenskurie für die Region zuständigen Assistenten des Ordensgenerals Pedro Arrupe. Im ESMA-Prozess des Jahres 2010 wird dieser Brief als Beweismittel eingeführt.[34] Mündlich hatte Yorio sich immer in diesem Sinn geäußert, dass Bergoglio ihn und seinen Mitbruder Jalics «verraten» habe.

Zu den angeblich politisch motivierten Anfeindungen gegen Yorio gesellen sich Gerüchte über sexuelle Beziehungen mit Frauen und über Konspiration mit der *guerrilla*. Ende 1974 kommt es zu Gesprächen mit dem neuen Provinzial Jorge Mario Bergoglio. Dieser verlangt von den insgesamt vier Jesuiten, dass sie bereit seien, die Aufgaben zu übernehmen, die er ihnen zuweise – wie es in der Gesellschaft Jesu eigentlich selbstverständlich ist. Er habe keine Einwände gegen ihre Arbeit, benötige aber einen der vier für eine andere Aufgabe. Den drei anderen schlägt er vor, ihre Arbeit nach Avellaneda und damit in eine andere Diözese zu verlegen. Taktik?

Die Idee lässt sich nicht verwirklichen. Nun sagt – so Yorio – Bergoglio ihnen, die drei sollten in das Viertel Rivadavia ziehen. Von dort aus könnten sie sich in der benachbarten Villa 1–11–14 engagieren, einem Elendsviertel jener Art, in dem Carlos Mugica 1974 erschossen worden war.[35] In Rivadavia angekommen will Yorio von Rodolfo Ricciardelli, dem Verantwortlichen des Erzbistums für die

Seelsorge in den *villas* und informellen Kopf des MSTM, erfahren haben, Bergoglio habe gegenüber Erzbischof Aramburu behauptet, die drei Jesuiten lebten ohne seine Erlaubnis in Rivadavia. Zur Rede gestellt habe Bergoglio ihm gesagt, der Erzbischof lüge. Er solle ruhig bleiben. Gleichzeitig habe er allerdings ein Schreiben aus dem Colegio Máximo erhalten, mit dem er von seiner Lehrtätigkeit suspendiert worden sei.

Im November 1975 kommt es – immer nach Darstellung Yorios – zu einem weiteren Gespräch mit dem Provinzial. Dieser sagt, er könne dem Druck nicht mehr standhalten, dem er wegen der Kommunität in Rivadavia ausgesetzt sei: dieser komme aus der Jesuitenprovinz, aus Rom und aus der Kirche in Argentinien. Yorio sieht sich nach wie vor Anfeindungen ausgesetzt, er arbeite mit der *guerrilla* zusammen und vertrete unhaltbare theologische Positionen. Bergoglio verpflichtet sich, diesen Gerüchten entgegenzutreten, mahnt die drei Jesuiten jedoch, auf ihre Sicherheit zu achten.

Im Februar 1976 kehrt Bergoglio aus Rom zurück und übermittelt den drei Jesuiten einen Brief, mit dem der Ordensgeneral verfügt, die Kommunität sei binnen vierzehn Tagen aufzulösen. Zur gleichen Zeit erhielt Yorio die Nachricht, Kardinal Aramburu habe ihm untersagt, die Messe zu feiern. Begründet wird dieser Schritt mit einer Mitteilung Bergoglios an Kardinal Aramburu, wonach Yorio im Begriff sei, den Orden zu verlassen. Wiederum zur Rede gestellt antwortet Bergoglio, die Mitteilung sei routinemäßig erfolgt. Es gebe keinen Grund, ihn von der Spendung der Sakramente zu dispensieren. Er möge weiterhin privat Gottesdienst feiern, in dieser Zeit werde er einen Bischof für ihn suchen. Dieses Gespräch, so Yorio, habe wenige Tage vor seiner Verhaftung stattgefunden. Wiedergesehen habe er Bergoglio erst nach der Freilassung aus dem Gefängnis.

Bergoglio hat sich bis zum Jahr 2010 niemals öffentlich zu diesen Vorhaltungen geäußert. Erst im Gespräch mit den Journalisten Rubin und Ambrogetti sowie als Zeuge im ESMA-Prozess nimmt der Kardinal von Buenos Aires Stellung. «Schon vor dem Militärputsch musste man davon ausgehen, das die Priester, die mit den Armen arbeiteten, als *zurdos* (Linke) galten»,[36] heißt es im Jahr 2010 im Prozess gegen die Folterknechte der ESMA. «Das war eine Verleumdung, aber die Umstände damals waren so.»

Allerdings kann kein Zweifel daran bestehen, dass Bergoglio dem Treiben nicht weniger Priester und Ordensleute reserviert bis ablehnend gegenüberstand: «In den 1970er Jahren gab es von allem etwas, auf jeden Fall florierte damals das soziale Engagement … Nur verfiel man in einigen Fällen der Gefahr der Ideologisierung. Es gab Geistliche, die später das Priesteramt niederlegten oder außerhalb der gesunden Entwicklung der Kirche blieben und Repression durch das Establishment erlitten.» (BS 213 f.)

Fast genau zwei Monate nach der Machtübernahme der Junta, am Sonntag, dem 23. Mai 1976, werden Jalics und Yorio in Rivadavia entführt. Glaubt man Yorio, ist es der erste Sonntag, nachdem ihm verboten worden war, öffentlich Gottesdienst zu feiern. Der dritte Jesuit, Luis Dourrón, entgeht seinen Häschern nur, weil er während der Razzia nicht anwesend ist.

Jalics und Yorio werden in die ESMA verschleppt, was nicht unbekannt bleibt. Yorio wird sogar die Kommunion gebracht. Unter der Folter wird der Jesuit nach seiner Arbeit in den *villas* und nach Kontakten mit verschiedenen «Subversiven» befragt, allen voran mit einer Katechetin, die eine *guerrillera* sein soll. Das Innenministerium wie auch Präsident Videla werden über den Verbleib der Priester auf dem Laufenden gehalten. Denn, so sagt es ein Zeuge im ESMA-Prozess aus, «der Heilige Stuhl, der Bischof und der Nuntius» hätten alle Hebel in Bewegung gesetzt um zu erfahren, was den Priestern zugestoßen sei.

Ermordet werden können sie nun nicht mehr – die Junta will es sich aus Furcht vor einem weltweit negativen Echo (noch) nicht mit der katholischen Kirche verderben. Freigelassen werden die beiden Geistlichen dennoch auch nicht. Nach weniger als einer Woche werden sie in einen abgelegenen Bauernhof in der Zone Don Torquato im Großraum Buenos Aires verbracht. Dort hält man sie mehr als vier Monate gefangen, in einem Raum ohne Licht, an Händen und Füßen gefesselt, auf dem gefliesten Boden hockend, die Augen verbunden. Als Nahrung erhalten sie einmal am Tag ein wenig Brot und Kaffee. Als man längst vermuten muss, dass Jalics und Yorio

nicht mehr am Leben sind, setzt ein Hubschrauber die beiden narko-
tisierten und orientierungslosen Männer in der Nacht vom 23. auf
den 24. Oktober auf freiem Feld in der Nähe der Ortschaft Canuelas
in der Provinz Buenos Aires ab.[37]

Warum wurden sie wider alle Erwartung freigelassen? Bergoglio
ist seiner Sache im Gespräch mit Rubin und Ambrogetti sicher:
«Erstens weil sie ihnen nichts anlasten konnten, und zweitens weil
wir uns wie verrückt dafür eingesetzt haben. Noch in derselben
Nacht, als ich von ihrer Entführung erfahren habe, wurde ich aktiv.»

In den Akten des ESMA-Prozesses wird zusammenfassend stehen, sie seien unter anderem «dank des Einsatzes der Ordensgemeinschaft, der sie angehörten, sowie des Interesses der Spitze der
katholischen Kirche» an dem Schicksal der Priester freigelassen
worden.

Dass Bergoglio sie zusammen mit anderen gerettet hat, steht außer Zweifel. Aber Jalics und Yorio hegen Zeit ihres Lebens Zweifel
an der Integrität ihres Provinzials. Yorio stilisiert sich in seiner 1977
verfassten «Apologie» gegenüber Pater Moura SJ zum Opfer eines
doppelten Spiels seines Provinzials: Dieser habe hinter seinem Rücken den Ausschluss aus dem Orden betrieben und ihn des Schutzes
der Kirche beraubt. Dass Yorio selbst bestrebt war, den Orden zu
verlassen, sei es, um in einer Diözese inkardiniert zu werden, sei es,
um das Priesteramt aufzugeben, ist dem Brief nicht zu entnehmen.
Auch Franz Jalics berichtet allen, die es hören wollen, von der Nie-
dertracht Bergoglios. In seinem 1994 erschienenen Exerzitienbuch
heißt es, ohne dass Namen genannt werden: «Es ist inzwischen in
unserem Fall eine von vielen Menschen bewiesene Tatsache, dass
wir damals unschuldigerweise als Terroristen denunziert worden
waren. Wir wussten, dass eine gewisse Person dieses Gerücht verbreitet und mit ihrer Autorität die Verleumdung in breiten Kreisen
glaubwürdig gemacht hatte. Nach späteren Zeugenaussagen zu urteilen, bezeugte diese Person gegenüber den Offizieren, die uns verschleppten, dass wir in der Terrorszene gearbeitet hätten. Kurz zuvor
hatte ich noch dem besagten Mann gegenüber geäußert, er spiele mit
unserem Leben. Ihm musste bewusst gewesen sein, dass er uns mit
dieser Aussage in den sicheren Tod schickte».[38]

Auch die Angehörigen beider Männer sind stets davon überzeugt, dass Bergoglio sich gegenüber Jalics und Yorio nicht korrekt verhalten hatte. Im ESMA-Prozess sagen Rodolfo Yorio und Orlandos Schwester in diesem Sinn aus. Familienangehörige glauben noch nach der Wahl Bergoglios zum Papst daran.

Angeblich hat Bergoglio die beiden Männer nicht nur 1976 dem fast sicheren Tod überantwortet. Drei Jahre später hat er sich, so der Journalist Horacio Verbitsky, nochmals an Jalics versündigt. 1979 läuft dessen argentinischer Reisepass ab. Von Deutschland aus bittet der Jesuit seinen Provinzial Jorge Mario Bergoglio, sich für eine Verlängerung seines Reisepasses einzusetzen. Obwohl der Staatsterror erheblich nachgelassen hat, fürchtet er, bei einer Rückkehr nach Argentinien abermals in das Visier der Militärherrscher zu geraten.

Bergoglio setzt einen Brief an das Außenministerium auf, in dem er mit der Begründung um eine Verlängerung des Ausweises von Jalics nachsucht, dass die Reise von Deutschland nach Argentinien sehr kostspielig sei. «Ich habe diesen Brief persönlich übergeben, und der Beamte, der ihn entgegennahm, fragte mich nach den Umständen der schnellen Ausreise von Jalics. Ich antwortete ihm: ‹Er und seine Gefährten wurden angeklagt, Guerilleros zu sein, aber sie hatten damit nichts zu tun.›» (RA 166 f.) Die Antwort des Beamten hat Bergoglio so in Erinnerung behalten: «Gut, geben Sie mir den Brief, danach werden Sie eine Antwort erhalten.» (Ebd.)

Der Bitte Bergoglios wird nicht entsprochen. Später findet sich in dem Archiv des Außenministeriums eine Notiz, in der es heißt, Bergoglio habe erwähnt, beide Männer seien in den Verdacht geraten, *guerrilleros* zu sein. Dass sie als Priester nichts damit zu tun gehabt hätten, wie Bergoglio sagte, war in der Akte nicht zu finden. Verbitsky nimmt dieses Dokument, das er zufällig gefunden haben will, im März 2013 zum Nennwert: Bergoglio habe immer den Anschein erweckt, den beiden Jesuiten zu helfen, sei ihnen aber immer wieder in den Rücken gefallen. So habe er die beiden Männer 1976 aus dem Orden gedrängt und sie dadurch den Militärs gegenüber für vogelfrei erklärt. Und noch drei Jahre später habe er gegenüber einem Beamten Jalics der Zusammenarbeit mit den *guerrilleros* beschuldigt.[39] Was stimmt?

Was stimmt?

Gleich wie sich Bergoglio seit 1973 gegenüber Jalics und Yorio verhalten und was er in den ersten Monaten der Militärdiktatur getan hat: Sein Verhalten hat ihn nicht in solch ein Zwielicht geraten lassen, dass er nicht im Juli 1976 von der Ordensleitung in Rom für eine zweite Amtszeit bestätigt wird. Hätte er sich massiver Versäumnisse gegenüber den ihm anvertrauten Jesuiten schuldig gemacht, wäre eine weitere Amtsperiode wohl nicht in Betracht gekommen – mit Sicherheit war die Kurie in Rom stets auf dem Laufenden.

Freilich: Das Ende der ersten Amtsperiode Bergoglios fällt mitten in die Zeit der Ungewissheit über das Schicksal der beiden «verschwundenen» Jesuiten. Will der Ordensgeneral womöglich Bergoglio nur deswegen nicht abberufen, um nicht noch mehr Unruhe zu schüren?

Im Licht späterer Ereignisse erscheint auch diese Hypothese als unwahrscheinlich. Denn alles, was der Ordensleitung in Rom über das Wirken des Provinzials bis 1979 bekannt wird, spricht nicht derart gegen die Integrität Bergoglios, dass er sich für weitere Leitungsämter disqualifiziert hätte. So folgt auf das Ende seiner zweiten Amtszeit als Provinzial unmittelbar die Bestellung zum Rektor der größten und bedeutendsten Ausbildungskommunität der Provinz, des Colegio Máximo in San Miguel. Dieser Umstand spricht vor allem gegen den Wahrheitsgehalt vieler Anwürfe, die Yorio 1977 gegenüber der Ordenskurie in Rom hinsichtlich des Verhaltens des Provinzials ihm gegenüber erhebt.

Auffällig ist weiterhin, dass der Name Bergoglio in den Berichten jener Kommission nicht auftaucht, die nach dem Ende der Militärdiktatur von der Regierung Raúl Alfonsín (UCR) eingesetzt wird, um das Schicksal der Verschwundenen aufzuklären. Dabei verzeichnet die CONADEP, deren Bericht schon im September 1984 und damit nach nur einem Jahr nach ihrer Installierung fertig gestellt wird, sehr wohl das Schicksal der beiden Jesuiten Jalics und Yorio. Ihre Namen tauchten in dem Kapitel auf, das den Opfern der Staatsterrorismus aus dem Raum der Kirche gewidmet ist.[40] Über die Taten und angebliche Untaten des Provinzials kein Wort.

Wie aber schildert Bergoglio selbst die Vorgeschichte, die Umstände der Entführung und seinen Anteil an der Freilassung seiner beiden Mitbrüder?

Die beiden Jesuiten hätten vorgehabt, eine eigene religiöse Gemeinschaft zu gründen, berichtet Bergoglio irgendwann zwischen dem Jahr 2006 und dem Jahr 2010 seinen Gesprächspartnern Rubin und Ambrogetti. Diese Pläne hätten sie den Bischöfen Eduardo Pironio (Mar del Plata), Vicente Zaspe (Santa Fé) und dem Bonaerenser Weihbischof Mario José Serra übergeben. «Ich habe noch eine Kopie», (RA 164 f.) sagt Bergoglio. In den Einlassungen Yorios ist von diesen Plänen nichts zu lesen.

«Der damalige Generalobere der Jesuiten Pedro Arrupe sagte, dass sie sich zwischen der Gemeinschaft, in der sie lebten, und der Gesellschaft Jesu entscheiden müssten, und ordnete an, dass sie die Gemeinschaft wechseln sollten. Da sie an ihrem Projekt festhielten und die Gruppe sich auflöste, baten sie darum, die Gesellschaft Jesu zu verlassen. Das war ein langer interner Prozess, der etwas mehr als ein Jahr dauerte. Es war nicht meine Entscheidung, sie zu entlassen. Als die Entlassung von Yorio angenommen wurde (auch die von Pater Luis Dourrón, der mit ihnen tätig war) – für Jalics war das nicht möglich, weil er bereits die feierlichen Professgelübde abgelegt hatte und nur der Papst dem Antrag stattgeben konnte – war es März 1976, genauer der 19. März, was hieß, dass nur noch fünf Tage bis zum Sturz der Regierung von Isabel Perón fehlten. Angesichts der Gerüchte über den unmittelbar bevorstehenden Putsch sagte ich ihnen, sie sollten sehr vorsichtig sein. Ich erinnere mich, dass ich ihnen anbot, im Provinzialat der Gesellschaft Jesu zu wohnen, wenn dies für ihre Sicherheit vorteilhaft sei.»

Die Männer lehnten ab.

«Niemals habe ich geglaubt, dass sie in ‹subversive Aktivitäten› verstrickt waren, wie ihre Entführer behaupteten, und sie waren es wirklich nicht. Aber wegen ihrer Beziehung zu einigen Priestern in den Elendsvierteln waren sie der Paranoia der Hexenjagd zu sehr ausgesetzt.»

Keinem Zweifel an der Lauterkeit der Bemühungen unterliegt Bergoglios Verhalten nach der Freilassung der beiden Geistlichen. Yorio wird umgehend als Priester in die Diözese Quilmes aufgenommen. Gleichzeitig sorgt der Provinzial dafür, dass Yorio Argentinien verlassen kann; er fürchtet um dessen Leben. Bergoglio finanziert einen Flug nach Rom, sorgt für ein Quartier im Colegio Pío Latino und für eine schnelle Aufnahme an der Päpstlichen Universität Gregoriana. Dort absolviert Yorio ein Aufbaustudium im Fach Kirchenrecht. Nach seiner Rückkehr wird er Pfarrer im Südosten des Großraums Buenos Aires. Hier kommt es abermals zu Konflikten. 1997 zieht Yorio nach Uruguay und wird in die Erzdiözese Montevideo aufgenommen. Im Jahr 2000 erliegt er im Alter von 66 Jahren einem Herzinfarkt.

Auch Franz Jalics verlässt Argentinien. Nach einem kurzen Aufenthalt bei Angehörigen in Nordamerika lässt er sich 1978 in Deutschland nieder und wird als geistlicher Begleiter und Begründer der «kontemplativen Exerzitien» bekannt. Diese Form der Exerzitien verdankt sich wesentlich der Erfahrung der fünfmonatigen Haft. Jalics bleibt Mitglied der Gesellschaft Jesu.

«Wenn Jalics nach Buenos Aires kommt, besucht er mich. Einmal haben wir sogar in einer Messe konzelebriert», sagt Bergoglio. Und: «Er kommt, um mit meiner Erlaubnis Kurse zu geben. Bei einer Gelegenheit hat ihm der Heilige Stuhl angeboten, seine Entlassung zu genehmigen, aber er entschied, dass er in der Gesellschaft Jesu bleiben wollte.»

Zwei Tage nach der Wahl seines früheren Provinzials zum Papst gibt Franz Jalics im März 2013 eine Stellungnahme ab. Sie liest sich wie eine Wiederholung der Vorwürfe gegen Bergoglio. Der Text, in dem der auch für Orlando Yorio spricht, endet mit den Worten: «Ich kann keine Stellung zur Rolle von P. Bergoglio in diesen Vorgängen nehmen … Erst Jahre später hatten wir die Gelegenheit, mit P. Bergoglio, der inzwischen zum Erzbischof von Buenos Aires ernannt worden war, die Geschehnisse zu besprechen. Danach haben wir gemeinsam öffentlich Messe gefeiert und wir haben uns feierlich umarmt. Ich bin mit den Geschehnissen versöhnt und betrachte sie meinerseits als abgeschlossen.»[41]

Zwei Tage später eine neue Stellungnahme:

«Dies sind nun die Tatsachen: Orlando Yorio und ich wurden nicht von Pater Bergoglio angezeigt.

Wie ich in meiner früheren Erklärung deutlich gemacht habe, sind wir wegen einer Katechetin verhaftet worden, die zuerst mit uns zusammenarbeitete und später in die Guerilla eintrat (aufgrund eines Übersetzungsfehlers wurde sie in der vorigen Erklärung als Mann bezeichnet). Ein Dreivierteljahr lang haben wir sie nicht gesehen. Zwei oder drei Tage nach ihrer Verhaftung wurden dann auch wir festgenommen. Der Offizier, der mich verhört hat, bat um meine Dokumente. Als er sah, dass ich in Budapest geboren war, hielt er mich für einen russischen Spion.

In der argentinischen Jesuitenprovinz und in kirchlichen Kreisen wurden schon in den Jahren davor falsche Informationen verbreitet, dass wir darum ins Elendsviertel gezogen sind, weil wir selber zur Guerilla gehörten. Das war aber nicht der Fall. Meiner Vermutung nach sind diese Gerüchte aber der Grund, weswegen wir nicht sofort freigelassen worden sind.

Früher neigte ich selber zu der Ansicht, dass wir Opfer einer Anzeige geworden sind. Ende der 90er Jahre aber ist mir nach zahlreichen Gesprächen klar geworden, dass diese Vermutung unbegründet war.

Es ist daher falsch zu behaupten, dass unsere Gefangennahme auf die Initiative von Pater Bergoglio geschehen ist.»[42]

Am 5. Oktober 2013 kommt es im Gästehaus Santa Marta im Vatikan zu einer persönlichen Begegnung zwischen Papst Franziskus und Franz Jalics. Über deren Verlauf ist nichts bekannt.

Nach dem ESMA-Prozess des Jahres 2010 hatte Bergoglio als in jeder Hinsicht entlastet gelten müssen. Das hält einen erheblichen Teil der Medien nicht davon ab, im März 2013 über die angeblichen Verstrickungen Bergoglios in die Machenschaften der Militärs zu fabulieren. Die Berliner «tageszeitung» will wissen: «Junta-Kumpel folgt auf Hitler-Junge». Nicht einmal die ansonsten nicht zimperlichen britischen Zeitungen begeben sich auf dieses Niveau.

Auch in Argentinien gehen die Wogen nochmals hoch. Wieder einmal tut sich der Journalist Horacio Verbitsky mit Polemiken gegen Bergoglio als Wolf im Schafspelz hervor.[43] Die Regierung hält sich auffällig zurück.

«Bergoglio galt einigen als Widersacher der Regierung, deswegen musste man ihn diskreditieren. In derselben Regierung aber gab es Leute, die vor einer Konfrontation mit Bergoglio warnten. Sie wussten, dass es sich nicht so verhielt», (B 25) sagt der für seine Arbeit mit Rauschgiftabhängigen bekannte Jesuit Fernando Cervera im Frühjahr 2013.

Unter denen, die jetzt für die Integrität des neuen Papstes bürgen, ist auch der Friedensnobelpreisträger des Jahres 1980, der argentinische Menschenrechtler Adolfo Pérez Esquivel. Ja, es habe Bischöfe gegeben, die Komplizen der Militärdiktatur gewesen seien, sagte Pérez Esquivel am 14. März 2013 dem BBC World Service. «Bergoglio, no.»[44]

Acht Jahre zuvor hatte er Bergoglio noch als «intelligent, fähig, aber zwiespältig» bezeichnet und sich entsetzt gezeigt, dass Bergoglio womöglich der Nachfolger von Papst Johannes Paul II. werden könne. Bergoglio habe während der Militärdiktatur zu denjenigen gehört, die dachten, dass die, die sich auf die Seite der Ärmsten der Armen stellten, Kommunisten, Subversive oder Terroristen seien – eine unverhohlene Anspielung auf die Haltung der Mehrheit der Bischöfe, die anfangs mit den Militärs wenn nicht kollaborierten, so mehr oder weniger sympathisierten.

Diese Meinung scheint Pérez Esquivel revidiert zu haben.[45] Bald nach der Wahl Bergoglios zum Papst kommt er mit ihm im Vatikan zu einem Gespräch zusammen. Am 10. Mai 2013 heißt es in der spanischen Zeitung «El País», Bergoglio sei keiner der Ordensleute gewesen, die sich an vorderster Front den Militärs entgegengestellt hätten. Aber innerhalb seiner Gemeinschaft habe er verschwiegen agiert. Keinesfalls habe er Jalics und Yorio den Militärs ausgeliefert. Er habe um ihr Leben gefürchtet und sie aus der Gefahrenzone bringen wollen, aber diese hätten sich geweigert. Pérez Esquivel: «Ich war zwei Jahre und zwei Monate im Gefängnis, obwohl sich alle Welt für mich einsetzte, Regierungen, Kirchen, nicht nur die katholische, sondern auch evangelische, die Vereinigten Staaten, die Familie Kennedy setzten sich für mich ein und schafften es nicht, mich freizubekommen. Wenn Bergoglio das innerhalb von fünf Monaten geschafft hat, dann war das schnell.»

Hirten und Schafe

Erstmals meldet sich im Jahr 2013 die Juristin Alicia Oliveira zu Wort, die wie Pérez Esquivel schon während der Militärdiktatur als Menschenrechtlerin bekannt geworden war. Angesichts der Vorwürfe, Bergoglio habe die beiden Jesuiten Jalics und Yorio durch sein Tun beziehungsweise Unterlassen den Militärs ausgeliefert, steht sie gut eine Woche nach der Wahl Bergoglios zum Papst Rede und Antwort.[46]

Oliveira hatte Bergoglio in den frühen siebziger Jahren kennen gelernt, als dieser (in einer nicht näher bezeichneten Angelegenheit) um juristischen Rat nachsuchte. «Wir haben uns spontan gut verstanden», so dass sie sich oft getroffen hätten. Bergoglio wird der Pate ihres jüngeren Sohnes, dem sie als zweiten Namen «Jorge» gibt – was diesen bis heute eher an General Jorge Videla erinnert.

Alicia ist Strafrichterin in Buenos Aires, die erste Frau in der Männerdomäne Justiz. Der Polizei lässt sie den brutalen Umgang mit Minderjährigen nicht durchgehen. «Im Februar 1976 suchte Jorge mich auf», erinnert sich Alicia Oliveira. Die Zeitungen sprechen seit einem Monat davon, dass ein Militärputsch bevorstehe. «Wenn es passiert, wird viel Blut fließen, es wird viel Gewalt angewendet werden. Willst du nicht einige Zeit bei mir verbringen?», fragt Bergoglio. Alicia Oliveira lehnt ab. Lieber lässt sie sich gefangen nehmen als unter Geistlichen leben. Kurze Zeit später, am 24. März, erhält sie einen Anruf. Eine Freundin sei festgenommen worden, bald sei sie an der Reihe. Am 5. April wird sie aus dem Justizdienst entlassen – nur.

Wenige Tage später wird in ihrer Wohnung ein großer Strauß Rosen abgegeben. In dem Brief, der den Blumen beigelegt ist, steht zu lesen, welch großartige Arbeit sie als Richterin geleistet habe. Der Brief trägt keine Unterschrift.

«Ich wusste, dass es Jorge war. Seine Handschrift war unschwer zu erkennen. Sie hat die Größe einer Ameise.»

Seit 1979 engagiert sich Oliveira in der Menschenrechtsorganisation CELS und trifft dort immer wieder auf Emilio F. Mignone. Dieser, ein 1931 geborener Jurist und leidenschaftlicher Anhänger Peróns, war nach dessen Rückkehr Rektor der neuen Universität von Luján geworden. In den ersten Wochen des «schmutzigen Krieges» entführen Sicherheitskräfte seine Tochter Monica. Die Familie sieht sie nie wieder. Mignone wird zu einem bekannten Menschenrechtler und leitet das von ihm mitbegründete CELS bis zu seinem Tod im Jahr 1998.

In seinem Buch «Iglesia y dictadura», das 1986 in erster Auflage in Spanisch und ein Jahr später in englischer Übersetzung erscheint, zeichnet Mignone auf der Basis vieler persönlicher Erfahrungen ein fast durchweg negatives Bild der Rolle der katholischen Kirche in Argentinien während der Jahre der letzten Militärdiktatur.[47] Wenig Schmeichelhaftes ist auch über einen Jesuiten namens Bergoglio zu lesen.

In einigen Fällen, so Mignone, hätten die Bischöfe selbst den Militärs die Opfer ans Messer geliefert. Etwa Kardinal Aramburu von Buenos Aires, indem er Orlando Yorio Mitte Mai 1976 die Erlaubnis entzogen habe, die Messe zu feiern. Den Aussagen zufolge, die Yorio während seiner Gefangenschaft gehört habe, sei diese Entscheidung von den Streitkräften so verstanden worden, dass sie gegen ihn hätten vorgehen können.

«Möglicherweise», so Mignone weiter, hätten auch «kritische Äußerungen» seines Provinzials Bergoglio zu dieser Einschätzung beigetragen. Sicher sei aber, dass beide Geistliche durch das Militär auf die Gefährlichkeit Yorios hingewiesen worden seien. «Wie wird wohl die Geschichte über diese Hirten urteilen, die ihre Schafe dem Feind auslieferten, ohne sie zu verteidigen oder zu retten?»[48] Mignone hat sein Urteil über Bergoglio nie revidiert. In seinem mittlerweile «klassischen» Buch lebt es bis heute weiter.

Hätte Mignone stutzig machen müssen, dass Alicia Oliveira, an deren Gegnerschaft gegenüber den Militärs nie der Hauch eines Zweifels bestand, seine Meinung nicht teilte? Am 8. April 2014 lässt Oliveira sich in der Zeitung «Buenos Aires Herald» mit den Worten zitieren, sie habe Mignone nie abgenommen, dass Bergoglio zu den

Hirten zu zählen sei, die ihre Schafe zur Schlachtbank geführt hätten. Sie habe mit Mignone oft über die Behauptung diskutiert, dass Bergoglio ein Komplize der Militärs sei – was sie vehement bestritten habe: «Er sagte mir, meine Darstellung sei nicht richtig, aber ich habe nie erfahren, was seine Quellen waren.»

Fröhliches Volk

Als der Provinzial der argentinischen Provinz der Gesellschaft Jesu Jorge Mario Bergoglio Ende 1979 sein Amt nach zwei Perioden seinem Sozius Andrés Swinnen SJ übergibt, kann er ihm berichten, dass kein Mitglied der Provinz während der Militärdiktatur ums Leben gekommen ist.[49]

Freilich ist diese noch nicht zu Ende. Ein Jahr zuvor hat sich das Land als Gastgeber der Fußballweltmeisterschaft der Öffentlichkeit präsentiert. 500 Millionen Dollar hatte die Junta in neue Sportstätten und andere Infrastruktureinrichtungen investiert, nicht zu vergessen eine Medienkampagne, die das Land nach zehn Jahren Chaos und Gewalt als weitgehend befriedet darstellen sollte. «Während der Spiele, die im Juni 1978 stattfanden, ließen sich die Argentinier von den Erfolgen der eigenen Mannschaft zunehmend begeistern, selbst wenn nicht immer sicher war, dass sie mit sauberen Methoden erreicht wurden», heißt es in der «Kleinen Geschichte Argentiniens». Und: «Das Publikum spielte im Wesentlichen die ihm zugedachte Rolle eines fröhlichen und zufriedenen Volkes … Inmitten der Euphorie waren die meisten Argentinier dazu bereit zu glauben, dass der Terror nun der Vergangenheit angehörte.»[50] Wie der seit Kindertagen dem Fußball nicht abgeneigte Provinzial der Jesuiten die Fußballweltmeisterschaft in seinem Land erlebt, ist nicht überliefert.

General Jorge Videla bleibt bis 1981 Präsident, doch die Befehlshaber der drei Teilstreitkräfte, die 1976 geputscht hatten, und von denen Bergoglio Admiral Massera persönlich kennen gelernt hatte, werden durch andere ranghohe Militärs ersetzt. Fester sitzt die Junta dadurch nicht im Sattel. Ihre Legitimität wird nicht nur im Ausland immer vehementer bestritten, allen voran in den Vereinigten Staaten. Dort hatte in der Präsidentenwahl des Jahres 1976 der Demokrat Jimmy Carter obsiegt und seit Anfang 1977 als 39. Präsident der Vereinigten Staaten einen außenpolitischen Kurs eingeschlagen, der sich stärker an der Achtung der Menschenrechte orientieren sollte als dies bei seinen Vorgängern der Fall war.

In Argentinien selbst zeitigt die Wirtschaftspolitik der Junta fast paradoxe Ergebnisse. Nach einer ersten Phase der wirtschaftlichen Stabilisierung kommt es zu einer drastischen Verarmung breiter Bevölkerungsschichten. Innerhalb des Militärs kämpfen verschiedene Schulen gegeneinander. Die einen favorisieren eine eher liberale Wirtschaftspolitik, andere halten an der traditionellen nationalistisch-protektionistischen Linie fest und wollen dem Militär samt den von ihnen kontrollierten Staatsunternehmen eine führende Rolle sichern. Am Ende kommt es zu einer Ausweitung des öffentlichen Sektors und einer Erhöhung der staatlichen Ausgaben. Gleichzeitig werden große Staatsbetriebe zerschlagen. Ein weitgehend unregulierter Dienstleistungssektor entsteht. Planlos verläuft auch die Öffnung des Finanzmarktes und der Volkswirtschaft für Auslandsinvestitionen.

Die Folgen lassen nicht lange auf sich warten. Allein im ersten Jahr der Militärdiktatur sinkt das Realeinkommen der unteren Bevölkerungsschichten um etwa 40 Prozent. Kleinere und mittlere Betriebe, die durch hohe Zollmauern vor ausländischer Konkurrenz geschützt waren, brechen zusammen. Binnen weniger Jahre gehen die Industrieproduktion um ein Fünftel und die Zahl der Arbeitsplätze im industriellen Sektor um 40 Prozent zurück. 1983 befindet sich die Industrie auf dem Niveau der sechziger Jahre. Gewachsen sind nur der informelle Sektor und die Armut.

In den spärlichen Überlieferungen aus der zweiten Amtszeit Bergoglio als Provinzial hat sich dieser Niedergang nicht niedergeschlagen – es sei denn, man wollte die steigende Zahl der Eintritte in den Jesuitenorden mit der zunehmenden Armut in Zusammenhang bringen.

Weniger turbulent als in Politik und Gesellschaft Argentiniens geht es seit Mitte der siebziger Jahre in der katholischen Kirche zu. Seit der Auflösung der COEPAL gibt es einen Unruheherd weniger.

Vor allem aber ist der MSTM am Ende. Es löst sich 1976 auf. Das repressive innenpolitische Klima ist nur ein Faktor von vielen. Die Bewegung hat das Ende der «Utopie eines nationalen Sozialismus» nicht verwunden und ist tief zerstritten.[51]

Evangelii nuntiandi

In Rom ist es mittlerweile gelungen, viele theologische Impulse und Aufbrüche der späten sechziger und frühen siebziger Jahre in Formen zu bringen, deren Wirkungen rückblickend nicht hoch genug einzuschätzen sind.

Knapp zehn Jahre nach dem Ende des II. Vatikanums beruft Papst Paul VI. für den Zeitraum vom 27. September bis zum 26. Oktober 1974 die III. Ordentliche Generalversammlung der Bischofssynode in den Vatikan ein. Das Thema der Beratungen lautet: «Die Evangelisierung in der Welt von heute.» Ein Jahr darauf, am 8. Dezember, erscheint zum Abschluss des «Heiligen Jahres» 1975 ein gegenüber dem Abschlussdokument der Synode kaum verändertes «Apostolisches Schreiben» namens «Evangelii nuntiandi» (EN). Bergoglio dürfte den Text unverzüglich zur Kenntnis genommen haben.[52] Die zweite Form sind die Akten der Generalkongregation des Jesuitenordens, an der Bergoglio als junger Provinzial im (europäischen) Herbst 1974 teilgenommen hatte. Es sollte vor allem mit seinem «Dekret 4» in die Geschichte des Ordens eingehen. Darin verpflichteten sich die Provinziäle und Delegierten auf eine «vorrangige Option für die Armen» – was manch einen Jesuiten in Argentinien in seiner Interpretation dieser Option noch bestärken sollte.

Welche Spuren beide Texte im Denken und Handeln Bergoglios hinterlassen sollten, ließ sich lange Zeit nur erahnen. Denn zu keiner Zeit hat Bergoglio seinen Ehrgeiz darauf verwandt, Bücher oder auch nur allerlei kleinere Schriften zu publizieren. Erst als Erzbischof wird man von ihm regelmäßig zu lesen bekommen, dann nämlich, wenn seine Predigten verschriftlicht und im Internet publiziert werden. Aus den Jahren zuvor haben sich nur zwei Textsammlungen erhalten, in denen Bergoglio seine zahlreichen geistlichen Betrachtungen und Meditationen veröffentlicht hat. In der ersten Text-sammlung dieser Art, die 1982 erscheint, sind denn auch die beiden einzigen Texte erhalten, mit denen sich Jesuitenprovinzial Bergoglio formell an seine Mitbrüder wendet.

Der erste Text, die Rede Bergoglios zur Eröffnung der Provinz-versammlung des Jahres 1974, wurde bereits vorgestellt. Der zweite Text ist die Rede, in der Bergoglio zu Beginn seiner zweiten Amts-zeit als Provinzial am 8. Februar 1978 über die Lage der Gesellschaft Jesu in Argentinien spricht.

Ein Unterschied zwischen beiden Texten ist auf den ersten Blick erkennbar. 1974 ist Bergoglio mit einem Manuskript im Umfang von sieben (Druck)Seiten ausgekommen. Jetzt nimmt er sich fast das Doppelte an Raum und Zeit, um seine Mitbrüder auf die bevor-stehenden Beratungen einzustimmen.[53]

Die formale Diskrepanz findet ihre Entsprechung in inhaltlichen Unterschieden. Im Jahr 1974 hatte sich Bergoglio nicht auf irgend-welche Dokumente des kirchlichen Lehramtes berufen, sondern die Geschichte und die Gegenwart des Ordens beschworen. Vier Jahre später bezieht sich Bergoglio auf die Gründungsdokumente des Or-dens und die Gestalt des Ordensgründers Ignatius, dazu auf das eine oder andere Schreiben des Ordensgenerals Pedro Arrupe. Am häu-figsten verweist er auf die Akten der Generalkongregation, an der er im Jahr 1974 teilgenommen hatte, somit auf «Evangelii nuntiandi».

Den Anlass, das Schreiben zu zitieren, bietet ihm eine Betrach-tung des Gedankens des Heiligen Ignatius, dass die Frömmigkeit in den so genannten apostolischen Eifer münde. In der Sprache Pauls VI.: «Hegen wir die innige und tröstliche Freude der Verkün-digung des Evangeliums, selbst wenn wir unter Tränen säen soll-ten ... mit einem inneren Antrieb, den niemand und nichts ersticken kann.» (EN 80)

Bergoglio interpretiert diese Worte so: Paul VI. erkenne den Mangel an Eifer in der Müdigkeit und dem Zustand der Desillusio-nierung, in der Gewöhnung an die Umgebung, in einem Mangel an Interesse, in der Abwesenheit von Freude und Hoffnung. Er ergänzt den Papst durch die Einschätzung, dass dieser Mangel noch stärker spürbar werde in den vielen «Vorwänden», die im Grunde nur die

Vorwände derjenigen sein, die sich auf ihr Gewissen berufen, auf menschlichen Pläne und Redekünste – und nicht auf die Lehre der Kirche und die Bitten und das Verlangen des «gläubigen Volkes».

Da ist er wieder, der für Bergoglio typische Zweiklang von der Lehre der Kirche, dem *depositum fidei*, und dem, was das mit dem untrüglichen *sensus fidei* ausgestattete gläubige Volk lebt und braucht. In einer Fußnote findet sich der entsprechende Verweis auf das Eingangskapitel von EN. Dort heißt es, dass es unbedingt notwendig sei, «Uns das überlieferte Glaubensgut vor Augen zu stellen, das die Kirche in seiner unantastbaren Reinheit bewahren, aber auch den Menschen unserer Zeit in einer möglichst verständlichen und überzeugenden Weise darbieten muss.»

Kein Dokument des universalen kirchlichen Lehramtes wird Bergoglio auf seinem Weg als Ordensoberer, Bischof und Papst treuer begleiten als dieser Text seines «Lieblingspapstes» Paul VI. – bis dahin, dass er sein erstes «Apostolisches Schreiben» gar nicht zufällig «Evangelii gaudium» nennen wird.

«Evangelii nuntiandi» und das wenige Monate zuvor veröffentlichte Schreiben Pauls VI. «Gaudete in Evangelio» werden in dem Einleitungskapitel von EG ausdrücklich zitiert. Deutlicher kann ein Verweis auf diejenige Tradition nicht sein, in die sich Papst Franziskus stellt. Die für den Herbst 2014 terminierte Seligsprechung des Montini-Papstes ist nur die logische Folge.

Von Medellín nach Puebla

Als Bergoglio im Jahr 1978 vor den Mitgliedern der argentinischen Provinz der Gesellschaft Jesu über die Lage des Ordens angesichts der Herausforderungen der Zeit referiert, wirft ein neues kirchliches Großereignis seinen Schatten voraus. 1968 hatte im kolumbianischen Medellín die II. Generalversammlung des Celam stattgefunden. Elf Jahre später soll die III. Generalversammlung des lateinamerikanischen Bischofsrates in der mexikanischen Stadt Puebla des los Angeles stattfinden.

Die Vorbereitungen für «Puebla» werden noch während des Pontifikats Pauls VI. getroffen. Der Papst stirbt im August 1978. Zu seinem Nachfolger wählen die Kardinäle den Patriarchen von Venedig, Albino Luciani. Dieser wird nach 33 Tagen im Amt frühmorgens tot aufgefunden. Aus dem zweiten Konklave binnen weniger Wochen geht am 16. Oktober 1978 der erste nichtitalienische Papst seit Menschengedenken hervor, Karol Jozef Wojtyla, ein Pole. Dieser lässt es sich nicht nehmen, wenige Monate später zu seiner ersten Auslandsreise nach Mexiko aufzubrechen, um «Puebla» zu eröffnen.

Johannes Paul II. erfüllt nicht nur eine Pflicht – immerhin hatte sein Vorvorgänger Paul VI. 1968 die Celam-Generalversammlung in Medellín eröffnet. Er, der aus einem Satellitenstaat der Sowjetunion stammt, ist sich dessen bewusst, dass für die Kirche Lateinamerikas viel auf dem Spiel steht. Denn seit 1968 hatte sich in Gestalt der so genannten Theologie der Befreiung eine Strömung innerhalb der lateinamerikanischen Theologie durchgesetzt, die in mehrerer Hinsicht fragwürdig ist. In Europa, aber auch in weiten Teilen der nach wie vor sozialstrukturell wie mental «traditionalistischen» – wie Bergoglio sagen würde – Kirche Lateinamerikas wird die Befreiungstheologie als in wesentlichen Teilen marxistisch inspiriert wahrgenommen. Die Kritiker dieser Theologie haben den Papst aus Polen auf ihrer Seite. Dieser hat am eigenen Leib erfahren, wie der real existierende Sozialismus im Namen innerweltlicher Heilsversprechen Individuen, ganze Gesellschaften, ja Staaten und auch die Natur zu zerstören vermag.

In Lateinamerika speist sich der Widerstand gegen die Hauptströmung der Befreiungstheologie indes nicht allein aus dem Urteil über die Unvereinbarkeit der marxistischen Gesellschaftsanalyse mit der christlichen Heilsbotschaft. Namhaften argentinischen Theologen ist die Befreiungstheologie noch in einer anderen Hinsicht suspekt. Sie ist – vereinfacht ausgedrückt – eine Theologie für das Volk, nicht des Volkes. Diese Kritik kann in Argentinien jedoch nicht offensiv vertreten werden – in den Augen der Militärs macht sich jeder verdächtig, der die Sache gleich welches «Volkes» vertritt. Die COEPAL ist aufgelöst, die Arbeit der gleichfalls in den späten sechziger Jahren entstandenen «Argentinischen Gesellschaft für Theologie»[54] ist sis tiert, der Austausch mit anderen Theologen und Bischöfen auf latein-amerikanischer Ebene nur im Schatten der Militärregimes von Chile, Brasilien und Argentinien möglich: Das Abschlußdokument von Puebla bekommt in einigen Kapiteln eine «progressive» Schlagseite, die auch durch noch so massive redaktionelle Eingriffe der vatikanischen Kurie vor der Veröffentlichung[55] nicht ganz korrigiert werden kann.[56] Doch damit ist noch längst nicht alles über Puebla gesagt.

Kultur vs. Befreiung

Inwiefern Bergoglio das Geschehen rund um Puebla wahrnimmt und welche Schlüsse er daraus zieht, ist nicht überliefert. Es ist auf-fallend, dass er sich selten auf das Dokument von Puebla (DP) be-zieht, obwohl es erstmals ausdrücklich von der «vorrangigen Op-tion für die Armen» spricht[57] und im Unterschied zu dem Dokument von Medellín wegweisende Passagen über die «Evangelisierung der Kultur» (DP 358–443) und «Evangelisierung und Volksreligiosität» (DP 444–469) enthält – entworfen wurden sie von niemandem an-deren als Lucio Gera beziehungswiese dem chilenischen Theologen Joaquín Alliende.[58]

Allerdings lässt Bergoglio sich insofern von dem gespannten Klima vor Puebla bestimmen, als er in Argentinien an einigen Dis-kussionsrunden teilnimmt, in denen das so genannte «Vorberei-tungsdokument» von Puebla diskutiert wird.[59] Zu diesen Runden finden sich nicht nur einige der «üblichen Verdächtigen» zusammen, allen voran Lucio Gera.[60] Aus der uruguayischen Hauptstadt Monte-video kommt hin und wieder ein theologischer und philosophischer Autodidakt nach Buenos Aires, Alberto Methol Ferré. Bergoglio und der Philosoph scheinen sich auf Anhieb gut zu verstehen, als sie sich 1978 zum ersten Mal bei einem Mittagessen im Colegio Má-ximo von San Miguel treffen. «Man sprach über den historischen Moment Lateinamerikas und die Verantwortung, die die katholische Kirche in diesem Augenblick habe. Vom katholischen Standpunkt aus beobachtete man die Situation des Kontinents am Vorabend der Zusammenkunft von Puebla. Das Thema der Kultur, wie es sich in der Vorbereitungsphase der Konferenz abzeichnete und an dem Methol maßgeblich beteiligt war, und die Volksreligiosität, das Thema auch der Theologie der Befreiung, waren Themen, über die sich beide während des Gesprächs ausführlich unterhielten.»[61]

Ein fragwürdiges Amalgam

In dem Uruguayer erwächst Bergoglio binnen kurzem ein Freund und Geistesverwandter: «Viele von uns, und das während der Jahre, in denen man sich damit nicht verdächtig machte, haben der Theologie der Befreiung vorgehalten, dass sie im Kern von der marxistischen Logik abhängig sei. Viele Vertreter dieser Strömung – wohlgemerkt nicht alle – ordneten das Christentum einer totalitären Weltanschauung unter, die dem Ursprung nach verschieden und dem Christentum diametral gegenüber stand und nicht umgekehrt. Dieses Amalgam wurde zwanghaft und mit fragwürdigen Mitteln zusammengehalten. Die nachfolgenden Ereignisse zeigten, wie zutreffend diese Kritik war. Die geschichtliche Delegitimierung des Kommunismus ließ die Theologie der Befreiung in Lateinamerika gewissermaßen verdunsten.»[62] Bergoglio würde diesen Worten seines im Jahr 2012 verstorbenen Freundes «Tucho» Methol Ferré wohl ohne Einschränkungen beipflichten.

Jedoch wäre es verfehlt, nur dasjenige für Befreiungstheologie zu halten, was seinen Weg in Bücher gefunden hat und in Übersetzungen durch deutsche, französische oder englischsprachige Verlage weltweit rezipiert wurde. Zahlreiche einflussreiche Theologen erreichten nie ein internationales Publikum, da sie entweder nur wenig publizierten und/oder ihre Werke selten übersetzt und/oder kaum rezipiert wurden. Dieses gilt etwa für die Arbeiten des venezolanischen Jesuiten Pedro Trigo[63], der ähnlich wie Juan Carlos Scannone und Lucio Gera schon in den siebziger Jahren die Bedeutung der Volksreligiosität hervorhebt, oder die des Uruguayers Juan Luis Segundo SJ.[64] Auch der holländische Karmelit Carlos Mesters, ein Exeget, der seit den sechziger Jahren in Brasilien lebt, vermag mit seinen von biblischer Spiritualität durchdrungenen Büchern nie die westliche Öffentlichkeit für sich einzunehmen[65] – man liest lieber das «revolutionäre» Evangelium der Bauern von Solentiname des nicaraguanischen Priesters und späteren Aushängeschildes der Sandinisten Ernesto Cardenal.[66]

In Brasilien ist die Theologie der Befreiung immerhin ein wichtiger Impuls zur Veränderung des sozialen Ortes der Kirche. In den siebziger Jahren wird die katholische Kirche zu einem Schutzraum, in dem sich neue politische Kräfte formieren können. Die Rückkehr zur Demokratie führt indes zu einem Aderlass der so genannten Basisgemeinden. Nicht wenige entpuppen sich als Zellen der «Arbeiterpartei» (PT), die von 2003 an den Staatspräsidenten stellen wird. Das aber ändert nichts daran, dass argentinische Theologen die Wortführer der brasilianischen Richtung der Befreiungstheologie wie die «pastoralistas» auf einer falschen Spur sehen: «Sie nahmen den Glauben des einfachen Volkes nicht ernst, sondern hielten ihn für Aberglauben, der nach dem II. Vatikanischen Konzil kein Recht mehr in der Kirche haben könne», erinnert sich der deutsche Fidei-Donum-Priester Bernd Klaschka, der heute als Geschäftsführer der Bischöflichen Aktion Adveniat in Essen das wichtigste Lateinamerika-Hilfswerk der katholischen Kirche leitet. Dieselben Erfahrungen macht der spätere Hauptgeschäftsführer des Bischöflichen Hilfswerks Misereor Josef Sayer in Peru.

Allerdings stehen die Brasilianer in bester Tradition der so genannten Ersten Welt, in der nach dem II. Vatikanischen Konzil Heiligenfiguren, Seitenaltäre, Beichtstühle und Marienstatuen zu Relikten einer überwunden geglaubten Epoche geraten sind. Die Neue Welt kann sich bestätigt fühlen und musste den «Nachholprozess» nur noch beschleunigen: Die religiösen Energien, die sich in Lateinamerika mit diesen Frömmigkeitsformen oder auch Wallfahrten verbanden, müssen nur umgehend in die richtigen, gesellschaftsverändernden Kanäle umgeleitet, die Gläubigen mit Hilfe der Theologie aus dem Zustand einer fremdverschuldeten Unmündigkeit befreit werden. Mit einer Theologie *für* die Armen. Nicht mit einer Theologie *von* den Armen her. Genau diese aber wird zum Anliegen Bergoglios und seines älteren Mitbruders und Freundes Juan Carlos Scannone – wobei dieser damals wie heute den Unterschied zwischen den verschiedenen Strömungen der Theologie der Befreiung nicht so stark akzentuiert wie etwa Methol Ferré und vielleicht auch der Papst.

In seinem im deutschen Sprachraum bekanntesten Werk «Weisheit und Befreiung. Volkstheologie in Lateinamerika»[67] bekennt Scannone freimütig, derjenigen Strömung innerhalb der Befreiungstheologie den Vorzug zu geben, die sich nicht der marxistischen Gesellschaftsanalyse oder einiger ihrer methodischen Gesichtspunkte bedient. Seine Sympathien gehören dem argentinischen Theologen Lucio Gera und seiner Schule, die für die Deutung der geschichtlichen Realität im Lichte des Evangeliums weniger die Aspekte einer soziostrukturellen als vielmehr einer geschichtlich-kulturellen Analyse zu Rate zieht.

Diese von ihm schon in den siebziger Jahren so genannte «Theologie aus der Praxis der lateinamerikanischen Völker» beziehe sich anstatt auf totalitäre Geschichtsphilosophien auf «hermeneutische Humanwissenschaften wie die Geschichtswissenschaft, die Kulturanthropologie und die Religionswissenschaft». Braucht es noch mehr, um die Verortung Bergoglios in dieser von Scannone als dritter identifizierten Strömung zu belegen?

«Innerhalb der zweiten Strömung», die Scannone im Wesentlichen für ein Missverständnis der Theologie der Befreiung von Gustavo Gutiérrez hält, «wird das Volk eher im Sinne einer unterdrückten Klasse, einer unterdrückten Rasse wie auch einer unterdrückten Kultur begriffen. Hierin zeigt sich der Einfluss einer kritischen Verwendung von Elementen der marxistischen Dialektik».

Immerhin ist diese zweite Variante, als deren Subjekt der «befreiungstheologischen Reflexion» die so genannten kirchlichen Basisgemeinden gelten müssen, mit dem «kulturalistischen» Ansatz Scannones noch zu vermitteln – daher auch die anerkennenden Worte für die Brüder Boff, den Jesuiten Juan Luis Segundo «und andere bekannte Befreiungstheologen». Das gilt für die erste Strömung nicht, die Scannone mit dem brasilianischen Theologen Hugo Assmann verbindet. Diese sei weitaus radikaler, weil sie sich als «Theologie aus der Praxis revolutionärer Gruppen» versteht, die ihrerseits die marxistische Lehre von der Klassengesellschaft als «bestimmendes hermeneutisches Prinzip» verwendet.[68]

In der dritten Strömung geht es nicht um Klassen, sondern um «Volk». Was aber ist mit diesem eingestandenermaßen mehrdeutigen Begriff in diesem Zusammenhang gemeint? «Innerhalb der dritten Linie wird das Volk – ohne dass das Faktum der strukturellen Unterdrückung geleugnet wird – eher im Sinne einer Nation verstanden, d. h. als ein gemeinschaftliches Subjekt einer gemeinsamen Geschichte wie auch einer gemeinsamen Kultur oder eines gemeinsamen Lebensstils und eines geschichtlichen Projektes des Gemeinwohls. Doch wird auch hier anerkannt, dass es im Volk (ethisch-geschichtliche und geschichtlich-strukturelle) Volksverräter gibt, die so etwas wie ein Anti-Volk bilden. Oftmals steht dieses Anti-Volk auch strukturell im Dienst der sozialen Ungleichheit und der Tendenz. Erinnern wir uns z. B. an die Staatsklassen und an die Menschenrechtsverletzungen. Die dritte Linie der Befreiungstheologie vergisst die Tatsache des geschichtlichen Konfliktes also keineswegs. Doch nimmt sie bevorzugt die Perspektive der die Konflikte erst ermöglichenden ursprünglichen Einheit eines Volkes als Nation an.»[69]

Damit ist Scannone eher bei Methol Ferré – und ganz bei Bergoglio, jenem Mann, der heute Papst Franziskus ist und schon 1974 als Provinzial der Jesuiten mit seinem Plädoyer für eine Theologie der Treue zum Lehramt der Kirche aus der Perspektive des gläubigen Volkes hervorgetreten war.

Extrem schwierige Jahre

Ende 1979 übergibt Bergoglio das Amt des Jesuitenprovinzials an seinen langjährigen Sozius Andrés Swinnen. Auf ihn warten indes weder ein Sabbatjahr noch eine Verwendung, die ihn mit weniger Leitungsaufgaben befrachten würde, obwohl er nach Aussagen seines damaligen Studenten Angel Rossi gerne ein wenig Abstand gewonnen hätte. «Ich beendete mein Noviziat, während er Provinzial war. In seiner letzten Amtshandlung schickte er mich zusammen mit einem Mitbruder nach Ecuador. Eigentlich hatte er selber nach Ecuador gehen wollen. Aber der Pater General ignorierte seine Bitte und setzte ihn als Rektor des Kollegs in San Miguel ein», (B 49) erinnert sich Rossi, der mittlerweile Oberer der Jesuitenkommunität in Córdoba ist.

In San Miguel wechselt Bergoglio bruchlos vom Amt des Provinzials in das Amt des Rektors des Colegio Máximo, also jener Jesuitenkommunität, in der die angehenden Priester während ihres Theologiestudiums leben. Als Rektor ist er verantwortlich für das «Innenleben» der Gemeinschaft – vom Tagesablauf über die Disziplin und die Spiritualität bis zu den Aktivitäten der Studenten außerhalb der Gemeinschaft.

Warum die Wahl auf Bergoglio fällt, ist nicht ersichtlich. Aber die Entscheidung ist nicht ohne Risiko. Als Provinzial ist er gewohnt, dass man ihm gehorcht. Seine Führungsstärke haben die einen als Charisma, die anderen als Macht erlebt. «Ich hatte den Eindruck, dass er ziemlich genau wusste, was er wollte. Er war jemand, der viele Gaben besaß, die man als Führungspersönlichkeit besitzen sollte: Glaube, Weisheit und Furchtlosigkeit. Natürlich war nicht jeder mit dem einverstanden, was Bergoglio vorhatte. Jedem steht es frei, anderer Meinung zu sein, und viele waren mit ihm in der einen oder anderen Angelegenheit nicht einverstanden, vor allem hinsichtlich der Beurteilung der sozialen Probleme und der Politik. Ich weiß, dass diese Konfrontationen Bergoglio damals sehr zusetzten, und dass es viele waren, die mit ihm und seiner Weise, die Provinz zu leiten, nicht konform gingen»,[70] antwortet Pater Carlos Carranza SJ im Jahr 2013 auf die Frage nach der Amtsführung Bergoglios als Provinzial. «Mehr möchte ich dazu nicht sagen.»

Mehr über diese Konfrontationen und Konflikte haben sich auch andere bislang nicht entlocken lassen – was nicht verwunderlich ist, weil Bergoglio seit seiner Wahl viele Menschen in seinen Bann schlägt und Abträgliches über sein Denken und Handeln in früheren Funktionen a priori als sozial unerwünscht zu gelten hat. Fest steht indes, dass Bergoglio sein neues Amt mit einer Hypothek übernimmt.

Rossi erinnert sich im Jahr 2013 an Bergoglio so: «Er betet mindestens drei Stunden am Tag. Er ist ein Frühaufsteher. Wenn wir um 6:30 Uhr oder sieben aufstanden, um in die Messe zu gehen, hatte er nicht nur seine erste Gebetszeit längst beendet. Er war auch schon in der Waschküche gewesen und hatte die Bettwäsche und die Handtücher für 150 Jesuiten gewaschen.» (B 30)

Das Bild des Rektors in der Waschküche hat sich auch Cervera eingeprägt, der auf Bergoglio trifft, als er im Jahr 1980 in die Gesellschaft Jesu eintritt. Er erinnert sich an eine außergewöhnlich starke, aber ebenso polarisierende Persönlichkeit. «Es war sehr schwer, von ihm nicht entweder angetan zu sein oder abgestoßen zu werden», (B 19 ff.) äußert er im Jahr 2013. Bergoglio machte es in der Tat niemandem leicht.

«Er konnte jemandem einen Rat geben, sofort anschließend mit einem Bischof oder anderen wichtigen Person telefonieren, in der Waschküche die Wäsche waschen und in der Küche sein oder auch dort, wo die Schweine lebten, und dann im Unterrichtsraum auftauchen, um zu sehen, was vor sich ging. Er wusste über jeden von uns genauestens Bescheid.»

Cerveras Worte haben Gewicht. Der Jesuit hat nach dem Studium von Philosophie und Theologie eine Ausbildung zum Psychoanalytiker durchlaufen. Dass er sich viele Jahren mit dem Thema Rauschgiftabhängigkeit beschäftigt, lässt ihn zu dem Mann reifen, den Kardinal Bergoglio im Jahr 2008 braucht, als die Bischofskonferenz unter seiner Leitung eine Arbeitsgruppe einrichtet, die sich dem Thema Rauschgiftvorbeugung widmen soll.

«Er war ständig um jeden von uns besorgt, was seine persönliche Reifung betraf. Er war sehr anspruchsvoll hinsichtlich unserer Studien, unseres geistlichen Lebens und des Gemeinschaftslebens. Unsere Berufung, so vermittelte er uns, sollte nicht von einer Ideologie oder einer soziologischen Betrachtungsweise genährt sein, sondern dem Ruf in die Nachfolge Jesu. Ich erinnere mich noch gut daran, dass diese Haltung vielfach auf Respekt und Unterstützung stieß. Aber bei einigen in der Provinz war die Ablehnung stark.»

Selbst berichtet Cervera nur Gutes über die Zeit Bergoglios als Provinzial. In der Krise, in die die Gemeinschaft nach dem II. Vatikanum geraten ist, gelingt es ihm, viele Jesuiten im Orden zu halten, die sich mit dem Gedanken tragen, den Orden zu verlassen: «Nach dem Konzil setzte hier wie überall in Lateinamerika eine Bewegung ein, in der es nicht nur um theologische Reflexion ging, sondern auch um eine Neuorientierung der Seelsorge, die sich bestimmten politischen Zielen und gesellschaftlicher Veränderung verpflichtet wusste.»

Allerdings, so Cervera, setzt sich unter Bergoglios Führung eine Sicht des Ordens durch, die sich vom Glauben und den religiösen Traditionen inspiriert weiß. «Natürlich mussten in dieser Krisenzeit schwierige Entscheidungen getroffen werden, was Bergoglios Hände manchmal zittern ließen. Er versuchte zu unterscheiden, beriet sich und mühte sich, einen Konsens herzustellen. Wenn er aber entscheiden musste, dann entschied er alleine.»

Außerdem habe er stets Wert auf die Sorge um Ordensnachwuchs, um Berufungen, gelegt. Als in anderen Ordensprovinzen die Krise erst richtig einsetzte, war die argentinische Provinz mit einer klaren Orientierung wiedergeboren: einem Engagement in und für diese Gesellschaft, das sich nicht politisch, sondern religiös inspiriert wusste.

Diese Wiedergeburt scheint sich in einem neuem Interesse an einem Leben als Jesuit niederzuschlagen: Die Zahl der Novizen und bald auch der Studenten steigt. Also kann der Rektor bruchlos an die Arbeit des Provinzials anknüpfen und – wie in seinen Ansprachen an die Provinzkongregationen dokumentiert – allergrößten Wert auf die Einübung der ignatianischen Spiritualität legen. «Alles, was geschah, wurde in einem geistlichen Gespräch und im Gebet reflektiert», erinnert sich Cervera. Das Ziel ist die Klärung der Motivation und die Fähigkeit zu geistlicher Unterscheidung, also der Kenntnis von «Regeln, um irgendwie die verschiedenen Regungen zu verspüren und zu erkennen, die in einer Seele verursacht werden, die guten, um sie anzunehmen, und die bösen, um sie abzuweisen».[71] «Wir sollten lernen, dass alles, was wir entschieden oder taten, bestimmte Folgen haben würde und dass diese Folgen in Betracht gezogen werden müssen.» (B 21)

Disziplin, innere wie äußere, ist Bergoglio wichtig, wichtiger als manch einem Studenten. Nicht, dass Bergoglio das nicht wüsste. So ist er als Oberer weniger der Aufseher als jemand, der das beste Beispiel gibt. Wenn die Studenten morgens um 6:30 Uhr zum Morgengebet erscheinen, ist Pater Rektor längst wach. Sonntags morgens finden die Studenten manchmal einen gedeckten Frühstückstisch vor.

Ein asketischer Kostverächter ist Bergoglio keineswegs. Im Gegenteil. Wenn es am Wochenende an einer Köchin gebricht, kehrt die Zeit wieder, in der Jorge Mario, der Älteste, dafür Sorge tragen musste, dass seine Eltern und seine Geschwister trotz der zeitweiligen Behinderung der Mutter nach der Geburt des jüngsten Kindes etwas Warmes auf dem Teller hatten. Heute braucht er die Anweisungen seiner Mutter nicht mehr. Von seinen «paellas» schwärmen seine Studenten noch heute. Ebenso davon, dass manch ein Abend bei einem guten Glas Wein zu Ende geht. «... es entstand eine Atmosphäre, als wären wir eine Familie», (B 27) sagt Fernando Cervera.

Vorher aber heißt es nicht nur studieren, sondern auch arbeiten. Im Schweinestall gibt es immer viel zu tun. Mittendrin der Pater Rektor, der sich nicht scheut, Hände und Kleidung dreckig zu machen.

Das Rad der Zeit

Auch an anderer Stelle packt Bergoglio nach Kräften zu. Unter dem Eindruck des Konzils war es in der argentinischen Provinz zu einer Studienreform gekommen. Bergoglio hatte noch zunächst Philosophie und dann Theologie studiert. Inzwischen machte man es wie etwa an den katholisch-theologischen Fakultäten in Deutschland: Von Beginn an Theologie, in den ersten Semestern mit ein wenig Philosophie garniert. Bergoglio behagt diese Reform nicht. Er macht die Neuerung rückgängig und lässt die Studenten wie früher zunächst Philosophie und anschließend Theologie studieren. Heute ist diese Studienordnung überall im Jesuitenorden wieder selbstverständlich. Damals war Bergoglio einer, der das Rad der Zeit zurückdrehen wollte.

Und das nicht nur hinsichtlich der Studienordnung. Wer als Student die Kommunität verlassen will, soll das nach dem Willen des Rektors nur mit Erlaubnis tun. Unter den Studenten, die gewohnt sind, nach Gusto ein und aus zu gehen, passt das nicht jedem. «Wir mussten nicht Bergoglio um Erlaubnis fragen, sondern einen Koordinator. Dieser musste auch den Grund erfahren, warum wir das Haus verlassen wollten und wohin wir gehen. Das war's», berichtete der heute an der Päpstlichen Universität Gregoriana lehrende Jesuit Miguel Humberto Yáñez Elisabetta Piqué.[72]

Rundheraus abschreckend wirkt Bergoglio nicht. Ein irischer Jesuit, der in Buenos Aires Theologie doziert, aber in San Miguel lebt, lädt ihn später, im Jahr 1980, nach Dublin ein, damit er dort ein wenig Englisch lernen könne. Mutmaßlich hat Pater James Kelly nicht nur der Umgang Bergoglios mit den Studenten nachhaltig beeindruckt, sondern auch die Haltung gegenüber den vielen Menschen, die täglich an die Türen der Kommunität klopfen. Zwar ist das Kolleg nicht von ausgesprochenen Elendssiedlungen umgeben, aber Bewohner der Viertels sind mehrheitlich arm und in den Jahren der Militärdiktatur noch ärmer geworden.

Ein anderer als Bergoglio hätte die Aufgabe, sich mit den alltäglichen Nöten der Nachbarschaft abzugeben, irgendjemandem aus der Kommunität delegiert. Nicht so der Mann, der selber aus einfachen Verhältnissen stammt. «Er hat von uns verlangt, dass wir die Sorgen und Nöte der einfachen Leute teilen sollten. Wir sollten sie zuhause besuchen und uns von ihren Problemen berühren lassen», (B 27) erinnert sich Cervera und wählt dabei nahezu dieselben Worte wie Miguel Yáñez. Ein nicht unwichtiges Detail hat indes nur er überliefert. Bergoglio verlangt auch, dass die Studenten zu einer bestimmten Zeit in die Gemeinschaft zurückkehren müssten. Diese Spannung, so Cervera, sei für ihn sehr wichtig gewesen. Bergoglio habe in den Studenten die Fähigkeit entwickeln wollen, «den Stress, den wir in der Seelsorge erlebten, durch das Leben in der Gemeinschaft zu bewältigen».

Konkret sieht das so aus: «In San Miguel gibt es eine baumbestandene Straße, die direkt auf das Haus zuführt. Wenn man sich dem Haus näherte und von weitem eine schwarz gekleidete Gestalt erblickte, die auf die Uhr schaute, dann wusste man schon, was Bergoglio einem sagen würde: ‹Beeile dich, du kommst zu spät.›» Cervera setzt hinzu: «Wir jungen Leute nahmen ihm das nicht übel. Wir wussten, dass er uns tadelte, weil es getan werden musste.»

Er hat mich rausgeschmissen

Mit dem Amt des Rektors ist Bergoglio allem Anschein nach nicht ausgelastet. Bis 1986 entstehen im Umkreis des Kollegs eine Pfarrkirche und drei Kapellen. Die Grundstücke stellt der Orden zur Verfügung, Bergoglio ist der Bauherr. Den Zaun, der den größten Teil des Kollegareals umgibt, lässt er niederlegen. In Gemeinschaftsarbeit von Nachbarn und Seminaristen werden ein alter Getreidespeicher in eine Kirche und ein ehemaliger Hühnerstall in die erste Kapelle verwandelt. Padre Jorge sorgt nach getaner Arbeit für Essen und Trinken.

Die Arbeit geht schnell voran. Das Patrozinium übernimmt der Heilige Josef, der Mann der Gottesmutter Maria, das Pfarramt Jorge Mario Bergoglio. Die erste Eintragung in das Taufregister erfolgt am 24. Februar 1980. Als am 16. März die erste Hochzeit gefeiert wird, ist Bergoglios Unterschrift groß wie selten.[73]

Eine Kirche ist nicht genug. Bergoglio, der als Erzbischof später sagen wird, soziologische Erkenntnisse wiesen darauf hin, dass die Einflusszone einer Pfarrei einen Kreis mit einem Radius von etwa 700 Metern betrüge, weiß auch ohne Soziologie, was zu tun ist. Bis 1986 werden in der näheren Umgebung zwei weitere Kapellen gebaut, später nochmals zwei. Außerdem entsteht in jenen Jahren ein Kindergarten, in dem mehr als 400 Kinder nicht nur zu essen bekommen, sondern auch medizinisch versorgt und betreut werden, dazu eine Ausbildungseinrichtung, in der junge Leute lernen, wie man Büroarbeit macht – und nicht nur das: «Ein anderes großes Projekt, zu dem er den Anstoß gab, war eine Abendschule für Erwachsene, die keinen Schulabschluss gemacht hatten. Dank dieser Schule konnten viele Jugendliche und Erwachsene aus der Umgebung ihren Sekundarschulabschluss nachholen und ihre Chancen im Beruf verbessern.» (B 88)

Selbstverständlich ist Bergoglio nie alleine, vor allem nicht, wenn er am Wochenende die Messe feiert und während der Predigt durch die Reihen geht, die Gläubigen Jesus und die Gottesmutter Maria im Stil der Evangelikalen hochleben und den Teufel als *«hijo de puta»* (Hurensohn) verfluchen lässt, wenn er Katechese hält oder bei strömendem Regen mit dem *pueblo fiel* über unbefestigte Straßen den Kreuzweg geht. Seine Studenten haben alle Hände voll zu tun, um Kinder am Samstag zur Katechese in die neue Pfarrei zu begleiten oder am Sonntag zum Gottesdienst zu Hause abzuholen. Und nicht nur das.

«Eines Tages kamen wir in die Sakristei und fanden eine Frau vor, die in Tränen aufgelöst war. Sie stammte aus Italien und hatte erfahren, dass ihre Mutter schwer erkrankt war. Die Frau war sehr arm, so dass es undenkbar war, dass sie das Geld aufbringen würde, um ihre Mutter besuchen zu können. Nach der Messe gingen wir zum Mittagessen in das Kolleg zurück. Zwei Stunden später rief er mich in seine Zelle, drückte mir zwei Flugtickets in die Hand und sagte. ‹Bring Asunta zum Flughafen, so dass sie sofort aufbrechen kann.› Gesten wie diese kämen anderen kaum in den Sinn. Für ihn war das normal», (B 31) berichtet Angel Rossi. Und: «Ein anderes Mal hatten wir Exerzitien. Am vierten Tag rief er mich und sagte: ‹Dir geht es prächtig, du kannst beten, essen und schlafen. An der Tür ist eine Frau mit vier Kindern, die kein Dach über dem Kopf hat. Lass die Exerzitien Exerzitien sein, besorge der Frau ein Dach über dem Kopf, und wenn du fertig bist, kannst du wieder beten kommen.› Man könnte sagen, er hat mich rausgeschmissen.»

Den Kindern von San Miguel, die heute als junge Erwachsene Rede und Antwort stehen, hat sich eine Redewendung ihres *párroco* unauslöschlich eingeprägt. *«Hagamos lío»*, sagt Padre Jorge, wenn er sie losschickt – eine Formulierung, die zwischen «Macht Wirbel» und «Stiften wir Verwirrung» changiert.

Star Wars und das Meer

Das weitläufige Kolleggebäude birgt eine ganz besondere Verlockung. Es verfügt über einen Kinosaal. Dort lässt Bergoglio für die Kinder von San Miguel seine eigene Kindheit und Jugend wiederaufleben: Samstags ist Kinotag, wenn auch nicht mit Meisterwerken des italienischen Neorealismus, sondern mit «Star Wars» oder «Schneewittchen und die sieben Zwerge», aber auch einem Dokumentarfilm über die Fußballweltmeisterschaft 1978.[74]

Den Kindern erfüllt er noch einen Traum. Ihnen, deren Eltern kein Geld haben, um mit der Familie Urlaub zu machen, ja nicht einmal Gelegenheit, an das wenige Busstunden entfernte Meer zu fahren, zeigt er den Atlantik. Besser gesagt: Er lässt es ihnen zeigen. Sommer für Sommer verbringen die angehenden Jesuiten mit hunderten Kindern mehrere Wochen im Zeltlager in Chapadmalal.

«Für ein Kind, das nie das Meer gesehen hat und niemals in Ferien gefahren ist, war es ein Weg, es als eigene Person mit eigener Würde zu behandeln», (B 87) erinnert sich Pater Albistur. Er lebt heute wieder im Colegio Máximo in San Miguel und doziert Biblische Theologie. Er kennt die Spuren, die der seinerzeitige Pater Rektor hinterlassen hat, wenn er die Gruppen bei der Abfahrt ans Meer segnete und seinerseits um den Segen der Gottesmutter Maria und des heiligen Josef bat: «Noch heute sagen die Leute in der Pfarrei, die längst verheiratet sind und Kinder haben: ‹Euch habe ich es zu verdanken, dass ich das Meer gesehen habe, dass ich am Strand gewesen bin, dass ich einmal in meinem Leben Ferien gemacht habe.›»

Auch im Kolleg selbst macht Bergoglio *lío*. Im Oktober 1991 wird in San Miguel eine neue Bibliothek für die Theologische und die Philosophische Fakultät eingeweiht. Evangelina Himitian berichtet, dass es sich um die seinerzeit größte Bibliothek einer vergleichbaren Einrichtung in Lateinamerika handelt: 140 000 Bücher, mehr als 800 Zeitschriften, dazu 4500 Werke aus der Kolonialzeit. Bergoglio hat die Arbeit an der Bibliothek kurz nach seinem Amtsantritt als Rektor in Angriff genommen.[75]

Cardiognosis

Zwischen all dem findet Bergoglio anscheinend reichlich Zeit, um das zu tun, was einem Jesuiten vielleicht vor allem aufgegeben ist: andere Gläubige, vornehmlich Priester und Ordensleute, geistlich zu unterweisen und auf ihrem Lebensweg zu begleiten. «Mir kam er vor wie eine Mischung aus Wüstenheiliger und Topmanager», (B 99) erinnert sich Rossi und beschreibt das Charisma Bergoglios mit einem aus der Antike stammenden Wort, das in keine moderne Sprache eingegangen ist: *cardiognosis*. Gemeint ist die Fähigkeit, intuitiv zu erfassen, welche Person vor einem steht, ohne viel über sie zu wissen. «Er erkennt dich, er durchdringt dich, du kannst nichts vor ihm verbergen.»

Die Frucht dieses Erkennens und des geistlichen Lebens Bergoglios ist ein Buch, das im Jahr 1982 erscheint und auf mehr als 250 Seiten Vorträge und Texte enthält, die Bergoglio für Exerzitien verfasst hatte – nicht zuletzt die beiden Ansprachen aus den Jahren 1974 und 1978 zu Beginn der Provinzkongregationen: «Meditaciones para religiosos».

Die meisten Vorträge sind schon früher gedruckt worden, in dem «Boletín de Espiritualidad» der argentinischen Provinz der Gesellschaft Jesu. Diese Zeitschrift wiederum wird herausgegeben von dem Zentrum für Spiritualität, das die Provinz unterhält und das von drei Jesuiten geleitet wird.

Ein zweites Buch wird zehn Jahre später erscheinen: «Reflexionen über die Hoffnung» («Reflexiones en Esperanza»). Bergoglio stellt es während seines Exils in Córdoba zusammen und veröffentlicht es im Verlag der Universidad del Salvador. Gewidmet ist es seiner Mutter Regina María Sívori de Bergoglio und den beiden Großmüttern Rosa Vasallo de Bergoglio und María Gogna de Sívori.[76]

Auch zehn Jahre zuvor hatte er sich dankbar erinnert. Freilich nicht an seine Vorfahren, sondern an drei Jesuiten, die in bewegten Zeiten die Fahne des «Centro de Espiritualidad» hochgehalten hatten – allen voran Pater Miguel Á. Fiorito SJ (gest. 2005), einem Philosophieprofessor des Colegio Máximo und in ganz Lateinamerika bekannten Fachmann für ignatianische Spiritualität. Ihn hatte der junge Bergoglio Anfang der sechziger Jahre zu seinem geistlichen Begleiter erwählt. (B 83 f.) Aussagen mehrerer von Weggefährten des heutigen Papstes deuten unabhängig voneinander darauf hin, dass Fiorito entscheidenden Anteil an der Ausprägung der ignatianischen Spiritualität in dem jungen Ordensanwärter gehabt hat. Einer möchte sogar wissen, dass Pater Fiorito Bergoglio als jungen Provinzial darin bestärkt habe, der Politisierung der Provinz nach Kräften entgegenzuwirken.

Gewidmet sind die «Reflexionen» Pater Fiorito gleichwohl nicht. Bergoglio dediziert es Pater Duarte Ibarra und einem Salesianer namens Don Enrique Pozzoli[77], von dem er sagt, dieser habe sein Leben stark beeinflusst. Aber wie? Der Leser erfährt über das Leben des Salesianers nur, dass er ein unermüdliches Beispiel für den Dienst in der Kirche und die Berufung zum Ordensmann gewesen sei. Pozzoli habe die Verantwortung für die Uhr im Glockenturm von Rio Grande in Feuerland getragen, habe als Fotograf von einem Baum herab die Höhepunkte einer Prozession im Bild festgehalten und sei ein nimmermüder Beichtvater gewesen.

Welchen Reim der Leser sich auf dieses Lebensbild machen soll, legt ihm Bergoglio in wie immer anschaulichen, aber beim zweiten Blick reichlich kryptischen Formulierungen nahe: Der Türmer und Fotograf Pozzoli habe ein sehr feines Gehör für das «Tictac» des Gewissens gehabt – und einen untrüglichen Blick dafür, wie er die Liebe zu Gott in die Herzen der Menschen einsenken konnte.[78]

Acht Jahre später wird Bergoglio die Geschichte niederschreiben, die ihn mit diesem Mann verbindet. In einem sechsseitigen Brief, den am 20. Oktober 1990 aus dem Exil in Córdoba an einen Salesianer schreibt und der im Dezember 2013 im Vatikan veröffentlicht wird, schildert er die überragende Bedeutung, die dieser im Jahr 1961 früh verstorbene Geistliche für ihn und seine gesamte Familie gehabt hat.

Höhepunkt und Abschluss seiner Zeit als Rektor des Colegio soll indes ein Internationaler Theologenkongress sein, der im Jahr 1985 stattfindet. Anlass des Kongresses ist die Ankunft der Jesuiten in Argentinien im Jahr 1595, also vor 400 Jahren.

Das Thema des Kongresses lautet: «Evangelisierung der Kultur und Inkulturation des Evangeliums». Inwieweit dieses für Lateinamerika recht neue Thema auf Bergoglio zurückgeht, ist nicht ersichtlich. Juan Carlos Scannone unterstützt ihn. (B 66 f.) Freilich dürfte das Thema Bergoglio aus dem Herzen gesprochen sein, so dass er es sich nicht nehmen lässt, die Eröffnungsansprache zu halten.[79] Er, der sich als Provinzial und Rektor vehement gegen die Übernahme europäischer Denkformen wie den Marxismus, die protestantische Aufklärung oder eine kritiklose Wissenschaftsgläubigkeit gestemmt hatte, kann nun erleben, dass seine Bemühungen Früchte getragen haben: damit aber auch die Bemühungen der argentinischen Theologen der ersten und zweiten Generation, die seit Mitte der sechziger Jahre versucht hatten, eine Theologie des Volkes zu formulieren.

Freilich wäre Bergoglio nicht Bergoglio, würde er auch dieses Thema nicht auf die Straßen tragen. «Gleichzeitig begann eine Mission in den umliegenden Pfarreien», (B 85) erinnert sich Albistur. Wieder einmal hat Bergoglio es geschafft, die Einheit in der Verschiedenheit und die Verschiedenheit in der Einheit im Geist des Heiligen Ignatius Wirklichkeit werden zu lassen.

Die Arbeit sollte Früchte tragen. «Vieles, was Jesuiten heute in Argentinien tun, sei es die Stiftung «Manos abiertas», oder die Arbeit mit Rauschgiftabhängigen, sind von dem inspiriert, was Bergoglio uns vermittelt hat: Eine Liebe zu den Armen, die sich nicht aus irgendeiner Ideologie speist, sondern aus dem Bedürfnis, einfach für sie da zu sein, sie zu lieben, ihnen nahe zu sein und von ihnen zu lernen», sagt Angel Rossi rückblickend.

Und noch eine «Frucht» ist festzuhalten. Einer der Teilnehmer des Kongresses ist der damalige Erzbischof von La Plata, Antonio Quarracino.[80] Dieser ist als Generalsekretär des Celam eine der wichtigsten Figuren in der weltweit geführten Auseinandersetzung über die lateinamerikanische Theologie der Befreiung und hat stets eine vermittelnde Position eingenommen, zu der die Bekanntschaft mit Juan Carlos Scannone wesentlich beigetragen hat. Mutmaßlich hat Antonio Quarracino 1985 in San Miguel einen anderen, nicht minder interessanten Jesuiten kennengelernt, Jorge Mario Bergoglio.

Krieg und Frieden

In Bergoglios letztes Jahr als Provinzial und die zwei anschließenden Amtsperioden als Rektor des Colegio Máximo fallen zahlreiche Ereignisse, die in der Geschichte Argentiniens als «historisch» gelten. Im (argentinischen) Sommer des Jahres 1978/79 hätte nicht viel gefehlt, und die Militärdiktaturen in Chile und Argentinien hätten jahrzehntealte Grenzstreitigkeiten in Feuerland zum Anlass genommen, um gegeneinander Krieg zu führen. Dank der Vermittlung des gerade neugewählten Papstes Johannes Paul II. und Vatikan-Diplomaten wie Angelo Sodano gelingt es in letzter Minute, einen Waffengang abzuwenden. In den Erzählungen Bergoglios und den Erinnerungen seiner Weggefährten hat diese Krise keine Spuren hinterlassen.

Keinen Erfolg wird Papst Johannes Paul II. drei Jahre später haben. Im Juni 1982 trifft er zu einem Besuch in Argentinien ein, Ende Mai war er in London gewesen. Im April hatte Argentinien mit der Besetzung der seit 1832 von Großbritannien beanspruchten Malvinas/Falkland-Inseln einen Krieg mit London vom Zaun gebrochen. Der Papst möchte einen Waffenstillstand vermitteln. Vergebens. Als die Kampfhandlungen nach 72 Tagen eingestellt werden, haben die Argentinier mehr als 1700 Gefallene und Verwundete zu beklagen, die Briten mehr als tausend. Die Inselgruppe im Südatlantik ist fester in britischer Hand denn je. In den Erzählungen Bergoglios und den Erinnerungen seiner Weggefährten keine Spur davon. Auch nicht von der Abdankung der Junta nach der Niederlage im Falkland-Krieg. Nach dem Rücktritt General Galtieris ebnet der neue Präsident, der aus dem Ruhestand zurückgeholte General Reynaldo Bignone, einer allmählichen Rückkehr zur Demokratie mit der

Abhaltung freier Wahlen und der Wiederzulassung politischer Parteien den Weg.

Nach dem Zusammenbruch der Militärherrschaft und der schnellen Etablierung einer neuen demokratischen Ordnung wird erstmals nach 1928 wieder ein Politiker der UCR in das Präsidentenamt gewählt: Der 1927 geborene Raúl Alfonsín obsiegt in der Wahl vom 30. Oktober 1983 mit 52 Prozent der Stimmen. Mit einer Mehrheit der Bürger im Rücken betreibt er eine Aufarbeitung der jüngsten Geschichte des Landes, die in Lateinamerika bis heute ohnegleichen ist.

Vor der Parlamentswahl hatte er angekündigt, die Gräuel der Militärherrschaft juristisch untersuchen und die Verantwortlichen zur Rechenschaft ziehen zu wollen. Nach der Wahl macht er ernst. Anders als in den Nachbarländern, in denen das Militär vor der Übergabe der Macht an zivile Institutionen Sonderregelungen bis hin zur Straflosigkeit und Amnestien ausgehandelt hat oder aushandeln wird, werden die Mitglieder der drei Militärjuntas vor Gericht gestellt und zum Teil zu hohen Freiheitsstrafen verurteilt.

Eine der ersten Amtshandlungen des neuen Kongresses besteht darin, ein Amnestiegesetz aufzuheben, das in den letzten Wochen der Militärdiktatur erlassen worden war und die zivil- und strafrechtliche Ahndung der Verbrechen seitens des Staates wie auch «subversiver Delikte» verhindern sollte. Es beginnt die «Aufarbeitung» der Verbrechen der blutigsten Militärdiktatur, die Lateinamerika im 20. Jahrhundert erlebt hat. Umgehend nimmt die «Nationale Kommission zur Klärung des Schicksals vermisster Personen» (CONADEP) ihre Arbeit auf. Vorsitzender ist der argentinische Schriftsteller Ernesto Sábato, namens der katholischen Kirche gehört der Salesianer-Bischof Jaime Francisco de Nevares (Neuquén) der Kommission an. Er ist einer der wenigen, die sich nicht durch Kollaboration oder Mitwisserschaft kompromittiert haben.

Als der Bericht der Kommission nur ein Jahr später unter dem Titel «Nunca más» («Nie wieder») erscheint, ist das Schicksal von annähernd 9000 Personen dokumentiert, die das Militär und ihre Helfershelfer haben verschwinden lassen. Wie viele Schicksale ungeklärt sind, weiß auch die Kommission nicht zu sagen. Noch heute muss vermutet werden, dass während der jüngsten Militärdiktatur in Argentinien bis zu 30 000 Personen eines gewaltsamen Todes gestorben sind.[81]

Auf der Basis des Berichts erhebt die argentinische Justiz Anklage gegen mehr als tausend Verdächtige. Das Militär und seine Sympathisanten unternehmen alles, um die Arbeit der Justiz zu behindern. Während der Osterwoche des Jahres 1987 kommt es zu einer Revolte, an der vorwiegend einfache Dienstgrade beteiligt sind, aber auch mittlere Offiziersränge. Die Gegenmachtstrategie hat Erfolg. Im selben Jahr wird ein Gesetz «zur nationalen Befriedung» beschlossen, das der Aufarbeitung der Verbrechen gegen die Menschlichkeit enge Grenzen zieht. Künftig können nur noch ranghohe Kommandeure oder Befehlshaber von Sicherheitskräften belangt werden. Alle anderen haben angeblich unter Befehlsnotstand gehandelt. Erst nach dem Amtsantritt Néstor Kirchners im Jahr 2003 nimmt die Vergangenheitsbewältigung eine neue Wendung. Diese dient weniger der Befriedung des Landes als einer neuen innenpolitischen Polarisierung.[82]

Die argentinische Bischofskonferenz versucht sich nach der Rückkehr zur Demokratie an einem Konzept der «nationalen Versöhnung» auf der Grundlage von Wahrheit, Gerechtigkeit und Vergebung. An entsprechenden Dokumenten arbeiten einige Theologen federführend mit, die schon vor der Militärdiktatur zu den wichtigsten Beratern der Bischofskonferenz gehört hatten, allen voran Lucio Gera. Gleichwohl gelingt es der Bischofskonferenz nicht, wieder zu einer starken Stimme in der argentinischen Gesellschaft zu werden. Die Rolle der Bischofskonferenz als Ganzer oder auch des Militärordinariates wird nicht systematisch aufgearbeitet, die Archive der Kirche bleiben verschlossen.

Im Jahr 2010 wird Bergoglio reichlich sibyllinisch sagen: «Nach der politischen Gewalt am Ende des 20. Jahrhunderts hat praktisch niemand für irgendetwas Verantwortung übernommen. Und wenn er es doch tat, zeigte er nicht immer Reue und den Vorsatz zur Wiedergutmachung … Wenn man das verübte Böse nicht anerkennt, ist das nicht eine extreme, haarsträubende Weise, sich der Verantwortung zu entziehen?» (RA 152)

Exil in Córdoba

Als Jorge Mario Bergoglio im Jahre 1986 das Rektorat niederlegt, liegt die dramatischste Zeit seines Lebens mutmaßlich hinter ihm. Das Amt des Novizenmeisters hatte er zu einem Zeitpunkt übernommen, als die Zahl der Neueintritte in den Orden auf einen historischen Tiefstand gesunken war. 15 Jahre später sind die Ausbildungshäuser der argentinischen Provinz voller junger Männer. Als Bergoglio im Jahr 1973 Provinzial wurde, hatten Dutzende Jesuiten den Orden verlassen, die rund 200 verbliebenen Mitglieder waren über grundlegende Fragen des Ordenslebens und der politischen Zukunft des Landes tief zerstritten. Dreizehn Jahre später hat es den Anschein, als hätten sich die Fronten beruhigt. Die Provinz zählt 242 Mitglieder.[83] Bergoglio dürfte zufrieden gewesen sein.

Doch was tun mit einem Jesuiten, der in jungen Jahren nahezu alle Führungspositionen in einer Provinz innegehabt hat? In einem seiner Vorträge hatte Bergoglio das Lob der Männer gesungen, die sich nicht nur ganz im Dienst der Werke des Ordens verzehrten, sondern auch so in dieser Arbeit aufgingen, dass sie sich in diesen Werken verlören und hinter ihnen nicht zu erkennen seien.[84] Tritt er nun ins Glied zurück, übernimmt irgendeine Aufgabe und lässt andere die Arbeit als Novizenmeister, als Provinzial oder Rektor machen?

Diese Frage stellt sich zunächst einmal nicht. Jorge Mario Bergoglio, den es bis auf einen längeren Aufenthalt in Chile und einige kürzere Reisen nach Europa nie außer Landes gezogen hat, packt die Koffer. Im März 1985 landet er auf dem Flughafen Frankfurt am Main und nimmt Quartier in dem deutschen Gegenstück seines alten Colegio Máximo, der Philosophisch-Theologischen Hochschule der Jesuiten im Frankfurter Stadtteil Sachsenhausen. Es heißt, der 50 Jahre alte Argentinier strebe eine Promotion in Katholischer Theologie an.

Wie das? Er, der sich bislang nichts aus akademischen Meriten gemacht hatte, will mehrere Jahre darauf verwenden, eine wissenschaftliche Arbeit zu verfertigen? Und das auf Deutsch, einer Sprache, mit der er bislang nicht in Berührung gekommen ist? Und dann noch über einen durchaus interessanten, aber nicht leicht zu lesenden und zu verstehenden Theologen namens Romano Guardini? Immerhin hatte sich dieser unter dem Eindruck des Zweiten Weltkriegs mit dem Verhältnis von Kirche und Macht beschäftigt – ein Thema, das in Argentinien von brennender Aktualität ist. So jedenfalls kristallisiert sich in einigen auf Spanisch geführten Gesprächen mit dem Frankfurter Professor Michael Sievernich SJ ein mögliches Promotionsthema heraus.

Ist Bergoglio möglicherweise nicht aus freien Stücken in Europa? Dass Jesuiten aus aller Welt nach Sankt Georgen kommen, um ihr Theologiestudium fortzusetzen oder zu vertiefen, ist nicht ungewöhnlich. Aber der Neuankömmling aus Argentinien ist nicht Anfang oder Ende 30, sondern 50 Jahre alt und hat schon alle Ämter durchlaufen, die ein Jesuit in einer Ordensprovinz durchlaufen kann. Was also führt ihn wirklich nach Europa?

Elisabetta Piqué spricht in ihrer Schilderung der Monate, die sich an das Ende des Rektorats von Bergoglio anschließen, von einer «Gegenreform», die sein Nachfolger als Rektor ins Werk setzt.[85] Welcher Art diese Gegenreform ist, die sicherlich nicht ohne Zustimmung des Provinzials ins Werk unternommen werden kann, liegt im Dunkeln. Diese Interpretation könnte dafür sprechen, dass Bergoglio ins Ausland geschickt wird, um nicht länger im Weg zu sein. Dagegen wäre zu sagen, dass er sein «Sabbatical» nach zwei Amtszeiten als Provinzial und zwei Amtszeiten als Rektor nicht nur «verdient», sondern auch von Argentinien aus vorbereitet hat – auch wenn er nicht gerne verreist. Er sei ein *casalingo*, sagt er. Das italienische Wort, das mit «häuslich» etwas zu leidenschaftslos übersetzt wäre, steht für seine Liebe zu Argentinien, vor allem aber zu Buenos Aires. Dennoch ...

Doktor Bergoglio?

Zunächst heißt es, sich Sprachkenntnisse anzueignen. In Irland hatte Bergoglio ein wenig Englisch gelernt, aber das Deutsche ist ihm fremd. In Boppard und Rothenburg ob der Tauber besucht er

Deutschkurse. Dass er sich in Deutschland sonderlich wohl fühlt, ist zu bezweifeln. «Ich erinnere mich noch, wie ich, als ich in Frankfurt mit meiner Doktorarbeit zugange war, nachmittags bis zum Friedhof ging. Von dort aus konnte man nämlich bis zum Flughafen sehen», erzählt Bergoglio fast 20 Jahre später – jedenfalls in deutscher Übersetzung. Das spanische Verb lautet *divisar*, was so viel meint wie «erspähen». Das macht die Sache nicht besser. Denn von den Friedhöfen in der Nähe von Sankt Georgen kann man auch mit den schärfsten Augen den Frankfurter Flughafen nicht erkennen, sondern ihn in etwa zehn Kilometer Entfernung nur erahnen. Was man sehen und vor allem hören kann, sind die Flugzeuge, die sich von Osten her im Landeanflug nähern. Dann kann man am Rumpf und am Leitwerk die Farben und den Schriftzug der Fluggesellschaft erkennen. «Einmal traf ich da einen Freund, der mich fragte, was ich hier täte, und ich antwortete ihm: Ich grüße die Flugzeuge … Ich grüße die Flugzeuge, die nach Argentinien fliegen …» (RA 133 f.)

Nach wenigen Monaten sitzt er selber wieder im Flugzeug. Wenn überhaupt, möchte er seine Doktorarbeit in Argentinien schreiben und an der Fakultät in San Miguel einreichen. Was ihn nach Hause treibt und den Provinzial um Erlaubnis bitten lässt, den Aufenthalt in Europa abzubrechen, ist das, was sich in seiner Provinz abspielt. Liest man zwischen den Zeilen der Biografie von Elisabetta Piqué, dann sieht Bergoglio sein Lebenswerk bedroht.

In Buenos Aires zieht er in jene Kommunität, in der er 1965 gelebt hatte, als er zwischen dem Philosophie- und dem Theologiestudium im Colegio del Salvador unterrichtete. Von dort aus fährt er regelmäßig nach San Miguel, um Vorlesungen in Pastoraltheologie zu halten. 1987 findet man ihn nochmals in Rom, wo er als Delegierter seiner Provinz an einer Veranstaltung seines Ordens teilnimmt. Eine Reise nach Japan schließt sich an. Drei Jahre später kommt es zu einem Eklat. Am 25. Juni 1990 entzieht man ihm den Lehrstuhl für Pastoraltheologie. Er soll Buenos Aires umgehend verlassen und in die Kommunität nach Córdoba ziehen.

Das Echo unter den Studenten in San Miguel wie auch in der gesamten Provinz scheint gespalten gewesen zu sein. Nach wie vor identifizieren sich viele mit dem ebenso strengen wie vorbildlichen

Padre Jorge. Aber die Zahl derjenigen, die mit seiner Weise nicht einverstanden sind, die Geschichte und die Spiritualität des Ordens auszulegen, scheint nach seiner Rückkehr aus Deutschland nicht geringer geworden zu sein.[86] Bergoglio hatte immer polarisiert – und offenbar nicht aufgehört zu polarisieren.

Doch gleich wie es war, der Provinzial weiß sich nicht anders zu helfen, als Bergoglio aus Buenos Aires fortzuschicken. Dessen Freunde sprechen davon, er müsse ins Exil gehen. Seine Gegner dürften erleichtert sein. Denn die Destination nach Córdoba geht angeblich sogar mit dem Verbot einher, sich ohne Erlaubnis in den Ausbildungshäusern der Provinz sehen zu lassen.

Das Verbot ist aber nicht die einzige Auflage, der er sich zu unterwerfen hat. Elisabetta Piqué weiß zu berichten, dass in Córdoba die Post kontrolliert wird und Anrufe nicht zu ihm durchgestellt werden. Wie lange diese drakonischen Auflagen durchgehalten werden, ist nicht ersichtlich.[87]

Fast zwei Jahre wird Bergoglio in Córdoba leben. Man findet ihn oft im Beichtstuhl. Gruppen aus nah und fern hält er Vorträge, hin und wieder gibt er auch Exerzitien und gestaltet Einkehrtage. Das Exil dauert von Juli 1990 bis zum Mai des übernächsten Jahres. In dieser Zeit hat der Provinzial offenbar alle Hände voll zu tun, um Ruhe in die aufgewühlte Provinz zu bringen. Einige wollen wissen, dass ein Teil der «Bergoglianos» aus dem Colegio Máximo abgezogen wird und seine Studien in Rom fortsetzen darf.

Anscheinend hat sich die schwierige Lage der argentinischen Provinz bis an die Ordenskurie in Rom herumgesprochen. Dort hat Bergoglio keine Unterstützer mehr. Pater Arrupe, sein Förderer, hat 1981 einen Schlaganfall erlitten, Johannes Paul II. aber die Einberufung einer Generalkongregation zur Wahl eines neuen Generaloberen unterbunden und stattdessen einen Jesuiten seines Vertrauens als persönlichen Delegaten eingesetzt, P. Paolo Dezza SJ. 1983 wählen die Jesuiten den Niederländer Hans-Peter Kolvenbach zum Nachfolger Arrupes. Für Bergoglio ist das offenbar kein Trost. «Damals konnte man den Eindruck gewinnen, dass er dabei war, sich ausschließlich der Meditation und dem Gebetsleben hinzugeben. Manch einer dachte, er sei krank.» (B 16)

Offenbar nimmt Bergoglio sich Zeit, um über das Vergangene nachzudenken. Hatte er nicht selbst immer die Einheit über den Konflikt, das Ganze über seine Teile und den Raum über die Zeit gestellt? Jetzt ist es an ihm, für diese Worte einzustehen. Im Abstand von fast zwanzig Jahren wird Bergoglio im Jahr 2010 selbstkritisch Rückschau halten: «Ich habe nicht alle Antworten. Nicht einmal alle Fragen. Ich stelle mir immer mehr Fragen, immer wieder tauchen neue Fragen auf. Aber die Antworten müssen entwickelt werden im Blick auf ganz unterschiedliche Situationen und Erwartungen. Ich gestehe, dass aufgrund meines Temperaments die erste Antwort, die mir kommt, meistens die falsche ist. Wenn ich mit einer Situation konfrontiert bin, fällt mir merkwürdigerweise zunächst etwas ein, was man nicht tun sollte. Deswegen habe ich gelernt, meiner ersten Reaktion nicht zu trauen. Wenn ich dann etwas mehr Ruhe habe und mich auch in der Einsamkeit prüfen konnte, nähere ich mich langsam dem an, was ich tun soll.» (RA 59)

Vor allem kreidet er sich an, falsche Entscheidungen getroffen zu haben, weil er sich nicht habe beraten lassen. Im Gespräch mit Antonio Spadaro SJ, dem Chefredakteur der Jesuitenzeitschrift «La Civiltà cattolica», wird er im August 2013 sagen: «Ich möchte mir nichts einbilden, denn ich bin wirklich ein Sünder, den die Barmherzigkeit Gottes in einer privilegierten Weise geliebt hat. Schon in jungen Jahren hat mich das Leben auf leitende Positionen geführt – kurz nach meiner Priesterweihe wurde ich zum Novizenmeister ernannt und zweieinhalb Jahre später zum Provinzial – und ich musste alles an Ort und Stelle lernen, anhand meiner Fehler. Denn eines stimmt, Fehler habe ich haufenweise begangen. Fehler und Sünden. Es wäre falsch, wenn ich heutzutage sagen würde: Ich bitte um Vergebung für die Sünden und Beleidigungen, die ich möglicherweise begangen habe. Ich bitte heute um Vergebung für die Sünden und Beleidigungen, die ich tatsächlich begangen habe.»[88]

Der Papst wird noch deutlicher: «Es war eine schwere Zeit für die Gesellschaft Jesu: Eine ganze Jesuitengeneration war ausgefallen.

Deshalb wurde ich schon in sehr jungen Jahren zum Provinzial ernannt ... und traf meine Entscheidungen auf sehr schroffe und persönliche Weise ... Meine autoritäre und schnelle Art, Entscheidungen zu treffen, hat mir ernste Probleme und die Beschuldigung eingebracht, ultrakonservativ zu sein. Ich habe eine Zeit einer großen inneren Krise durchgemacht, als ich in Córdoba lebte.»

Kaum etwas ist über die knapp zwei Jahre bekannt, die Bergoglio in Córdoba verbringt. Sicheren Boden betritt man erst wieder im argentinischen Winter des Jahres 1992. Der Erzbischof von La Plata, Antonio Quarracino, ist mittlerweile Erzbischof von Buenos Aires. In dieser Eigenschaft schickt er einige seiner Seminaristen zu Bergoglio nach Córdoba: «Ich weiß, dass der Kardinal von seiner Spiritualität sehr beeindruckt war. Von seinen Fähigkeiten als Führungsperson und Verwalter war er ohnehin überzeugt.» (B 16)

Bergoglio hatte auch Antonio Quarracino selbst Exerzitien gegeben. In Buenos Aires stehen ihm mehrere Weihbischöfe zur Seite. Zwei Positionen sind vakant. Am 20. Mai 1992 ernennt Papst Johannes Paul II. den argentinischen Jesuiten Jorge Mario Bergoglio zum Titularbischof von Auca und Weihbischof im Erzbistum Buenos Aires.

4. KAPITEL

Miserando atque eligendo

Der Sommer des Jahres 1992 ist vorbei, es geht schon auf den Winter zu. Der Apostolische Nuntius in Buenos Aires, der italienische Erzbischof Ubaldo Calabresi, möchte Padre Jorge wieder einmal sprechen. Kein Grund zur Aufregung. Schon mehrfach hatte Calabresi mit dem früheren Jesuitenprovinzial und Rektor des Colegio Máximo Kontakt aufgenommen, um seine Meinung über den einen oder anderen Priester zu erfahren, der als Kandidat für ein Bischofamt in Betracht kam. Oder sollte Bergoglio stutzig machen, dass es diesmal heißt, er müsse ihm persönlich etwas mitteilen?

Als Treffpunkt schlägt der Nuntius den Flughafen von Córdoba vor. Er werde am 13. Mai mit dem Flugzeug eintreffen, das auf dem Weg von Buenos Aires nach Mendoza dort zwischenlanden werde, und auf dem Rückweg dieselbe Maschine nehmen. «Er befragte mich zu mehreren ernsten Themen, und als das Flugzeug aus Mendoza bereits im Anflug war und die Passagiere gebeten wurden, sich am Gate einzufinden, sagte er: ‹Ah ... noch ein Letztes ... Sie sind zum Weihbischof von Buenos Aires ernannt worden, und diese Ernennung wird am 20. veröffentlicht.›» (RA 136)

Der Jesuit ist nach eigenen Worten wie erstarrt. Im Orden haben sich die Spannungen, die sich an seiner Person entzündeten, noch nicht gelegt. Mit der Erzdiözese Buenos Aires und deren Priestern verbindet ihn wenig. Dem einen oder anderen war er als Provinzial begegnet, doch das war lange her. Pfarrer war er gewesen, immerhin. Aber im Nachbarbistum San Miguel. Warum sollte die Wahl ausgerechnet auf ihn gefallen sein – jenseits dessen, dass Kardinal Antonio Quarracino offenbar große Stücke auf ihn hielt?

Wenn ein Weg in der Kirche einem Jesuiten grundsätzlich verschlossen ist, dann ist es der in das Bischofamt – mit zwei Ausnahmen. In Gebieten, die von der Kirche offiziell als Missionsgebiete ausgewiesen und zu diesem Zweck einer Ordensgemeinschaft anvertraut sind, dürfen auch Jesuiten Bischöfe sein. Das ist in Buenos Aires nicht der Fall. Also muss die Ernennung von Kardinal Quarracino betrieben und von Ordensgeneral Kolvenbach, wenn nicht von Papst Johannes Paul II. selbst gebilligt worden sein.

Auch dieser Umstand wirft Fragen auf. Denn Anfang der neunziger Jahre ist jedermann in der Kirche klar, dass Papst Johannes Paul II. für die Jesuiten keine Sympathien hegt – und die wenigsten Jesuiten Sympathien für Papst Johannes Paul II. Im Konflikt über die Nachfolge von Pater Arrupe war so viel Porzellan zerschlagen worden, dass das Verhältnis des einst mächtigsten Ordens zu dem charismatischen Papst aus Polen als zerrüttet gilt. Was nicht heißt, dass Johannes Paul II. einzelnen Jesuiten nicht hohe Wertschätzung entgegenbringt. Carlo Maria Martini, der Erzbischof von Mailand, ist einer davon. Aber dieser ist herausragender Bibelwissenschaftler und ein in der Weltkirche bekannter Kardinal, nicht wie Jorge Mario Bergoglio ein Argentinier, der selbst Buenos Aires nur ungern verlässt.

Durch Erbarmen auswählend

Hätte es da nicht näher gelegen, anstatt einen Jesuiten zum Weihbischof von Buenos Aires zu machen, die vielen so genannten «Bewegungen» und geistlichen Gemeinschaften zu stärken, denen Papst Johannes Paul II. fast blind vertraut? Andererseits mag dem Papst zugetragen worden sein, dass Bergoglio einer von «seinen» Leuten ist und die argentinische Provinz vor einer unfruchtbaren Politisierung bewahrt hat. Und weil der Klerus von Buenos Aires kurz zuvor durch die Ernennung des Diözesanpriesters Héctor Aguer gestärkt worden war, hat sich der Papst womöglich leichten Herzens auf das Experiment einlassen können, das ihm Kardinal Quarracino angetragen hatte.

Freilich ist das nur die «weltliche» Sicht der Dinge. Aus Bergoglios Mund ist die «geistliche» Sicht überliefert. «Die geistliche Berufung ist ein Ruf Gottes an ein Herz, das auf Ihn wartet, bewusst oder unbewusst. Mich hat immer eine Lesung aus dem Stundenbuch beeindruckt, in der die Rede davon ist, dass Jesus Matthäus in einer Haltung anschaute, die in der Übersetzung ungefähr als ‹durch Erbarmen auserwählend› umschrieben werden könnte. Das war genau die Weise, wie ich mich während dieser Beichte von Gott angeschaut fühlte», (RA 53 f.) damals, am 21. September 1954. «Und das ist die Weise, wie Er mich stets die anderen anzuschauen bittet: mit großer Barmherzigkeit und so, als würde ich für Ihn erwählen – ohne jemanden auszuschließen, denn alle sind für die Liebe Gottes erwählt.»

Schon 1990 hatte Bergoglio die Erfahrung jener Beichte in die Worte «miserando et eligendo» gefasst, nicht wissend, was auf ihn zukommen würde. Jetzt, zwei Jahre später, wird diese Formel sein Wahlspruch als Bischof. «… es ist einer der Schlüssel zu meiner religiösen Erfahrung: der Dienst der Barmherzigkeit und die Erwählung von Menschen aufgrund eines Angebots – eines Angebots, das salopp so zusammengefasst werden könnte: ‹Schau mal, du bist geliebt als du selbst, du bist erwählt, und das Einzige, was von dir verlangt wird, ist, dass du dich lieben lässt.› Das ist das Angebot, das ich erhalten habe.»

Doch wie andere Menschen an dieser Erfahrung teilhaben lassen? Der ehemalige Pfarrer von Patriarca San José ist um Ideen nicht verlegen. Am Tag der Bischofsweihe, dem 27. Juni 1992, findet man eine ganze Reihe einfach gekleideter Leute unter den Gläubigen, die in der Kathedrale von Buenos Aires der Liturgie beiwohnen. Sie sind die Ersten, die Bergoglio ein wenig Heimat bieten, auch wenn sie bald den Zug nehmen müssen, um nach San Miguel zurückzukehren.

Weihbischof Jorge fährt nicht mit ihnen. Seine neue Heimat wird die alte. Als Bischofsvikar ist er für den südlichen der vier Bezirke zuständig: Bajo Flores. Und damit auch für die Straßen, Plätze und Kirchen seiner Kindheit und Jugend. Das Haus, in dem er sein Büro hat, ist nur wenige Meter von der Basilika San José de Flores entfernt. Hier wurden seine Eltern getraut, hier wurde er getauft, hier hatte er die entscheidende Beichte abgelegt, hier haben seine Eltern den 20. Hochzeitstag begangen, in Bajo Flores wurden Jalics und Yorio entführt …

Ein Hirte, der auf die Straße geht

Bergoglios ehemalige Pfarrkinder kehren nicht ohne eine kleine Erinnerung nach San Miguel zurück. Wie alle, die an dem Weihegottesdienst teilnehmen, halten sie am Ende ein kleines Bildchen in der Hand, das an dieses Ereignis erinnern soll. Auf der Vorderseite ist eine Marienfigur zu sehen, allerdings keine der traditionellen argentinischen, etwa die Jungfrau von Luján. Bergoglio ist auch nicht auf die Idee verfallen, die für Lateinamerika als seine *patria grande* emblematische Jungfrau von Guadalupe auszuwählen.

Vielmehr ist eine Mariengestalt zu sehen, die damit beschäftigt ist, ein weißes Band zu entknoten, das ihr von einem Engel gereicht wird. Bergoglio hatte diese Mariendarstellung während seines Aufenthaltes in Deutschland kennen gelernt. Das Bild hängt in der Kirche Sankt Peter am Perlach in Augsburg und wurde mutmaßlich um das Jahr 1700 gemalt. Diese Mariendarstellung muss sich ihm unauslöschlich eingebrannt haben, jedenfalls so unauslöschlich, dass er eine Postkarte mit dem Bild «Maria Knotenlöserin» nach Argentinien mitnimmt. Irgendwann hält jeder, der seinen Rat sucht, ein entsprechendes Andachtsbildchen in den Händen.

Auf die Frage, was diese Darstellung bedeuten soll, erhält die argentinische Künstlerin Ana María Betta de Berti, die in der Universidad del Salvador arbeitet und von Bergoglio ebenfalls mit einem solchen Bildchen bedacht wird, die Antwort, es gehe darum, Knoten zu lösen: «Knoten im persönlichen Leben, Knoten in der Familie, Knoten bei der Arbeit, Knoten im Gemeinschaftsleben. Alle diese Knoten, die nichts anderes sind als Sünden, schwächen uns in unserem Glauben so sehr, dass die Gnade Gottes nicht ungehindert durch das Band unseres Lebens fließen kann.»[1]

Ana María wird in den letzten Monaten des Jahres 1996 viel Zeit darauf verwenden, eine Replik des Bildes anzufertigen. Bergoglio lebt in dieser Zeit in Córdoba.

Die Künstlerin und zwei andere Frauen fahnden nach einem Ort, an dem sie das Marienbild anderen Gläubigen zeigen können. Die Suche nach einer Kirche gestaltet sich schwierig, bis sie an den noch jungen Pfarrer der Kirche San José de Talar geraten. Ricardo Arroyo versichert sich des Einverständnisses der Pfarrei und sucht, um sicher zu gehen, um die Erlaubnis von Kardinal Quarracino nach. Dieser muss von der Verehrung Bergoglios für «Maria Knotenlöserin» Wind bekommen haben.

«Ich bin ein Verehrer der Jungfrau von Luján. Die Knotenlöserin ist Bergoglio's. Regeln Sie das mit ihm»,[2] lautet die Antwort. Bergoglio spielt die Sache herunter. «Ich habe nur die Postkarte mitgebracht. Aber wenn Quarracino einverstanden ist, gerne. Das Bild ist schön.»

Am 8. Dezember 1996, dem Hochfest Maria Empfängnis, wird die Replik gesegnet und in der Kirche aufgehängt. «Maria Knotenlöserin» findet ihren Platz im hinteren Teil des Seitenschiffs, gleich links neben dem Eingang. Der Gottesdienst, so heißt es später, sei ungewöhnlicherweise sehr gut besucht gewesen.

Das sollte sich bald ändern. Die Verehrung der «Maria Knotenlöserin» wird in Buenos Aires und weit darüber hinaus «Kult». Bald pilgern wöchentlich Hunderte, wenn nicht Tausende nach San José, um beim Anblick der Gottesmutter Maria, die die Knoten löst, um Hilfe in ihren Nöten zu bitten. Am Hochfest Maria Empfängnis des Jahres 1998 sind es etwa siebzigtausend. In den umliegenden Straßen bricht der Verkehr zusammen.

Von dieser Explosion ahnt der neue Weihbischof Jorge Mario Bergoglio nichts, als er bald nach seiner Weihe damit beginnt, seine neue Aufgabe zu vermessen. Unvermittelt und unangemeldet taucht er in den Pfarreien auf. Er möchte die Priester kennen lernen, die Katecheten, die Menschen, die ein und aus gehen. Bei Matetee und dem ein oder anderen Stück Fleisch kommt man schnell ins Gespräch. Eines fällt an dem schwarz gekleideten Mann besonders auf. Er kommt zu Fuß, und er geht zu Fuß und teilt damit das Leben derer, die sich kein Auto leisten können, und bei schlechtem Wetter kein Taxi. «Ich nehme es (die U-Bahn) fast immer wegen der Schnelligkeit, aber noch lieber fahre ich mit dem Autobus, weil ich da die Straße sehe», (RA 129) wird er im Alter von mehr als 70 Jahren seinen Gesprächspartnern anvertrauen.

Das verbindet ihn mit dem langjährigen vatikanischen Außenminister und späteren Kardinalstaatssekretär Agostino Casaroli. Dieser habe jedes Wochenende ein Jugendgefängnis besucht, erläutert Bergoglio: «Er fuhr stets in Soutane und mit seiner Aktentasche mit dem Autobus dorthin. Ein Jesuit, der sehr gerne in die Gefängnisse ging, erzählte mir, dass er zu Beginn seiner Besuche sehr überrascht war vom seelsorgerlichen Eifer eines Priesters, der die Gefangenen im Katechismus unterwies und mit den Jüngeren spielte. Er war von ihm so beeindruckt, dass er bei ihm sogar zum Beichten ging. Und mit der Zeit fand er heraus, dass jener Priester … Casaroli war!» (RA 87 f.)

Im Zusammenhang mit Casaroli kommt Bergoglio Papst Johannes XXIII. in den Sinn. Dieser habe kurz vor seinem Tod im Jahr 1963 Casaroli gefragt, ob er immer noch die Jugendlichen im Gefängnis besuche und ihm geraten, niemals damit aufzuhören. Bergoglio weiß noch mehr: «Auch Johannes XXIII. war ein Hirte, der auf die Straße ging. Als Patriarch von Venedig pflegte er um elf Uhr auf den Markusplatz hinunterzugehen und sein ‹Ritual des Schattens› zu vollziehen. Es bestand darin, sich unter einen schattigen Baum oder das Vordach einer Bar zu stellen, ein Gläschen Weißwein zu trinken und ein paar Minuten mit den Pfarrangehörigen zu plaudern. Er machte das wie alle anderen Venezianer und setzte dann seine Arbeit fort. Das ist für mich ein Hirte: jemand, der auf die Menschen zugeht.»

Weihbischof Jorge Mario Bergoglio muss seinen Stil nicht finden. Er hat ihn längst gefunden. Bus, Aktentasche, schwarzer Priesteranzug statt Soutane, manchmal mit Tüten voller Kleidung und Geschenken für arme Familien bepackt, selbst die dunkelsten Ecken in den Elendsvierteln wie der *villa* 1–11–14 in Bajo Flores nicht scheuend – so wird man Jorge Mario Bergoglio als Weihbischof in Buenos Aires kennen lernen.

Und bald auch als Generalvikar. Ein Jahr nach der Bischofsweihe betraut Kardinal Quarracino den einzigen Ordensmann unter seinen Weihbischöfen mit der Leitung der Bistumsverwaltung. Eine ebenso ungewöhnliche Entscheidung wie die Ernennung zum Weihbischof nur ein Jahr zuvor, entstammt Bergoglio doch nicht dem Klerus der Diözese und ist daher mit den meisten Personen in der Seelsorge wie in der Verwaltung nicht vertraut. Nun soll er als

Generalvikar und damit als «alter ego» des Bischofs die Last der Personal- und Wirtschaftsangelegenheiten des Erzbistums tragen.

Eine bessere Wahl hätte der Kardinal kaum treffen können. Als Provinzial der argentinischen Jesuitenprovinz und als Rektor des Jesuitenkollegs in San Miguel hatte Bergoglio sein Handwerk gelernt und mutmaßlich mehr Feuerproben bestanden als jeder andere, der für das Amt des Generalvikars in Frage kam. Allerdings bietet sich eine zweite, ergänzende Lesart dieser Ernennung an: Quarracino könnte mit der Entscheidung für den Jesuiten einen Fingerzeig in Richtung seines Nachfolgers gegeben haben. Auf diese macht sich auch Weihbischof Aguer Hoffnung. Diesem werden beste Verbindungen in den Vatikan nachgesagt. Der Botschafter der Republik Argentinien beim Heiligen Stuhl, Esteban Caselli, ist ihm gewogen. Caselli wiederum erfreut sich bester Beziehungen mit Kardinalstaatssekretär Angelo Sodano.

Ein trojanisches Pferd

Als Weihbischof ist Bergoglio immer wieder in jenen Zonen unterwegs, in denen das Drama der Verarmung immer weiterer Kreise, das in den sechziger Jahren begonnen hat, ungebremst seinen Fortgang nimmt. Die Wirtschaftsentwicklung nach dem Ende der Militärdiktatur hatte diese Entwicklung noch beschleunigt.[3] 1983 obsiegt die UCR erstmals in einer freien Wahl über den Peronismus. Allerdings verfügt Präsident Alfonsín nur im Abgeordnetenhaus über die absolute Mehrheit der Stimmen. Der Senat, in dem die Provinzen repräsentiert sind, wird von den Peronisten beherrscht. Diese kontrollieren zudem nach wie vor große Teile der Gewerkschaftsbewegung. Radikale und Peronisten sind nicht bereit, in wesentlichen Fragen der politischen Neuordnung des Landes gemeinsame Sache zu machen.

Nicht besser steht es um die Lage der Wirtschaft. Von der Militärregierung ererbt der neue Präsident eine horrende Inflationsrate, die im Jahr 1983 im achten Jahr in Folge eine dreistellige Größe erreicht hatte. Auch die Auslandsverschuldung ist in schwindelerregende

Höhen gestiegen. Alfonsín und seinen Wirtschaftsministern gelingt es nicht, das Land dauerhaft auf den makroökonomischen Pfad der Tugend zurückzuführen. 1987 übersteigt die Inflationsrate wieder die Marke von zehn Prozent, im Jahr darauf kann die Regierung die Auslandsschulden nicht mehr bedienen.

Unter dem Eindruck der neuerlichen Wirtschaftskrise verliert die UCR die Parlamentswahl des Jahres 1987. Fortan beherrschen die Peronisten das Abgeordnetenhaus wie den Senat und blockieren jede Reform, die ein zunehmend ratloser Präsident dem Kongress vorlegt. Wieder einmal frisst eine Hyperinflation das Vermögen derer auf, die ihr Geld nicht rechtzeitig außer Landes bringen. Im Mai 1989, dem Monat der Parlamentswahl, beträgt die Inflationsrate 79 Prozent. Während bei Ausschreitungen fast 200 Tote und Verletzte zu beklagen sind und überall im Land Geschäfte geplündert werden, setzt der neugewählte Präsident Carlos Menem den scheidenden Amtsinhaber derart unter Druck, dass dieser Ende Juni 1989 und damit mehrere Monate vor dem Ende der regulären Amtszeit sein Amt aufgibt.

Sechs Jahre nach dem Ende der Militärdiktatur sind die Peronisten wieder da. Carlos Menem, in den siebziger Jahren als Gouverneur von La Rioja ein erbitterter Gegner von Bischof Angelelli und seit dem 9. Juli 1989 Präsident der Republik Argentinien, verheißt seinen Landsleuten eine neue Politik, die sie endlich wieder auf Augenhöhe mit den Ländern der so genannten Ersten Welt bringen wird. Der Weg dorthin soll über die (längst überfällige) Abkehr von der keynesianisch inspirierten Strategie der nachholenden Entwicklung durch Importsubstitution und einem vom Weltmarkt abgekoppelten Binnenmarkt führen.

Nach einer ersten Phase des Krisenmanagements, in der die Inflation und der Anstieg der Auslandsschulden eingedämmt werden, macht Menem mit einer Politik Ernst, wie sie in vielen westlichen Ländern als Heilsweg gilt. Der Peronist wird zum glühenden Verfechter eines Neoliberalismus, dessen Prinzipien bald in dem so genannten «Washington Consensus» fixiert werden: Der Staatshaushalt soll saniert werden, der Staat soll sich aus der Wirtschaftstätigkeit zurückziehen, der Staat soll Unternehmen privatisieren, der Staat soll die Märkte deregulieren. Um zu zeigen, wie ernst es Menem ist, wird die unter Alfonsín eingeführte Währung Austral an den amerikanischen Dollar gekoppelt und zum 1. Januar 1992 durch eine neue Währung ersetzt, den Peso. Dieser ist so viel wert wie ein amerikanischer Dollar: «Diese Maßnahmen waren zwar einer kurz- und mittelfristigen Stabilisierung dienlich, langfristig erwiesen sie sich jedoch als Entwicklungsblockade. Extreme Deindustrialisierungsprozesse sowie eine Schrumpfung technologie- und arbeitsintensiver Branchen mit negativen Konsequenzen für Wachstum und Beschäftigung waren die Schattenseiten einer Politik, aufgrund deren Argentinien in den 90er Jahren als ‹Musterschüler› der internationalen Finanzorganisationen galt».[4]

Menem ist nicht nur umstritten, weil er sich auf dem Feld der Wirtschaftspolitik als Trojanisches Pferd entpuppt: In der Außenpolitik orientiert er sich so sehr an den Vereinigten Staaten wie kein Präsident Argentiniens vor ihm. Auf dem Feld der Innenpolitik kommt es durch den «Pakt von Olivos» zwischen den Peronisten Menems und den von der Macht vertriebenen Radikalen zu einem Kompromiss über eine neuerliche Verfassungsänderung. Man folgt weitgehend den Vorschlägen eines Rates für die Konsolidierung der Demokratie und richtet das Amt eines Kabinettschefs und eines Bundesbürgerbeauftragten ein, um die Macht der Exekutive wenigstens formell einzuhegen. Gleichzeitig wird die Amtszeit des Präsidenten auf vier Jahre reduziert – allerdings mit der Möglichkeit der einmaligen, unmittelbaren Wiederwahl. Als ebenso folgenreich sollte sich die Eröffnung der Möglichkeit erweisen, dass der Präsident auf der Basis von Notstandsdekreten Gesetze erlassen darf. Der Willkür wird Tür und Tor geöffnet.

«Dieses Instrument, das in der Verfassung von 1853 nicht vorgesehen war, und das im Wesentlichen dazu diente, am Parlament vorbei zu regieren, wurde zwischen 1853 und 1983 lediglich 15-mal, allein von Alfonsín bereits in acht Fällen, angewendet. Vor der Verfassungsreform von 1994 unterzeichnete Menem 336 solcher Dekrete, die unterschiedliche Angelegenheiten regelten und deren Not- und Dringlichkeitscharakter oft nicht zu erkennen war.»[5] Seitens der Justiz hat Menem keinen Widerstand zu erwarten. Durch Umstrukturierungen der Gerichtsbarkeit macht er sich die dritte Gewalt gefügig. In einem Klima der Straffreiheit nimmt die Korruption ein Ausmaß an, wie man es in Argentinien noch nicht gesehen hat.

Wie sich der neue Weihbischof von Buenos Aires Jorge Mario Bergoglio von 1992 an zu diesen politischen Veränderungen und den Wirtschaftsreformen verhält, ist nicht überliefert. Jedoch wird er mehr als zwanzig Jahre später einen Text verfassen, den man über weite Teile auch als Kommentar zu der permanenten Krise seines Landes lesen kann: Der Text wird im November 2014 unter dem Titel «Evangelii gaudium» erscheinen und an dem Neoliberalismus kein gutes Haar lassen.

Seid barmherzig

Im Vatikan ist Menem zunächst gerne gesehen. Nicht wegen seiner Wirtschaftspolitik. Wie weiland Juan Domingo Perón in seinen ersten Jahren gibt er sich als treuer Sohn der Kirche. Während in der argentinischen Gesellschaft die Rufe etwa nach einer Reform der Abtreibungsgesetzgebung laut werden, lässt Menem in Übereinstimmung mit Papst Johannes Paul II. und dem argentinischen Episkopat an dem Verbot der Abtreibung nicht rütteln. Auch Kardinal Quarracino ist ihm gewogen – nach der Machtübernahme hatte Menem das mehrjährige Veto der Vorgängerregierung Alfonsín gegen die Bestellung des als konservativ geltenden Quarracino zum Erzbischof von Buenos Aires aufgehoben.

Quarracinos Sympathien für Menem dürfte dessen Weihbischof Jorge Mario Bergoglio kaum geteilt haben. Die Arbeitslosenrate steigt bis zur Mitte der neunziger Jahre auf offiziell 18 Prozent, der informelle Sektor wächst und wächst. Wenn er in den *villas* seines Bezirkes unterwegs ist, sieht Bergoglio in die Gesichter der Menschen, die ihren Arbeitsplatz verlieren, sich von Job zu Job hangeln oder mit Gelegenheitsarbeiten ihren Lebensunterhalt zu bestreiten versuchen. Später wird er von ihnen als den Ausgeschlossenen sprechen. Und er sieht in die Gesichter junger Priester, die immer noch ihr Leben mit dem *pueblo fiel* teilen wollen.

Kardinal Aramburu hatte in den sechziger Jahren die ersten Priester in die *villas* geschickt oder dorthin gehen lassen. Dergleichen der Jesuitenprovinzial Bergoglio, obwohl ihm die Politisierung der Seelsorge alles andere als behagte. Nun, zehn Jahre nach dem Ende der Militärdiktatur, ist die Gefahr einer Ideologisierung nicht gebannt, aber weitaus geringer. Daher unterstützt auch Kardinal Antonio Quarracino junge Priester, wenn sie nicht in bürgerlichen oder gar wohlhabenden Stadtvierteln leben und arbeiten wollen, sondern unter einfachen Leuten. Diese kommen immer häufiger aus anderen Ländern Lateinamerikas, allen voran aus Paraguay und Bolivien, um sich in Buenos Aires als Handwerker oder Bauarbeiter oder auch als Prostituierte zu verdingen. Besser als in ihrer Heimat geht es in Argentinien immer noch zu.

Von geordneten Verhältnissen in Familien, von glatt verlaufenden Bildungswegen und von einem regelmäßigen Einkommen durch der Hände Arbeit ist in den wenigsten Straßenzügen von Bajo Flores etwas zu sehen. «Ja, ich erinnere mich, dass zu Beginn der 90er Jahre, als ich Vikar in Flores war, ein Mädchen in der 4. oder 5. Klasse des Colegio de Villa Soldati schwanger geworden war.» (RA 70 f.) Das Mädchen dürfte zwölf oder 13 Jahre alt gewesen sein. «Dies war einer der ersten Fälle, die wir damals in der Schule hatten. Es gab mehrere Auffassungen darüber, wie man mit dieser Situation umgehen sollte – bis hin zum Schulausschluss. Aber niemand versetzte sich in die Situation dieses Mädchens. Es hatte Angst vor den Reaktionen und ließ niemanden an sich heran, bis ein junger, verheirateter Lehrer, der selbst Kinder hatte, ein Mann, den ich sehr schätze, sich anbot, sie anzusprechen und gemeinsam mit ihr nach einer Lösung zu suchen. Als er sie in einer Pause sah, gab er ihr einen Kuss, nahm sie bei der Hand und fragte sie liebevoll: ‹Also, du wirst bald Mama sein?›, worauf das Mädchen zu weinen begann und gar nicht mehr aufhören wollte.»

Eine Geschichte ganz nach dem Herzen Bergoglios. «Diese Haltung der Nähe half ihr, sich zu öffnen und das auszudrücken, was ihr geschehen war. Und dies machte eine reife und verantwortungsvolle Antwort möglich, ohne dass sie die Schule aufgeben und sich später allein mit einem Kind durchs Leben schlagen musste. Aber es führte auch nicht dazu – und das war das andere Risiko –, dass sie sich wegen ihrer Schwangerschaft in den Augen ihrer Mitschülerinnen zur Heldin stilisiert hätte.»

Und eine Geschichte, die viel über das aussagt, was der Weihbischof mit dem Wahlspruch «miserando atque eligendo» seinen Priestern sagt und wie der Weihbischof seine Kirche sehen will. «Ich pflege den Priestern zu sagen, sie sollen im Beichtstuhl weder rigoristisch noch zu ‹weitherzig› sein. Rigorist ist jemand, der die Norm ohne Wenn und Aber anwendet … Derjenige, der zu weitherzig ist, lässt die Norm ganz beiseite: ‹Das macht alles nichts, es passiert gar nichts, das Leben ist nun mal so, und jetzt weiter.› Das Problem ist, dass keiner dieser beiden Typen sich um den Menschen, den er vor sich hat, wirklich kümmert. ‹Also, Padre, was sollen wir dann tun?›, fragen sie mich. Und ich antworte ihnen: ‹Seid barmherzig.›»

Bergoglio ist, so hat es den Anschein, ganz bei sich selbst. Doch so barmherzig er gegenüber anderen ist, so streng bleibt er gegenüber sich selbst. «Es war mitten im Januar, der Erzbischof von Buenos Aires, Kardinal Antonio Quarracino, befand sich auf einer Reise, und ich als Generalvikar trug die Verantwortung für die Diözese. Morgens kümmerte ich mich um die Angelegenheiten der Verwaltung, und um zwei Uhr nachmittags begab ich mich zum Bahnhof von Once, um den Zug nach Castelar zu nehmen, wo ich für Nonnen Exerzitien hielt» (RA 75 f.), berichtet Bergoglio Jahre später. Was möchte er damit sagen? Sich zu einem Helden stilisieren, zu einem der in Leitungsämtern Verantwortung trägt, der sich gleichzeitig Freiräume für das eigene geistliche Leben bewahrt und der dazu anderen Menschen ein geistlicher Wegbegleiter ist? «Damals war ich … in hohem Grade selbstgerecht, was bedeutete, dass ich sündigte. Aber ich war mir dessen nicht bewusst. Ich sagte mir gewissermaßen vor: ‹Schau mal, wie gut du bist, wie groß, wie viele Dinge du zu tun vermagst.› Meine ganze Haltung war von Hochmut durchdrungen.»

Im Gespräch entwickelt sich aus dieser Deutung eine Betrachtung über die Tugend der Geduld. Nach seinen Worten hat ihm die Lektüre eines Buches, das der amerikanisch-italienische Jesuit John Navone im Jahr 1976 unter dem Titel «Teología del Fallimento» («Theologie des Scheiterns») veröffentlicht hatte, zu der Einsicht verholfen, «wie Jesus in die Geduld hineinwachsen musste. In der Erfahrung der eigenen Grenze …, im Dialog mit der eigenen Begrenztheit bildet sich die Geduld aus. Manchmal führt uns das Leben nicht zum ‹Machen›, sondern zum ‹Erleiden›, in dem wir unsere Grenzen und die der anderen ertragen, auf uns nehmen (im Sinne des griechischen Worts hypomoné). Sich in Geduld zu üben … bedeutet zu begreifen, dass einzig und allein die Zeit reif macht. Sich in Geduld üben heißt so viel wie zulassen, dass die Zeit unser Leben markiert und durchdringt.»

Überraschung bei Torte und Champagner

1995 – Bergoglio lebt noch in Córdoba – wird Präsident Menem im Amt bestätigt. In der Parlamentswahl 1997 wird der Rückhalt der Peronisten in der Bevölkerung schwächer. Aus der Präsidentenwahl des Jahres 1999 geht wieder ein Vertreter der UCR als Sieger hervor: Fernando de la Rúa.

Antonio Quarracino sollte den Abstieg seines Idols Carlos Menem nicht mehr erleben. Seine Zeit als Primas von Argentinien geht in der zweiten Hälfte der neunziger Jahre dem Ende entgegen. Zwar war Quarracino erst 1990 von La Plata in die Hauptstadt des Landes gekommen. Aber wie jeder Bischof auf der Welt ist er gehalten, dem Papst mit Blick auf die Vollendung des 75. Lebensjahrs seinen Amtsverzicht anzubieten – also zum 8. August 1998.

Indes fühlt Quarracino seine Kräfte schwinden. Anfang 1997 sieht man ihn bei Gottesdiensten im Rollstuhl. Er beginnt, sein Haus zu bestellen. Das möchte er schon: Selber für einen Nachfolger sorgen, anstatt die Entscheidung Kräften zu überlassen, denen möglicherweise weniger an dem Wohlergehen des Erzbistums als an ihrem eigenen Fortkommen oder eigenen Interessen gelegen ist.

Wieder einmal klingelt bei Bergoglio das Telefon, und wieder einmal meldet sich Nuntius Calabresi. Es ist der 27. Mai 1997. Wieder einmal geht es um ein Treffen, doch nicht (wie fünf Jahre zuvor) an einem Flughafen, sondern bei einem Mittagessen in der Apostolischen Nuntiatur. «Als wir beim Kaffee angekommen waren und ich mich beeilte, ihm für die Einladung zu danken und mich zu verabschieden, sehe ich, dass man eine Torte bringt und eine Flasche Champagner.» (RA 137)

Wieder weiß Bergoglio nicht, wie ihm geschieht. Er vermutet, der Nuntius habe Geburtstag und wolle mit ihm darauf anstoßen. «Aber die Überraschung stellte sich ein, als ich ihn fragte und er mit breitem Lächeln antwortete: ‹Nein, heute ist nicht mein Geburtstag, sondern Sie sind der neue Bischof-Koadjutor von Buenos Aires.›»

Bis heute ist nicht klar, auf welchen Wegen Quarracino es erreichen konnte, dass Papst Johannes Paul II. ihm seinen Weihbischof Jorge Mario Bergoglio als Koadjutor mit dem Recht der Nachfolge beigesellt. Sicher ist nur, dass dieser nicht Erzbischof geworden wäre, wenn Papst Johannes Paul II. dieser symbolträchtigen Personalie nicht höchstpersönlich zugestimmt hätte. Das aber heißt, dass der Papst keinen Zweifel an der Fähigkeit Bergoglios gehabt haben konnte, ein großes Bistum wie das von Buenos Aires zu leiten. Überdies wird auf die Orthodoxie Bergoglios und damit die Treue auch zu seinem Lehramt kein Schatten gefallen sein.

So konnte die Promotion Bergoglios zum Primas von Argentinien auch nur auf den ersten Blick als versöhnliche Geste des Papstes gegenüber dem Jesuitenorden gedeutet werden. Bergoglio ist innerhalb seines Ordens nach wie vor als Vertreter eines vorkonziliaren Stils und vorkonziliarer Werte verschrien. So wird ein Schuh daraus: Die Ernennung Bergoglios ist nicht nur ein persönlicher Vertrauenserweis des Papstes, sondern als Signal an den gesamten Orden zu lesen. Die Personalie zeigt, wen und was Johannes Paul II. – wenn überhaupt – unter und an den Jesuiten schätzt.

Dass dieser Strategie des Papstes die Hoffnungen und vielleicht auch berechtigten Erwartungen anderer Bischöfe zum Opfer fallen, tut nichts zur Sache. In argentinischen Zeitungen hatte man damit gerechnet, dass die Wahl des Papstes vielleicht auf den Erzbischof von Paraná fallen könnte, Estanislao Karlic. Dieser hatte als einer der Vertreter Lateinamerikas in den achtziger Jahren zum Redaktionsteam des «Katechismus der katholischen Kirche» gehört und zählte im argentinischen Episkopat zu den moderaten, mitunter als progressiv beschimpften Bischöfen. Wollte Johannes Paul II. so jemanden nicht in Buenos Aires sehen, sondern in der Gestalt Bergoglios ein «Gegengewicht» schaffen? Das Nachsehen hatte auch Héctor Aguer, der wenige Monate vor Bergoglio zum Weihbischof ernannt worden war. Wie in solchen Fällen üblich, wird er umgehend versorgt. Am 26. Juni 1998 erfolgt die Ernennung zum Koadjutor-Erzbischof von La Plata.

Ein Neokonservativer

Indes ist mit der Ernennung zum Nachfolger Quarracinos die Überraschung nicht nur für Bergoglio komplett. Bis in die Zeitungsberichte hinein ist die Gefühlslage in Buenos Aires zu spüren.

Keine sonderliche Überraschung ist die Ernennung eines Koadjutors als solche. Diese war angesichts des Gesundheitszustands von Kardinal Antonio Quarracino erwartet worden. Desgleichen erinnert man sich an die Bestellung von Juan Carlos Aramburu zum Koadjutor mit dem Recht der Nachfolge von Kardinal Antonio Caggiano im Jahr 1967. Selbst dass ein Jesuit Bischof werden kann, ist in Argentinien nicht ausgeschlossen. 1986 hatte Papst Johannes Paul II. den Jesuiten Joaquín Piña zum Bischof von Puerto Iguazú ernannt.

Doch ob Bergoglio der geeignete Mann für das prestigeträchtige Amt des Primas von Argentinien ist? Den Journalisten gibt der Jesuit viele Rätsel auf. Die angesehene und in Kirchenangelegenheiten stets gut informierte Zeitung «La Nación» weiß ihren Lesern am Tag nach der Bekanntgabe der Ernennung Bergoglios mitzuteilen, dieser sei äußert schweigsam und habe immer Wert darauf gelegt, im Hintergrund zu bleiben.[6] Daher habe er auch immer alles getan, um sich der «Verfolgung» durch Zeitungsleute zu entziehen – so auch nach der Bekanntgabe seiner Ernennung. In der Stadt Buenos Aires wisse man außerhalb kirchlicher Kreise kaum etwas über Bergoglio.

Wer ihn allerdings näher kenne, der beschreibe ihn als einen «Mann des Glaubens». Doch nicht nur seine Bescheidenheit und seine Frömmigkeit hätten ihn in den vergangenen fünf Jahren zu einem der

Weihbischöfe werden lassen, der sich unter den jungen Priestern größter Beliebtheit erfreue. Ebenso sehr schätze man seine überragende Intelligenz und seine Bereitschaft, immer und überall mit den jungen Priestern zu diskutieren. Dabei spreche er selber sehr wenig, sondern höre lange zu. Wenn er sich dann äußere, spreche er mit großer Klarheit. Seine Hellsichtigkeit, so heißt es in der Zeitung, sei ebenso groß wie die Bescheidenheit, mit der er in der Kurie lebe.

Nach so viel Lob kann die kirchenpolitische Einschätzung etwas nüchterner ausfallen. Aus der Entscheidung des Papstes spreche der Wunsch nach Kontinuität, gerade in Hinsicht auf die Positionen zum Lebensschutz, die Kardinal Quarracino gegenüber bestimmten Strömungen in der Gesellschaft «frontal und polemisch» eingenommen habe.

Dann fällt ein Wort, das alles sagt über das Gefühl, das die Ernennung Bergoglios bei vielen innerhalb Argentiniens und wohl auch innerhalb des Jesuitenordens erzeugt haben wird: Bergoglio sei «ein Neokonservativer». So habe er auch schon als Provinzial der Jesuiten in den sechs Jahren agiert, in denen sich der Orden auf dem Höhepunkt seiner Krise befunden habe. Daher sei schon die Ernennung zum Weihbischof mit ziemlicher Reserve aufgenommen worden. Allerdings, so heißt es, habe Bergoglio die Kritiker durch seinen Umgang mit dem jungen Klerus der Erzdiözese Lügen gestraft. Diese erkennten in ihm selbstverständlich eine Führungspersönlichkeit und brächten ihm nur positive Gefühle entgegen.

Ein ökumenischer Skandal

Drei bemerkenswerte Ereignisse fallen in die Zeit, in der Bergoglio als designierter Nachfolger von Kardinal Antonio Quarracino aus dem von ihm so sehr geschätzten Hintergrund heraustreten muss.

In Buenos Aires ist es Tradition, das Hochfest Peter und Paul am 29. Juni mit einem feierlichen Gottesdienst in der Kathedrale zu begehen. Gleichfalls Tradition ist es, zu diesem Gottesdienst Repräsentanten anderer christlichen Konfessionen einzuladen. Am 29. Juni 1997 bleiben zahlreiche Stühle leer.[7]

Rabbi Abraham Skorka am 30. Oktober 2013
im Jüdischen Theologischen Seminar in New York.

Der leitende Geistliche der «Evangelischen Kirche am Río de la Plata» teilt dem designierten Erzbischof Jorge Mario Bergoglio mit, dass man sich außer Stande sehe, in diesem Jahr an dem Gottesdienst teilzunehmen. Der Stein des Anstoßes hat einen Namen: Joseph Kardinal Ratzinger, Präfekt der vatikanischen Kongregation für die Glaubenslehre. Dieser hatte es während der Formulierung einer Gemeinsamen Erklärung des Lutherischen Weltbundes und des Päpstlichen Rates zur Förderung der Einheit der Christen über die Rechtfertigungslehre für angebracht gehalten, dem in Genf ansässigen Ökumenischen Rat der Kirchen (ÖRK) vorzuhalten, er habe in den siebziger Jahren subversive Aktivitäten in Lateinamerika finanziert.

In Europa geht diese Äußerung in der allgemeinen Kritik an dem Versuch Ratzingers unter, die Verständigung zwischen dem Einheitsrat und dem LWB zu torpedieren. In Lateinamerika wird sie umso kritischer kommentiert, aber in derselben Weise interpretiert. Die Äußerungen Ratzingers sollten das Bemühen um ökumenische Verständigung zum Scheitern bringen. In diesem Sinn äußert sich auch der methodistische Bischof von Argentinien und verweist darauf, wie sehr sich Papst Johannes Paul II. und auch der Präsident der argentinischen Bischofskonferenz, Erzbischof Karlic, für eine Verbesserung des wechselseitigen Verständnisses zwischen den Kirchen einsetzten.

Die Reaktion Bergoglios auf die Unmutsäußerung der anderen christlichen Kirchen ist nicht überliefert. Indes wird vieles, was er in den kommenden Jahren als Erzbischof von Buenos Aires ins Werk setzen wird, darauf hindeuten, dass er der Verständigung zwischen den verschiedenen christlichen Kirchen, aber noch mehr zwischen Christen, Juden und Muslimen große Bedeutung beimessen wird. Der Rektor des in Buenos Aires ansässigen lateinamerikanischen Rabbinerseminars, Abraham Skorka, sollte nicht nur ein regelmäßiger Gesprächspartner sein, sondern zu einem wirklichen Freund werden.

Brot und Arbeit

Unter den vielen Kirchen, die in Buenos Aires Jahr für Jahr das Ziel einer Wallfahrt werden, ragt eine besonders hervor. Es ist das «Sanctuario» des Heiligen Kajetan, eines in Deutschland kaum bekannten italienischen Heiligen aus der Zeit der Reformation. In Argentinien wird Kajetan, dessen Verehrung mit den italienischen Einwanderern ins Land gekommen ist, als «Patron der Arbeit und des Brotes» verehrt. An seinem Festtag, dem 7. August, strömen in Buenos Aires nicht Tausende, auch nicht Zehntausende, sondern Hunderttausende zusammen. Am 7. August 1997 sind es, von Mitternacht an, 600 000, die sich auf den Bürgersteigen drängen. Sie wollen der Statue des Heiligen nahekommen, sie mit einer Hand berühren und den Segen empfangen. «Viele unternahmen die Wallfahrt, um um Arbeit, ein Dach über dem Kopf oder um Gesundheit zu bitten, andere wollten dem Patron des Brotes und der Arbeit dafür zu danken, dass ihre Bitten erhört wurden», ist tags darauf in «La Nación» zu lesen.[8]

Die Predigt in dem Hauptgottesdienst hält der designierte Erzbischof Jorge Mario Bergoglio. Die Zeitung zitiert ihn ausführlich, schließlich handelt es sich um eine Premiere. Doch was für eine! Bergoglio erweist sich als Repräsentant jener peronistisch inspirierten «Theologie des Volkes», die dreißig Jahre zuvor in Argentinien ihren Ausgang nahm: «Wenn Gott uns das Geschenk des Brotes und das Geschenk des Lebens gegeben hat, dann kann uns niemand das Geschenk wegnehmen, das Brot durch Arbeit zu verdienen.»

Und wenn es zu wenig Arbeit gibt? «Die Arbeit muss man teilen, wie das Brot. Jeder muss die Möglichkeit haben, ein wenig zu arbeiten. Die Arbeit ist geheiligt, denn wenn jemand arbeitet, dann lernt er etwas für sich. Die Arbeit lehrt und erzieht, die Arbeit ist Kultur.»

1991 hatte Papst Johannes Paul II. in der Erinnerung an das Erscheinen der ersten päpstlichen Sozialenzyklika «Rerum novarum» im Jahr 1891 eine neue Sozialenzyklika veröffentlicht. Sie trug den Namen «Laborem exercens». Auch sie enthielt ein Lob der menschlichen Arbeit, auch sie formulierte das Recht jedes Menschen darauf, seinen Lebensunterhalt in Würde zu verdienen. Ob Bergoglio diese Enzyklika je gelesen hat, geht aus seinen schriftlich überlieferten Einlassungen nicht hervor. Es dürfte jedoch nicht übertrieben sein zu sagen, dass Bergoglio Papst Johannes Paul II. aus dem Herzen gesprochen hätte, wenn er solches überhaupt im Sinn gehabt hätte.

Denn der Mann, der dort vor Hunderttausenden steht, so dass sich die Zuhörer darum balgen, ihn verstehen zu können, greift nicht auf Texte des Lehramtes zurück, so viel Respekt er diesen auch entgegenbringt. Was er mit einfachen knappen Sätzen sagt, speist sich mehr als alles andere aus seiner eigenen Erfahrung als Kind einer nach Argentinien eingewanderten Familie und den vielen Millionen dieses «kraftvollen Menschenschlags», aus der Geschichte des Einwanderungslands Argentinien mit seinen mittlerweile jahrzehntelangen krisenhaften Entwicklungen und aus der Gegenwart des *pueblo fiel*, das im Vertrauen auf Gott die Hoffnung auf eine bessere Zukunft nicht begraben hat – allen leeren Versprechungen der Politiker zum Trotz.

Immer wieder wird Bergoglio in den kommenden fünfzehn Jahren am Festtag des Heiligen Kajetan nach Liniers kommen und predigen – und sich den mal stillen, mal lauten Zorn der Regierenden zuziehen. «Beim Fest des Hl. Kajetan, des Schutzpatrons von Brot und Arbeit, habe ich die Zeile aus einem Lied von Pater Julián Zini zitiert, die davon spricht, es sei nicht möglich, im gesegneten Land des Brotes an Hunger zu sterben. Es ist wirklich eine ungeheure Ungerechtigkeit, dass es in unserem gesegneten Vaterland, in dem uns Gott alles gegeben hat, an Brot und Arbeit fehlt», (RA 115) wird es in «El Jesuita» heißen. «Es handelt sich um eine gewaltige Ungerechtigkeit und eine himmelschreiende Verantwortungslosigkeit, was die Verteilung der Ressourcen unseres Landes angeht. Wenn wir als Kirche darauf hinweisen, gibt es immer einige, die der Meinung sind, das sei gegen die Regierung gerichtet. Aber die Armut nimmt seit Jahren zu; es geht nicht nur um einzelne kurzfristige Krisen. Das ist kein konjunkturelles Problem.»

Wenn kein konjunkturelles, dann also ein strukturelles. Und wenn ja, hat diese Spirale von Armut und Unterbeschäftigung erst vor vierzig Jahren eingesetzt, wie Bergoglio in einem anderen Zusammenhang meint? Am Anfang der «Situation der Sünde» stünde demnach die Militärdiktatur, vielleicht auch das «Onganiat», gegen das ein wiedererstarkter Peronismus Front gemacht hatte. Kann das sein?

Mein Sohn, der Herr Doktor

Sicher hat der Anteil der absolut Armen seit dem Ende der sechziger Jahre dramatisch zugenommen. Die soziale Mobilität, die für Argentinien charakteristisch gewesen ist – «Mein Sohn, der Herr Doktor» –, ist zu einer Utopie geworden. Diese Erfahrung hatte die Generation der Einwanderer und ihrer Kinder allem Auf und Ab zum Trotz noch nicht gemacht.

Doch ungeachtet aller externen Schocks wie der Ölkrise der frühen siebziger Jahre zählen Historiker und Ökonomen auch den Peronismus der siebziger Jahre eher zu den Symptomen einer strukturellen Krise als zu deren Lösungsversuchen. Muss man demnach in der argentinischen Geschichte nicht viel weiter zurückgehen, um die Ursachen der «strukturellen» Krise freizulegen?

Bergoglio ist kein Historiker und kein Ökonom. Er beschreibt, was er sieht: «Hier in Buenos Aires gibt es im Nobelviertel Puerto Madero 36 Restaurants. Ich weiß nicht, was dort ein Abendessen kostet; aber ich bin sicher, dass 20 Dollar nicht ausreichen. Am einen Ende der Stadt liegt das Viertel Rodrigo Bueno, und am anderen das berühmte Viertel 31, das Retiro. In beiden leben Menschen, die Hunger leiden. Diese Tatsache verrät einen Mangel an sozialem Bewusstsein. Höchstens geben wir gelegentlich einmal ein Almosen, ohne den Armen in die Augen zu schauen, als eine Form, unsere Schuld abzuwaschen.» (RA 116)

Wenn aber in der Verelendung immer weiterer Kreise der Bevölkerung ein «Mangel an sozialem Bewusstsein» zum Ausdruck kommt, wie ist dieser Mangel zu erklären? «Das Problem besteht darin, dass weite Teile der nachwachsenden Generationen kaum über Bildung verfügen und nicht mit der Kultur der Arbeit vertraut gemacht wurden.» (RA 117) Kaum über Bildung? Und das in einer Stadt wie Buenos Aires, in der etwa die Hälfte der Sekundarschüler auf katholische Schulen geht und die Kirche einige der angesehensten (und teuersten) Universitäten unterhält?

Bergoglio scheint Einwände dieser Art zu kennen. Das Engagement der Kirche sei wichtig und beispielhaft, aber trotz allem nur ein Tropfen auf den heißen Stein – auch wenn er die Gewissheit verbreitet, dass «wir» viel dafür tun könnten, diese Entwicklung umzudrehen. «Ich nehme als Beispiel das, was Di Paola in der Armensiedlung 21 im Stadtviertel Barracas von Buenos Aires aufgebaut hat. Pepe hat Jungen, die Rauschgift nahmen, eine Alternative aufgetan: eine Kunst- und Gewerbeschule, die in einer früheren Krise in Europa entstanden war und nach dem Ausbruch der hiesigen Krise im Jahr 2001 wieder ins Leben gerufen wurde, weil die Situation die gleiche war. Die Jugendlichen verlassen diese Schule nach zwei Jahren mit einem Facharbeiterdiplom, das der Staat anerkennt. Man schult sie gewissermaßen darin, sich anzustrengen. Die Arbeit hat, um ein wenig an das vorher Gesagte anzuküpfen, insofern etwas Gutes, als man sich beim Blick auf ihr Ergebnis ‹göttlich› fühlt, sich wie Gott vorkommt, weil man etwas hervorgebracht hat.» (RA 117)

Wer aber ist «wir» – außer José María Di Paola, der unter seinem

Spitznamen «Pepe» als Slumpriester weithin bekannt ist?[9] Man könnte Jorge Mario Bergoglio dazuzählen.

Dieser ruft 1998 in einer seiner ersten Amtshandlungen als Erzbischof eine «Vicaria de la Educación» ins Leben und setzt damit ein Zeichen, dass ihm die Bildung der heranwachsenden Generation ein überaus wichtiges Anliegen ist.[10] Bald nach seinem Amtsantritt wird er auch die Zahl der Priester erhöhen, die in den *villas* arbeitet. Freunde macht er sich damit nicht überall.

«Pepe» hatte er schon 1994 als Weihbischof in seinem Engagement unterstützt. «Die große Gefahr – oder die große Versuchung – bei der Unterstützung der Armen liegt darin, in protektionistischen Paternalismus zu verfallen, der sie letztlich nicht wachsen lässt. Die Verpflichtung des Christen ist es, selbst den Besitzlosesten in die Gemeinschaft zu integrieren, so gut es geht, ihn auf jeden Fall irgendwie zu integrieren.» (BS 180)

Man nehme sich ein Beispiel an Don Bosco, der im Italien des 19. Jahrhunderts Schulen gründete: «Etwas Ähnliches wiederholen gerade die Geistlichen in den Elendsvierteln von Buenos Aires; sie bemühen sich, dass die jungen Leute mit einem oder zwei Jahren Lehrzeit eine Ausbildung erhalten, die ihrem Leben einen anderen Lauf gibt: Sie werden Elektriker, Köche, Schneider … man muss fördern, dass sie sich ihre Brötchen verdienen können. Es setzt den Armen herab, nicht über dieses Öl zu verfügen, das einen mit Würde salbt: die Arbeit. Man darf sich vor dem Armen nicht ekeln, man muss ihm in die Augen sehen. Manchmal ist das unangenehm, aber wir müssen dafür einstehen, was unsere Lebensrealität ist.»

In seiner ersten Predigt am Fest des Heiligen Kajetan hält sich Bergoglio jedoch mit strukturellen Betrachtungen zurück. Am 7. August 1997 wendet er sich mit aufmunternden Sätzen an die Wallfahrer. Doch auch diese sollen als Kommentar zu der Situation gelesen werden, in der sich das Land befindet. Die Wallfahrt zum Heiligen Kajetan sei «ein Ausdruck der Würde und der Hoffnung und eine Antwort auf die Versuchung, nicht mehr weiterzugehen, sich fallenzulassen, die Arme herunterhängen zu lassen und sich zurückzuziehen, um zu weinen».[11]

Und noch eine Bedeutung legte Bergoglio dem Akt der Wallfahrt bei. Sich in die Schlange der Wallfahrer einzureihen sei auch eine «Reaktion der Hoffnung gegen die Versuchung, sich über andere zu erheben (*colarse*) oder sich daran zu gewöhnen auf anderen herumzutrampeln.»

Eine der Wallfahrerinnen, die 54 Jahre alte Clara Domínguez, vertraut «La Nación» an, sie komme seit 17 Jahren zu der Wallfahrtstätte. Jedes Mal sei sie gekommen, um zu danken. Diesmal aber brauche sie die Hilfe des Heiligen Kajetan. Sie sei seit acht Monaten auf der Suche nach einer Arbeit.

Erzbischof Bergoglio wird es sich nicht nehmen lassen, an jedem 7. August zusammen mit hunderttausenden Gläubigen die Wallfahrtstätte im Stadtviertel Liniers aufzusuchen. Aber er wird auch allen Grund haben, um seinen Ton zu verschärfen. Denn die wirtschaftliche Lage Argentiniens im Jahr 1997 und der Anstieg der Arbeitslosigkeit, so dramatisch sie den Wallfahrern erscheinen mag, sollte erst der Auftakt eines weiteren Krisenzyklus sein.

«Die Kirche hat immer betont: Der Schlüssel zur sozialen Frage ist die Arbeit. Der arbeitende Mensch steht im Mittelpunkt. Heute ist das in vielen Fällen nicht so. Ein Arbeiter wird schnell entlassen, wenn er nicht die gewünschte Leistung erbringt. Er wird damit zum Objekt degradiert. Man behandelt ihn nicht als Person. Die Kirche hat in den letzten Jahrzehnten auf eine Entmenschlichung der Arbeit hingewiesen. Vergessen wir nicht, dass im Rahmen eines entfesselten Wettbewerbs eine der Hauptursachen für Selbstmord das Versagen am Arbeitsplatz ist. Deshalb darf man die Arbeit nicht nur von ihrer funktionalen Seite aus betrachten. Das Wesentliche sind weder der Lohn noch das Kapital. Der Mensch ist nicht für die Arbeit da, sondern die Arbeit für den Menschen.» (RA 41) Von Sätzen wie diesen ist es nicht mehr weit zu der Fundamentalkritik der modernen kapitalistischen Wirtschaftsweise in «Evangelii gaudium».

Wenige Monate nach dieser Predigt heißt es für den designierten Erzbischof, für vier Wochen die Koffer zu packen. Aus dem argentinischen Frühsommer geht es im November 1997 in den römischen Herbst. Noch als Weihbischof war Bergoglio zum Mitglied einer neunköpfigen Delegation der argentinischen Bischofskonferenz gewählt worden, die an einer so genannten Amerika-Synode im Vatikan teilnehmen sollte: Papst Johannes Paul II. hatte zur Vorbereitung des «Heiligen Jahres» 2000 im Abstand von jeweils einem Jahr die Bischöfe der verschiedenen Kontinente nach Rom eingeladen – für den Zeitraum vom 12. November bis zum 12. Dezember 1997 die Bischöfe aus beiden «Amerikas».

Für die Bischöfe wie auch die Kurie einschließlich des Papstes ist die Amerika-Synode eine Premiere. Noch nie waren Delegationen aus allen Teilen des Kontinentes, von Alaska bis Feuerland, zu gemeinsamen Beratungen zusammengekommen. Was die «beiden Amerikas» nicht daran hindert, sich weitgehend getrennt auf die Wochen in Rom vorzubereiten. In Lateinamerika und der Karibik spielt wie immer der Celam die wichtigste Rolle. Unter anderem kommt es im Juni 1997 zu einer Konferenz in Santiago de Chile, die sich um das Thema Korruption drehte. Präsident des Celam ist der Salesianer Oscar Andrés Rodríguez Maradiaga, der Erzbischof der honduranischen Hauptstadt Tegucigalpa. Dieser äußert sich nach der Konferenz mit eindeutigen Worten gegen die in Lateinamerika (bis heute) weit verbreitete Korruption. An dieser Vorbereitungskonferenz hat Bergoglio nach allem, was überliefert ist, nicht teilgenommen – was ihn nicht davon abhält, sich als Erzbischof von Jahr zu Jahr schärfer gegen die grassierende Korruption in Argentinien auszusprechen.

Im Vatikan stehen weder Kardinal Quarracino noch sein designierter Nachfolger Bergoglio im Rampenlicht, sondern der Vorsitzende der argentinischen Bischofskonferenz, Erzbischof Karlic. Er ist einer der beiden Sondersekretäre. So fehlt in allen Erzählungen von und über Bergoglio auch jeder Hinweis auf das, was der Erzbischof von Buenos Aires in jenen langen vier Wochen in Rom erlebt. Zeitungsberichten ist zu entnehmen, dass Bergoglio in der ersten Woche der Synodenberatungen das Wort ergreift, nicht aber, was er sagt.[12]

«La Nación» weiß auch zu berichten, dass es während der Synode zu einem Empfang des argentinischen Botschafters für die Delegation aus der Heimat kommt, an dem auch Staatspräsident Carlos Menem teilnimmt. Ob Bergoglio sich im Hintergrund hält, wie es seine Art ist, steht zu vermuten. Zu reden gibt es andernorts genug. Denn in Erinnerung an längst vergangene Zeiten hat die argentinische Bischofskonferenz zwei Berater nach Rom eingeladen: Den mittlerweile hochbetagten Lucio Gera, den Nestor der argentinischen Theologie des Volkes, und Gerardo T. Farrell, der zusammen mit Juan Carlos Scannone die Fahne dieser Theologie auch durch die dunkelsten Zeiten der argentinischen Kirche in den siebziger Jahren des 20. Jahrhunderts getragen hatte.[13]

Spätestens in Rom wird Bergoglio die Bekanntschaft mit Celam-Präsident Oscar Rodríguez Maradiaga gemacht haben. Der Honduraner zählt zu den Bischöfen, die sich am Vorabend des neuen Milleniums vehement für eine Verminderung der Auslandsschulden einsetzen, die manchen Staaten wie ein Mühlstein um den Hals hängen. Im Jahr 2001 werden Bergoglio und Rodríguez gemeinsam in das Kardinalskollegium aufgenommen und von da an auf vielen Feldern gemeinsame Sache machen.

Raus aus den Höhlen

Kardinal Quarracino stirbt am 28. Februar 1998. Automatisch wird Bergoglio Erzbischof von Buenos Aires und in Personalunion Bischof für die Gläubigen der mit Rom verbundenen (unierten) orientalischen Riten, die in Argentinien leben.

Nach dem Requiem für seinen Vorgänger zieht er sich vier Tage in ein Kloster zurück, wofür er auch eine Sitzung des Ständigen Rates der Bischofskonferenz ausfallen lässt. Dann fällt er erste Entscheidungen. Zu seinem Generalvikar macht er den dienstältesten Weihbischof, Mario Serra, mit dem er in den siebziger Jahren schon als Provinzial zu tun hatte, etwa als es um das Schicksal der Jesuiten Jalics und Yorio ging.

Sodann richtet er eine neue Seelsorgeeinheit innerhalb des Erzbistums ein, die sich ausschließlich um das katholische Schulwesen in der Erzdiözese Buenos Aires kümmern soll. Dieser unterstehen rund 250 Schulen mit 170 000 Schülern und rund 16 000 Lehrkräften. Nimmt man die Eltern und Geschwister der Schüler hinzu, sind 600 000 Bonaerenser alleine durch die Schulen mit der von Bergoglio geleiteten Erzdiözese verbunden.[14] Zum Verantwortlichen für diese neue Seelsorgeeinheit bestellt der Erzbischof den Mann aus dem Klerus von Buenos Aires, der bei der Bestellung des Nachfolgers von Kardinal Quarracino leer ausgegangen war. Bergoglio, der in seinem Leben schon viele schwierige Personalkonstellationen auflösen musste, macht Héctor Aguer zum Verantwortlichen für die «Vicaría de la Educación».

Ende März applaudieren mehr als 3200 Katecheten ihrem neuen Erzbischof. Dem vormaligen Pfarrer muss niemand erklären, wen er vor sich hat: «Ich danke Ihnen sehr für das, was Sie in der Erzdiözese tun. Sie sind diejenigen, denen die Gewissensbildung von so vielen Kindern, so vielen Jugendlichen, so vielen Erwachsenen anvertraut ist; eine Bildung, die eine christliche Identität voraussetzt und eine christliche Freiheit sowie die Zugehörigkeit zur Kirche, das heißt zu einer Gemeinschaft.»[15]

Auch sein Vorgänger Quarracino hatte großen Wert auf Katechese und die Ausbildung der Katecheten gelegt. Bergoglio führt diese Linie fort: «Raus als den Höhlen, ohne Furcht, zeigt euer Gesicht, legt euer Herz in die Waagschale, euer Leben.»[16]

Einen ganzen Tag lang beschäftigen sich die Katecheten mit einem bunten Strauß seelsorglicher Fragen. Diese unterscheiden sich in Nichts von den Fragen, die sich Katholiken in jeder beliebigen anderen Großstadt der Welt stellen und die Bergoglio selbst wohl schon viele Male im persönlichen Gespräch oder in der Beichte vorgelegt wurden: Wie kann die Weitergabe des Glaubens in der Familie gelingen? Wie können erwachsene Menschen zum Glauben finden? Welche besonderen Fragen stellen sich im Krankenhaus? Wie geht es weiter mit der Ökumene? Wie umgehen mit Personen in schwierigen Lebenslagen? Wie sich verhalten gegenüber Menschen, die sich von ihrem Ehepartner getrennt haben? Und wie mit denen, die nach einer Scheidung wieder geheiratet haben? Über die Antworten auf diese Fragen ist nichts überliefert, auch nicht darüber, ob Bergoglio das ein oder andere «heiße Eisen» selbst angefasst hat.

Mit Geduld

In Argentinien geht der Sommer zu Ende. Die Kartage und das Osterfest kommen näher. Wie überall in der katholischen Kirche ist es auch in Buenos Aires Brauch, dass sich die Priester einer Diözese in der Karwoche um ihren Bischof versammeln. Sie sollen der Weihe der so genannten heiligen Öle beiwohnen, die bei der Spendung der Sakramente der Taufe und der Firmung verwendet werden. Für den neuen Erzbischof ist es die erste Gelegenheit, einige Worte an seinen Klerus zu richten, aus dem etwa 400 Geistliche in das Zentrum der Stadt gekommen sind.

«Bestärkt unser gläubiges Volk, umsorgt es liebevoll und schützt mit unermüdlicher Geduld die Schwächsten»,[17] sagt der Neue. Wie immer spricht Bergoglio nicht viel. Lange Predigten sind ihm ein Greuel. Umso mehr Gewicht hat das, was er in aller Kürze sagt.

Die Priester hören ihn sagen, das *pueblo fiel* sei nicht das Objekt priesterlichen Handelns, vielmehr seien die Priester «Teil der großen Familie des gläubigen Volkes.» Das klingt nach II. Vatikanum und der Rehabilitation der in der Reformation betonten, gut biblischen Überzeugung von dem «Priestertum aller Gläubigen».

Genau so will Bergoglio sich verstanden wissen. Doch kann man die Lehre vom Priestertum aller Gläubigen in verschiedene Richtungen auslegen: Man kann sie benutzen, um das Priesteramt in der Kirche zu delegitimieren – oder in ihr die Befähigung aller Gläubigen grundgelegt sehen, kraft der Taufe Zeugen des Glaubens zu sein. Genau das (und nur das) hat Bergoglio im Sinn, wenn er über dieses «gläubige Volk» sagt, dessen priesterlicher Charakter müsse sich wiederbeleben, damit die Gaben des Heiligen Geistes wieder lebendig

Bei einer Fußwaschung für Patienten der Therapieeinrichtung Hogar de Cristo für Rauschgiftabhängige (Buenos Aires, Gründonnerstag 2008).

würden, es öffentlich seinen Glauben bekenne und nicht aufhöre zu zeigen, «dass es sich des Kreuzes nicht schämt».

Bergoglio schämt sich nicht. Nach der Chrisammesse überlässt er den Gründonnerstagsgottesdienst in der Kathedrale einem seiner Weihbischöfe. Er selbst fährt in ein Krankenhaus und wäscht dort während eines Gottesdienstes zwölf Kranken die Füße. Von einigen weiß man, dass sie an Aids erkrankt sind. Nach dem Gottesdienst geht Bergoglio auf die Stationen und besucht Patienten, die nicht am Gottesdienst teilnehmen konnten.[18] Warum?

«Im Christentum ist die Haltung der Armut und den Armen gegenüber – in ihrem Kern – eine wirkliche Verpflichtung. Und ich füge noch etwas hinzu: Diese Verpflichtung muss ganz aus nächster Nähe persönlich erfüllt werden. Es ist nicht damit getan, dass sie durch die Institutionen erledigt wird, was hilfreich ist, weil es einen Multiplikationseffekt hat; aber es genügt nicht, es befreit nicht von der Verpflichtung, in Kontakt mit den Bedürftigen zu treten. Man muss den Kranken pflegen – selbst wenn das Widerwillen, Ekel hervorruft –, man muss den Häftling besuchen … Ich finde es schrecklich schwer, in ein Gefängnis zu gehen, denn was man dort sieht, ist sehr hart. Aber ich gehe trotzdem, denn der Herr möchte, dass ich ganz nah am Bedürftigen bin, am Armen, am Leidenden.» (BS 180)

In Bewegung

In der Osterwoche besucht eine Frau Buenos Aires, die zu den bedeutendsten Persönlichkeiten der katholischen Kirche des 20. Jahrhunderts gehört: die Italienerin Chiara Lubich. 8000 Mitglieder der von ihr im Jahr 1943 gegründeten Fokolar-Bewegung, die aus zahlreichen Nachbarländern nach Argentinien gekommen sind, feiern ihre Gründerin in einem Stadion. Den Abschlussgottesdienst zelebriert der Erzbischof von Buenos Aires, Jorge Mario Bergoglio.[19]

Nicht, dass er selber der Fokolar-Bewegung angehören würde oder ihr auch nur nahe stünde. Aber davon abgesehen, dass eine solche Begegnung ein Ereignis ist, zu dem er als Erzbischof zwangsläufig eingeladen wird, dürfte er wohl aus freien Stücken gekommen sein. Warum sollte er nicht mitfeiern?

Wenige Monate später wird Bergoglio mit den Mitgliedern des Opus Dei eine Messe feiern. Anlass ist die Gründung dieses Werkes vor 70 Jahren.[20] So wird es Bergoglio immer halten. Als Erzbischof von Buenos Aires ist er der Bischof aller, auch der Bewegungen. Einer recht jungen Gemeinschaft scheint er besondere Sympathie entgegenzubringen: der 1968 in Rom gegründeten Gemeinschaft Sant'Egidio. Am 26. Dezember 1999 ist er zu dem Weihnachtsessen eingeladen, zu dem die Gemeinschaft in Buenos Aires wie an vielen Orten weltweit Arme und Bedürftige einlädt. Im April 2004 wohnt er dem Gedenken an die Glaubenszeugen des 20. und 21. Jahrhunderts bei, das Papst Johannes Paul II. der Gemeinschaft anvertraut hat.[21]

Zurückhaltung lässt er zunächst nur gegenüber den verschiedenen «charismatischen» Tendenzen erkennen, die in der katholischen Kirche in den achtziger und neunziger Jahren stärker werden. In dieser Entwicklung manifestiert sich nicht nur ein Frömmigkeitsstil, der sich in den Kirchen des Südens längst von seinen Ursprüngen in

Nordamerika emanzipiert und in Form der so genannten Pfingst-
kirchen und neopentekostalen Bewegungen zu der dominierenden
Kraft in den Kirchen des Südens werden sollte. Auch durch Papst
Johannes Paul II. erfahren Bewegungen wie der so genannte
Neokatechumenale Weg Unterstützung. Als sich einer seiner Pries-
ter zu einer charismatischen Bewegung hingezogen fühlt, reagiert
Erzbischof Bergoglio zunächst ablehnend, lässt sich später jedoch
überzeugen.

Zeichen an der Wand

Zu einer denkwürdigen Begegnung kommt es wenige Tage nach
dem Gottesdienst mit den Fokolaren. In der Kathedrale von Buenos
Aires versammelt man sich am Grab des jüngst verstorbenen Kardinals Quarracino – man, das sind Repräsentanten der jüdischen
Gemeinde Argentiniens einschließlich eines aus den Vereinigten
Staaten angereisten Rabbiners und einiger Überlebender der natio-
nalsozialistischen Vernichtungslager, dazu der neue Erzbischof von
Buenos Aires.[22] Dieser erläutert, dass sein Vorgänger zwei Monate
vor seinem Tod verfügt habe, dass man eine Tafel über seinem Grab
anbringen solle und dass sich aus diesem Anlass auch Juden einfin-
den möchten, ohne dass sie ihre Kopfbedeckung in der Kirche ab-
nehmen müssten.

Bei der Tafel handelt es sich um ein erst vor kurzem angefertigtes
Relief, von dem es in der katholischen Kirche weltweit kein zweites
gibt: eine Tafel, auf der der Opfer des Holocausts gedacht wird sowie
der Opfer des Anschlags auf die israelische Botschaft in Buenos Aires
im Jahr 1992 und auf das jüdische Gemeindezentrum Amia zwei
Jahre später. Bei diesen Attentaten, die höchstwahrscheinlich im
Auftrag des iranischen Regimes verübt worden waren und die die mit
200 000 Mitgliedern größte jüdische Gemeinschaft in Lateinamerika
treffen sollten, waren mehr als hundert Personen ums Leben gekommen und mehr als fünfhundert verletzt worden, die meisten
davon Argentinier jüdischen Glaubens. Diesen Anschlägen und der
Verfolgung des jüdischen Volkes insgesamt wollte Quarracino im

Jahr 1997 mit der Kathedrale von Buenos Aires einen Gedächtnisort geben.

Nun ist es an Bergoglio, dieses einmalige Erbe anzutreten. Und wie alles, so tut er es auf seine Weise. Er wird in den mehr als 15 Jahren, in denen er an der Spitze des Erzbistums stehen wird, kaum eine Gelegenheit auslassen, um der jüdischen Gemeinschaft persönlich seine Verbundenheit zu bekunden. Mit dem Rektor des lateinamerikanischen Rabbinerseminars, das sich in Buenos Aires befindet, wird er sich anfreunden. Abraham Skorka und Jorge Mario Bergoglio sind mehr als nur Verwandte im Geiste. Sie könnten Brüder sein.

Dabei trennt die beiden Männer weniger ihr Glaube als ihre Leidenschaft für verschiedene Fußballvereine. Der Erzbischof von Buenos Aires ist seit Kindertagen dem «katholischen» Verein San Lorenzo zugetan, Rabbiner Skorka ist für River Plate.[23] Dieses Hindernis lässt sich überwinden: «Ich kann mich erinnern, dass es keine Mauern oder Vorbehalte gab. Seine unverfälschte Einfachheit erleichterte das, ich konnte ihn sogar nach einer Niederlage von River fragen, ob er an diesem Abend Hühnereintopf essen würde.» (BS 14)

Die andere Herausforderung ist leichter zu bestehen: «Mit Rabbi Skorka musste ich nie meine katholische Identität aushandeln, wie auch er es nicht mit seiner jüdischen tat, und das nicht nur aus dem Respekt heraus, den wir füreinander empfinden, sondern auch, weil dies unserer Auffassung vom interreligiösen Dialog entspricht. Die Herausforderung bestand darin, mit Respekt und Zuneigung weiterzugehen, in Gottes Gegenwart weiterzugehen und dabei möglichst rechtschaffen zu sein.» (BS 15)

Im Jahr 2010 ist vieles von dem, was die beiden Männer sich in den vergangenen Jahren zu sagen hatten, in einem Buch nachzulesen: Gespräche zwischen dem Erzbischof von Buenos Aires, Kardinal Bergoglio, und dem Leiter des Lateinamerikanischen Rabbinerseminars, das in Buenos Aires ansässig ist, Gespräche über Gott und die Welt von einer solchen Intensität, dass sie jeden Katechismus ersetzen.

Skorka verfasst auch das Vorwort für jenes Buch, in dem Bergoglio im Gespräch mit den Journalisten Sergio Rubin und Francesca Ambrogetti Rechenschaft über sein Leben, Denken und Handeln gibt. Seinerseits hatte Bergoglio einen Text zu einem Buch beigesteuert, das Skorka unter dem Titel «Hacía una mañana sin fe?» (sinngemäß: Zukunft ohne Glaube?) im Jahr 2005 in Buenos Aires veröffentlicht hatte. Außerdem sind der Erzbischof und der Rabbi regelmäßig im Fernsehen zu sehen, wie sie über Gott und die Welt diskutieren.

Die Freundschaft wird den Umzug Bergoglios von Argentinien in den Vatikan überdauern. Als die Gemeinschaft Sant'Egidio im Oktober 2014 ihr jährliches Internationales Friedenstreffen (wie schon seit dem Vorjahr geplant) in Rom abhält, empfängt Papst Franziskus mehr als 300 Repräsentanten der verschiedenen Weltreligionen und Freunde der Gemeinschaft aus aller Welt in der Sala Clementina des Apostolischen Palastes. Unter den Gästen ist auch Abraham Skorka. Es ist nicht das erste Wiedersehen des Rabbiners mit seinem alten Freund und sollte nicht das letzte gewesen sein. Ende Mai 2014 begleiten Skorka und Omar Abboud, einer der führenden Repräsentanten der argentinischen Muslime, Papst Franziskus auf seiner Reise in den Nahen Osten. Es ist das erste Mal überhaupt, dass ein Papst auf einer seiner Reisen von Repräsentanten anderer Religionen begleitet wird.

In Argentinien macht sich der neue Erzbischof mit seiner demonstrativen Verbundenheit mit der jüdischen Gemeinschaft nicht überall Freunde. Auch nicht in seiner eigenen Kirche. In dem Gesprächsbuch, das er zusammen mit Abraham Skorka verfasst, wird er wissen lassen, man habe ihn unter Druck gesetzt, das Relief abzubauen und in das Museum der Kathedrale bringen zu lassen. «Aber ich habe nicht nachgegeben, und es blieb dabei.» (BS 199)

Bergoglio verrät nicht, wer ihn unter Druck gesetzt hat – mutmaßlich traditionalistische Zirkel in der katholischen Kirche, von denen es in Argentinien mehr als genug gibt. Mehr noch. Die von dem französischen Erzbischof Marcel Lefèbvre gegründete Piusbruderschaft, die sich in den siebziger Jahren von der katholischen Kirche abgespalten hat, unterhält in Argentinien eines ihrer drei Priesterseminare weltweit. Dort unterrichtet auch der aus England stammende Lefèbvre-Bischof Richard Williamson, der im Jahr 2008 als Holocaust-Leugner weltweit bekannt werden soll.

Der Piusbruderschaft kommt Papst Benedikt XVI. während seines Pontifikats so weit entgegen, dass er die durch die Liturgiereform nach dem II. Vatikanum abgeschafften Riten aus dem Jahr 1962 ohne Einschränkungen wieder zulässt und die Exkommunikation der vier von Erzbischof Lefèbvre illegal geweihten Bischöfe aufhebt. Der Papst hofft, eine Abspaltung der Piusbruderschaft von der katholischen Kirche im letzten Moment verhindern zu können. Als er im Februar 2013 von seinem Amt zurücktritt, ist es noch zu keiner Verständigung über die so genannte Dogmatische Präambel gekommen, deren Unterzeichnung Benedikt zur Bedingung für die Wiedereingliederung der Piusbruderschaft in die katholische Kirche machen musste. Bergoglio wird während des ersten Jahres als Papst dieses Thema nicht öffentlich ansprechen. Allerdings lotet er in einem persönlichen Gespräch mit dem Leiter der Piusbruderschaft, Fellay, die Möglichkeiten der Verständigung aus – zunächst ohne Ergebnis.

In Argentinien hatte man dem Kardinal nach der Wiederzulassung der so genannten Alten Messe den Vorwurf gemacht, er behindere Gottesdienste in dem von Benedikt geadelten «außerordentlichen Ritus». Bergoglio hat sich dazu nicht öffentlich geäußert. Nicht kommentiert hat er auch die Neufassung einer Fürbitte für die «außerordentliche» Karfreitagsliturgie, die Papst Benedikt XVI. kurz vor dem Beginn der Fastenzeit 2009 vorlegte, wie üblich ohne Abstimmung mit den entsprechenden Kurienbehörden. Der neue Text war nach Benedikts Ansicht auf der Höhe der Zeit, wurde aber von maßgeblicher jüdischer Seite als Rückfall in den überwunden geglaubten katholischen Antijudaismus verstanden. Es bedurfte erheblicher Anstrengungen etwa des deutschen Kurienkardinals Walter Kasper, um die Wogen zu glätten.

Alles in allem dürfte es nicht vermessen sein, Bergoglio zu unterstellen, dass er den Traditionalisten, in deren Gedankenwelt der katholische Antijudaismus wie auch der französische Antisemitismus ungebrochen fortleben, nicht die geringste Sympathie entgegenbringt. «Wohl gab es katholische Antisemiten, und die gibt es auch noch heute.» (BS 199)

Skeptisch beurteilt Bergoglio von Buenos Aires aus die Planungen im Vatikan, Papst Pius XII. selig zu sprechen. Papst Benedikt XVI. bringt dieses Vorhaben einen wichtigen Schritt voran, indem er dem 1958 verstorbenen Vorgänger den «heroischen Tugendgrad» zuerkennt. Vor diesem Hintergrund spricht ihn Skorka auf seinen Eindruck von Pius XII. an. Bergoglio legt sich nicht fest: «... man müsste lesen, was in den Archiven steht. Ob es ein Fehler in der Einschätzung war oder etwas anderes. Ich habe die konkreten Daten nicht. Bis jetzt schienen mir die Dinge, die ich zugunsten von Pius XII. gesehen habe, stark, aber ich gebe auch zu, dass nicht alle Archive geprüft wurden.» (BS 196)

Damit hat es während des ersten Jahres des Pontifikats von Papst Franziskus keine Eile. Auch mit der Seligsprechung nicht. Im Gegenteil: Weil die Heiligsprechung von Papst Johannes Paul II. unabweisbar erscheint, macht Bergoglio einen Kunstgriff, der ihn als Kirchenpolitiker par excellence erscheinen lässt. Kurzerhand regelt er alles so, dass Papst Johannes XXIII. gemeinsam mit Papst Johannes Paul II. heiliggesprochen werden kann. Nach den Plänen seiner Vorgänger sollte Papst Johannes XXIII. dafür herhalten, die Seligsprechung von Papst Pius XII. zu camouflieren. Eine Woche nach der Doppelheiligsprechung macht die Nachricht die Runde, dass Franziskus Papst Paul VI. im Herbst 2014 seligsprechen wird. *Hagamos lío.*

Argentinien, steh auf!

Am 25. Mai 1998, gut sechs Wochen nach dem Osterfest, steht Bergoglio wieder in der Kathedrale. Repräsentanten von Kirche, Staat, Politik, Wirtschaft und Gesellschaft sind aus Anlass des Nationalfeiertags versammelt, um mit einem Te Deum der Unabhängigkeit des Landes zu gedenken. Die Predigt hält wie üblich ein ranghoher Geistlicher, in den Kirchenbänken lauschen der Präsident und seine Gattin. Dieser heißt noch immer Carlos Menem und steht an der Spitze eines Landes, in dem immer größere Teile des Mittelstandes verarmen und immer mehr Arme verelenden.

Noch ergreift Bergoglio nicht das Wort, sondern einer der Weihbischöfe, wie es üblich geworden war. Im Jahr darauf wird Bergoglio auch mit dieser Tradition brechen. Wenige Monate vor der Präsidentenwahl des Jahres 1999 redet er selbst den Politikern ins Gewissen.

«Argentinien, steh auf!»[24] heißt es dann mit den Worten von Johannes Paul II., der Argentinien zuletzt 1987 besucht hatte. Die Globalisierung sei im Begriff, schonungslos die vielen inneren Widersprüche des Landes offenzulegen: hier eine immer weiter wachsende Macht samt der dazugehörigen Sprache, die sich großer Teile des Lebens der Nation bemächtigt habe, dort die Mehrheit der Männer und Frauen, die Gefahr liefen, ihre Selbstachtung zu verlieren und die Möglichkeiten zu einem würdigeren Leben: «Wenn wir die Vorstellung von einem Land aufgeben, in dem nicht alle an einem Tisch sitzen, in dem nur wenige im Vorteil sind und in dem das soziale Netz zerstört wird und sich die Gräben vertiefen … dann werden wir als eine Gesellschaft im Konflikt enden.» Wie so oft beschwört Bergoglio die Würde des Volkes als Volk, seine Weisheit und seine kulturellen Kräfte, glaubt an eine Revolution, die von innen kommen muss, aus der Erinnerung an große Taten und kleine Gesten. Denn: «Das Ganze ist wichtiger als seine Teile, die Zeit wichtiger als der Raum, die Wirklichkeit wichtiger als die Idee und die Einheit wichtiger als der Konflikt.»

Der Erzbischof wachse in seine Rolle als Primas von Argentinien hinein, heißt es in «La Nación». Die Vertreter der Regierung mit Präsident Menem an der Spitze dürften nicht amüsiert gewesen sein.

Wie 1999, so wird Bergoglio auch in den kommenden Jahren niemals einen Präsidenten persönlich angreifen oder für etwas verantwortlich machen. Immer wird der Kardinal die politische Klasse als Ganze ansprechen. Doch was Bergoglio zu sagen hat, reicht trotz seines mitunter enigmatischen Stils aus, um Präsident Néstor Kirchner dazu zu bringen, nach dem Te Deum des Jahres 2004 nie mehr in die Kathedrale zurückzukehren. Kirchner wie seine Frau, die ihm im Jahr 2008 im Präsidentenamt folgen wird, suchen sich zum Nationalfeiertag am 25. Mai stets dort eine Kathedrale samt Bischof aus, wo sie mehr Verständnis für ihren durch und durch auf Konfrontation statt Konsens angelegten Politikstil finden. Erst im Mai 2014 wird Cristina Kirchner dem Spiel ein Ende machen.

Kurz nach dem Nationalfeiertag 1999 versammeln sich etwa 1000 Kirchenleute, Mitglieder verschiedener gesellschaftlicher Organisationen und auch Politiker, um einen Tag lang Antworten auf die Frage zu finden, wie man die Katholische Soziallehre auf die sozialen Probleme anwenden kann, die sich in der argentinischen Hauptstadt stellen, allen voran auf die um sich greifende Armut. In seiner Predigt schlägt Bergoglio Töne an, die denen, die mit ihm vertraut sind, bekannt vorkommen, aber aus dem Mund des Erzbischofs von Buenos Aires besonderes Gewicht erhalten. «Die Eliten verhalten sich wie Parasiten, steril ...»[25] Bergoglio nimmt kein Blatt vor den Mund, auch nicht, wenn er die Aufgabe beschreibt, die sich der Kirche stellt: «Als Volk Gottes müssen wir uns in das soziale Geflecht unserer Stadt einfügen, denn sie braucht uns. Wir aber müssen lernen, auf diese Stadt zu hören, mit ihr zu leiden und uns nicht in unsere Kellerlöcher zu verkriechen.»

Und wer ist diese Kirche? «Alle, von dem Mann oder der Frau, die vor kurzem getauft wurden, bis zum Papst.» Einen Monat später, am 29. Juni, dem Hochfest Peter und Paul, wird Bergoglio in Rom aus der Hand von Papst Johannes Paul II. das Pallium, das Zeichen der Würde des Erzbischofs, empfangen. Von dieser Reise macht Bergoglio nicht viel Aufhebens. Allerdings wird die Öffentlichkeit erfahren, dass er ein Ticket für die Erste Klasse zurückgibt, das ihm die Regierung hatte zukommen lassen. Erzbischof Jorge Mario Bergoglio reist in der Economy-Klasse.[26]

Ton und Stil

Als der Jesuit am 29. Juni Papst Johannes Paul II. gegenübersteht, ist fast ein Jahr seit der Ernennung zum Koordinator-Erzbischof von Buenos Aires vergangen. Seither hat Padre Jorge nicht nur unübersehbare Zeichen gesetzt und seine Anliegen in einer klaren und unmissverständlichen Sprache formuliert. Er hat auch seinen persönlichen Stil gefunden und seinen Alltag ganz seinen eigenen Vorstel-

*Kardinal Bergoglio nimmt die «Subte» A zur Feier des traditionellen
Tedeum in der Kathedrale von Buenos Aires, 25. Mai 2008.*

lungen geordnet, so, wie er es als Provinzial getan hat und wie er es
als Papst wieder tun wird. Mit Konventionen, die nichts sind als Fes-
seln, muss man ihm nicht kommen.

«Er lehnte es ab, in der eleganten Erzbischöflichen Residenz in
Olivos nahe der Präsidentenwohnung zu leben, sondern blieb weiterhin in seinem einfachen Zimmer im Gebäude der Diözesanver-
waltung wohnen … Er fuhr weiterhin mit dem Linienbus oder mit
der U-Bahn und verzichtete auf ein Auto mit Chauffeur.» (RA 18)
Luisa Rosell will sogar wissen, dass er einen Teil des Inventars der
Residenz und üppige Nahrungsmittelvorräte umgehend an Bedürftige verschenkte (B 146). Ganz ohne Vorbild handelt Bergoglio
nicht. Lange vor ihm haben es zwei Bischöfe in Brasilien, Dom
Hélder Câmara (Recife) und Dom Evaristo Arns (São Paulo), ähnlich gehalten. Beide gehörten in den sechziger und siebziger Jahren
zu dem progressiven Flügel der brasilianischen Bischofskonferenz.
Hat da einer die Seiten gewechselt? Aus der Erzbischöflichen Residenz in Buenos Aires wird eine Art Altenheim.

In dem schmucklosen, weitläufigen Gebäude der Kurie mitten im Zentrum von Buenos Aires hatte Weihbischof und Generalvikar Bergoglio neben dem Dienst- auch ein Privatzimmer. Der Erzbischof belässt alles so, wie es war. Das repräsentativ eingerichtete Büro seines Vorgängers benutzt er als solches nicht. Unter kostbaren Wandteppichen stapeln sich bald Kisten voller Nahrungsmittel. Warum soll er auf einmal ein anderer geworden sein? Zum Arbeiten nimmt er mit einem Raum vorlieb, der kaum größer ist als das Zimmer seiner Sekretärin. Den Terminkalender führt er weiterhin selbst. (RA 138)

Der Rektor, der «seinen» Studenten mit gutem Beispiel vorangehen wollte, bleibt sich treu. Nur geht es jetzt um «seine» Priester: «Er verfügte weiterhin über einen direkten Telefonanschluss, auf dem ihn die Priester jederzeit anrufen konnten, wenn sie ein Problem hatten. Auch jetzt übernachtete er in irgendeiner Pfarrei, wenn er bei einem Notfall selber einem kranken Priester zur Seite stand.» (RA 18 f.)

Treu bleibt er sich – nach den Schilderungen von Rubin und Ambrogetti – auch im Umgang mit Menschen wie jenen, die in San Miguel an die Türen des Kollegs oder der Pfarrei geklopft hatten. «Schließlich beantwortete er auch weiterhin persönlich die Anrufe, empfing jedermann und notierte sich die Sitzungen und Aktivitäten direkt in seinem rustikalen Taschenkalender.» Dass er als Erzbischof von Buenos Aires nicht automatisch an der Spitze der Bischofskonferenz steht, dürfte ihn nicht geschmerzt haben. «Er vermied auch in seiner neuen Position gesellschaftliche Anlässe und zog den einfachen schwarzen Anzug mit dem weißen Kleruskragen der Kardinalssoutane vor.»

Wenn ich ein Problem habe

«Sein kleiner Schreibtisch sieht sehr ordentlich aus», (RA 139) befinden die beiden Journalisten, nachdem sie das Arbeitszimmer des Erzbischofs inspiziert haben. «Unter der Glasplatte einige kleine Bilder, Fotos von seinen pastoralen Aktivitäten und ein sehr bewegendes Bild von einem unterernährten Ureinwohner aus dem Norden.» Der Weg von den Diensträumen in die Privatsphäre des Erzbischofs ist nicht weit. Er hat das Zimmer behalten, in das er sich schon als Generalvikar zurückziehen konnte. «Es ist extrem spartanisch, hat nur ein einfaches Holzbett, ein Kruzifix von seinen Großeltern Rosa und Juan und einen Holzofen.»

Auf der anderen Seite des Flures liegt ein kleiner Raum, der als Kapelle dient. In ihm verbringt Bergoglio regelmäßig die ersten Stunden des Morgens. Nach eigenen Worten kommt er mit etwa fünf Stunden Schlaf aus, wobei er vor Mitternacht ins Bett geht und gegen vier Uhr in der Frühe aufwacht. «Allerdings halte ich 40 Minuten lang Siesta.» (RA 134)

Dann ist da noch eine Bibliothek, die Bergoglio als privates Arbeitszimmer nutzt und in der er seine Manuskripte und Bücher aufbewahrt. Auf einem inzwischen arg strapazierten Blatt Papier hat sich ein Glaubensbekenntnis erhalten, das er kurz vor seiner Priesterweihe im Jahr 1969 niedergeschrieben hatte:

«Ich will an Gott den Vater glauben, der mich wie einen Sohn liebt, an Jesus Christus, den Herrn, der seinen Heiligen Geist in mein Leben eingoss, um mir ein Lächeln zu schenken und mich so zum Reich des ewigen Lebens zu führen.

Ich glaube an meine Geschichte, die von dem Blick eines liebenden Gottes durchdrungen ist, der an einem Frühlingstag, dem 21. September, mich traf und mich einlud, ihm nachzufolgen.

Ich glaube an meinen Schmerz, der durch den Egoismus, in den ich mich flüchte, unfruchtbar wird.

Ich glaube an die Armseligkeit meiner Seele, die aufzunehmen versucht, ohne zu geben … Ohne zu geben …

Ich glaube, dass die anderen Menschen gut sind, dass ich sie ohne Furcht lieben müsste, ohne sie jemals zu verraten, um damit eine Sicherheit für mich zu suchen.

Ich glaube an das Leben aus dem Glauben.

Ich glaube, dass ich viel Liebe schenken möchte.

Ich glaube an den täglichen Tod, der mich aufzehrt und den ich fliehe, der mich aber dennoch anlächelt und mich einlädt, ihn zu akzeptieren.

Ich glaube an die Geduld Gottes, die mich aufnimmt und die gut ist wie eine Sommernacht.

Ich glaube, dass Papa bei Gott im Himmel ist.

Ich glaube, das Padre Duarte auch dort ist und für mein Priestertum betet.

Ich glaube an Maria, meine Mutter, die mich liebt und mich niemals alleinlassen wird.

Und ich erwarte die Überraschung eines jeden neuen Tages, in welcher sich die Liebe, die Kraft, der Verrat und die Sünde zeigt, die mich begleiten werden bis zu jener endgültigen Begegnung mit diesem wunderbaren Antlitz, von dem ich nicht weiß, wie es ist, dem ich andauernd entfliehe, das ich aber kennen und lieben möchte. Amen.» (RA 140)

Bergoglio ist und bleibt ein Mann des Gebetes, dessen «Erfahrung» er so beschreibt:

«Meines Erachtens muss es in einer gewissen Weise eine Erfahrung des Nachgebens, der Hingabe sein, in der unser ganzes Wesen in die Gegenwart Gottes eintritt. Dort kommt dann der Dialog zustande, das Hören, die Verwandlung. Es bedeutet: Gott anschauen, aber vor allem: sich von Ihm angeschaut wissen. In meinem Fall ereignet sich die religiöse Erfahrung im Gebet manchmal dann, wenn ich den Rosenkranz oder die Psalmen laut bete oder wenn ich mit tiefer innerer Freude die Eucharistie feiere. Aber ich erlebe die religiöse Erfahrung noch mehr, wenn ich mich ohne zeitliche Grenze vor den Tabernakel begebe.

Manchmal schlafe ich ein, während ich da sitze und mich anschauen lasse. Ich fühle mich, als wäre ich in den Händen eines Anderen, als würde mir Gott die Hand reichen. Ich glaube, man muss dazu kommen, das transzendente Anderssein des Herrn zu sehen, der als Herr über allem steht, aber immer unsere Freiheit respektiert.» (RA 57)

Seinen Gästen fällt eine Schale mit weißen Rosen auf und ein Bild der heiligen Therese von Lisieux: «Wenn ich ein Problem habe, bitte ich diese Heilige nicht, dass sie es lösen soll, sondern dass sie es in ihre Hände nehmen und mir helfen möge, es anzunehmen. Und als Zeichen erhalte ich fast immer eine weiße Rose.» (RA 141) Für das Lösen der Knoten hat Jorge Maria Bergoglio – und nicht nur er – *Maria Desatanudos*.

Nicht zu trennen ist Bergoglio außer von seinem Kalender auch von seinem Brevier, dem Buch, das die Geistlichen für das tägliche Stundengebet nutzen. «Es ist das Erste, was ich am Morgen öffne, und das Letzte, was ich vor dem Schlafengehen schließe. Wenn ich reise, muss ich unter Umständen die zwei Bände des Breviers mitnehmen, und ich transportiere sie im Handgepäck.» (RA 134 f.)

Was ist an einem Stundenbuch derart Besonderes, dass man es nicht aus den Augen lassen darf? «Zwischen seinen Seiten bewahre ich das Testament meiner Großmutter, ihre Briefe und das Gedicht «Rassa nostrana» von Nino Costa auf.» «Rassa nostrana» ist ein auf «piemunteis», also in der Sprache der Heimat seiner Großmutter Rosa verfasstes Gedicht. Der Lyriker Nino Costa (1886–1945) hat es den Piemontesen gewidmet, die wie die Bergoglios ihre Heimat verlassen und in der Ferne Arbeit gesucht haben. Der Einwanderersohn kennt manche Gedichte auswendig. (RA 32)

Cacerolazos und viele Tote

Als die beiden Journalisten die Arbeits- und Privaträume des Erzbischofs erkunden, steht Bergoglio seit mehr als zehn Jahren an der Spitze des Erzbistums Buenos Aires. Die Zeit ist nicht stehengeblieben. Mittlerweile hat Argentinien eine Präsidentin: Cristina Fernández de Kirchner. Sie ist die Frau des Peronisten Néstor Kirchner, der 2003 zum Nachfolger von Eduardo Duhalde gewählt worden war. Dieser wiederum hatte die Präsidentschaft am 1. Januar 2002 unter nachgerade chaotischen Verhältnissen angetreten: Er war der fünfte Präsident binnen dreizehn Tagen.

Als Carlos Menem nach dem Wahlsieg des UCR-Politikers Fernando de la Rúa im Jahr 1999 seinem Nachfolger die Regierungsgeschäfte übergibt, hinterlässt er ihm «eine schrumpfende Wirtschaft, stagnierende Beschäftigungszahlen und Investitionen sowie eine staatliche Auslandsverschuldung, die nun fast 150 Milliarden US-Dollar erreicht hatte. In den folgenden Monaten verschärfte sich die Rezession weiter, während der Anteil der Armen an der Bevölkerung und die Arbeitslosigkeit kontinuierlich stiegen».[27]

Zu den seit Jahren üblichen Generalstreiks der Gewerkschaften gesellen sich neue Formen des sozialen Protestes, vor allem Straßensperren. Parteien, Politiker, Fraktionen, Gewerkschaften und Arbeitgeber blockieren sich gegenseitig so lange, bis eine neuerliche Verschärfung der Krise nicht mehr abzuwenden ist. Der Bargeldkreislauf bricht zusammen, die Wirtschaftstätigkeit kommt zum Erliegen, die Regierung verfügt am 1. Dezember 2001 eine Kontensperre. Mehr als 1000 Pesos im Monat können nicht mehr abgehoben werden. Die Wut der Bürger entlädt sich in Protestzügen (*cacerolazos*), die von ohrenbetäubendem Getrommel auf Kochtöpfen begleitet sind, in Plünderungen und neuerlichen Straßenblockaden.

Während der Aufstände am 19. und 20. Dezember 2001 sterben in Argentinien mehrere Dutzend Personen, Tausende werden festgenommen. «Que se vayan todos» – «Haut ab, alle» schallt es einer Elite entgegen, die das Volk wieder einmal an den Rand des Abgrunds geführt hat. Allerdings hat das Volk deren Treiben jahrelang zugesehen. Die Illusion, nicht ein Teil Lateinamerikas zu sein, sondern dank der Dollarparität ein Teil der Ersten Welt, war zu schön.

Bergoglio dürfte dieser Illusion nie erlegen sein. «Viele erinnern sich aus dieser Zeit auch an seine Aktion, mit der er an der Plaza de Mayo während der sozialen Unruhen im Dezember 2001 den repressiven Gegenmaßnahmen Einhalt gebieten wollte. Als er von seinem Fenster im Gebäude des Erzbistums aus sah, wie die Polizei auf eine Frau einschlug, griff er zum Telefon und rief den Innenminister an. Er erreichte den Staatssekretär für Sicherheitsfragen. Den bat er, zwischen den Aktivisten zu unterscheiden, die Übergriffe begingen, und den einfachen Sparern, die ihr Geld von den Banken zurückforderten.» (RA 19 f.)

Präsident Fernando de la Rúa, mit dem die Verehrung der Maria Knotenlöserin in den Präsidentenpalast eingezogen war, flieht am Abend des 20. Dezember 2001 an Bord eines Hubschraubers aus der *Casa Rosada*. Sein Nachfolger Ramón Puerta, der Präsident des Senats, übergibt die Amtsgeschäfte nach zwei Tagen dem gewählten Interimspräsidenten Adolfo Rodríguez Saá. Dieser hält sich nur wenige Tage, verkündet aber ein bis heute nachwirkendes Moratorium: Die Begleichung der Auslandsschulden des Landes wird eingestellt.

Am 30. Dezember hat auch Rodríguez Saá jeden Rückhalt verloren. Für einen Tag wird Eduardo Camaño Präsident. Am 1. Januar 2002 nimmt jener Mann von der *Casa Rosada* Besitz, der 1999 in der Präsidentenwahl unterlegen war: der Peronist Eduardo Duhalde. An einem Runden Tisch, der die Einheit des Landes wiederherstellen soll, sitzen auch Repräsentanten der katholischen Kirche. Der neuen Regierung gelingt es, die Krise in den Griff zu bekommen. Doch der Preis, den das Land zahlen muss, ist hoch. Nach dem Staatsbankrott im Jahr 2001 ist Argentinien bis heute nicht an die Kapitalmärkte zurückgekehrt. Alle nachfolgenden Regierungen weigern sich, die Verpflichtungen aus der Auslandsverschuldung in vollem Umfang zu erfüllen.

Das Vaterland auf den Schultern

Im Jahr 2002 stellt sich Carlos Menem abermals zur Wahl. Sein Gegner ist ein weithin unbekannter Politiker aus dem Süden Argentiniens, der dem linksperonistischen, antikirchlichen Flügel der PJ zugerechnet wird. Zum zweiten Wahlgang tritt Menem nicht mehr an. Néstor Kirchner, der in der ersten Runde 22 Prozent der Stimmen erhalten hatte, ist neuer Präsident Argentiniens. Bergoglio gibt ihm eine Botschaft mit auf den Weg: «Als die schlimmste Krise vorbei war, sprach er beim nationalen Festakt von 2003 vor Néstor Kirchner, der Stunden zuvor die Präsidentschaft übernommen hatte. Er forderte von allen, sie sollten sich ‹das Vaterland auf die Schultern legen›, um dem Land wieder Größe zu geben.» (RA 21) Wieder ein eingängiges Sprachbild, wieder ein Satz, in dem sich die Haltung Bergoglios gegenüber den Mühen des eigenen Lebens und des Lebens der Anderen wie unter einem Brennglas bündelt.

In «El Jesuita» findet sich ein Kapitel, das den Tugenden Barmherzigkeit und Geduld gewidmet ist – Geduld angesichts der eigenen Begrenztheit eingeschlossen: «Wir müssen die Dinge mit Geduld geschehen lassen – vor allem angesichts des Versagens und der Sünde, wenn wir bemerken, dass wir die eigenen Grenzen überschritten, wenn wir ungerecht und unehrenhaft gehandelt haben … Wie oft sollten wir im Leben ein wenig langsamer tun und nicht alles auf einen Schlag regeln wollen! All das bedeutet: sich in Geduld üben», (RA 79 f.) sagt der Mann, der in wenigen Jahren Papst sein wird. «Vor allem aber bedeutet es, dass man den Anspruch aufgibt, alle Probleme selbst lösen zu wollen. Sicher muss man sich auch anstrengen, aber mit dem Wissen, dass einer allein nicht alles schaffen kann. Man muss die magische Vorstellung von der Wirksamkeit etwas relativieren.»

Dann folgt ein Gedanke, der für den in der Schule der «Geistlichen Übungen» des Ordensgründers Ignatius zu großer Reife gelangten Jorge Mario Bergoglio kennzeichnend ist: «Aber Achtung! Die christliche Geduld bedeutet nicht Quietismus oder Passivität. Es ist vielmehr die Geduld des Hl. Paulus, die ein ‹Er-tragen› einschließt. Man muss die Geschichte auf den eigenen Schultern durchtragen. Das archetypische Bild dafür ist Äneas, der, als Troja niederbrennt, seinen Vater auf die Schultern nimmt – Et sublato patre montem petivi –, sich so seine ganze Geschichte auf die Schultern lädt und auf den Berg zusteuert, auf der Suche nach der Zukunft.»

Die Fragesteller erkennen sofort die Anspielung: «Kommt daher eine Ausdrucksweise, die Sie so gerne wiederholen: ‹sich das Vaterland auf die Schultern laden›?» Bergoglio: «Ich weiß nicht, es ist mir jetzt einfach so eingefallen.»

Kultur der Arbeit

Dank einer seit Jahrzehnten nicht mehr gekannten Nachfrage nach Rohstoffen wie Soja, Getreide und Fleisch, hinter der vor allem China steht, wachsen die Exporte und damit auch die Staatseinnahmen. Zum ersten Mal seit langem haben viele Argentinier das Gefühl, dass es mit ihrem Land wieder aufwärts geht. Dass Kirchner, der nach seiner ersten Amtszeit den Vorsitz der PJ übernimmt und im Jahr 2010 überraschend stirbt, wie auch seine Frau Cristina massiven Einfluss auf das Justizwesen nehmen, die Inflationsrate manipulieren und zur Finanzierung einer paternalistischen Sozialpolitik sogar Mittel von Pensionsfonds zweckentfremden, findet in der argentinischen Öffentlichkeit nur geringen Widerhall. Einer, der keine Ruhe gibt, ist der Erzbischof von Buenos Aires: «Sicher muss man in Zeiten der Krise auf staatliche Alimentierung setzen, um aus einer Misere, wie wir sie 2001 in Argentinien hatten, herauszukommen. Aber danach muss man neue Arbeitsmöglichkeiten erschließen, denn – ich werde nicht müde, das zu unterstreichen – Arbeit verleiht Würde.» (RA 38 f.) Bergoglio will eine «Kultur der Arbeit ... nicht eine des Almosens.»

Mit den Journalisten Rubin und Ambrogetti soll sich ein Gespräch entspinnen, das ein Zitat des vormaligen uruguayischen Präsidenten Julio María Sanguinetti zum Ausgangspunkt hat: «Ich habe einmal gesagt, man könne die Länder in vier Kategorien einteilen: als erste die entwickelten, als zweite die unterentwickelten, als dritte Japan, das sich nicht erklären kann, warum es zu den entwickelten Ländern gehört, und schließlich Argentinien, von dem niemand erklären kann, warum es unterentwickelt ist.» (RA 114 f.)

Bergoglio greift den Ball auf und erinnert an das Argentinien seiner Großeltern, die sich einst aus dem ärmlichen Italien des frühen 20. Jahrhunderts in das gelobte Land im Süden des Südens aufgemacht hatten. Der Reichtum hat sich auch in Argentinien als Fluch erwiesen: «Am Tag des Jüngsten Gerichts werden wir zu denen gehören, die das ihnen überlassene Talent vergraben haben, anstatt es fruchtbar zu machen. Das betrifft nicht nur Ackerbau und Viehzucht, sondern auch den Bergbau. Argentinien verfügt über einen beeindruckenden Reichtum an Bodenschätzen. Das ist klar, denn wir haben sehr viel Gebirge. Aber trotz der vielen Küsten, die unser Land aufweist, haben wir uns weder daran gewöhnt, Fisch zu essen, noch daran, ihn für den Export zu verarbeiten. Mit anderen Worten: Unsere ganze Geschichte hindurch sind wir nicht in der Lage, Arbeitsmöglichkeiten zu schaffen, die auf unseren Ressourcen beruhen.»

Den Humor hat Bergoglio darüber nicht verloren. Denn er spinnt den Gedanken auf der selbstironischen Ebene fort, die seine Gesprächspartner durch das Sanguinetti-Zitat gelegt hatten und auf der man sich wohl noch Stunden hätte unterhalten können: «Sicher kennen Sie die Geschichte, in der es darum geht, wie verschiedene Botschafter Gott aufsuchen, um sich darüber zu beschweren, dass er im Unterschied zu ihren Ländern Argentinien mit so großen Reichtümern ausgestattet habe, und ihnen der Allmächtige zur Antwort gibt: «Ja, und deswegen habe ich ihnen auch die Argentinier gegeben.»

Argentinien ist krank

«Aber noch ist es Zeit, ein neues Kapitel aufzuschlagen», ist im Jahr 2010 in «El Jesuita» zu lesen. Aber wie, wo doch ungeachtet der kostspieligen Sozialprogramme der Kirchner-Regierung der Anteil der Armen und Ausgeschlossenen gegenüber den Krisenjahren 2001/ 2002 nur marginal gesunken ist und die strukturelle Arbeitslosigkeit sich ebenso verfestigt hat wie der informelle Sektor?

«Es kann doch nicht sein, dass ein Land, das Lebensmittel für 300 Millionen Menschen produzieren kann, nicht in der Lage ist, seine 38 Millionen Einwohner zu ernähren. Das ist nun wirklich eine Frage der Werte. Ich sehe überall, wie Interessen durchgesetzt werden, aber niemand hat das Allgemeinwohl im Blick. Auch die politischen Institutionen sind nicht davon beseelt, die Zustände zu verbessern. Es geht ihnen nur darum, an die Macht zu gelangen. Für sie ist die Macht wichtiger als der Mensch. Die Elendsviertel könnte man mit relativ geringem finanziellem Aufwand beseitigen. Es zerreißt mir schier das Herz, wenn ich die vielen Bettler auf der Straße sehe, die außerdem immer zahlreicher werden. Argentinien ist krank, und das tut mir in der Seele weh, weil es ganz anders sein könnte. Ich will mich keiner politischen Richtung verschreiben, aber ich hege die große Hoffnung, dass dieses Land irgendwann die Führungspersönlichkeiten hervorbringen wird, die diese Zustände verändern.» (BS 150)

Der Weg, der zum Ziel führt, liegt auf der Hand: Die Argentinier müssten endlich lernen, als Gesellschaft zu handeln: «Wir sind besonders sektiererisch veranlagt, deswegen kümmern wir uns nur um den eigenen Laden. Ein Beispiel dafür war die Zahl der Gruppierungen, die sich bei den Wahlen von 2007 in der Provinz Misiones präsentierten: Es waren ungefähr 1900! Für die Präsidentenwahl im selben Jahr gab es 18 Wahlvorschläge. Das heißt: Entweder sind wir Wundermenschen, die 18 Genies zur Verfügung haben, die das Land regieren können, oder wir sind solche Dummköpfe, dass wir es nicht schaffen, uns zu einigen.» (RA 120 ff.)

Doch welcher Weg führt zum Ziel? «Uns fehlt sehr die Begegnung; wir neigen viel mehr dazu, das zu betonen, was uns trennt, statt das, was uns verbindet; wir neigen dazu, den Konflikt zu verschärfen, anstatt uns zu verständigen. Man könnte sogar formulieren, dass wir Freude daran haben, untereinander Krieg zu führen.»

Und was ist die Ursache dafür in einem Land, in dem die katholische Kirche über Jahrhunderte hinweg eine dominierende Stellung innehat? «Vielleicht hat sich hier der *Caudillismo*, der Kult des starken Mannes, stark ausgewirkt. Man darf nicht übersehen, dass sich die nationale Reorganisation auf die Caudillos stützte, die daran beteiligt waren, sie aber nicht zu Ende bringen konnten.»

Liegt das böse Ende vielleicht im falschen Ansatz begründet? «Ich glaube, wir müssen heute entweder eine Kultur der Begegnung entwickeln, oder wir gehen unter. Die totalitären Entwürfe des letzten Jahrhunderts – sei es der Faschismus, der Nazismus, der Kommunismus oder der Liberalismus – sind auf Vereinzelung aus.»

Und wie? «Jeder Mensch hat etwas beizutragen, und jeder Mensch kann etwas von uns empfangen. Das Vorurteil ist wie eine Mauer, die uns an der Begegnung hindert. Und wir Argentinier haben viele Vorurteile; deswegen stempeln wir die Leute ab und verhindern dadurch im Grunde genommen den Dialog, die Begegnung. Auf diese Weise fördern wir im Endeffekt die Unfähigkeit zur Begegnung, die nach meiner Einschätzung in den Bereich wirklicher sozialer Pathologie gehört.» Damit ist Bergoglio bei einem anderen Lieblingsthema, dem der Kommunikation in der Gesellschaft und der Rolle der Medien.

Im Jahr 2014 wird kaum ein Monat vergehen, in dem Papst Franziskus die Medien nicht ermahnt, sich von Klatsch, Verleumdung und Desinformation fernzuhalten. Jedes Mal finden seine Worte ein weltweites Echo. Denjenigen, die in Buenos Aires Erzbischof Bergoglio aufmerksam zugehört haben, kommen auch diese Worte des Papstes reichlich bekannt vor: «Ich glaube, es handelt sich auch um ein Problem der Kommunikation, das durch drei Verhaltensweisen begünstigt wird: die Desinformation, die Diffamierung und die Verleumdung. Die Erstere äußert sich darin, dass wir nie die vollständige Information über eine Person oder ein Ereignis weitergeben und sehr schnell zum Klatsch greifen. Gerade die Medien stürzen sich manchmal nur auf das Konflikthafte, auch wenn es nur ein kleiner Teilaspekt ist.» (RA 122 f.)

So weit die Beschreibung. Und die Bewertung? «Für mich ist die Desinformation die gefährlichste Verhaltensweise, weil das Weitergeben nur eines Teils der Wahrheit den Empfänger desorientiert und unsicher macht. Diffamierung und Verleumdung sind vom moralischen Standpunkt aus gravierender als die Desinformation, aber vielleicht auf der Ebene der Begegnung nicht gleichermaßen schädlich.»

Der Kardinal

Drei Jahre hatte Erzbischof Bergoglio darauf warten müssen, wie seine Vorgänger in das Kardinalskollegium aufgenommen zu werden – sollte er überhaupt darauf gewartet haben.

Mit der vatikanischen Kurie gibt es kaum Berührungspunkte, einige Mächtige, wie der dem ehemaligen Präsidenten Carlos Menem eng verbundene Kardinalstaatssekretär Angelo Sodano, sind ihm suspekt. Auf kirchliche Ämter ist er nicht aus und in seinem eigenen Orden nicht gut gelitten. Gut versteht sich Bergoglio nur mit einem anderen Argentinier, dem Direktor des Vatikanischen Geheimarchivs und der Vatikanischen Bibliothek, dem 78 Jahre alten argentinischen

Erzbischof Jorge Mejia. Dieser war lange Zeit Direktor einer katholischen Zeitschrift in Argentinien gewesen, «Criterio», die Bergoglio ebenso regelmäßig zur Hand genommen hat wie «Nexo» und «Vísperas» seines urugayischen Freundes Alberto Methol Ferré. Immerhin lebt einer der «Schüler» Methol Ferrés seit langem mit seiner Familie in Rom: Guzmán Carriquiry ist als Sekretär des Päpstlichen Laienrates einer der ranghöchsten Laien in der Kurie.

Kurz nach dem Ende des «Heiligen Jahres» 2000 ist es soweit. Ende Januar kündigt Papst Johannes Paul II. für den 21. Februar 2001, das Hochfest Cathedra Petri, ein so genanntes Konsistorium an, eine Kardinalsversammlung.[28]

Die Aufnahme neuer Mitglieder ist längst überfällig. Das letzte Konsistorium hatte im Februar 1998 stattgefunden, seither haben zahlreiche Kardinäle das 80. Lebensjahr vollendet oder sind verstorben, so dass die Richtgröße von 120 wahlberechtigten Kardinälen erheblich unterschritten ist. Gerade einmal 97 sind am Ende des Heiligen Jahres jünger als 80 Jahre und besitzen damit das aktive wie das passive Wahlrecht. Argentinien ist in der Gruppe der Papstwähler überhaupt nicht mehr vertreten.

Also pfeifen es Anfang Januar die Spatzen in Buenos Aires von den Dächern, dass Argentinien mindestens einen neuen Kardinal, wenn nicht gar zwei oder sogar drei *purpurados* erhalten könnte.[29] Gesetzt ist nur einer: der Erzbischof von Buenos Aires, Jorge Mario Bergoglio, 64 Jahre alt. Gleichfalls in Frage kommt Erzbischof Jorge Mejia. Und dann ist da noch der Erzbischof von Paraná und Vorsitzende der Argentinischen Bischofskonferenz, Estanislao Karlic, der bisher übergangen worden war.

Am 22. Januar berichten die argentinischen Zeitungen, dass ihr Land bald von vier Kardinälen repräsentiert werde: den beiden über 80 Jahre alten emeritierten Erzbischöfen Juan Carlos Aramburu und Raúl Primatesta sowie den Erzbischöfen Bergoglio und Mejia. Längst heißt es nicht mehr, Bergoglio sei ein Neokonservativer. Mejia wie er seien Vertreter einer Ekklesiologie und einer Pastoral, die sich von den Machenschaften der Politik fernhalte und mit einem gesunden Sinn für die Unabhängigkeit der Kirche die Werte des Evangeliums vertrete. Bergoglios Einfluss, so heißt es weiter, sei in den vergangenen Jahren kontinuierlich gewachsen. Mittlerweile sei er auch einer der stellvertretenden Vorsitzenden der Bischofskonferenz.[30]

Bergoglio bricht einige Tage vor der feierlichen Zeremonie im Vatikan nach Europa auf. Im Gepäck: die Soutanen, die sein Vorgänger Quarracino als Kardinal getragen hatte. Alle anderen Kardinäle haben oder werden sich diese Kleidungsstücke in den einschlägigen Geschäften für Priesterkleidung in Rom anfertigen lassen. Bergoglio, so heißt es, habe die Gewänder seines Vorgängers aufbewahrt und sie sich jetzt anpassen lassen. Und: Nachdem er erfahren habe, dass einige Gläubige eine Reise nach Rom planten, um auf dem Petersplatz anwesend zu sein, wenn Papst Johannes Paul II. ihm das Kardinalsbirett aufsetzen würde, habe er sie aufgefordert, zu Hause zu bleiben und das Geld für die Reise den Armen zu schenken. (RA 19)

Am Tag selbst fällt Bergoglio unter den mehr als 40 neuen Kardinälen nicht auf, die in diesem größten Konsistorium der Kirchengeschichte in den «Senat» der Kirche aufgenommen werden. Aus Deutschland richtet sich das Interesse ohnehin nicht auf Südamerika – warum auch? Die Ernennung Bergoglios war ja kein Ausdruck eines besonderen Vertrauensverhältnisses zwischen dem Papst und dem Jesuiten, sondern dem Umstand geschuldet, dass ein Erzbischof von Buenos Aires automatisch Kardinal wird. Die Kardinalswürde für den Vorsitzenden der Deutschen Bischofskonferenz, den Mainzer Kardinal Lehmann, ist dagegen eine faustdicke Überraschung.[31] Auch den Präsidenten des Päpstlichen Rates zur Förderung der Einheit der Christen, den vormaligen Bischof von Rottenburg-Stuttgart Walter Kasper, hatten nicht alle in den Reihen des Kardinalskollegiums gesehen.[32]

Bergoglio gehört von nun an zu der Gruppe der so genannten Kardinalpriester. Seine Titelkirche ist San Roberto Bellarmino. Wie es sich gehört, wird er umgehend in mehrere römische Behörden berufen, allen voran die Kongregation für den Klerus sowie die Kongregation für den Gottesdienst und die Sakramentenordnung. Hinzu kommen der Päpstliche Rat für die Familie, die Kongregation für die Institute geweihten Lebens sowie (von 2013 an) die Päpstliche Kommission für Lateinamerika. In die prestigeträchtige Kongregation für die Glaubenslehre, in die wichtige Kongregation für die Bischöfe oder auch die so genannte «Kongregation für die Evangelisierung der Völker» beruft man den neuen Kardinal vom Ende der Welt nicht.

Zweimal Buenos Aires – Rom und zurück

Der Flug zum Konsistorium im Februar sollte nicht die einzige Reise sein, die Bergoglio im Jahr 2001 nach Rom führt. Für den Monat Juni lädt Papst Johannes Paul II. in den Vatikan ein, um Rückschau auf das Heilige Jahr 2000 zu halten und über sein Apostolisches Schreiben «Novo Milenio Ineunte» zu beraten. Bergoglio nimmt an diesem «Außerordentlichen Konsistorium» teil. Er spricht aber nicht im Plenum, sondern ergreift nur in einer Kleingruppe das Wort. Was er gesagt hat, spricht sich nicht herum.

Der brasilianische Kardinal Aloisio Lorscheider, in den turbulenten siebziger Jahren Präsident des Celam und später Erzbischof von Aparecida, lässt sich einen Tag vor dem Konsistorium mit den Worten zitieren, der Papst sei «ein Gefangener der Leute, die ihn umgeben und die ihn von der Basis fernhalten».[33] Außerdem fallen die Worte «Dezentralisierung» und «Kollegialität».

Es gärt im Kardinalskollegium. Doch wer auf Veränderungen dringt, weiß genau, dass diese während des Pontifikates von Papst Johannes Paul II. nicht zu verwirklichen sind. Zu mächtig ist die Kurie und zu unpolitisch und angepasst das Gros der Kardinäle, die seit 1978 in den «Senat» der Kirche aufgenommen worden waren.

In dieses Schema scheint auch Bergoglio zu passen. Der neu ernannte Kardinal macht keine Anstalten, sich in kirchenpolitischen Fragen zu exponieren. Zwar fehlt es im Jahr 2001 nicht an Mutmaßungen, wer dem mittlerweile 81 Jahre alten und gesundheitlich massiv beeinträchtigten Papst Johannes Paul II. nachfolgen könne. Doch wenn die Rede auf «papabili» kommt, fällt Bergoglios Name so gut wie nie. Jenseits von Argentinien ist der Erzbischof von Buenos Aires weitgehend unbekannt, auch im Kardinalskollegium. Das sollte sich bald ändern.

Für die Hoffnung der Welt

Zum 30. September 2001 bittet Papst Johannes Paul II. zu der ersten Ordentlichen Vollversammlung der Bischofssynode im 21. Jahrhundert in den Vatikan. Wieder macht sich Bergoglio auf den Weg, diesmal in Begleitung des neuen Vorsitzenden der Argentinischen Bischofskonferenz, des Erzbischofs von Rosario, Eduardo Mirás. Das Thema der Synode: «Der Bischof: Diener des Evangeliums Jesu Christi für die Hoffnung der Welt».

Am Nachmittag des 2. Oktober wird dem Erzbischof von Buenos Aires das Wort erteilt: «Der Bischof ist derjenige, der wacht; er schützt die Hoffnung, während er bei seinem Volk wacht»,[34] heißt es in der schriftlichen Zusammenfassung des Beitrags, die das Presseamt verbreitet. Das «Überwachen» (*supervisar*) und das «Bewachen» (*vigilar*) sind ihm als Elemente einer geistlichen Haltung des Bischofs wichtig. Grundlegend ist ihm die Haltung des «Wachens» (*velar*) − so wie Jahwe beim Auszug Israels aus Ägypten in der Pessah-Nacht bei seinem Volk wachte. Wer «überwacht», der richtet seinen Blick eher auf Fragen der Lehre oder die Sitten, wer «wacht», sorgt sich darum, dass es «Salz und Licht» in den Herzen gibt. Wer «bewacht», ist bereit, eine Gefahr abzuwehren, «wachen» hingegen heiße, geduldig die Prozesse zu unterstützen, mit denen der Herr sein Volk auf den Weg des Heils führt. Um «bewachen» zu können, müsse man bereit sein, gewitzt und reaktionsschnell. Wer «wache», der müsse darüber hinaus sanftmütig sein, geduldig und beständig in der Liebe.

«Überwachen und bewachen verweisen auf eine sicher notwendige Kontrolle. Wachen hingegen verweist auf Hoffnung, die Hoffnung des Barmherzigen Vaters, der über den Prozessen in den Herzen seiner Kinder wacht. Das Wachen bezeugt und bestärkt die Freimut (*parrhesia*) des Bischofs, der die Hoffnung bezeugt, ohne sich des Kreuzes Christi zu schämen.»

Neben dem Bild Jahwes, der über dem großen Auszug seines Bundesvolkes wacht, führt Bergoglio ein zweites, vertrauteres, aber nicht weniger starkes Bild an: den Heiligen Josef. Bis in seine Träume hinein habe jener über dem Kind und seiner Mutter gewacht – erst das habe ihn befähigt, seine kleine Herde mit seinen armseligen Mitteln zu beschützen (*vigilar*), und wachsam und gewitzt allen Gefahren zu trotzen, die dem Kind drohten.

Der Stellvertreter

Es ist nicht vorgesehen, dass dieser Jesuit, der aus dem Nichts einen geistlichen Vortrag über die Spiritualität des Bischofsamtes hält und sich anheischig macht zu wissen, was wirklich wichtig und was weniger wichtig ist, während der Synode irgendein Amt haben soll.

Allerdings machen unvorhergesehene Ereignisse eine Änderung in der sorgsam austarierten Hierarchie der Synode notwendig. Drei Synoden-Präsidenten hat der Papst ernannt: einen Italiener, einen Afrikaner und einen Asiaten. Den amerikanischen Kontinent repräsentiert der Kardinal-Erzbischof von New York, Edward Egan. Er hat die Hauptlast der Arbeit zu tragen, denn als «Generalrelator» obliegt es ihm, alle Diskussions- und Debattenbeiträge so zu bündeln, dass zum Abschluss der Synode ein Dokument vorliegt, das seinerseits als Grundlage des jeweiligen «Nachsynodalen Schreibens» des Papstes dienen kann.

Die Synode beginnt drei Wochen nach dem Anschlag auf Amerika vom 11. September 2001. In New York hat das World Trade Center, das von islamistischen Terroristen mit zwei entführten Flugzeugen zum Einsturz gebracht wurde, mehr als 3000 Menschen unter sich begraben. Egan, der New Yorker Kardinal, kann die Aufgabe nicht ganz ausfüllen, die man ihm im Vatikan zugedacht hat. Seine Stadt steht unter Schock. Während des Gedenkgottesdienstes für die Opfer des Massenmordes am 11. Oktober kann er in New York nicht fehlen. Am 4. Oktober, dem Fest des Heiligen Franziskus, gesellt man Egan einen «Beigeordneten Generalrelator» bei, der nun seinerseits zusammen mit dem «Sondersekretär» der Synode, dem italienischen Bischof Marcello Semeraro, die eigentliche Koordinations- und Redaktionsarbeit zu bewältigen hat.[35]

Die Wahl des Papstes ist auf einen Jesuiten gefallen, der erst vor wenigen Monaten in das Kardinalskollegium aufgenommen worden war: Jorge Mario Bergoglio.

Warum hat sich Papst Johannes Paul II. für Bergoglio entschieden? Sicher spielte der Regionalproporz eine Rolle. Wenn es schon galt, eine Leitungsposition zu besetzen, dann mit jemandem, der aus Lateinamerika stammte. Der «katholische Kontinent» war an der Spitze der Bischofssynode zunächst nicht repräsentiert. Doch warum nicht den Celam-Präsidenten, den Kolumbianer Jiménez Carjaval, Kardinal Egan an die Seite stellen? Oder den ebenfalls neu in das Kardinalskollegium aufgenommenen Erzbischof von Tegucigalpa, Oscar Andrés Rodríguez Maradiaga? Sollte Bergoglio dem Papst mit seinen Worten über die geistlichen Tugenden eines Bischofs womöglich aus dem Herzen gesprochen haben?

Nicht ausgeschlossen ist, dass Bergoglios Einlassung während der vierten Zusammenkunft bei manchen wie ein Blitz eingeschlagen hat: Endlich einer, der nicht vorgestanzte Formeln rezitiert, sich nicht in Ergebenheitsadressen ergeht, sondern ein Mann, der mit Freimut (*parrhesia*) redet, und der keinem Lager zuzurechnen ist. Was er sagt, ist ein Denkanstoß für «Progressive» wie «Konservative», ein Blick auf das Gesamte (wie es zweimal im Text heißt). Bergoglio ist eine Persönlichkeit «sui iuris». Bescheiden, zurückhaltend, aber mit einer stets klarer werdenden Option für eine dienende und sorgende Kirche.

Das Überraschungsmoment hat Bergoglio auf seiner Seite, als er am 5. Oktober unvermittelt am Präsidiumstisch Platz nimmt. Und dann? Was immer er während der noch drei Wochen dauernden Synode in Rom sagt und tut, er sagt und tut es so, dass er einen nachhaltigen Eindruck hinterlässt. Als die Vertreter des amerikanischen Kontinents in den so genannten Nachsynodalen Rat gewählt werden, der an der Fertigstellung des Synodendokumentes arbeiten soll, erhält der Kardinal von Buenos Aires mit Abstand die meisten Stimmen der insgesamt 252 stimmberechtigten Mitglieder der Synode. Nicht nur dieser Vertrauensbeweis sollte in den kommenden Jahren weiter wirken. Als Bergoglio im Jahr 2013 einen Geistlichen sucht, der die Rolle des Sekretärs des von ihm ins Leben gerufenen Kardinalsrates ausfüllen könnte, kommt ihm der Bischof von Albano in den Sinn: Marcello Semeraro.

Der Kandidat

Das Kardinalskollegium sieht sich erst knapp dreieinhalb Jahre nach jener denkwürdigen Vollversammlung der Bischofssynode wieder: Nicht zu gemeinsamen Beratungen, sondern zu gemeinsamer Trauer. Papst Johannes Paul II. war nach langer Krankheit am 2. April 2005 im Apostolischen Palast verstorben, im 28. Jahr seines Pontifikates.

Bergoglio erfährt von der Todesnachricht in einer kirchlichen Berufsschule in dem Elendsviertel Barracas.[36] Nach Rom reist er allerdings nicht, ehe er nicht den jährlichen Gottesdienst aus Anlass des «Tages der Erziehung» in seiner Bischofskirche gefeiert hat. Dort wiederholt er seine Mahnung, die Kinder und Heranwachsenden nicht zu vernachlässigen. Am Gründonnerstag hatte er zwölf Müttern die Füße gewaschen. Einige von ihnen stillten ihre Kinder während des Gottesdienstes.[37]

In Rom zeichnet sich längst ab, auf wen die Nachfolge Johannes Pauls II. hinausläuft. Eine lateinamerikanisch-spanische Gruppe von Kardinälen um Antonio María Rouco Varela (Madrid), Julián Herranz (Kurie, Präsident des Päpstlichen Rates für die Interpretation der Gesetzestexte, Opus Dei), Alfonso López Trujillo (Kurie, Präsident des Päpstlichen Rates für die Familie) und Darío Castrillón Hoyos (Kurie, Präfekt der Kleruskongregation) hat eine große Zahl von Kardinälen auf den theologischen Kopf des Pontifikats von Johannes Paul II. eingeschworen.

Der Plan mehrerer westeuropäischer Kardinäle um Godfried Danneels (Mechelen-Brüssel), Walter Kasper (Kurie, Päpstlicher Rat zur Förderung der Einheit der Christen) und Karl Lehmann (Mainz), zu der auch Oscar Andrés Rodríguez Maradiaga (Honduras) gehört, die sich nicht für Ratzinger entscheiden können, geht nicht auf. Die Idee, in den ersten Wahlgängen für Carlo Maria Martini zu werben, auf dass dieser seine Stimmen in späteren Wahlgängen auf einen anderen Jesuiten namens Jorge Mario Bergoglio übertragen könne, ist zum Scheitern verurteilt. Niemandem im Kardinalskollegium ist verborgen geblieben, dass Martinis Parkinson-Erkrankung weit fortgeschritten ist.

Außerdem ist Bergoglio trotz seines überraschend guten Eindrucks, den er während der Vollversammlung der Bischofssynode im Oktober 2001 hinterlassen hatte, nicht wieder auf der internationalen Bühne hervorgetreten – ganz davon abgesehen, dass er weder unter den lateinamerikanischen Kardinälen noch unter den Kurienkardinälen, die sich für die Belange der Kirche in Lateinamerika interessierten, mehrheitsfähig gewesen wäre. Warum aber einen Lateinamerikaner wählen, der gewissermaßen vom Ende der Welt kommt, aber auf seinem eigenen Kontinent im eigentlichen wie im übertragenen Sinn eine Randfigur ist?

Dann gibt es noch den Versuch, Bergoglio als Komplizen der argentinischen Militärdiktatur darzustellen.[38] Von wem ein diesbezügliches Dossier verbreitet wird, ist bis heute nicht restlos aufgeklärt. Der Verdacht richtet sich gegen einen argentinischen Journalisten namens Horacio Verbitsky, der sich immer wieder abfällig über Bergoglios Rolle im Zusammenhang mit der Verschleppung der beiden Jesuiten Jalics und Yorio geäußert hatte.

Über Verbitsky heißt es immer wieder, er stehe der Regierung von Präsident Néstor Kirchner nahe. Dass Kirchner im Jahr 2005 kein Interesse gehabt hat, dass Erzbischof Bergoglio Papst wird, liegt auf der Hand. Zwar sollte die Konfrontation zwischen dem Kardinal und dem Präsidenten erst mit dem Te Deum am 25. Mai jenes Jahres und damit nach der Rückkehr Bergoglios ihren Höhepunkt erreichen.[39] Doch ist Bergoglio längst der hartnäckigste Widersacher des Präsidenten. Dessen Wahl mit allen Mitteln verhindern zu wollen ist Kirchner durchaus zuzutrauen.

Im Konklave 2005 steht Bergoglio wieder einmal dort, wo er immer gestanden hatte: zwischen vielen Stühlen. Den Bewahrern (und sei es nur ihrer Privilegien) ist er wegen seiner unüberhörbaren Kritik an einer pharisäerhaften und selbstreferentiellen Kirche nicht geheuer, den Erneuerern ist seine Vergangenheit ein Rätsel. Dieses Risiko scheint ihnen dennoch geringer zu sein als das Risiko, dass Joseph Kardinal Ratzinger als Papst die Geschicke der Kirche in den kommenden Jahren lenken könnte. Sie halten an ihrem Kandidaten fest.

So weit man sich ein Bild über den Verlauf der Abstimmungen im

Konklave machen kann, so verliefen diese so, dass die Wähler Martinis bald von ihrem Kandidaten abließen und Bergoglio im dritten Wahlgang etwa 40 Unterstützer hatte. Hätten die Wähler an ihm festgehalten, wäre womöglich der Fall eingetreten, den sich niemand wünschte: Die 115 Kardinäle hätten ein Bild der Zerstrittenheit geboten. Stattdessen verbreitete sich vor dem vierten Wahlgang die Kunde, Bergoglios Stimmen sollten Ratzinger zugutekommen. Am Abend des 19. April 2005 tritt dieser als Papst Benedikt XVI. auf die Benediktionsloggia des Petersdoms.

In Buenos Aires lässt sich Kardinal Bergoglio wieder aus Anlass des so genannten Tages der sozialen Kommunikationsmittel sehen. In der Kathedrale feiert er am Freitag, dem 6. Mai, einen Gottesdienst zu Ehren einer 78 Jahre alten und immer noch unermüdlichen Zeitungsausträgerin, die er persönlich kennt. In seiner Predigt spricht Bergoglio – wie könnte es anders sein – von der Freude und der Würde der Arbeit. Am Ende des Gottesdienstes überreicht der Kardinal Sarita Vallejos einen Blumenstrauß, bei dem anschließenden Zusammensein in den Räumlichkeiten der Bistumsverwaltung ist er es, der ihr den Tee serviert.[40]

Auf dem Weg nach Aparecida

Im Mai des Jahres 2007 muss Kardinal Bergoglio seine Bischofsstadt abermals für einige Wochen verlassen. Diesmal geht die Reise nicht nach Rom, sondern nur nach Aparecida im benachbarten Brasilien. Dass er Buenos Aires nicht gerne verlässt, ist ebenso gewiss wie der Umstand, dass er zeitraubende Zusammenkünfte wie Bischofssynoden oder auch Vollversammlungen der Mitglieder vatikanischer Behörden nach Möglichkeit meidet. Doch an der V. Generalversammlung des Lateinamerikanischen Bischofsrates (Celam), die im größten Marienwallfahrtsort Brasiliens stattfinden soll, muss Bergoglio teilnehmen.

Und das nicht nur, weil er seit einigen Jahren den Vorsitz der argentinischen Bischofskonferenz inne hat. Hinter dem Erzbischof von Santiago de Chile und Celam-Präsidenten Francisco Javier Errázuriz

Ossa (2003–2007) sowie dessen honduranischem Vorvorgänger Kardinal Oscar Andrés Rodríguez Maradiaga (1995–1999) war er eine Schlüsselfigur in einem Konflikt mit starken Kräften im Vatikan, die ein Ereignis wie «Aparecida» um jeden Preis verhindern wollten – und unterliegen sollten.

Rio de Janeiro 1955 – Medellín 1968 – Puebla 1979 – Santo Domingo 1992: vier Städte, vier Generalversammlungen des Celam, vier Meilensteine auf dem langen und nicht unumstrittenen Weg der Inkulturation der katholischen Kirche in Lateinamerika. Gegründet worden war der Celam noch während des Pontifikats von Papst Pius XII. und damit lange vor dem II. Vatikanischen Konzil. Als erster regionaler Zusammenschluss von Bischofskonferenzen über Landes- und Sprachgrenzen hinweg sollte die Organisation der Kirche Lateinamerikas nach innen wie nach außen eine eigene Stimme geben. Dazu passte, dass Papst Pius XII. das Kardinalskollegium durch die Ernennung von Kardinälen aus nicht-europäischen Ländern stärker vergrößert und internationalisiert hatte als alle seine Vorgänger.

Daher war es für Pius XII. auch nur konsequent, das Ansinnen vieler lateinamerikanischer Bischöfe zurückzuweisen, das Generalsekretariat des Celam in Rom anzusiedeln. Die Organisation nimmt ihren Sitz in der kolumbianischen Hauptstadt Bogotá, wo sie noch heute ansässig ist.

Drei Jahre nach dem Abschluss des II. Vatikanischen Konzils versammeln sich mehrere hundert Bischöfe, Theologen und Beobachter aus allen Ländern Mittel- und Südamerikas einschließlich der Karibik zur II. Generalversammlung des Celam in der kolumbianischen Stadt Medellín. Wie einige Jahre später auf der Gemeinsamen Synode der Bistümer der Bundesrepublik Deutschland, die 1968 auf dem Essener Katholikentag ins Auge gefasst wird und von 1971 bis 1975 in Würzburg stattfindet, so geht es in Medellín um die Übersetzung der Botschaften und Impulse des II. Vatikanums in den religiösen, gesellschaftlichen und politischen Kontext Lateinamerikas.[41]

Dieser hat sich seit 1955 dramatisch gewandelt. Mit der kubanischen Revolution des Jahres 1959 war der Subkontinent in den Kalten Krieg zwischen dem Westen und dem sowjetisch dominierten

Ostblock hineingezogen worden. Von Kuba und Revolutionsikonen wie dem argentinischen Arzt und Weggefährten Fidel Castros Ernesto «Che» Guevara ausgehend bilden sich in vielen Ländern Südamerikas so genannte Befreiungsbewegungen, die die «herrschenden Verhältnisse» mit terroristischen Mitteln bekämpfen. Die Vereinigten Staaten schauen dem subversiven Treiben in ihrem Hinterhof nicht tatenlos zu. Mit deren Einverständnis putscht das Militär 1964 in Brasilien, 1966 in Argentinien und 1968 in Peru und Bolivien.

Die Radikalisierung macht vor der Gesellschaft nicht Halt. An den Hochschulen von Mexiko bis nach Buenos Aires gärt es kaum weniger als an den Universitäten der Alten Welt. Studenten, nicht selten aus gutem Haus und in katholischen Schulen, Universitäten und Verbänden groß geworden, gehen zu Tausenden in den Untergrund. In Kolumbien etwa verwandelt sich der begnadete Priester Camilo Torres Mitte der sechziger Jahre in den *spiritus rector* des trotzkistisch inspirierten (und noch heute aktiven) Nationalen Volksbefreiungsheers (ELN). Er stirbt am 15. Februar 1966 während seines ersten Gefechts mit kolumbianischen Regierungstruppen. Schicksale wie dieses veranlassten scharfsinnige Beobachter wie den aus Trinidad stammenden Schriftsteller V. S. Naipaul Jahre später in einem brillanten Essay über Argentinien zu der hellsichtigen Bemerkung, die «soziokulturellen Verirrungen des Nordens» verwandelten sich im intellektuell weniger stabilen Süden in «schreckliche Realität».[42]

Die verfasste Kirche kann sich diesem Sog nicht entziehen. In dem Dokument, das während der Generalversammlung von Medellín erarbeitet und von Papst Paul VI. gutgeheißen wird, spiegelt sich die Hoffnung auf die Überwindung der wirtschaftlichen Abhängigkeit, auf eine Demokratisierung der Politik und ein Ende der skandalösen Ungleichheit. Unter den Theologen, die die Bischöfe in Medellín beraten und maßgeblich an der Erstellung des Dokumentes beteiligt sind, stechen zwei Geistliche hervor: Der Peruaner Gustavo Gutiérrez, der im selben Jahr ein Buch unter dem Titel «Theologie der Befreiung» veröffentlicht, und der Argentinier Lucio Gera. Dieser wendet sich indes schon in Medellín gegen eine marxistische Interpretation der Geschichte Lateinamerikas und plädiert für eine kulturanthropologisch wie argentinisch-peronistisch inspirierte «Theologie des Volkes».

Mit der Verschärfung der politischen Konflikte in Lateinamerika in den siebziger Jahren spitzen sich auch die Konflikte innerhalb der katholischen Kirche zu. Einige Vertreter der Theologie der Befreiung suchen ihr Heil in der marxistischen Lehre vom Klassenkampf und lehnen revolutionäre Gewalt nicht kategorisch ab. In Argentinien sympathisieren Teile der Hierarchie mit der Militärjunta, die das Land seit 1976 mit einem «schmutzigen Krieg» überzieht, in Brasilien und Chile wächst die katholische Kirche in die Rolle der Verteidigerin der Menschenrechte hinein.[43]

Die Politik des Vatikans gegenüber den Militärregimes wie gegenüber den Ortskirchen bleibt schwankend. Einerseits versuchen Papst Paul VI. und sein Nachfolger Johannes Paul II. durch die Ernennung von Bischöfen, die jeder Sympathie mit Befreiungsbewegungen unverdächtig sind, eine Radikalisierung der lateinamerikanischen Kirche und des Celam zu verhindern. Andererseits haben sie erkannt, dass die Kirche in Lateinamerika mit der «Option für die Armen» einen Weg eingeschlagen hat, der dem Auftrag der Kirche zur «Evangelisierung» eher entspricht als die Korruption großer Teile der Kirche durch ihre jahrhundertelange Verflechtung mit den politischen und wirtschaftlichen Eliten. In diesem Sinn heißt eine Unterkommission der Internationalen Theologenkommission unter Vorsitz des Mainzer Bischofs Karl Lehmann den Weg der lateinamerikanischen Kirche gut.[44]

Die III. Generalversammlung des Celam, die 1979 in der mexikanischen Industriemetropole Puebla de los Angeles stattfindet, bekräftigt den 1968 eingeschlagenen Weg in Gestalt der «vorrangigen Option für die Armen». Der Schwerpunkt des Kalten Krieges hat sich längst nach Mittelamerika verlagert. Allerdings nehmen starke Kräfte in Lateinamerika und in Rom Einfluss auf den Text des Abschlussdokumentes, um jeden Anschein zu vermeiden, dass die Kirche auf Seiten revolutionärer Kräfte stehe. Aus römischer Sicht ist die Gefahr nicht gebannt, die von einigen radikalen Wortführern der Theologie der Befreiung wie Hugo Assmann ausgeht. In Argentinien indes war der vulgärmarxistischen oder auch nur primär soziologischen Theologie der Befreiung mit der «Theologie des Volkes» schon früh innerkirchliche Konkurrenz erwachsen. Deren Verbreitung stand allerdings entgegen, dass Theologen wie Lucio Gera und Rafael Tello zwischen die Fronten des Links- und des Rechtsperonismus geraten waren und nahezu alle Theologen nach dem Militärputsch sich für längere Zeit aus der Öffentlichkeit zurückziehen müssten.

Auf der Ebene des Celam ist Gera nach wie vor präsent, ebenso der uruguayische Philosoph Alberto Methol Ferré, der in ähnlichen Kategorien denkt: Anstatt sich in das Korsett importierter Ideologien wie dem angelsächsischen Liberalismus oder den eurozentrischen Marxismus pressen zu lassen, sucht er den aktuellen Ort der Kirche durch Selbstvergewisserung und Rückbesinnung auf ihre Herkunft und ihr kulturelles Erbe zu bestimmen: Wertschätzung der Volksreligiosität anstatt Befreiungspädagogik, *hispanidad* anstelle von individualistischem Protestantismus und idealistischer Aufklärung, die *patria grande* Lateinamerika anstatt nordamerikanischem Imperialismus, Kultur anstatt Befreiung, Volk statt Klasse. Am Ende finden sich beide Strömungen in dem Dokument von Puebla wieder: Nicht Kultur gegen oder statt Befreiung, sondern Kultur und Befreiung.

Dreizehn Jahre nach «Puebla» treten die lateinamerikanischen Bischöfe 1992 in Santo Domingo, der Hauptstadt der Dominikanischen Republik, zu ihrer vierten Vollversammlung zusammen. Der Fluch der Gewalt, der die Region in den siebziger und achtziger Jahren überschattet hatte, scheint gebannt. In nahezu allen Ländern Lateinamerikas hat sich das Militär in die Kasernen zurückgezogen. Eine neue, freiheitliche Epoche scheint anzubrechen und die Bekämpfung der Armut sowie die Verringerung der enormen Ungleichheit eine Option der Kirche Lateinamerikas werden zu können.[45]

Wie zehn Jahre zuvor nach Mexiko, so reist Papst Johannes Paul II. in die Karibik, um die Celam-Konferenz zu eröffnen. Das Abschlussdokument vermittelt den Eindruck, dass es nicht zu größeren Kontroversen gekommen ist.[46] Jedoch ist der Einfluss der Kurie, allen voran des Staatssekretariates unter Führung von Kardinal Angelo Sodano und des der Bischofskongregation unterstellten Päpstlichen Rates für Lateinamerika (CAL), aber auch von geistlichen

Bewegungen und Gemeinschaften wie dem Opus Dei, schon während der Konferenz stark. Abweichende Stimmen können sich kaum Gehör verschaffen.

Ob es in Lateinamerika jemals wieder eine Vollversammlung geben wird, steht nach der Erfahrung des Jahres 1992 in den Sternen. Zur Vorbereitung des Heiligen Jahres 2000 finden in Rom so genannte Kontinentalsynoden statt, was eine neuerliche Generalversammlung des Celam überflüssig erscheinen lässt. 1998 versammeln sich erstmals in der Geschichte der katholischen Kirche Repräsentanten aus beiden «Amerikas» in Rom. Nach der Jahrtausendwende legen es weder die gemäßigten noch die immer schwächer werdenden progressiven Kräfte im lateinamerikanischen Episkopat auf einen neuerlichen Versuch an, mit dem Vatikan aus Anlass einer Vollversammlung des Celam die Kräfte zu messen. Die Machtverhältnisse in Rom sind wie zementiert: Der Einfluss Sodanos ist ungebrochen, an der Spitze des CAL sorgt Kardinal Giovanni Battista Re für Linientreue. An einen neuen Anlauf ist erst nach dem Tod von Papst Johannes Paul II. zu denken.

Nossa Senhora

Eine neue Ära bricht mit Benedikt XVI. nicht an – jedenfalls nicht sofort. Sodano bleibt noch mehr als ein Jahr nach der Wahl Ratzingers im Amt. Im September 2006 wird er durch Erzbischof Tarcisio Bertone ersetzt. In dem CAL geben weiterhin starke konservative Kräfte um die die Kardinäle Re, Castrillón Hoyos und López Trujillo den Ton an. Diesen ist Benedikt in vielerlei Hinsicht verpflichtet: Sie hatten sein Einschreiten als Präfekt der Glaubenskongregation gegen die marxistischen Tendenzen in der Theologie der Befreiung stets unterstützt. Und vor der Papstwahl im April 2005 waren sie es, die eine starke Gruppe von Kardinälen hinter Ratzinger versammelt hatten. In Lateinamerika wird Papst Benedikt bis zu seinem Amtsverzicht im Februar 2013 entweder der Präfekt der Glaubenskongregation bleiben, der die Hauptströmung innerhalb der Theologie der Befreiung vehement bekämpft hatte, oder aber ein durch und durch «deutscher» Papst, ein etwas weltfremder Intellektueller, der die europäische Dominanz der Theologie und die europäische Prägung des Christentums verkörpert.

Dem Celam-Vorsitzenden Francisco Javier Kardinal Errázuriz Ossa (Santiago de Chile) und Oscar Andrés Kardinal Rodríguez Maradiaga, dem Erzbischof von Tegucigalpa, gelingt es schließlich, Papst Benedikt XVI. von der Idee zu überzeugen, die Tradition der Vollversammlungen des Celam nicht abreißen zu lassen. Anstatt sich zu einer gesamtamerikanischen Synode in Rom einzufinden, bei der die nordamerikanischen Bischöfe die Regie geführt hätten, kommen im Jahr 2007 die Vertreter aller Bischofskonferenzen Lateinamerikas und der Karibik zum ersten Mal überhaupt an einem der nationalen Marienwallfahrtsorte Lateinamerikas zusammen – im brasilianischen Aparecida.

1980 hatte Papst Johannes Paul II. bei seinem Besuch in Brasilien die 1955 erbaute Kathedrale besucht, die zur Heimat einer kleinen Marienstatue mit dem Namen Nossa Senhora da Aparecida geworden war. Diese wiederum war der Legende nach im Oktober 1717 von Fischern geborgen worden und seither zu einer Identifikationsfigur der brasilianischen Katholiken und die Patronin des Landes geworden. Wie die Virgen de Guadalupe, die kurz nach der Eroberung Mexikos dem Indio Juan Diego erschienen war und mit ihrer braunen Hautfarbe als Symbol der Vereinigung indianischer und europäischer Kultur geworden war, so war Nossa Senhora da Aparecida mit ihrer fast schwarzen Hautfarbe eine Ikone der brasilianischen Variante der lateinamerikanischen Vermischung der «Rassen» geworden: In ihr konnten sich die schwarzen Sklaven wiedererkennen, die portugiesische Händler an der Westküste Afrikas ihren islamischen Zulieferern abgekauft hatten.

Keine Illusionen

Freilich haben sich die Zeiten nicht nur gegenüber denen verändert, in denen die Portugiesen die Küste des heutigen Brasiliens beherrschten. Im Jahr 2007, am Vorabend der Feierlichkeiten aus Anlass des Beginns der lateinamerikanischen Unabhängigkeitskriege vor 200 Jahren, steht die katholische Kirche an einem Scheideweg. «Fest steht, dass wir früher mit einer stabileren Gesellschaft rechnen konnten, in kirchlichem Sprachgebrauch mit ‹treuen Gläubigen›, die den Glauben gleichsam ‹geerbt› hatten und die mehr oder weniger den Vorgaben der Kirche folgten. Heute ist der ‹religiöse Markt› wettbewerbsorientiert, und die Leute sind kritischer gegenüber religiösen Orientierungen.» (RA 86) Kardinal Bergoglio macht sich über die Lage der Kirche keine Illusionen.

Zwar ist Lateinamerika nach wie vor der «katholischste» aller Erdteile, dann nirgendwo leben mehr Katholiken als zwischen dem Rio Grande und Feuerland. Die brasilianische Bischofskonferenz ist der Zahl der Mitglieder nach die größte der Welt, zudem haben Auswanderer aus Mittelamerika längst das Gesicht der katholischen Kirche in den Vereinigten Staaten verändert. In vielen nordamerikanischen Bistümern leben inzwischen so viele Mexikaner, Salvadorianer oder Honduraner, dass mit Rücksicht auf die «Hispanics» niemand mehr in kirchliche Leitungsämter berufen wird, der des Spanischen nicht mächtig ist.

Jedoch ist es längst nicht mehr so, dass jeder Auswanderer, der sein Heil bei den *gringos* sucht, auch eine katholische Prägung mit in die Ferne nimmt. In Guatemala gehört die Mehrheit der Bevölkerung schon in den achtziger Jahren protestantischen Sekten oder nordamerikanisch-pfingstkirchlichen Bewegungen an. Deren Siegeszug hat in Mittelamerika nicht haltgemacht. In Brasilien hat die katholische Kirche seit den neunziger Jahren mehr als zwanzig Prozent ihrer Mitglieder an Organisationen wie die «Igreja Universal do Reino de Deus» verloren, die sich nach dem Modell nordamerikanischer «Megachurches» organisieren und dank der hohen Spendenbereitschaft ihrer Mitglieder über eine enorme Wirtschaftskraft verfügen. Erfolgreich sind diese Gruppen nicht nur in der aufstiegsorientierten Mittelschicht, sondern auch in den Elendssiedlungen der Megastädte. Mit ihren kleinräumigen und lebensweltbezogenen Organisationsformen füllen sie jenes kirchlich-religiöse Vakuum, das die katholische Kirche aller «Option-für-die-Armen»-Rhetorik zum Trotz nie hatte füllen können.

In Argentinien konnten die Sekten indes kaum Fuß fassen. Die Gründe dafür sind nicht nur in der bis heute stark europäisch geprägten Kultur zu suchen, sondern auch in der Wertschätzung des *catolicismo folk* und des *catolicismo popular*. Dennoch ist am Vorabend von Aparecida nicht zu übersehen, dass auch das Fundament des Katholizismus in Argentinien Risse bekommen hat. Im Durchschnitt der Länder Lateinamerikas haben sich in den zurückliegenden Jahrzehnten etwa zwanzig Prozent der Katholiken von ihrer Kirche losgesagt. In Argentinien ist der Schwund nicht ganz so stark. Im Jahr 2008 erklären sich immer noch mehr als drei Viertel der Bürger als katholisch, bei der letzten vergleichbaren Umfrage im Jahr 1960 waren es etwa 90 Prozent gewesen. (RA 83).

Indes sagt die Zahl derer, die sich der katholischen Kirche zugehörig fühlen, wenig über die religiöse Praxis aus. Nimmt man den regelmäßigen sonntäglichen Kirchenbesuch zum Maßstab, so steht es um die katholische Kirche des Jahres 2007 in Argentinien nicht besser, sondern schlechter als etwa in Deutschland. Hierzulande gehen im Mittel aller 27 Bistümer etwa dreizehn Prozent der Katholiken Sonntag für Sonntag in die Kirche. In Argentinien sind es weniger als zehn.

Was für viele Bischöfe und Kleriker ein Anlass ist, über den Verfall von Glaube und Moral zu lamentieren, stellt sich für Jorge Mario Bergoglio anders dar: «Es ist absolut wichtig, dass die Katholiken – Kleriker wie Laien – die Begegnung mit den Menschen suchen. Einmal sagte mir ein sehr weiser Priester, dass wir uns in einer total anderen Situation befinden, als sie im Gleichnis vom guten Hirten angesprochen wird, der 99 Schafe in seinem Stall hatte und sich aufmachte, das eine verirrte Schaf zu suchen: Wir haben ein Schaf im Stall und 99, die wir nicht suchen gehen. Ich glaube wirklich, dass die Grundoption der Kirche gegenwärtig nicht ist, Vorschriften zu reduzieren oder ganz abzuschaffen oder dies oder jenes zu erleichtern, sondern auf die Straße zu gehen, um die Menschen zu suchen und sie persönlich kennenzulernen. Und das nicht nur, weil es ihre Sendung ist hinauszugehen, um das Evangelium zu verkünden, sondern weil die Kirche selber Schaden nimmt, wenn sie es unterlässt.» (RA 84 f.)

Auf die Frage, wie das gemeint sei, folgen Sätze, die seit dem 13. März 2014 aus dem Mund von Papst Franziskus das Selbstverständnis der katholischen Kirche als ganzer erschüttern und mit dem Apostolischen Schreiben «Evangelii gaudium» ihren Platz im Lehramt der Kirche gefunden haben: «Einer Kirche, die sich darauf beschränkt, die Arbeit in einer Pfarrei zu verwalten, die sich in ihrer eigenen Gemeinschaft einigelt, wird das Gleiche passieren wie jemandem, der eingesperrt ist: Er verkümmert physisch und mental. Oder er verfault, wie ein abgeschlossenes Zimmer, in dem sich Moder und Feuchtigkeit ausbreiten. Einer auf sich selbst bezogenen Kirche geschieht dasselbe wie einer nur auf sich selbst fixierten Person: Sie wird psychotisch und autistisch. Natürlich ist auch klar, dass es einem, wenn man auf die Straße geht, gehen kann wie allen anderen auch: dass man einen Unfall hat. Aber ich ziehe eine Kirche mit Unfallrisiko tausendmal einer kranken Kirche vor. Mit anderen Worten: Ich glaube, dass eine Kirche, die sich bloß auf das Verwalten beschränkt, um ihre kleine Herde zu bewahren, eine Kirche ist, die auf lange Sicht krank wird. Der Hirte, der sich einschließt, ist kein wirklicher Hirte der Schafe, sondern einer, der seine Zeit damit verbringt, ihnen ‹Löckchen zu drehen›, anstatt andere Schafe zu suchen.»

Auch wenn das Buch «El Jesuita» erst im Jahr 2010 erscheint, so spiegelt diese Passage eine Haltung, die zu diesem Zeitpunkt längst gefestigt ist. Denn die Unterhaltung, die diesem Gesprächsabschnitt zugrunde liegt, lässt sich relativ präzise in die Zeit kurz nach der Vollversammlung des Celam in Aparecida datieren.

Lasst die Türen offen

Im November 2007 hatte Bergoglio einer Redakteurin der italienischen Zeitschrift «30 giorni» eines seiner seltenen Interviews gegeben. «Ich habe nicht gesagt, dass pastorale Systeme unnötig sind. Im Gegenteil. An sich ist alles, was auf Gottes Wege führen kann, gut. Meinen Priestern habe ich gesagt: ‹Tut eure Pflicht; die Aufgaben eures Amtes kennt ihr ja, übernehmt eure Verantwortung und lasst dann die Tür offen.› Unsere Religionssoziologen sagen uns, dass sich der Einfluss einer Pfarrei auf einen Umkreis von 600 Metern erstreckt. In Buenos Aires liegen zwischen einer Pfarrei und der nächsten etwa 2000 Meter. Ich habe den Priestern damals gesagt: ‹Wenn ihr könnt, mietet eine Garage, und wenn ihr den einen oder anderen disponiblen Laien auftreiben könnt, dann lasst ihn nur machen! Er soll sich um diese Leute hier kümmern, ein bisschen Katechese machen, ja, auch die Kommunion spenden, wenn er darum gebeten wird.› Ein Pfarrer entgegnete mir: ‹Aber Padre, wenn wir das tun, kommen die Leute nicht mehr in die Kirche!› ‹Na, und?› meinte ich nur: ‹Kommen sie denn jetzt zur Messe?›. ‹Nein›, musste er zugeben.»[47]

Auf diese Schilderung kommt Bergoglio kurze Zeit später gegenüber seinen beiden Gesprächspartnern in Argentinien fast wörtlich zurück. Denn sie sagt mehr aus über die innere und äußere Verfassung der katholischen Kirche in Lateinamerika am Vorabend von Aparecida als viele wohlklingende Beschreibungen dessen, was die Kirche sein sollte oder sein würde.

Ähnliches gilt für das Urteil, das Bergoglio fast vier Jahrzehnte nach dem Dokument von Medellín und mehr als 30 Jahre nach «Evangelii nuntiandi» über das Zusammenwirken von Klerus und Laien bei der Evangelisierung der Kultur fällt. Wieder bezieht sich Bergoglio auf das Gespräch, das er im Herbst 2007 in Rom geführt hat: «Das Problem, wie ich es der italienischen Journalistin erklärt habe, ist die Klerikalisierung: Denn häufig klerikalisieren die Pfarrer die Laien, und diese verlangen auch noch danach. Das ist eine sündhafte Komplizenschaft. Die Laien besitzen aber eine Kraft, die nicht immer in rechter Weise genutzt wird. Vergegenwärtigen wir uns nur: Dafür, dass man auf die Menschen zugehen kann, kann es schon genügen, dass man die Taufe empfangen hat. Mir kommen die christlichen Gemeinden in Japan in den Sinn, die mehr als 200 Jahre lang ohne Priester blieben. Als die Missionare zurückkamen, fanden sie alle getauft, im Glauben unterwiesen und gültig durch die Kirche getraut vor. Außerdem erfuhren sie, dass alle, die gestorben waren, ein katholisches Begräbnis erhalten hatten. Der Glaube war intakt geblieben – und das durch die Gaben der Gnade, die das Leben der

Laien bestimmten, die nur die Taufe empfangen hatten und doch ihren apostolischen Dienst leben konnten.» (RA 86)

Im Horizont von Erzählungen wie dieser bereitet sich der Kardinal von Buenos Aires zusammen mit einigen theologischen Beratern auf die Celam-Vollversammlung in Aparecida vor. Bergoglio möchte für eine Kirche streiten, die von einer Kirche, «die den Glauben reguliert», zu einer Kirche wird, «die den Glauben weitergibt und erleichtert». (RA 87) Doch wie soll das geschehen?

Von der Basis nach oben

Den Auftakt in Aparecida macht niemand anderes als Benedikt XVI. Während seiner Eröffnungsansprache am 13. Mai stiftet er mit einer missverständlichen Formulierung Verwirrung: Die Annahme des christlichen Glaubens durch die amerikanischen Urvölker «bedeutete für sie, Christus kennenzulernen und anzunehmen, Christus, den unbekannten Gott, den ihre Vorfahren, ohne es zu wissen, in ihren reichen religiösen Traditionen suchten».[48] In den Vatikan zurückgekehrt, wird sich Papst Benedikt wieder einmal selber interpretieren und die Welt wissen lassen, was er wirklich gemeint haben wollte.[49]

Andere Passagen gehen in der wirklichen oder auch nur gespielten Empörung über den Papst des «unbekannten Gottes» unter: Benedikts emphatische Worte über die «reiche und tiefe Volksfrömmigkeit» in Lateinamerika und die Verwurzelung der «vorrangigen Option für die Armen» in dem «Glauben an jenen Gott ..., der für uns arm geworden ist, um uns durch seine Armut reich zu machen». So hatte es der Apostel Paulus im zweiten Brief an die Gemeinde Korinth formuliert.

Hätte Benedikt diese Saiten nicht angeschlagen, wäre wohl die Strategie zusammengebrochen, die sich Kardinal Errázuriz Ossa und Kardinal Rodríguez Maradiaga für die Vollversammlung zurechtgelegt hatten. Doch im Unterschied zu «Regensburg» haben die Redakteure der Eröffnungsansprache des Papstes diesmal ganze Arbeit geleistet. Denn mit der «christologischen» Begründung der «Option für die Armen» ist das Signal für die Beratungen gesetzt.

Die Bischöfe aus allen Ländern Lateinamerikas und der Karibik, zu denen sich Beobachter aus den anderen Kontinenten und natürlich eine ganze Reihe von Emissären des Vatikans gesellen, beginnen nicht am Nullpunkt. Mehrere Jahre lang haben sie sich auf Aparecida vorbereitet, auf Konferenzen, aber auch anhand einer Umfrage. Auch Bergoglio wollte «unser Volk nicht so sehen, wie es sein sollte, sondern wie es ist, und folglich sehen, was notwendig ist. Ohne Vorhersagen und Rezepte, aber mit einer großzügigen Haltung der Öffnung.»[50]

Dass man im Vatikan mit diesem Vorgehen nicht einverstanden war, schert die Lateinamerikaner wenig. Am Ende hält auch die Kurie einen Berichtsband in Händen, der die Ergebnisse der Befragungen enthält, und kein fertiges Arbeitsdokument.

Einige Jahre später wird Papst Franziskus von Rom aus ein ähnliches Verfahren anwenden. Als es im Oktober 2013 darum geht, das Vorbereitungsdokument für die außerordentliche Vollversammlung der Bischofssynode zu erstellen, die sich im Oktober 2014 mit dem Thema Familie befassen soll, bricht Franziskus mit der Tradition, das Dokument alleine den Bischofskonferenzen zur Beratung vorzulegen. Die Erfahrung von Aparecida macht Schule.

Mit der Anwesenheit in Aparecida ist Bergoglios Aufgabe nicht zu Ende. Im Jahr 2001 hatte er als überraschend nominierter «Beigeordneter Generalrelator» aus dem Stand heraus die Hauptlast der Redaktionsarbeit an dem Abschlussdokument der Synode getragen. Vier Jahre später war er aus dem Konklave als erster Lateinamerikaner hervorgegangen, der ernsthaft in Betracht gezogen worden war, das Oberhaupt der römisch-katholischen Kirche sein zu können. Jetzt, in Aparecida, wird der Kardinal von Buenos Aires mit überwältigender Mehrheit an die Spitze der Redaktionsgruppe gewählt, die das Abschlussdokument vorbereiten soll.

In Aparecida geht es nach Worten Bergoglios bald zu wie sonst nirgends in der Kirche: «von der Basis nach oben».[51] Die Berichte und Diskussionen im Plenum sind von einer Offenheit, wie man sie von römischen Bischofssynoden nicht kennt.

«Auch in den Phasen der Abfassung des Dokuments hatte jeder Gelegenheit, offen seine Meinung zu sagen. Als über die ‹Modi› der zweiten und dritten Abfassung abgestimmt wurde, gingen 2240 Vorschläge ein! Unsere Richtlinie war es, alles anzunehmen, was von der Basis kam, vom Volk Gottes. Erstrebenswert erschien uns keine Synthese, sondern Harmonie.» Trotzdem: Wie von Geisterhand verschwinden aus den Textentwürfen über Nacht Schlüsselbegriffe wie «kirchliche Basisgemeinden» oder «Option für die Armen». Am nächsten Vormittag werden sie wieder hineinredigiert. Kardinal Luis Cipriani Thorne aus Lima, ein Mitglied des Opus Dei, reist ab, bevor er seine Unterschrift unter das Schlussdokument setzen muss. Dessen «lehramtlicher Autorität» tut das keinen Abbruch.

Der Kardinal von Buenos Aires enttäuscht Erwartungen der Mehrheit nicht. Auf ihn beziehungsweise die vier Theologen aus Argentinien, die er als seine Berater nach Brasilien mitgenommen hat, gehen der Aufbau und weite Passagen des Schlussdokumentes zurück. Die vierte und damit vorletzte Fassung des Textes bildet während der Beratungen die Grundlage für eine Prüfung in Rom. Eine Synopse zwischen der Version von Bergoglios Hand und der von Rom gutgeheißenen Fassung lässt erkennen, dass man in Rom keinen Anlass sah, den Duktus des Textes grundlegend zu verändern. Einige Formulierungen passieren den römischen Filter gleichwohl nicht. Zudem wird dem Text, der in Aparecida entstanden ist, in Rom ein einleitendes Kapitel vorgeschaltet. Ein Grund zur Aufregung ist das nicht.

«Die Substanz jedoch blieb unverändert.»[52]

Im Übrigen ist Bergoglio auch in Aparecida derjenige, der er immer war: «An dem Tag, an dem er als Hauptzelebrant fungierte, wurde seine Predigt mit einhelligem Applaus bedacht. Kein anderer Zelebrant erhielt während der drei Wochen der Konferenz bei einer solchen Gelegenheit Applaus. Unmittelbare Beobachter geben zu Protokoll, viele Teilnehmer hätten ihre Erholungspausen dafür genutzt, um sich mit dem argentinischen Kardinal zu unterhalten. Das ging so weit, dass sie sich mit ihm fotografieren ließen, als ob er ein berühmter Schauspieler oder ein herausragender Sportler gewesen wäre.» (RA 17)

Wer am längsten geklatscht hat, ist indes nicht ausgemacht. Bischöfe? Kardinäle? Oder das Volk? Das Morgengebet (Laudes) und die täglichen Gottesdienste während der dreiwöchigen Vollversammlung werden nämlich zum ersten Mal gemeinsam mit den Gläubigen gefeiert. «Die Eucharistie mit dem Volk gemeinsam zu feiern ist anders, als sie gesondert unter uns Bischöfen zu feiern. Das hat uns das Gefühl der Zusammengehörigkeit mit unserem Volk spüren lassen, das Gefühl der Kirche, die als Volk Gottes voranschreitet, mit uns Bischöfen als ihren Dienern.»[53]

Wie geht es weiter? Für den Erzbischof von Buenos Aires, aber nicht nur für ihn, ist das «Dokument von Aparecida» (DA)[54] die Magna Charta der katholischen Kirche in Lateinamerika. Doch ist «Aparecida» mehr als nur jener Text, den auch Papst Franziskus vielen seiner Besucher in die Hand drücken wird. Aparecida ist für Bergoglio wie für viele andere Teilnehmer eine Erfahrung – eine Erfahrung von Kirche, wie sie sein kann: Einer Kirche, die sieht, bevor sie urteilt, und handelt, nachdem sie gesehen und ein Urteil gefällt hat (DA).

Das Ende des Streits

Endgültig Geschichte ist auch der Streit über die lateinamerikanische Theologie der Befreiung. Nach Aparecida stellt sich für Kardinal Bergoglio die Geschichte dieser Theologie so dar: «Sie war eine Folge der Interpretation des II. Vatikanischen Konzils. Und wie alle Folgen einer Wendung, die die Kirche genommen hat, hatte auch diese ihre Vorteile und ihre Nachteile, es gab nicht nur gemäßigte Positionen, sondern auch Auswüchse.» (RA 91)

Welches diese waren, erläutert Bergoglio unter Hinweis auf die Befassung des Vatikans mit diesem Thema während des ersten Jahrzehnts des Pontifikats von Johannes Paul II.: «Wie wir uns erinnern, hatte Johannes Paul II. seinerzeit den damaligen Kardinal Ratzinger beauftragt, die Theologie der Befreiung zu studieren. Das hat zu zwei Instruktionen geführt, zwei schmalen aufeinanderfolgenden Bändchen, in denen sie beschrieben wird und wo auf ihre Grenzen (eine davon ist die Berufung auf die marxistische Hermeneutik der Wirklichkeit) hingewiesen wird. Es werden aber auch ihre positiven

Aspekte gezeigt. Mit anderen Worten: Die Position der Kirche in dieser Sache ist breit gefächert.» (RA 92)

So ist es: Als solche wurde die Theologie der Befreiung niemals als unvereinbar mit Schrift und Tradition gebrandmarkt. «Die vorrangige Option für die Armen ist eine starke Botschaft in der Nachkonzilszeit. Nicht, dass das nicht früher proklamiert worden wäre, aber nach dem Konzil wurde sie mit Nachdruck gefordert. Die aufrichtige Sorge um die Armen, die in den sechziger Jahren in den Katholizismus Einzug gehalten hat, bildete auch einen Nährboden für Ideologien. Das hätte dazu führen können, dass etwas auf der Strecke geblieben wäre, was die Kirche im II. Vatikanum gefordert hatte und was sie seither immer noch fordert, nämlich den rechten Weg einzuschlagen, um auf eine zentrale, unabdingbare Forderung des Evangeliums zu antworten: die Sorge für die Armen. Meines Erachtens wird das in dem Dokument von Aparecida in einer reifen Form deutlich.» (RA 92 f.)

Für Bergoglio selbst wird DA zur Bestätigung seiner geistlich-theologischen Orientierung und seines kirchenpolitischen Kurses. Die «argentinische Schule» der lateinamerikanischen Theologie hat endgültig obsiegt: «Es gab sicher Abwegiges. Aber es gab auch unzählige Helfer in der Seelsorge – Priester, Ordensleute, Nonnen, Laien, Menschen aller Altersgruppen –, die sich so engagiert haben, wie die Kirche es verlangt, die unserer Arbeit zur Ehre gereichen und Grund zur Freude sind. Die Gefahr einer ideologischen Infiltrierung verschwand nach und nach, je mehr das Bewusstsein eines großen Reichtums unseres Volkes zunahm, der in der Volksfrömmigkeit besteht.»

Wer und was aber steckt hinter der Emphase, mit der schon in «Evangelii nuntiandi» über die Volksfrömmigkeit gesprochen worden war, wenn nicht die ersten *curas villeros* und die Gruppe der argentinischen Theologen und Bischöfe, die seit 1966 in der COEPAL zusammengearbeitet, «Medellín» geprägt und in der Person von Lucio Gera zu den Mitgliedern der Internationalen Theologenkommission gehört hatten?

In Kategorien von Sieg oder Niederlage wird Bergoglio über das Geschehen von Aparecida nicht sprechen. Es geht nicht darum, wer

Gewinner sein könnte oder Unterlegener. Die Generalversammlung des Celam im Jahr 2007 ist nichts mehr und nichts weniger als ein weiterer Schritt auf dem Weg der Inkulturation.

Der Kardinal von Buenos Aires ist mit Aparecida endgültig aus dem Schatten der argentinischen Kirche herausgetreten. Er hat ein weithin unbemerktes, aber tragfähiges Netz aus Beziehungen geknüpft. Darunter sind so verschiedene Charaktere wie der Chilene Errázuriz Ossa, der Honduraner Rodríguez Maradiaga und der Brasilianer Damasceno Aziz. Diesem kann der Kardinal von Rio de Janeiro, Odilo Pedro Scherer, kurz darauf nicht die Wiederwahl zum Vorsitzenden der brasilianischen Bischofskonferenz streitig machen – ein bemerkenswertes Vorzeichen für die Papstwahl 2013, vor der Scherer als Kandidat der Lateinamerikaner gilt.

5. KAPITEL

Wider die Trägheit des Herzens

In der katholischen Kirche ist nichts wie immer. Am Montag, dem 11. Februar, hat Papst Benedikt XVI. vor dem Kardinalskollegium in lateinischer Sprache erklärt, dass er auf das Amt des Bischofs von Rom verzichten werde. Mit purpurfarbener Mozetta und einer breiten Stola bekleidet, denselben Insignien, mit denen Joseph Kardinal Ratzinger am Abend des 19. April 2005 als Papst unter die Augen der Öffentlichkeit getreten war, bricht er mit dem ungeschriebenen Gesetz, dass ein Papst nicht zurücktreten kann.

«Nachdem ich wiederholt mein Gewissen vor Gott geprüft habe, bin ich zur Gewissheit gelangt, dass meine Kräfte infolge des vorgerückten Alters nicht mehr geeignet sind, um in angemessener Weise den Petrusdienst auszuüben», lässt Papst Benedikt das eigentlich nur wegen dreier Heiligsprechungen zusammengekommene Kardinalskollegium wissen. Das ranghöchste Mitglied, Kardinaldekan Angelo Sodano, verliest eine vorbereitete Erklärung, nahezu allen anderen steht der Schock ins Gesicht geschrieben. Der Papst freut sich, dass er den Plan hatte geheim halten können.

Am Montag der letzten Februarwoche nimmt Papst Benedikt in einer seiner letzten Amtshandlungen aus den Händen dreier Kardinäle seines Vertrauens einen Bericht über allerlei Ungereimtheiten im Vatikan entgegen, die seit geraumer Zeit unter dem Namen «Vatileaks» weltweit Schlagzeilen machen. Am Abend des 28. Februar, einem Donnerstag, steigt ein weißer Hubschrauber über dem Petersdom auf und nimmt Kurs auf Castel Gandolfo, die unweit Roms gelegene Sommerresidenz der Päpste. Um 20.00 Uhr ist der Bischofssitz von Rom, der Stuhl des Heiligen Petrus, vakant.

Bergoglio erlebt die beiden Tage des Pontifikates aus nächster Nähe. Anders als die meisten deutschen Kardinäle hat der Mann vom Ende der Welt es sich nicht nehmen lassen, der eigens anberaumten letzten Begegnung von Papst Benedikt mit dem Kardinalskollegium am Donnerstag Vormittag beizuwohnen. Nun heißt es warten, bis zu jenem 28. März, an dem er wieder in Buenos Aires sein müsse, jener Stadt, in der er groß geworden ist und außerhalb derer er nichts bewirken könne, wie er vor Jahren seinem Förderer Kardinal Antonio Quarracino anvertraut hatte. Zur Chrisam-Messe Ende März werde er wieder zurücksein, hatte Bergoglio jeden wissen lassen, der ihn in den Tagen vor der Abreise nach Rom auf die Möglichkeit ansprach, dass die Wahl des Kardinalskollegiums diesmal auf ihn fallen könne. Die Predigt für diesen Tag hat er schon für den Druck vorbereitet.[1]

Warum sollte er nicht zurückkehren? Im April 2005 war er auch nicht als Papst in Rom geblieben. Damals war er acht Jahre jünger. Mittlerweile hat er Papst Benedikt nicht nur den Verzicht auf das Amt des Erzbischofs von Buenos Aires angeboten, wie es das Kirchenrecht bei Vollendung des 75. Lebensjahres vorschreibt. Auch für die Zeit nach der Emeritierung ist vorgesorgt. Ein Zimmer in einem Haus für ältere Priester im Bezirk Flores, in dem er 1936 das Licht der Welt erblickt hatte, ist längst ausgesucht. Parterre, Blick zum Innenhof. Sollten die Kardinäle etwa einen Mann zum Papst wählen, der sich auf seinen Umzug ins Altenheim vorbereitet? Und das, nachdem der Vorgänger kurz zuvor die Last seines Amtes abgeworfen hatte?

Natürlich entgeht niemandem, dass Veränderung in der Luft liegt. Der Amtsverzicht Benedikts ist nicht nur ein persönlicher Zusammenbruch, sondern das Eingeständnis, vor den Machenschaften der Kurie kapituliert zu haben. Vielen Katholiken gleich welcher Herkunft und welchen Ranges ist ob des Skandals namens «Vatileaks» längst Hören und Sehen vergangen. Ein Papst, von dessen Schreibtisch über Jahre Dokumente verschwinden, vertrauliche Telefonate, bei denen man nicht wissen kann, wer mithört, ein Papst, dem selbst schwant, dass sein weithin sichtbares *Apartamento* mit einfacher Technik abgehört werden kann, eine Umgebung, bei der niemand weiß, wem noch zu trauen ist. Im Jahr 2013 werden Briefe mit der Adresse «Città del Vaticano» nur noch geschrieben, wenn der Anlass und der Gegenstand unverdächtig sind. Am Telefon wird nur noch als Allernötigste gesagt. Die interne Kommunikation der Kirche ist zusammengebrochen.

Angriff auf Papst Benedikt?

Seit langem fehlt es nicht an Versuchen, Benedikt zum Opfer einer Strategie zu stilisieren, die sich zum Ziel gesetzt hat, «das Pontifikat des deutschen Papstes zu sabotieren. Immer wieder bliesen die internationalen Medien zum Angriff auf Papst Benedikt XVI».[2]

Italiener liebten immer schon Verschwörungstheorien. Klar ist, dass viele Handlungen und Äußerungen Benedikts nicht wohlwollend interpretiert werden und viele wichtige Aussagen im Krawall nach einer einzigen missverständlichen untergehen – siehe Aparecida. Aber es ist Benedikt, der viele der Geister gerufen hat, die ihn nun nicht mehr loslassen: Allen voran den ebenso selbstherrlichen wie als Diplomaten unerfahrenen Italiener Tarcisio Bertone, den er im Jahr 2006 zu seinem Kardinalstaatssekretär machte.

Nicht weniger selbstherrlich gebärdet sich Benedikts Privatsekretär Georg Gänswein. Der Priester der Erzdiözese Freiburg hält sich für berufen, den Papst vor mutmaßlich unerwünschten Einflüssen und Besuchern abzuschirmen. Dass Dokumente aus dem *Apartamento* über Jahre hinweg ihren Weg in allerlei dunkle Kanäle finden und in Zeitungen und Büchern wieder auftauchen, fällt erst spät auf. Schließlich interpretiert auch Benedikt selbst sein Amt durchaus eigenwillig. Morgens ist er Papst, nachmittags schreibt er die Bücher, die er als Professor nicht zu Wege gebracht hatte, abends ist er Privatmann.

Derweil weiß im Vatikan die Rechte kaum noch, was die Linke tut. Wenn Benedikt nicht seine persönlichen Projekte betreibt wie die Wiederzulassung des vorkonziliaren Messritus oder die Aussöhnung mit der schismatischen Piusbruderschaft, dann erscheint er mehr und mehr als Marionette, die an den Fäden der starken Männer in der Kurie hängt. Die Liste der Kardinäle, die er im Februar 2012 in das Kardinalskollegium aufnimmt, hat im Wesentlichen Bertone zusammengestellt.[3] Geschickt betreibt dieser die Reitalianisierung des Kollegiums und die Beförderung mancher Weggefährten – ein weiterer Beweis, dass Ratzinger in den mehr als 30 Jahren, in denen er in Rom lebt, nicht wirklich verstanden hat oder verstehen wollte, wie die Kurie funktioniert. «Un errore»: Wie ein kundiger italienischer Vatikanbeobachter kurz nach dem Amtsverzicht Benedikts enttäuscht formuliert, so denkt Ende Februar 2013 auch manch ein Kardinal.

In zwei Dingen war mit Benedikt nicht zu Spaßen. Nicht das geringste Verständnis brachte der deutsche Papst für die finanziellen Machenschaften auf, die sich in einer Einrichtung namens IOR («Istituto per le Opere di Religione») abspielen. Im Herbst 2012 ruft Benedikt die «Autorità di Informazione Finanziaria» (AIF) ins Leben und betraut den Schweizer René Brülhart mit deren Leitung. Brülhart weiß, wonach er suchen muss: Schwarzgeld, Mafiageld. In ähnlicher Funktion hat er schon in Liechtenstein gearbeitet.

Ehe Benedikt im Februar 2013 sein Amt zur Verfügung stellt, besetzt er in letzter Minute die Spitze des IOR mit einer Person seines Vertrauens. Die Wahl fällt auf den Deutschen Ernst von Freyberg. Bald spannen Deutsche und Amerikaner zusammen, um den Augiasstall auszumisten und den Vatikan aus dem Fadenkreuz von Organisationen wie «Moneyval» des Europarats oder der Financial Action Task Force (FATF) der OECD zu nehmen, die auf internationaler Ebene Geldwäsche und andere Formen organisierter Kriminalität bekämpfen.[4]

Keinen Spaß verstand Benedikt auch beim Thema Missbrauch. Schon im Jahr 2001 hatte er als Präfekt der Glaubenskongregation versucht, gegen die im Vatikan wie in der Weltkirche weitverbreitete Art vorzugehen, über sexuelle Gewalt von Geistlichen gegenüber Minderjährigen und Schutzbefohlenen großzügig hinwegzusehen. Papst Johannes Paul II. gewährte Kardinal Ratzinger die Vollmachten, die er erbat. Doch gerade im engsten Umfeld des Papstes stieß Ratzinger auf härtesten Widerstand. Eine Untersuchung etwa der Untaten des Wiener Kardinals Hans-Hermann Groër, der sich viele Jahre an jungen Männern vergangen hatte, wird von Sodano blockiert. Als der Wiener Kardinal Christoph Schönborn diesen Skandal in einem Hintergrundgespräch anspricht und die Vertraulichkeit später gebrochen wird, muss er sich auf Veranlassung Sodanos vor Papst Benedikt rechtfertigen.

Der Gründer der «Legionäre Christi», der mexikanische Priester Marcial Maciel Degollado, lässt sich aus Anlass der Gründung seiner Kongregation vor sechzig Jahren am 4. Januar 2001 im Vatikan feiern.[5] Drei Jahre später, am 30. November 2004, gratuliert Papst Johannes Paul II. seinem «querido Padre Maciel» persönlich zum 60. Priesterjubiläum.[6] Ratzinger weiß längst, dass dieser Mann über Jahrzehnte hinweg Seminaristen missbraucht hat. Und nicht nur das: Maciel hat mit zwei Frauen drei Kinder gezeugt. Gleichwohl lassen Johannes Paul II. und seine engsten Mitarbeiter Maciel gewähren. Nach seiner Wahl zum Papst zögert Ratzinger nicht, sexuelle Gewalt im Raum der Kirche härter zu ahnden.[7]

Radio Vatikan wird im Mai 2014 berichten, dass zwischen 2003 und 2013 insgesamt 3420 «glaubwürdige Beschuldigungen» von Klerikern wegen sexuellen Missbrauchs von Minderjährigen der vatikanischen Glaubenskongregation gemeldet wurden – in den vier zurückliegenden Jahren jeweils mehr als vierhundert. 848 Geistliche seien zwischen 2004 bis 2013 in den Laienstand zurückversetzt worden, annähernd 26 kamen mit anderen Strafen davon.[8] Freunde hat sich Papst Benedikt mit diesem Kurswechsel nicht überall gemacht. Am wenigsten in dem «Männerbund» Vatikan. Dort haben einige nichts mehr zu fürchten als eine Ausweitung der Debatte über Pädophilie in der Kirche auf das Thema praktizierte Homosexualität und Priestertum.

Viele papabili, kein Papst

Es steht also nicht wenig auf dem Spiel, als sich die wahlberechtigten wie die nichtwahlberechtigten Mitglieder des Kardinalskollegiums vom 4. März 2013 an in kleinerem und größerem Kreis Gedanken über die Papstwahl machen. Eines ist klar: Ein Kurienkardinal dürfte kaum Chancen haben Benedikt nachzufolgen. Günstiger sind die Prognosen für Kardinäle aus Italien. Wäre es nicht von Vorteil, wenn ein Italiener Papst würde, weil doch ein Italiener die Kurie am besten verstehe und daher auch am besten reformieren könne? Hat Papst Benedikt nicht Kardinal Angelo Scola, den Patriarchen von Venedig, im Juni 2011 nach Mailand versetzt, um ihn in die beste

Ausgangsposition für seine Nachfolge zu bringen? In der italienischen Bischofskonferenz ist man von dieser Personalie so überzeugt, dass man ein Glückwunschtelegramm für den Tag der Papstwahl vorbereitet. Am Abend des 13. März 2013 wird es kurz nach 19 Uhr veröffentlicht. Allerdings ist Kardinal Scola wie so manch anderer vor ihm als Papst in das Konklave hineingegangen und als Kardinal wieder herauskommen.

Das gilt auch für den Lateinamerikaner, um den sich vor dem Konklave, das am 12. März beginnt, die meisten Spekulationen ranken: den 1949 geborenen Odilo Pedro Scherer, einen Brasilianer mit deutschen Wurzeln. Der habe in den neunziger Jahren als Mitarbeiter der Kongregation für die Bischöfe Erfahrungen im Vatikan sammeln können, heißt es. Und sollte es nicht höchste Zeit sein, endlich einen Repräsentanten derjenigen Region zum Bischof von Rom zu wählen, in der absolut und relativ gesehen die meisten Katholiken weltweit leben?

Wieder andere halten dafür, dass die Wahl eines Afrikaners das stärkste Zeichen für einen Aufbruch der Kirche wäre. Der Ghanaer Peter Turkson, der Mann Benedikts für Gerechtigkeit und Frieden, darf in keiner Aufzählung der «papabili» fehlen. Hier und da fällt sogar der Name des jungen Filipino Luis Antonio Tagle. Aufdrängen will sich anscheinend niemand. Wie groß die Ratlosigkeit ist, zeigt sich darin, dass selbst die Wahl eines Nordamerikaners in Betracht gezogen wird. Im 20. Jahrhundert war es eine der wenigen Gewissheiten in der Kirche gewesen, dass ein Repräsentant der westlichen Supermacht nicht das höchste Amt in der römisch-katholischen Kirche innehaben könne. Nun richten sich viele Blicke auf den Kapuziner Sean O'Malley. Wäre es nach dem Pontifikat des mitunter etwas abwesenden deutschen «Professor Papst» nicht höchste Zeit für einen zupackenden, pragmatischen Amerikaner? O'Malley hatte als Erzbischof die nach dem Missbrauchsskandal der Jahre 2001–2003 am Boden liegende Erzdiözese Boston wiederaufgerichtet. Sollte ihm das nicht auch mit der römisch-katholischen Kirche im Weltmaßstab gelingen? Und wenn nicht einem US-Amerikaner, so doch Kardinal Marc Ouellet? Der Kanadier hatte als Präfekt der Bischofskongregation das Vertrauen Benedikts genossen und mehrere Jahre in Lateinamerika verbracht, so dass er womöglich auch für die Kardinäle aus dieser Region wählbar wäre.

Von einem ist so gut wie nie die Rede: Jorge Mario Bergoglio. Manch ein Kardinal macht im Nachhinein abfällige Bemerkungen über die Blindheit «der Medien». Doch was hätte man über den Erzbischof von Buenos Aires schreiben sollen? Selbst die Kardinäle sind am Ende der Generalkongregationen nicht viel schlauer als zuvor. Handfeste Überraschungen hatte es während der zweimal am Tag stattfindenden Aussprachen in großer Runde nicht gegeben. Angelo Sodano, immer noch Dekan des Kardinalskollegiums, hat mit seinem Intimfeind Tarcisio Bertone einen Burgfrieden geschlossen, um die Debatten hinter verschlossenen Türen nicht zu einem Tribunal über die Kurie und die Amtsführung einzelner Präfekten werden zu lassen. Die Rechnung geht auf. Zwar nimmt der eine oder andere Kardinal die sattsam bekannten Stichworte Kurienreform, Dezentralisierung und Kollegialität in den Mund. Und so freimütig wie in den ersten Märztagen wurde vor einer Papstwahl noch selten gesprochen. Doch konkrete Informationen etwa über Vatileaks gibt es, wenn überhaupt, nur in persönlichen Gesprächen. Das Finanzgebaren im Vatikan ist, glaubt man Bertone, ohnehin über jeden Verdacht erhaben.

Der Geist des theologischen Narzissmus

Auch Bergoglio ist unter denen, die während der Generalkongregationen etwas zu sagen haben, wie schon im Jahr 2001. «Ich habe Bezug genommen auf die Evangelisierung. Sie ist der Daseinsgrund der Kirche. Es ist die ‹süße, tröstende Freude, das Evangelium zu verkünden› (Paul VI.). Es ist Jesus Christus selbst, der uns von innen her dazu antreibt», sagt der Kardinal von Buenos Aires und Vorsitzende der Argentinischen Bischofskonferenz. Wenige Tage nach seiner Wahl wird er auf einem Umweg dafür sorgen, dass alle Welt erfährt, was er den Kardinälen mitteilen wollte.

Doch noch ist er nicht Papst – was ihn nicht daran hindert, seinen Lieblingspapst Paul VI. und seinen Lieblingstext «Evangelii nuntiandi» zu zitieren. «Evangelisierung setzt apostolischen Eifer voraus.

Sie setzt in der Kirche Freimut (*parrhesia*) voraus, damit sie aus sich selbst herausgeht. Sie ist aufgerufen, aus sich selbst herauszugehen und an die Ränder zu gehen. Nicht nur an die geografischen Ränder, sondern an die Grenzen der menschlichen Existenz: die des Mysteriums der Sünde, die des Schmerzes, die der Ungerechtigkeit, die der Ignoranz, die der fehlenden religiösen Praxis, die des Denkens, die jeglichen Elends.»

Warum ist die Kirche nicht so, wie sie sein soll? «Wenn die Kirche nicht aus sich selbst herausgeht, um das Evangelium zu verkünden, kreist sie um sich selbst. Dann wird sie krank (vgl. die gekrümmte Frau im Evangelium). Die Übel, die sich im Laufe der Zeit in den kirchlichen Institutionen entwickeln, haben ihre Wurzel in dieser Selbstbezogenheit. Es ist ein Geist des theologischen Narzissmus.»

Übel in den Institutionen? Theologischer Narzissmus? Redet sich da nicht einer um Kopf und Kragen? «In der Offenbarung sagt Jesus, dass er an der Tür steht und anklopft. In dem Bibeltext geht es offensichtlich darum, dass er von außen klopft, um hereinzukommen. Aber ich denke an die Male, wenn Jesus von innen klopft, damit wir ihn herauskommen lassen. Die egozentrische Kirche beansprucht Jesus für sich drinnen und lässt ihn nicht nach außen treten.»

Egozentrische Kirche? Bergoglio scheint nichts zu verlieren zu haben. «Die um sich selbst kreisende Kirche glaubt – ohne dass es ihr bewusst wäre – dass sie eigenes Licht hat. Sie hört auf, das ‹Geheimnis des Mondes› zu sein, und dann gibt sie jenem schrecklichen Übel der ‹spirituellen Weltlichkeit› Raum (nach Worten de Lubacs das schlimmste Übel, was der Kirche passieren kann). Diese (Kirche) lebt, damit die einen die anderen beweihräuchern.»

Bergoglio spricht gut drei Minuten. Seine Worte sollten vielleicht nur den Gang der Beratungen beeinflussen. Sie entfalten einen Sog, der auch ihn nicht mehr loslassen wird: «Was den nächsten Papst angeht: (Es soll ein Mann sein), der aus der Betrachtung Jesu Christi und aus der Anbetung Jesu Christi der Kirche hilft, an die existenziellen Enden der Erde zu gehen, der ihr hilft, die fruchtbare Mutter zu sein, die aus der ‹süßen und tröstenden Freude der Verkündigung› lebt. Vereinfacht gesagt: Es gibt zwei Kirchenbilder: die verkündende Kirche, die aus sich selbst hinausgeht, die das ‹Wort Gottes ehrfürchtig vernimmt und getreu verkündet›; und die weltliche Kirche, die in sich, von sich und für sich lebt. Dies muss ein Licht auf die möglichen Veränderungen und Reformen werfen, die notwendig sind für die Rettung der Seelen.»

Einigen kommt das Gesagte reichlich bekannt vor, etwa denen, die Bergoglio aus Aparecida kennen. In der Tat: Er variiert nur das, was er in kritischen Situationen immer zu sagen pflegt. Andere, die ihn noch nie gehört oder ihm noch nie genauer zugehört hatten, finden seine Einlassungen bemerkenswert. «So einen brauchen wir», soll einer der gerade einmal eine gute Handvoll deutschsprachiger Kardinäle gesagt haben.

Doch der Mann, der sich solchermaßen exponiert hat, ist mehr als 75 Jahre alt. Und er ist Jesuit, noch dazu, wie es in dem Standardwerk über die Geschichte der Jesuiten in Lateinamerika heißt und wie jeder in der Kurie des Ordens am Borgo S. Spirito erfahren kann, ein Verfechter eines vorkonziliaren Stils und vorkonziliarer Werte. Und hatte er nicht gar in den siebziger Jahren zwei Mitbrüder den Schergen der Militärdiktatur ausgeliefert, Aparecida hin oder her?

Die Geschichte verändern

Jorge Mario Bergoglio wird nicht nach Argentinien zurückkehren, jedenfalls nicht zur Chrisam-Messe des Jahres 2013. Am frühen Abend des 13. März steigt weißer Rauch aus dem Schornstein, der auf dem Dach der Sixtinischen Kapelle montiert ist. Die Glocken des Petersdomes beginnen zu läuten, gegen 19.15 Uhr tritt der ranghöchste Kardinaldiakon, der französische Kurienkardinal Jean-Louis Tauran, auf die Loggia des Petersdomes und verkündet die erlösenden Worte: «Annuntio vobis gaudium magnum. Habemus Papam.»

Tauran leidet seit längerem an der Parkinson-Krankheit. Doch dieser Umstand ist es nicht alleine, der seine Stimme anfangs ein wenig zittern lässt. Den Mann, den er gleich der Welt als neuen Papst vorstellen wird, kennt und schätzt er seit langem: «Eminentis-

*Kardinal Bergoglio nach seiner Wahl zum Papst auf der Benediktionsloggia
des Petersdoms vor den versammelten Gläubigen.*

simum ac reverendissimum Dominum, Dominum Giorgium Ma-
rium, Sanctae Romanae Ecclesiae Cardinalem Bergoglio». Was dieser sich ausgedacht hat, um sich der Welt zu präsentieren, geht an die
Grenzen auch seiner Vorstellungskraft: «... qui sibi nomen imposuit
Franciscum». Tauran lächelt verschmitzt.

Bergoglio ist der erste Nichteuropäer auf dem Stuhl des Bischofs
von Rom seit der Antike, der erste Lateinamerikaner, der erste Jesuit
und einer der wenigen Ordensleute überhaupt. Und er ist der erste
Papst, der sich den Namen des mittelalterlichen Ordensgründers
Franziskus von Assisi auferlegt, jenes reichen Kaufmannssohnes, der
den Freuden der Welt entsagte, das Lob der Schöpfung sang, den
Vögeln predigte und beim Anblick einer verfallenen Kirche eine
Stimme hörte: «Baue meine Kirche wieder auf!»

Wie kommt er darauf? Franziskus habe dem Christentum eine
ganz neue Auffassung von der Armut gegenüber Luxus, Stolz und
Eitelkeit der zivilen und kirchlichen Macht jener Zeit gegeben, hatte
Bergoglio im Jahr 2010 seinem Freund Skorka anvertraut. «Er enga-

gierte sich für eine Mystik der Armut und des Verzichts und hat die Geschichte verändert.» (BS 238) Die Geschichte verändert? Was hat der Papst mit dem Namen Franziskus vor?

An die Enden der Erde

«Vergiss die Armen nicht», soll sein brasilianischer Freund Cláudio Hummes während der Stimmenauszählung ihm gesagt haben, als sich abzeichnete, dass Bergoglio der 265. Nachfolger des Heiligen Petrus sein werde.[9] Kaum zu glauben, dass er erst in diesem Moment entschieden haben soll, ein solch starkes Zeichen des Bruchs mit der Tradition zu setzen.

Dass die Wahl auf ihn hinauslaufen könnte, hat sich am Nachmittag jenes 13. März 2013 abgezeichnet. Wie von einer unsichtbaren Hand gelenkt – manch einer sagt, wie vom Heiligen Geist bewirkt –, steigt der Stimmenanteil für Bergoglio von Wahlgang zu Wahlgang, so dass es nur eine Frage der Zeit ist, wann er die Zweidrittelmarke überschreiten wird. Kein Gegenkandidat ist in Sicht, der so viele Stimmen auf sich versammeln könnte wie er acht Jahre zuvor. Eine Sperrminorität kommt nicht zu Stande. Dabei hat Benedikt den Wahlmodus im Jahr 2007 so geändert, dass ein Papst nur mit Zweidrittelmehrheit der stimmberechtigten Kardinäle gewählt werden kann und nicht mehr – wie von Johannes Paul II. vorgesehen – nach 33 oder 34 Wahlgängen mit absoluter Mehrheit.

Zu Beginn des Konklaves macht sich eine kleine, international zusammengesetzte Gruppe von Kardinälen für Bergoglio stark. Sie haben «ihren» Kandidaten in den Tagen zuvor nicht durch ostentative Unterstützung «verbrannt». Jetzt aber schlagen ihnen Zweifel entgegen. Ob es klug sei, sich nach dem Amtsverzicht Benedikts XVI. auf einen Kandidaten zu verständigen, der binnen wenigen Jahren denselben Schritt tun könnte. Damit wäre nicht allein das Papstamt entmystifiziert, sondern in seiner inneren Struktur zerstört. Ein Amt auf Zeit, die Person möglicherweise Gegenstand von Pressionen, die Kirche ein Stück weltlicher? Am Ende überwiegt die Gewissheit, dass Bergoglio, der vor acht Jahren Joseph Kardinal Ratzinger unterlegen war, jetzt der richtige Mann am richtigen Ort zur richtigen Zeit sei.

Gegen 20:24 Uhr betritt Papst Franziskus die Benediktionsloggia des Petersdoms. Zehntausende Gläubige, die bei Dunkelheit auf dem Petersplatz ausgeharrt haben, sehen einen Mann ganz in Weiß, ohne die breite Stola, die sein Vorgänger getragen hatte, und ohne jene ausgebreiteten Arme, jene triumphierende Geste, wie sie Benedikt in dem Moment gezeigt hatte, als ihm der Jubel entgegenbrandete. Zaghaft hebt Jorge Mario Bergoglio den rechten Arm, winkt schüchtern und betrachtet das Bild, das sich ihm bietet: Da ist es, das «gläubige Volk» (*pueblo fiel*), von dem er immer wieder gesprochen hat. Jetzt ist er der Hirte, der es schützend bewachen soll, wie er während seiner ersten Bischofssynode im Oktober 2001 einige hundert Meter von diesem Ort formuliert hatte. Als die Musik verklingt, sagt er: «Fratelli e sorelle, buona sera.»[10]

Nicht nur die Gläubigen auf dem Petersplatz trauen ihren Ohren nicht. Weltweit verfolgen Millionen das Geschehen in Rom: Sie hören einen Papst, der einfach «Guten Abend» sagt, und sehen ein Brustkreuz aus Blech anstelle eines aus Gold und Edelsteinen. Fast bis an die Grenzen der Erde hätten die Kardinäle gehen müssen, um einen Bischof für Rom zu finden, sagt dieser Mann und lacht. Dann, als Erstes, ein Gebet. «Für unseren emeritierten Bischof Benedikt XVI.», damit Gott ihn segne und die Gottesmutter Maria ihn beschütze. Ein «Vater unser», dann ein «Gegrüßet seist Du, Maria».

Dann: «Jetzt beginnen wir unseren Weg, gemeinsam», der Bischof und das Volk, die Kirche von Rom, die allen anderen «in Liebe vorsitzt». Und: «Beten wir immer füreinander, der eine für den anderen, beten für die ganze Welt.»

Und dann geschieht jene Geste, die sich in die Herzen brennt: Nicht der Papst segnet die Menge. Das Volk muss für seinen Bischof um den Segen bitten. Franziskus verneigt sich. Auf dem Platz erstirbt jedes Geräusch. Erst jetzt lässt er sich die Stola umlegen.

Spätestens in diesem Moment ist klar, dass nicht das Amt zu der Person gekommen ist, sondern die Person zu dem Amt. Auf der Loggia des Petersdoms steht jemand, der nicht nur mit einer Tradition gebrochen hat, sondern der mit vielen Traditionen brechen wird. Weil sie hinderlich sind, im Weg stehen, sich überlebt haben. Mit wenigen Worten und in einfachen Gesten legt Bergoglio jene wirklich verbindliche Schicht der Glaubensüberlieferung frei, die sich in den vielen Titeln des Papstes nur noch als Worthülse erhalten hat: Servus servorum Dei – Diener der Diener Gottes. Nach zehn Minuten wird es wieder still auf dem Petersplatz. Franziskus sagt: «Brüder und Schwestern, ich verabschiede mich von euch. Vielen Dank für den Empfang. Betet für mich und bis bald! Wir sehen uns bald: Morgen möchte ich die Mutter Gottes aufsuchen und sie bitten, ganz Rom zu beschützen. Gute Nacht und angenehme Ruhe.»

In der Kurie der Jesuiten am Borgo S. Spirito und in vielen Häusern des Ordens will keine rechte Freude aufkommen. Manch ein Jesuit steht förmlich unter Schock. Nach wie vor geht die Kunde, Bergoglio sei im Grunde seines Herzens ein Reaktionär. Nicht tot ist auch die Legende, als Provinzial habe er die Provinz so gespalten, dass der Ordensgeneral viele Jahre später einen Jesuiten aus Kolumbien habe holen müssen, um die Parteiungen in Argentinien zu überwinden. Und war da nicht auch etwas gewesen mit zwei Jesuiten, die von Militärs verschleppt wurden und die Bergoglio nachgesagt hatten, er habe sie indirekt ihren Häschern ausgeliefert? Drei Tage nach seiner Wahl wird der erste Jesuiten-Papst der Geschichte sich in seinem ersten Brief an «seinen» Orden wenden und den General Adolfo Nicolás für das Gebet und die Bereitschaft danken, die Gesellschaft Jesu weiterhin uneingeschränkt in den Dienst der Kirche und des «Stellvertreters Christi» zu stellen, so wie es der Ordensgründer Ignatius vorschrieben hatte.

Seinerseits bittet der Papst den Orden, seinem Charisma treu zu bleiben und in der Seelsorge, aber auch im Zeugnis des Lebens, «Sauerteig» des Evangeliums in der Welt zu sein und unermüdlich die Ehre Gottes (*ad maiorem Dei gloriam*) und das Heil der Seelen (*salus animarum*) zu suchen. Franziskus weiß, wie man die Seele eines Jesuiten streichelt.

Arme Kirche, Kirche der Armen

Was am Abend des 13. März 2013 geschehen ist, erschließt sich selbst versierten Beobachtern erst nach und nach. Denn der Mittwoch Abend ist erst der Anfang. Für die Kardinäle soll es gleich weitergehen. Anstatt hinter dem Petersdom in die bereitstehende Limousine zu steigen, um in das Gästehaus Santa Marta zu fahren, setzt sich der Papst in denselben Bus, mit dem man wenige Stunden zuvor zu der Sixtinischen Kapelle gefahren war. Ein Mann in Weiß lachend mitten unter den Kardinälen? Das Staunen nimmt kein Ende.

Am nächsten Morgen überschlagen sich die Nachrichten. Der Papst sei, nur von wenigen begleitet, zu der Kirche Santa Maria Maggiore gefahren, habe dort vor einer Marienstatue gebetet und mit Passanten und Kirchenbesuchern gesprochen. Wieder beginnt die Suche nach Erklärungen für das Verhalten dieses Mannes. Hatte der Heilige Ignatius, der Gründer des Jesuitenordens, nicht in Santa Maria Maggiore am Weihnachtstag des Jahres 1538 seine erste Messe gefeiert?

Auf der Fahrt zurück in den Vatikan hält die Autokolonne des Papstes in der Via della Scrofa. Ein Mann in Weiß steigt aus, geht auf das Zimmer, das er als Kardinal am Montag morgen verlassen hatte, packt seine wenigen Habseligkeiten zusammen und bezahlt eigenhändig die Unterkunft. So etwas hat die Welt noch nicht gesehen.

Und die Kardinäle das nicht: Der Hauptzelebrant des Dankgottesdienstes trägt ein schlichtes Messgewand, legt das Predigtmanuskript zur Seite, das man ihm vorbereitet hat, setzt sich nicht auf den bereit stehenden Stuhl, sondern spricht stehend und frei und trägt nicht einmal die Mitra. Man kann sich die Augen reiben, so lange man will: Das ist der neue Papst.

Auch dass dieser nicht jedermanns Sache ist, spricht sich schnell herum. «Der Karneval ist vorbei!» Mit diesen Worten soll Bergoglio den Zeremoniar Guido Marini unsanft zurechtgewiesen haben, als dieser ihm während der Ankleideprozedur in einer kleinen Kammer neben der Sixtinischen Kapelle mit der purpurfarbenen Mozetta, dem goldenen Brustkreuz, der breiten Stola und den roten Schuhen gekommen sei. Bergoglio hat das nie gesagt, sondern Marini freundlich bedeutet, dass er sich die Insignien der päpstlichen Macht nicht zu Eigen machen wolle. Dass daraus in Windeseile ein «Der Karneval ist vorbei» wird, sagt nichts über Bergoglio, aber viel über diejenigen, die dieses Diktum in Umlauf bringen. Sie haben verstanden. Das leicht Schwüle der Ära Benedikt, in der sich manche an Spitzenrochetts und anderen femininen Accessoires nicht genug ergötzen konnten, ist vorbei.[11]

Und was kommt stattdessen? Am Samstag, dem 16. März, lädt Bergoglio die annähernd 6000 Journalisten aus aller Welt ein, die das Geschehen der vergangenen Tage mehr oder weniger fassungslos verfolgt haben. In der großen Audienzhalle werden ihm einige persönlich vorgestellt. Der Papst erobert die Herzen der meisten Journalisten im Sturm.

Franziskus ist zu Scherzen aufgelegt: Manche hätten ihm geraten, den Namen Hadrian anzunehmen, in Erinnerung an den Reformpapst Hadrian VI., andere hätten ihm Clemens empfohlen – als Rache an Clemens XIV., der im 18. Jahrhundert die Gesellschaft Jesu aufgehoben hatte. Er aber habe sich für Franz von Assisi entschieden, den Mann des Friedens und der Achtung der Schöpfung: «In diesem Augenblick haben wir mit der Schöpfung nicht gerade eine gute Beziehung, oder?», hören die verdutzten Journalisten. Und: «Ach, wie sehr möchte ich eine arme Kirche und eine Kirche der Armen!»

Wieder ein Satz, der wie im Magnet haften bleibt und sofort um die Welt geht. Im Januar 2014 wird der Sprecher des Vatikans, Lombardi, bestätigen, dass Papst Franziskus an einer Enzyklika über das Thema Ökologie schreibe – die Ökologie des Menschen eingeschlossen.

Am Ende der Audienz sagt der Papst, dass er nicht wie üblich abschließend den Segen spenden wolle – aus Respekt vor unterschiedlichen Glaubensüberzeugungen der Männer und Frauen, die aus allen Kontinenten nach Rom gekommen seien: «Ich habe gesagt, dass ich Ihnen von Herzen meinen Segen erteilen würde. Da aber viele von Ihnen nicht der katholischen Kirche angehören, andere nicht gläubig sind, erteile ich von Herzen diesen Segen in Stille jedem von Ihnen mit Respekt vor dem Gewissen jedes Einzelnen, aber im Wissen, dass jeder von Ihnen ein Kind Gottes ist. Gott segne Sie.»

Schön ist das mit der Barmherzigkeit

Sonntag, 17. März, Petersplatz. Wieder blickt der Papst über das «gläubige Volk», diesmal vom Fenster des Apostolischen Palastes aus, von dem seine Vorgänger das mittägliche Angelus-Gebet gesprochen und eine kurze Ansprache gehalten haben. Mit dieser Tradition will Franziskus nicht brechen.

«Das ist schön und wichtig für uns Christen: einander am Sonntag zu begegnen, uns zu grüßen, miteinander zu sprechen wie jetzt hier, auf dem Platz. Ein Platz, der dank der Medien die Dimensionen der Welt hat.»[12] Der Papst spricht kurz über das Evangelium des Tages. Es handelt von einer Frau, die Ehebruch begangen hat und die Jesus vor der Verurteilung zum Tod rettet. «Es beeindruckt die Haltung Jesu: Wir hören keine Worte der Verachtung, wir hören keine Worte der Verdammung, sondern nur Worte der Liebe, der Barmherzigkeit, die zur Umkehr auffordern.»

Barmherzigkeit – das ist sein Wort. Und nicht nur seines. Zu Beginn des Konklaves hatte ihm ein Kardinal die italienische Übersetzung eines Buches über die Barmherzigkeit geschenkt:[13] «In diesen Tagen hatte ich die Gelegenheit, das Buch eines Kardinals, Kardinal Kaspers, eines Theologen, der sehr tüchtig ist, eines guten Theologen, über die Barmherzigkeit zu lesen. Und jenes Buch hat mir sehr gut getan, doch glaubt jetzt nicht, dass ich Werbung für die Bücher meiner Kardinäle mache! Dem ist nicht so! Doch es hat mir so gut, so gut getan.»

Warum? «Kardinal Kasper sagte, dass von der Barmherzigkeit zu hören, dass dieses Wort alles ändert. Es ist das Beste, was wir hören können: Es ändert die Welt. Ein wenig Barmherzigkeit macht die Welt weniger kalt und viel gerechter. Wir haben es notwendig, diese Barmherzigkeit Gottes gut zu verstehen, dieses barmherzigen Vaters, der so viel Geduld hat. Wir erinnern uns an den Propheten

Der neugewählte Papst Franziskus mit einem Mate-Gefäß, einem Geschenk der argentinischen Präsidentin Cristina Fernández de Kirchner, 18. März 2013.

Jesaja, der sagt: Wären unsere Sünden auch rot wie Scharlach, so würde sie die Liebe Gottes weiß wie Schnee machen. Schön ist das, das mit der Barmherzigkeit!»

Dienstag, 19. März, Petersplatz: Im Beisein von Staats- und Regierungschefs aus aller Welt sowie von Delegationen vieler Kirchen und Religionsgemeinschaften wird Papst Franziskus in sein Amt eingeführt. Bei dem anschließenden Defilee ist selbst Cristina Kirchner die Freude ins Gesicht geschrieben.

Bis zum Osterfest jagt eine Nachricht aus Rom die andere. Etwa die, dass Franziskus nicht in das päpstliche *Apartamento* im Apostolischen Palast einzuziehen, sondern bis auf weiteres im Gästehaus Santa Marta zu wohnen gedenkt. Was soll das bedeuten, dass da einer die Gottesdienste am Morgen nicht in der Abgeschiedenheit einer Privatkapelle, sondern mit Gästen feiert, und mit seinen Mitarbeitern und manchmal auch Gästen in einem Speisesaal die Mahlzeiten einnimmt. Eine idyllische «Vita communis»? Oder ein geschickter Versuch, sich der Kontrolle durch einen kleinen Apparat mit dem

Präfekten des Päpstlichen Hauses, Georg Gänswein, an der Spitze zu entziehen, und selbst möglichst viel Freiheit zu haben, um mit Personen seines Vertrauens möglichst ungestört und unerkannt die Amtsgeschäfte zu führen? Oder eine Sicherheitsvorkehrung von jemandem, der einst in einer Militärdiktatur gelebt hatte und sich jetzt in Santa Marta unbeobachteter und vor Ausforschungen sicherer weiß als in dem in jeder Hinsicht exponierten *Apartamento*? Gut möglich, dass nicht ein Gesichtspunkt alleine den Ausschlag gibt, sondern alle drei, wenn nicht noch mehr.

Samstag, 23. März, jener Tag, an dem Bergoglio eigentlich an die Rückkehr nach Buenos Aires denken müsste. Zum ersten Mal in der Kirchengeschichte der Neuzeit stehen zwei Päpste voreinander. Franziskus ist zu Benedikt nach Castel Gandolfo geflogen. Eines der Bilder, die von der ersten direkten Begegnung mit seinem Vorgänger verbreitet werden, zeigt zwei Männer in Weiß gemeinsam im Gebet. Allen Spekulationen über eine theoretische und praktische Unverträglichkeit zweier lebender Päpste ist der Boden entzogen.

Der Boden entzogen ist bald auch allen Spekulationen über die Verstrickung des Papstes in die Machenschaften der Militärdiktatur in Argentinien. Zwar sind diese auch ohne Zutun der Jesuiten schnell wiederaufgeflammt, denn in vielen Archiven haben sich Erinnerungen an die Diffamierungskampagne des Jahres 2005 erhalten. Außerdem sieht der argentinische Journalist Verbitsky die Chance gekommen, mit seiner These vom «Junta-Kumpel» weltweit Aufmerksamkeit zu erhaschen.

Der Spuk ist schnell vorbei. Zum einen hat sich die Faktenlage seit 2005 erheblich verbessert, nicht zuletzt durch Bergoglios Einlassungen in dem Buch «El Jesuita» und seine Aussagen als Zeuge in dem Prozess gegen Folterer der ESMA. Zum anderen muss man vermuten, dass der mittlerweile verstorbene Präsident Néstor Kirchner die Gelegenheit nicht ungenutzt hätte verstreichen lassen, seinen innenpolitischen Intimfeind Bergoglio öffentlich zu diskreditieren, hätten sich die alten Vorwürfe mit neuen Beweisstücken untermauern lassen. Das aber war nicht geschehen. Das Thema Bergoglio und die Militärdiktatur sind nach wenigen Tagen endgültig eine Sache der Historiker.

Im Gespräch mit Papst Emeritus Benedikt XVI. in Castel Gandolfo, 23. März 2013.

Andere Nachrichten aus Argentinien verbreiten sich wie ein Lauffeuer. Als sich Papst Franziskus am Abend des Gründonnerstags aufmacht und in dem römischen Jugendgefängnis Casal del Marmo zwölf Männern und Frauen (!) zum Gedächtnis an die Fußwaschung Jesu vor dem letzten Abendmahl die Füße wäscht, hat sich schon herumgesprochen, dass Erzbischof Bergoglio es in Buenos Aires schon immer so oder so ähnlich gehalten hatte. Und dass er in Buenos Aires nicht in der Erzbischöflichen Residenz gewohnt hatte; und öffentliche Verkehrsmittel benutzt hatte; und deswegen nicht singt, weil er vor Jahrzehnten eine Lungenoperation hatte; und nicht sonderlich polyglott ist. Am Ostersonntag bricht Bergoglio beim Segen «Urbi et Orbi» mit der vielen mittlerweile liebgewordenen Tradition, die Ostergrüße in mehreren Dutzend Sprachen zu sprechen.

Namen und Nachrichten

«Argentinos – a las cosas, a las cosas!» – das geflügelte Wort des spanischen Dichters Ortega y Gasset, das auf das krisengeschüttelte Argentinien während der argentinischen *década infame* gemünzt war, will sich Bergoglio alias Papst Franziskus nicht nachrufen lassen. Denn «Dinge» gibt es genug, für die es «die Ärmel hochzukrempeln» gilt (wie man frei übersetzen könnte) – allen voran eine Reform der Kurie und der Art, wie diese mit und ohne den Papst die Weltkirche regiert.

Doch wie in Rom *lío* machen und ein Dickicht von Behörden und ein Sammelsurium von Zuständigkeiten und Unzuständigkeiten reformieren, mit denen man nur hin und wieder zu tun hatte und deren Innenleben selbst manch versiertem Kurialen ein Rätsel ist? Johannes Paul II. und Benedikt XVI. hatten nichts getan, um die Koordination der einzelnen Kurienbehörden zu verbessern. Auch zwischen Kurienbehörden, wenn nicht innerhalb mancher Organe sind Zustände eingerissen, die jeder Beschreibung spotten. Hier ein Kurienkardinal, der sich ungerührt in die Zuständigkeiten eines anderen einmischt, dort eine Kongregation, die ihre Mitglieder seit Jahren nicht mehr zu einer Vollversammlung gerufen hat, da Geschäfte auf Gegenseitigkeit, bei denen an vielen Händen viel Geld kleben bleibt.

Manches davon hat Bergoglio bei seinen seltenen Reisen nach Rom gehört und gesehen, manches auch zu spüren bekommen, allen voran die Machenschaften bei der Auswahl von Bischöfen. Jahrelang hatte Nuntius Adriano Bernardini in Argentinien zusammen mit einer Seilschaft im Vatikan über seinen Kopf hinweg Kandidaten bevorzugt, die ihm als Karrieristen und Repräsentanten des Ratzingerschen «Ästhetizismus» erschienen waren, ohne Herz für die Armen und ohne Demut angesichts des «gläubigen Volkes».[14] Und hatte er nicht über Jahre hinweg mit der vatikanischen Bildungskongregation im Streit gelegen über die Ernennung des renommierten Theologen und Aparecida-Beraters Víctor M. Fernández zum Rektor der Katholischen Universität?

Mit wem also die Kirche regieren, wenn schwer zu ermessen ist, wem zu trauen ist, und mit welchen Ideen und mit welchem Ziel die Kurie reformieren? Einen Leitfaden könnte Papst Franziskus von seinem Vorgänger in die Hände gelegt bekommen haben: den angeblich 300 Seiten starken Bericht über Machenschaften im Vatikan, die zwei Jahre lang unter der Chiffre «Vatileaks» immer wieder für Schlagzeilen gesorgt hatten.

Dass es Indiskretionen zuhauf gegeben hatte und finanzielle Unregelmäßigkeiten, muss als sicher gelten. Gemunkelt wird auch über Seilschaften und sogar eine «lobby gay». Doch was haben die drei greisen Kardinäle alleine oder mit Hilfe versierter Ermittler wirklich herausgefunden? Franziskus wird von sich aus niemals auf den Untersuchungsbericht zu sprechen kommen. Ist «Vatileaks» also mehr als ein Produkt überspannter Phantasie von Zeitgenossen, die Dan Brown für einen Historiker und nicht für einen Romancier halten?

Franziskus wird nicht eine Personalentscheidung treffen, die öffentlich in Zusammenhang mit Vatileaks gebracht werden kann. Zwar muss der eine oder andere «monsignore», vor allem aus der Kleruskongregation, umgehend in seine Diözese oder sein Ordenshaus fern von Rom zurückkehren. Aber die Spitzen der Kurienbehörden werden von Franziskus zunächst bis auf weiteres in ihren Ämtern bestätigt. Will sagen: Seinen Hut nehmen muss zunächst kein Kardinal oder Erzbischof. Aber früher oder später kann es zu Veränderungen personeller oder auch struktureller Art kommen.

Sicher fühlen kann sich niemand. Franziskus, der Kino-Enthusiast, hält es mit Alfred Hitchcock. Er entwickelt sich zum Großmeister der gespannten Unsicherheit, der *suspense*.

Doch keine Regel ohne Ausnahme. Im Mai 2013 wird Agostino Vallini, der Kardinalvikar des Papstes für die Diözese Rom, in diesem Amt bestätigt. Eine Überraschung ist das nicht. Vallini war zusammen mit Bergoglio am Abend des 13. März auf der Benediktionsloggia des Petersdomes erschienen. Ein Jahr später wird Franziskus ihn in den neugegründeten Wirtschaftsrat berufen, der alle ökonomischen Aktivitäten im Vatikan überwachen soll. Wenigstens einer, dem er trauen kann.

Mit allen anderen Personalentscheidungen lässt sich Franziskus Zeit, viel Zeit. Fast ein halbes Jahr beobachtet er die Kardinäle und lässt sich berichten – von wem auch immer. Die Frage, wer von Papst Franziskus zu Rate gezogen wird oder wer ihm raten möchte, entwickelt sich zu einem Spiel, das an das Rätselraten über die «papabili» erinnert. Für den Papst zahlt sich aus, dass viele Kardinäle und Bischöfe in Santa Marta ein und aus gehen. Ohne viele Mitwisser kann er diesen und jenen treffen und ungestört telefonieren.

«Ich bin derjenige, der entscheidet, wen ich treffen muss, und nicht meine Sekretäre», soll er im Juli 2013 seinem langjährigen Freund Jorge Milia anvertraut haben.[15] Wenn nicht, dann ist die Nachricht gut erfunden: Viel zu lange seien die Päpste Gefangene ihrer Sekretäre gewesen. Müsse nicht der Hirt bei seinen Schafen sein?

Deswegen bekommt Georg Gänswein, der Präfekt des Päpstlichen Hauses und nach wie vor Sekretär des emeritierten Papstes Benedikt, von der Geschäftigkeit kaum etwas mit. Seine Funktionen sind weitgehend protokollarisch-zeremonieller Natur. Er darf Audienzen und Besuche von Staatsmännern und Politikern vorbereiten. Die Freizeit verbringt er zu einem nicht geringen Teil bei Papst Benedikt, dem er Treue bis zum Tod gelobt hat.

Als Privatsekretär dient Franziskus ein Geistlicher, der bei Benedikt und unter Gänswein der zweite Mann war: Alfredo Xuereb. Der Malteser hat sich schnell das Vertrauen Bergoglios erworben. Im November 2013 betraut ihn der Papst mit der Aufgabe, ihn in beiden Kommissionen zu repräsentieren, die die vatikanischen Finanzstrukturen durchleuchten. Im April 2014 wird Xuereb Generalsekretär des neuen Wirtschaftsrates, den Franziskus als zentrale Aufsichtsbehörde für alle wirtschaftlichen Angelegenheiten innerhalb des Vatikanstaates und des Heiligen Stuhles ins Leben ruft. Xuerebs Nachfolger wird der Ägypter Yoannis Lahze Gaid, der der mit Rom vereinigten (unierten) Koptischen Kirche angehört.

Der zweite Mann im Sekretariat des Papstes ist der Argentinier Fabián Pedacchio Leániz. Bergoglio selbst hatte ihn im Jahr 2007 nach Rom geschickt, womöglich, so heißt es in Rom, um hinter die Kulissen der Bischofskongregation zu schauen. Jetzt denkt Franziskus nicht daran, den Argentinier, der wie sein jüdischer Freund Skorka als Anhänger von River Plate bekannt ist, aus der Kongregation abzuziehen. In vielen Behörden platziert Franziskus Männer seines Vertrauens, um sich im Zweifel direkt informieren zu können. In einem Tohuwabohu von Behörden mit einer zum Teil chaotischen Aktenführung wäre Franziskus schlecht beraten, verließe er sich nur auf die Informationen, die ihn auf dem Dienstweg erreichen.

Vier Säulen

Im Juli 2013 vergibt Papst Franziskus keine Audienztermine, auch nach Rückkehr von dem Weltjugendtag in Rio de Janeiro nicht. Er verlässt aber auch den Vatikan nicht, wie es während der «heißen» Sommermonate jahrzehntelang Brauch war. Das Wort Ferien kommt Jorge Mario Bergoglio selbst in Rom nicht über die Lippen.

Ende September werden die ersten gewichtigen Personalentscheidungen bekanntgegeben. Der mittlerweile 78 Jahre alte Kardinalstaatssekretär Tarcisio Bertone wird durch den Nuntius in Venezuela ersetzt, Erzbischof Pietro Parolin. Durch den Vatikan, aber auch durch viele Botschaften, geht ein Seufzer der Erleichterung: Wieder soll ein ausgebildeter Diplomat das Staatssekretariat leiten, noch dazu einer der fähigsten.

In vielen diplomatischen Vertretungen erinnert man sich noch gut daran, dass Parolin sich als «Zweiter Mann» in der Sektion für die Beziehungen zu den Staaten nie hatte nehmen lassen, viele Kontakte außerhalb des Vatikans zu pflegen und dadurch den Bezug zur Wirklichkeit nicht zu verlieren. Nun holt ihn Franziskus aus Venezuela zurück und macht ihn zu einem seiner engsten Mitarbeiter. Persönlich, so heißt es, habe er ihn zuvor nicht gekannt. Jedoch habe er sich ausführlich informieren lassen. Parolin bete, heißt es.

Die Amtsübernahme des unprätentiösen und bescheidenen Mannes, der wie Papst Franziskus im Gästehaus Santa Marta wohnen wird, verzögert sich. Anstatt zur Verabschiedung seines Vorgängers Bertone am 15. Oktober im Vatikan anwesend zu sein, unterzieht der Achtundfünfzigjährige sich einer nicht näher bezeichneten Operation. Die Genesung nimmt einige Wochen in Anspruch. Erst mit Beginn der Adventszeit ist er arbeitsfähig.

Gleichfalls im September befördert wird der Präsident der Päpstlichen Diplomatenakademie, Beniamino Stella. Auf Kuba hatte er den Besuch von Papst Johannes Paul II. vorbereitet, anschließend war er in Kolumbien auf Posten. Der Italiener wird Präfekt der Kleruskongregation. Kardinal Mauro Piacenza, der erst im Jahr 2010 von Papst Benedikt XVI. mit diesem Amt betraut worden war, muss mit dem belanglosen Posten des Großpönitentiars Vorlieb nehmen. Unter Benedikt war dem ebenso ehrgeizigen und wie engstirnigen Kardinal zugetraut worden, Nachfolger von Kardinalstaatssekretär Tarcisio Bertone zu werden.

Das Signal, das von der Versetzung Piacenzas ausgehen soll, ist eindeutig: Bergoglio macht die Priesterausbildung zur Chefsache. Als ehemaligem Jesuitenprovinzial, Rektor und Erzbischof ist ihm dieser Schritt nicht zu verdenken. Denn mit den Priestern und deren Aus- und Fortbildung steht und fällt die Qualität der Seelsorge – und damit die an die Sakramente gebundene Struktur der katholischen Kirche.

Was Franziskus als Papst über das heikle Thema der Priesterausbildung denkt, hat er nicht öffentlich erkennen lassen. Aber jeder, der lesen kann, findet die Grundlinien in «El Jesuita» längst formuliert: «Aber die Auswahl muss nicht nur auf der menschlichen, sondern auch auf der geistlichen Ebene streng sein. Wir müssen ein ernsthaftes Gebetsleben fordern – ich frage die Seminaristen immer danach, wie sie beten – und eine tiefe Hingabe an ihre Mitmenschen und an Gott.» (RA 108)

Mit dem Wechsel an der Spitze der Kongregation ist es nicht getan. Franziskus ernennt den 1958 geborenen Mexikaner Jorge Carlos Patrón Wong zum «Sekretär» für die Priesterseminare weltweit. Diese Zuständigkeit hatte sich die Kleruskongregation unter Kardinal Piacenza erst vor Kurzem von der Bildungskongregation erkämpft. Patrón Wong soll dafür sorgen, dass es in den Seminaren so zugeht, wie Franziskus es in Buenos Aires vorgemacht hatte: «Wir stellen die Ausbildung auf vier Säulen. Die erste ist das geistige Leben, wo der Anwärter in Dialog mit Gott tritt, in der Innenwelt. Deshalb ist das erste Ausbildungsjahr dem Kennenlernen und der Praxis des Gebets, des geistigen Lebens gewidmet. Später geht das alles weiter, aber nicht mehr in der gleichen Intensität. Die zweite Säule bezieht sich auf das Gemeinschaftsleben, in unserer Vorstellung gibt es keine einzelgängerische Ausbildung. Es ist essenziell, ‹durchgeknetet› zu werden und in einer Gemeinschaft zu wachsen, um sie später führen und leiten zu können … Eine weitere Säule ist das intellektuelle Leben, die Seminaristen studieren sechs Jahre lang an der Fakultät für Theologie. Zwei Jahre sind der Philosophie gewidmet als Grundlage der Theologie … Die vierte Säule ist das, was wir das apostolische Leben nennen: Die Seminaristen fahren an den Wochenenden in eine ihnen zugewiesene Pfarrgemeinde, um den Pfarrer in seinen seelsorgerlichen Aufgaben zu unterstützen. Im letzten Ausbildungsjahr leben sie direkt in der Pfarrei. Wir erwarten, dass in diesem Jahr der völligen Hingabe Tugenden und Mängel zutage treten.» (BS 2010, 57)

Eine Stellenbeschreibung findet Patrón Wong in Rom ebenso wenig vor wie einen Stellenplan, geschweige denn Mitarbeiter. Der vormalige Bischof von Papantla weiß allerdings selbst, was auf ihn zukommt. Er war zwei Wahlperioden lang Vorsitzender der «Organisation Lateinamerikanischer Seminare» (OSLAM) und hatte im Februar 2012 an dem ersten Kongress über sexuelle Gewalt im Raum der Kirche teilgenommen, der mit Unterstützung von allerhöchster Stelle von der Päpstlichen Universität Gregoriana ausgerichtet worden war.[16]

Die vierte Personalie vom 21. September hat es ebenfalls in sich. Papst Franziskus ernennt den Sekretär der Kongregation für die Bischöfe, Erzbischof Giuseppe Baldisseri, zum Generalsekretär der Römischen Bischofssynode. Der bisherige Generalsekretär, der kroatische Erzbischof Nicola Eterović, muss von jetzt auf gleich in den Diplomatischen Dienst des Heiligen Stuhls zurückkehren, aus dem er gekommen war. Eterović wird Apostolischer Nuntius in Berlin. Dort muss der von Papst Benedikt ernannte Schweizer Nuntius Périsset ein Jahr vor Vollendung des 75. Lebensjahres den Posten räumen.

Eine neue Verwendung Baldisseris war seit März erwartet worden. Zum Ende des Konklaves hatte Franziskus dem Erzbischof, der sich als dessen Sekretär des Konklaves bewährt hatte, seinen Kardinals-Pileolus aufgesetzt. Jetzt wird er zunächst zum Kopf des kleinen Apparates befördert, der nicht Teil der Kurie ist, sondern die Bischofssynoden organisiert und durchführt. Im Februar 2014 wird Baldisseri auch Kardinal. Eterović war die Kardinalswürde bis zu seiner abrupten Abberufung vorenthalten worden, dessen Vorgänger Schotte wiederum nicht.

Merkwürdig, zumal sich niemandem erschließen will, was Baldisseri zu seinem Amt als Generalsekretär der Synode befähigt. Er ist erst seit Kurzem an der Kurie, zuvor war er fast zwanzig Jahre als Diplomat auf verschiedenen Posten, darunter von 2002 bis 2012 in Brasilien. Dort, bei der Vorbereitung und Durchführung der V. Generalversammlung des Celam im brasilianischen Aparecida, könnte Bergoglio ihn kennen gelernt haben. Ein klassischer, mit vielen Seilschaften im Vatikan verbandelter Kurialer ist der aus Pisa stammende Geistliche demnach nicht. Kommt es nur darauf an?

Zug um Zug entsteht ein Netz aus Personen, denen Bergoglio vertrauen kann. Zug um Zug legt es sich um die Kurie. Doch muss sich noch erweisen, wie stark dieses Netz ist. Denn es besteht im Wesentlichen aus Diplomaten, die jeweils einen guten Ruf haben, aber dem Papst mehr oder weniger direkt aus Lateinamerika bekannt sind. Nicht nur böse Zungen argwöhnen, Franziskus ersetze Seilschaften durch Seilschaften.

Denn nicht nur für Baldisseri ist die Synode Neuland, sondern für manch anderen Geistlichen, den Papst Franziskus in den Rat der Bischofssynode beruft. Wenn überhaupt, dann kennen sie die Bischofssynode als wochenlanges Ritual zur Deklamation theologischer Ergebenheitsadressen an die Päpste Johannes Paul II. und Benedikt XVI. So hat sie auch Bergoglio gleich mehrfach erdulden müssen. Trotzdem oder gerade deswegen hat er für den Herbst 2014 die Vorsitzenden der Bischofskonferenzen weltweit zu einer außerordentlichen Vollversammlung der Bischofssynode über das Thema «Familienpastoral» eingeladen. Ein Jahr später soll eine Ordentliche Vollversammlung den Faden aufnehmen. Veränderungen nicht der Doktrin, aber der Praxis werfen ihr Licht voraus.

Der Franziskus-Effekt

Ohne vorbereitende Dokumente (wie es bei der Vorbereitung der V. Generalversammlung des Celam in Aparecida der Fall war) möchte der Papst bei diesem Format und diesem heiklen Thema nicht vorgehen. Ende November 2013 halten die Vorsitzenden der Bischofskonferenzen weltweit das übliche *Instrumentum laboris* in den Händen. Wie üblich enthält das Vorbereitungsdokument auch einen Fragebogen. In der Vergangenheit hatte das Sekretariat der Bischofssynode die Antworten ausgewertet und zu einem Meinungsbild aufbereitet. Das soll auch so bleiben. Nur die Antworten sollen nicht mehr alleine aus den Reihen der Bischöfe kommen. Ihnen wird aufgegeben, den Fragebogen als solchen an die Dekanate und Pfarreien weiterzureichen.

Die meisten Bischofskonferenzen wissen nicht, wie ihnen geschieht: Verlangt der Vatikan allen Ernstes, Gläubige auf der Ebene der Pfarreien danach zu befragen, was sie von der Lehre der Bibel und der Kirche über Ehe, Familie und Sexualität halten? Noch dazu, wo sich der Papst darüber im Klaren ist, dass viele Aussagen der Bibel und des Lehramts der Kirche über die Formen menschlichen Zusammenlebens und die sittliche Ordnung der menschlichen Sexualität gerade unter Katholiken äußerst umstritten sind. Das gilt nicht nur für das Verbot der künstlichen Empfängnisverhütung.

«Innerhalb der Kirche ist der Glaube an die Sakramentalität der Ehe und der heilenden Kraft des Bußsakramentes schwach geworden, wenn nicht längst aufgegeben», heißt es in dem *Instrumentum laboris*.[17] Und: In der Gesellschaft habe es die Kirche mit Phänomenen zu tun, die von Scheidungen und Zusammenleben ohne Trauschein über die Akzeptanz gleichgeschlechtlicher Partnerschaften und das Adoptionsrecht Homosexueller bis zu Polygamie und Leihmutterschaften, aber auch radikalem Feminismus reichen. Die biblische Auffassung der Ehe von Mann und Frau als Teil der Schöpfungsordnung oder die Lehre des II. Vatikanischen Konzils von der Familie als «Keimzelle der Gesellschaft» würden hingegen kaum noch geteilt, wenn überhaupt verstanden.

Sehen – Urteilen – Handeln: Die Wahrnehmung der Spannung zwischen dem Ist-Zustand in Kirche und Gesellschaft und dem Soll-Zustand soll der Ausgangspunkt der Synode sein. Antworten werden erbeten auf Fragen wie die, warum eine Mehrheit der Ehepaare das Verbot künstlicher Empfängnisverhütung ablehnt, vor welchen Schwierigkeiten die Familien bei der Weitergabe des Glaubens an die Kinder stehen, wie die Kirche mit wiederverheirateten Geschiedenen oder Personen umgeht, die in einer gleichgeschlechtlichen Partnerschaft leben. Denn: Indem die einzelnen Kirchen diese Fragen beantworteten, nähmen sie «aktiv» teil an der Vorbereitung der Synode, die sich zum Ziel gesetzt habe, das Evangelium im Kontext der Schwierigkeiten zu verkündigen, denen Ehe und Familie heute ausgesetzt seien.

Aktiv teilnehmen? Spinnen die Römer? Der New Yorker Kardinal Timothy Dolan etwa, der Vorsitzende der Bischofskonferenz der Vereinigten Staaten, denkt mitnichten daran, die Gemeinden mit Fragen dieser Art zu behelligen. Die Bischofskonferenz von England und Wales sieht das ganz anders. Der Fragebogen wird umgehend im Internet veröffentlicht. Auch die Deutsche Bischofskonferenz geht diesen Weg, nachdem die «Frankfurter Allgemeine Zeitung» am 2. November über den Fragebogen berichtet und ihn umgehend im Internet öffentlich gemacht hat.[18]

Ob Baldisseri wusste, was er tat, als er den Bischofskonferenzen den Fragebogen übersandte, darf bezweifelt werden. Nachdem der Text in den Vereinigten Staaten, in Großbritannien und in Deutschland öffentlich geworden ist, heißt es, keineswegs sei daran gedacht, die Gläubigen nach ihrer Meinung zu befragen. Kurze Zeit später verfügt Baldisseri, dass die nationalen Zusammenfassungen nicht zur Veröffentlichung bestimmt seien. Der Freiburger Erzbischof Robert Zollitsch sieht ebenso wie der Münchner Kardinal Reinhard Marx keinen Grund, dieser Anweisung Folge leisten zu müssen.

Am Ende ist die Deutsche Bischofskonferenz eine der wenigen weltweit, die aus den Antworten, die zwischen Anfang Dezember und Mitte Januar auf den unterschiedlichsten Ebenen formuliert werden, eine Zusammenschau erstellt und diese auch veröffentlicht. Im März macht sich das Synodensekretariat in Rom seinerseits daran, die Antworten aus allen Kontinenten zu sichten und eine Zusammenschau zu konzipieren. Selbst der Kölner Kardinal Joachim Meisner hat nichts dagegen, dass das Meinungsbild, das sich in seiner Diözese ergeben hat, umfassend publiziert wird.[19] Der Franziskus-Effekt hat auch Deutschland erreicht.

Nicht das letzte Wort

Im Februar 2014 ist es auch im Kardinalskollegium soweit. Vor der feierlichen Aufnahme der neuen Mitglieder beraten die aus aller Welt angereisten Kardinäle am Donnerstag und Freitag über das Thema der bevorstehenden der Bischofssynode. So hat Papst Franziskus es festgelegt, frei nach der einst auch in der Kirche anerkannten Maxime, dass das, was alle angeht, auch von allen besprochen werden soll – die heißen Eisen eingeschlossen, etwa die Lage Geschiedener, die in einer neuen Ehe leben und deswegen nicht die Eucharistie empfangen können.

Von Kardinal Jorge Mario Bergoglio war im Jahr 2010 zu lesen: «Sie sollten sich in die Pfarrgemeinde einfügen und dort mitarbeiten, weil es in einer Pfarrei Dinge gibt, die sie durchaus tun können. Sie sollten auch versuchen, Teil der geistlichen Gemeinschaft zu sein, wie es die päpstlichen Dokumente und die Lehre der Kirche raten. Der Papst (sc. Benedikt XVI.) hat signalisiert, dass die Kirche sie in dieser Situation begleitet. Es ist wahr, dass einige sehr unter dem Ausschluss vom Altarsakrament leiden. Was in diesen Fällen nottut, ist, die Dinge genau zu erklären. Es gibt Fälle, in denen dies sehr kompliziert ist. Es gibt eine theologische Erklärung, und wenn die Priester diese plausibel darlegen, dann verstehen die Menschen das auch.» (RA 102)

Das letzte Wort ist das nicht. Der mittlerweile 80 Jahre alte Kurienkardinal Walter Kasper, einer der angesehensten, wenn nicht der angesehenste systematische Theologe weltweit, erhält von Papst Franziskus persönlich den Auftrag, ein Referat über dieses Thema vorzubereiten. Dass Kasper in der Frage der Zulassung wiederverheiratet Geschiedener zu den Sakramenten eine «barmherzigere» Position vertritt als Gerhard Ludwig Müller, der Präfekt der Kongregation für die Glaubenslehre, stört den Papst nicht. Der übliche «Gegenvortrag» wird gar nicht erst angesetzt.

Der Kardinal spricht, annähernd eineinhalb Stunden geht es um das «Evangelium von der Familie». Kasper stellt Fragen, an die Tradition und an die neuen Ideen, ohne vorgefertigte Antworten. Der Beifall ist mehr als höflich. Mit am längsten klatscht einer, dem Kasper aus der Seele gesprochen zu haben scheint: Papst Franziskus.

Nach dem Vortrag wird Kasper im Kreis der annähernd 150 Kardinäle von einigen hart angegangen, allen voran von den Deutschen Walter Brandmüller und Paul Josef Cordes. Zustimmung erfährt der Schwabe besonders von jenen Kardinälen, die selbst eine Zeitlang in der Seelsorge gearbeitet haben. Als Zustimmung ist auch eine – offenbar koordinierte – Wortmeldung afrikanischer Kardinäle zu werten, die die Gedanken Kaspers aufnehmen, aber zu bedenken geben, dass ihre Hauptsorge nicht den Geschiedenen und wiederverheiratet Geschiedenen gilt, sondern der simultanen Mehrehe. Am Freitag morgen wird Franziskus nochmals das Wort ergreifen. Die verdutzten Kardinäle hören, er habe Kaspers Vortragsmanuskript nochmals gelesen, vor dem Einschlafen, nicht zum Einschlafen: «Theologie auf den Knien: Grazie, Grazie».[20]

Doch gleich wer dieses Lob teilt oder nicht, für alle Mitglieder des Kardinalskollegiums ist dieses Konsistorium eine neue Erfahrung. Niemand kann sich daran erinnern, dass in diesem Kreis und noch dazu unter den Augen des Papstes jemals so offen und so kontrovers diskutiert worden ist wie in den Februartagen des Jahres 2014. Einer, der dem Kollegium länger angehört als die meisten Kardinäle, weiß sein Glück kaum zu fassen. Er spricht von einem «völlig neuen Romgefühl».

Wie lange dieses anhält, bleibt abzuwarten. Mehrere Kardinäle haben dem Papst angetragen, das Studium von Fragen wie der Zulassung wiederverheiratet Geschiedener zur Kommunion einer Kommission aus Kardinälen anzuvertrauen. Franziskus denkt nicht daran. Auch gibt es keine Hinweise darauf, dass er das Problem auf der lehramtlichen Ebene angehen will.

«Es ist klargeworden, dass es wohl keine generelle Lösung geben wird, dazu sind die Fälle, um die es geht, viel zu verschieden», heißt es bald. Aber mit dem Fragebogen und dem Konsistorium ist ein Bewusstseinsstand erreicht, der alles in den Schatten stellt, was sich bislang in den Mauern des Vatikans abgespielt hatte. Und auch das ist neu: Kaspers Vortrag wird nach wenigen Tagen veröffentlicht.[21]

Der Ton für die Außerordentliche Generalversammlung der Bischofssynode, die am 5. Oktober 2014 beginnt und nach zwei Wochen mit der Seligsprechung von Papst Paul VI. endet, ist gesetzt. In der Synodenaula und in den nach Sprachen zusammengesetzten Gesprächsgruppen überwiegt jedoch die Vielstimmigkeit. Erfahrungswelten von Kanada bis Indien, von Ruanda bis Argentinien und von Polen bis Mexiko prallen unvermittelt aufeinander. In der Schlussabstimmung über den Synodenbericht unter dem Titel «Die pastoralen Herausforderungen im Hinblick auf die Familie im Kontext der Evangelisierung» verfehlen die Abschnitte über den Umgang mit wiederverheirateten Geschiedenen und Homosexuellen das notwendige Quorum von zwei Dritteln der Stimmberechtigten.

Der erste: «Es wurde über die Möglichkeit nachgedacht, wiederverheiratete Geschiedene zum Sakrament der Buße und der Eucharistie zuzulassen. Mehrere Synodenväter haben auf der derzeitigen Regelung bestanden, und zwar aufgrund der konstitutiven Beziehung zwischen der Teilnahme an der Eucharistie und an der Gemeinschaft mit der Kirche einerseits und der Lehre der Kirche über die Unauflöslichkeit der Ehe andererseits. Andere haben sich für eine nicht zu verallgemeinernde Aufnahme an den Tisch der Eucharistie ausgesprochen – und zwar in einigen besonderen Situationen und unter genau festgelegten Voraussetzungen, vor allem, wenn es sich um unumkehrbare Fälle handelt, mit moralischen Verpflichtungen gegenüber den Kindern, die ungerechterweise leiden müssten. Einem möglichen Zugang zu den Sakramenten müsste dann ein Weg der Buße unter der Verantwortung des Diözesanbischofs vorausgehen. Diese Frage gilt es aber noch zu vertiefen, wobei die Unterscheidung zwischen einem objektiven Zustand der Sünde und mildernden Umständen genau zu bedenken ist, da ‹die Anrechenbarkeit einer Tat und die Verantwortung für sie (…) durch (…) psychische oder gesellschaftliche Faktoren vermindert, ja sogar aufgehoben sein können (Katechismus der katholischen Kirche, 1735)›.» (52)

Abstimmungsergebnis: 104 ja, 74 nein.

Der zweite: «Einige Synodenväter waren der Überzeugung, dass wiederverheiratete oder mit einem Partner zusammenlebende Geschiedene in fruchtbarer Weise an der geistlichen Kommunion teilhaben können. Andere Synodenväter stellten daraufhin die Frage, warum sie dann keinen Zugang zur sakramentalen Kommunion erhalten könnten. Es wird also eine Vertiefung dieser Thematik empfohlen, um so die Eigenart der beiden Formen und ihre Verbindung zur Ehe-Theologie herauszuarbeiten.» (53)

Abstimmungsergebnis: 112 ja, 64 nein

Der dritte: «Einige Familien machen die Erfahrung, dass in ihrer Mitte Personen mit homosexueller Orientierung leben. Diesbezüglich hat man sich gefragt, welche pastorale Aufmerksamkeit in diesen Fällen angemessen ist, indem man sich auf das bezog, was die Kirche lehrt: ‹Es gibt keinerlei Fundament dafür, zwischen den homosexuellen Lebensgemeinschaften und dem Plan Gottes über Ehe und Familie Analogien herzustellen, auch nicht in einem weiteren Sinn.› Dennoch müssen Männer und Frauen mit homosexuellen Tendenzen mit Achtung und Feingefühl aufgenommen werden. ‹Man hüte sich, sie in irgendeiner Weise ungerecht zurückzusetzen.› (Kongregation für die Glaubenslehre, Erwägungen zu den Entwürfen einer rechtlichen Anwendung der Lebensgemeinschaften zwischen homosexuellen Personen, 4).

Abstimmungsergebnis: 118 ja, 62 nein.

So viel Offenheit gab es noch nie, doch auch nie so viel Angst, dass die Lehre der Kirche vom Sakrament der Ehe als einer unauflöslichen Verbindung von Mann und Frau auf dem Altar des permissiven Zeitgeistes geopfert werden könne.

Das Jahr zwischen der Außerordentlichen und der Ordentlichen Generalversammlung der Bischofssynode im Oktober 2015 nutzen die Gegner einer jeden Veränderung des lehramtlichen Status quo, die eigenen Reihen zu schließen und in Interviews und Büchern alle «Modernisierer» als Männer darzustellen, die Schrift und Tradition verraten wollen. Kurienkardinal Robert Sarah etwa spricht für viele Afrikaner, als er im September den Münchner Kardinal Reinhard Marx in die Nähe eines Häretikers rückt und ihm vorwirft, er wolle seine «Ideologie» der ganzen Kirche oktroyieren. Aus Osteuropa, vor allem aus Polen, sind ähnliche Töne zu hören. Die Brisanz der Lage zeigt sich kurz vor Beginn der Synode: In mehreren Sprachen erscheint ein Buch mit Aufsätzen von elf Kardinälen «zu Ehe und Familie» – auf Deutsch herausgegeben von dem emeritierten Münchner Kirchenrechtsprofessor Winfried Aymans, der seinerseits Joseph Kardinal Ratzinger/Papst Benedikt XVI. nicht unbekannt ist. Unter den Autoren zu finden sind: Robert Sarah, die deutschen Kardinäle Joachim Meisner und Paul Josef Cordes sowie andere unbedingte Gefolgsleute des emeritierten Papstes Benedikt XVI.

Am Sitz der «Civiltà Cattolica», einer einflussreichen, Papst Franziskus ganz und gar ergebenen italienischen Jesuitenzeitschrift, findet Ende September ein Symposion über «Reform in der Kirche» mit mehr als 30 international renommierten Theologen aus fast allen Kontinenten statt. Gar nicht zufällig sind unter den Teilnehmern vier der wichtigsten Berater von Papst Franziskus: die Argentinier Juan Carlos Scannone SJ, Erzbischof Víctor Manuel Fernández, der Theologe Carlos María Galli sowie Antonio Spadaro SJ, der Chefredakteur der «Civiltà».

Papst Franziskus lässt sich weder aus der Reserve locken, geschweige denn in die Karten schauen. Es muss reichen, dass sich in dem «Instrumentum laboris» für die Generalversammlung die drei Passagen wiederfinden, die im Oktober 2014 nicht das nötige Quorum erhalten haben. Außerdem lässt er es sich nicht nehmen, die Kardinäle Christoph Schönborn (Wien) und Walter Kasper (Rom) höchstpersönlich zu Mitgliedern der Synode zu ernennen. Und hatte

Papst Franziskus nicht in seiner Abschlussansprache im Oktober 2014 so unmissverständlich wie keiner seiner Vorgänger auf den päpstlichen Jurisdiktionsprimat verwiesen?[22] Niemals seit dem II. Vatikanischen Konzil ist die kirchenpolitische Lage so angespannt und verworren wie Anfang Oktober 2015, nie die Erwartung stärker, dass «Barmherzigkeit» zur neuen Maxime der Kirche werde.

Sozius des Papstes

Die Ernennungen vom 21. September 2013 haben nicht nur Symbolkraft. Sie verändern auch die Machtverhältnisse in der Kurie. Drei der vier Neuernannten sind Italiener, ohne dass sie irgendwelchen Seilschaften hinzuzurechnen wären. Die drei verbindet langjährige Erfahrung als Diplomaten: Baldisseri, Parolin und Stella waren mehrere Jahre in Lateinamerika auf Posten. Aus dieser Region kommt auch der Vierte im Bunde, Bischof Patrón Wong. Deutlicher könnte Franziskus die Signale für seinen kirchenpolitischen Kurs nach innen wie nach außen nicht setzen: Erfahrung statt Gesinnung, Diplomatie statt Dogma.

In den Reihen der Kirchendiplomaten wechselt sich Erstaunen mit Erleichterung ab. Sicher hatte Benedikt XVI. im Jahr 2005 nach vielen negativen Erfahrungen mit Kardinalstaatssekretär Angelo Sodano und dessen legendärem Patronagesystem gute Gründe, um vielen und vielem zu misstrauen. Doch die Ernennung seines vormaligen Mitarbeiters aus der Glaubenskongregation Bertone zum Nachfolger Sodanos hatte dazu geführt, dass das Staatssekretariat weitgehend paralysiert wurde. Außerdem hatte Papst Benedikt es zugelassen, dass Sodano als Dekan des Kardinalskollegiums weiterhin eine der stärksten Figuren auf dem vatikanischen Schachbrett war.

Jetzt vollzieht Franziskus nicht etwa einen Generationswechsel. Aber er rehabilitiert die päpstliche Diplomatie und besetzt aus ihrer Schule einige Schlüsselpositionen seines Pontifikats. Wer sich in den ersten Oktobertagen mit Kirchendiplomaten unterhält, trifft auf durchweg zufriedene Kardinäle und Erzbischöfe.

Doch wie kommt es zu der Entscheidung für Parolin oder Patrón

Wong – und damit auch zu Entscheidungen gegen diesen oder jenen? Wer spricht für diese und jene – und gegen andere? Wer berät Franziskus? Von wem holt er Rat ein? Seit der Wahl Bergoglios beschäftigen diese Fragen mehrere Dutzend professionelle «vaticanisti», nicht zu reden von den Beobachtern, die ihr wirkliches oder vermeintliches Wissen auf Dutzenden Plattformen im Internet präsentieren. Doch viel wird über den «inner circle» nicht bekannt. Freunde im Kardinalskollegium oder an der Kurie hatte Bergoglio vor seiner Wahl nur wenige. Einer davon, der brasilianische Kardinal Cláudio Hummes, stand am Abend der Papstwahl neben Franziskus auf der Benediktionsloggia. Er kennt die Kurie aus seiner Zeit als Präfekt der Kleruskongregation – kein Wunder, dass Franziskus diese Behörde als erste gründlich umbaut.

Ebenso wichtig, wenn nicht noch wichtiger, ist für ihn Kardinal Oscar Andrés Rodríguez Maradiaga. Beide kennen sich seit vielen Jahren, beide haben schon viele Auseinandersetzungen gemeinsam durchgestanden, vor allem bei der Durchführung der V. Generalversammlung des Celam in Aparecida. Von Herkunft und Temperament sind beide Männer grundverschieden. Rodríguez Maradiaga gehört der Gemeinschaft der Salesianer Don Boscos an und damit jenem Orden, der in der Familiengeschichte der Bergoglios eine herausragende Rolle spielt. Jorge Mario Bergoglio wurde Jesuit, nicht Salesianer. Während der Argentinier stets Wert darauf legte, nicht eine Person des öffentlichen Lebens zu sein, ist Rodríguez der Prototyp des Kardinals, der weniger in seiner eigenen Diözese als auf allen Kontinenten zu finden ist. Vor dem Jahr 2000 warb er für eine Entschuldung der ärmsten der armen Länder, als Präsident von Caritas Internationalis ist er oft in Rom. Je aktiver er wurde, desto größer wurde die Zahl seiner Gegner, auch unter den Lateinamerikanern. Einige von ihnen hatten Rodríguez schon als Celam-Präsidenten nach Kräften bekämpft, weil er ihnen kirchenpolitisch zu unberechenbar und sozialpolitisch zu aktiv war. Rodríguez Maradiaga dürfte auch im Jahr 2013 zu den leidenschaftlichen Befürwortern von Jorge Mario Bergoglio gehört haben.

Wenige Tage nach seiner Wahl weiht Bergoglio den Kardinal aus Mittelamerika, der zahlreiche Sprachen spricht, Psychologie studiert hat und mehrere Instrumente spielt, in seinen ehrgeizigsten und grundstürzendsten Plan ein. Um dem Wunsch vieler Kardinäle nach mehr Kollegialität in der Leitung der Weltkirche nachzukommen, so heißt es später mehr oder weniger offiziell, bildet Papst Franziskus ein neues Gremium, in dem alle Kontinente repräsentiert sind. Bei der Reform der Kurie und der Leitung der Weltkirche soll es ihn beratend unterstützen.

Im Jesuitenorden ist es vorgeschrieben, dass dem Provinzial der so genannte Provinzkonsult als Beratungsgremium zur Seite steht. Warum soll diese Struktur nicht auf der Ebene der Weltkirche funktionieren? Kardinal Rodríguez Maradiaga wird in diesem Projekt die Hauptrolle zugewiesen. Er soll die aus acht Kardinälen bestehende Kommission koordinieren. In der Sprache des Jesuitenordens: Franziskus macht ihn zu seinem Sozius.

Doch wer soll die Kontinente repräsentieren?[23] Aus Lateinamerika beruft der Papst den mittlerweile emeritierten Erzbischof von Santiago de Chile Francisco Javier Errázuriz Ossa in die Kommission. Mit ihm und Kardinal Rodríguez Maradiaga hat er die V. Generalversammlung des Celam in Aparecida durchgestanden. Das verbindet.

Asien soll durch dem Erzbischof von Bombay repräsentiert werden: Kardinal Oswaldo Gracias ist ein angesehener Kirchenrechtler und bringt als langjähriger Vorsitzender der Indischen Bischofskonferenz und der Konferenz der asiatischen Bischofskonferenzen (FABC) hinreichend Erfahrung mit. Aus Kongo kommt der Kardinal Laurent Monsengwo Pasinya – auch er ein mit allen kirchlichen und politischen Wassern gewaschener, international erfahrener Repräsentant seines Kontinentes. Die Vereinigten Staaten sollen von dem Bostoner Kardinal Sean Patrick O'Malley vertreten werden. Der Kapuziner hatte die nach dem Missbrauchsskandal darniederliegende Erzdiözese Boston dank seiner Bescheidenheit und seiner

Ausstrahlungskraft schnell wiederaufgerichtet. Dann ist da noch, als Repräsentant Ozeaniens, der Kardinal von Sydney, George Pell. Ist die Wahl auf ihn gefallen, weil er der einzige Kardinal in ganz Ozeanien ist? Oder verbindet die beiden Männer eine gewisse Unbeugsamkeit? Papst Johannes Paul II. jedenfalls hatte den in Australien als konservativ verschrienen Pell sehr geschätzt, Benedikt ihn den Weltjugendtag der katholischen Kirche des Jahres 2008 in Sydney ausrichten lassen.

Übrig bleiben «Kurie» beziehungsweise «Italien» und «Europa». Aus der Kurie beruft Bergoglio zunächst nur einen einzigen Kardinal in das Achter-Gremium. Es ist Kardinal Giuseppe Bertello, der Präsident des in den zurückliegenden Jahren mitunter im Zwielicht stehenden «governorato». Doch «Vatileaks» hin oder her, Bergoglio scheint ihm zu trauen. Im Frühjahr 2014 stößt Kardinalstaatssekretär Pietro Parolin hinzu. Italien braucht nicht eigens in der K-8 vertreten sein. Und Europa? Jorge Mario Bergoglio hat die Wahl: Der Ungar Péter Erdő ist Präsident des «Rates der Europäischen Bischofskonferenzen» (CCEE), der Münchner Kardinal Reinhard Marx «Präsident der Kommission der Bischofskonferenzen der Europäischen Gemeinschaft» (ComECE). Die Wahl fällt auf Marx. Unversehens verwandelt sich der Erzbischof von München und Freising in einen der einflussreichsten Kardinäle der Weltkirche. Prompt wählen ihn die deutschen Bischöfe im März 2014 als Nachfolger des Freiburger Erzbischofs Robert Zollitsch zum Vorsitzenden der Deutschen Bischofskonferenz.

Zwischen der Ankündigung und dem ersten offiziellen Zusammentreffen des bald K-8 (und später K-9) genannten Gremiums vergehen mehrere Monate. Anfang Oktober kommen die acht Kardinäle und der Sekretär des Gremiums, Bischof Semeraro, zum ersten Mal im Gästehaus Santa Marta zusammen. Der Papst ist die meiste Zeit anwesend. Es geht reichlich chaotisch zu. Keine Tagesordnung, keine Übersetzung, keine ordnende Hand.

Doch allein die Existenz des Gremiums ist in ein Signal. Franziskus hat sich ein neues Macht- und Entscheidungszentrum geschaffen, dessen Kompetenzen zu Lasten der Kurienbehörden gehen. Während des Pontifikats von Johannes Paul II. und – mit Einschrän-

kungen – von Benedikt XVI. waren Staatssekretariat und Glaubenskongregation die beiden Machtpole im Vatikan. Diese werden jetzt
von einer neuen Ebene überwölbt und in ihrer Bedeutung beschnitten. Auch diese Korrektur der Machtarchitektur im Vatikan ist in
wenigen Monaten vollzogen. *Hagamos lío.*

AIF, IOR, APSA: Die Kirche und das Geld

Nicht die Reform der Kurie als ganzer, ja nicht einmal einzelner
Behörden beschäftigt die acht Kardinäle anfangs so sehr wie die
Fortführung der Reform des Finanzwesens, die Papst Benedikt in
die Wege geleitet hatte. Auch dabei rollen zunächst keine Köpfe.
Allerdings fliegt im Sommer 2013 ein ranghoher Mitarbeiter der
APSA (Verwaltung des Patrimoniums des Apostolischen Stuhls) bei
dem Versuch auf, 20 Millionen Euro aus der Schweiz nach Italien
zu transferieren. Nunzio Scarano wird umgehend in Untersu-
chungshaft genommen.[24]

Der neuerliche Skandal macht eine Reform an Haupt und Gliedern nur noch dringlicher. Denn das Treiben des Süditalieners ver-
deutlicht denen, die auf die reinigende Wirkung der von Benedikt
eingeleiteten Maßnahmen vertraut hatten, dass die meiste Arbeit
noch vor ihnen liegt. An der Integrität der beiden Männer, die den
Wandel repräsentieren, besteht kein Zweifel: der Deutsche Ernst von
Freyberg und der Schweizer René Brülhart. Doch um wie viel
Macht es geht, hatte sich noch in den letzten Tagen des Pontifikats
von Benedikt XVI. gezeigt. In allerletzter Minute hatte Bertone die
Ernennung von Freybergs verhindern und einen Kandidaten seiner
Wahl durchbringen wollen.

Franziskus ist gewarnt. Und mehr als das. Denn der 76 Jahre alte
Mann vom Ende der Welt ist auch in finanziellen Angelegenheiten
versierter, als es viele Freunde und Gegner ahnen. Erst allmählich
spricht sich herum, dass Bergoglio als junger Provinzial die ordens-
eigene Universidad del Salvador entschuldet hatte und dazu Immo-
biliengeschäfte größeren Ausmaßes tätigen musste. Sollte er nicht
auch als Rektor des Colegio Máximo in San Miguel mit vielen öko-

nomischen Fragen befasst worden sein? Womöglich liest der Mann Bilanzen, wie er sich früher an der Seite seiner Seminaristen in den Schweineställen die Hände schmutzig gemacht hat – zumal er es als frisch ernannter Erzbischof von Buenos Aires mit betrügerischen Machenschaften zu tun bekam, die sich im Umfeld seines verstorbenen Vorgängers abgespielt hatten.

In Argentinien war im August 1997 der Banco de Crédito Provincial zusammengebrochen, eine Bank, die in der Menem-Ära ebenso schnell groß geworden war wie es mit ihr zu Ende ging.[25] Pikanterweise steht bald auch der Finanzverantwortliche von Kardinal Quarracino unter Betrugsverdacht. Der Geistliche hatte der Bank mittels einer gefälschten Unterschrift des Kardinals zu einem Darlehen von zehn Millionen Dollar aus Rücklagen einer Versorgungskasse des Militärs verholfen. Das Geld ist verloren, Quarracino verstorben und das Erzbistum im Zwielicht. Im Dezember 1998 werden die Räume der Bistumsverwaltung in einer aufsehenerregenden Aktion von der Justiz durchsucht.

Bald stellt sich heraus, dass der Finanzverantwortliche die Unterschrift unter dem Dokument gefälscht hatte, das der Versorgungskasse vorgelegt worden war. Das juristische Nachspiel zieht sich in die Länge, aber der Ruf des Erzbistums ist schnell wiederhergestellt. Um sich einen Überblick über das Ausmaß des Problems zu verschaffen, setzt Bergoglio nicht auf Kirchenleute. Die Unternehmensberatung Arthur Anderson erhält den Auftrag, alle Vorgänge zu prüfen.

Ähnliches geschieht nach der Wahl Bergoglios zum Papst. Renommierte Wirtschaftsprüfungsunternehmen wie «Promonotory» erhalten den Auftrag, die nahezu unentwirrbaren Finanzströme und Verantwortlichkeiten im Vatikan einschließlich der etwa 19 000 IOR-Konten zu durchleuchten. Dabei war Erzbischof Bergoglio im Jahr 2010 noch recht optimistisch: «Ein Prediger aus den ersten Jahrhunderten des Christentums sagte, hinter jedem großen Vermögen verberge sich ein Verbrechen. Ich glaube nicht, dass das immer wahr ist … Eine Religion braucht Geld, um ihre Tätigkeiten auszuführen, und das macht man mittels Bankinstituten, daran ist nichts unzulässig. Die Frage ist, wie man das Geld nutzt, das man in Form von

Zuwendungen oder als Unterstützung erhält. Die Bilanz des Vatikans ist öffentlich, sie ist immer im Defizit: was durch Spenden oder Museumsbesuche hereinkommt, geht an Leprakranke, an Schulen, an Gemeinschafen in Afrika, Asien oder Amerika.» (BS 175)

Inzwischen hat er sich eines Besseren belehren lassen. Nach und nach richtet der Papst mehrere Ad-hoc-Kommissionen ein. Sie sollen sich über eine Neuordnung des Finanzwesens nach Maßgaben internationaler Standards in Sachen Buchführung und Transparenz Gedanken machen. Außerdem wird geprüft, ob die ökonomischen Aktivitäten aller Behörden nicht in einen ganz neuen Rahmen eingefügt werden könnten. Braucht der Vatikan eine Bank wie das IOR? Ist die Missionskongregation nicht mit der Verwaltung ihrer vielen Immobilien überfordert? Was geschieht hinter der Fassade des Kurienorgans namens APSA, der «Verwaltung des Patrimoniums des Apostolischen Stuhls»? Fragen über Fragen.

Franziskus hat es als Jesuit in Jahrzehnten gelernt, Lösungen zu finden. Die Arbeit der Kommissionen wird, wie im Orden nicht unüblich, befristet, die Zahl der Mitglieder möglichst klein gehalten. Die in der vatikanischen Hierarchie alltäglichen Hahnen- und Grabenkämpfe werden im Ansatz verhindert. Wer sich von der Arbeit der Kommission etwas zu erhoffen hat, ist genauso ungewiss wie die Zahl derer, die etwas verlieren werden.

Nicht einmal ein Jahr dauert es, ehe die Blaupause der neuen Finanz- und Wirtschaftsarchitektur fertig ist. Am 24. Februar 2014 vermeldet das Pressebüro des Heiligen Stuhls, der Kardinal-Erzbischof von Sydney, George Pell, werde im Rang eines Präfekten die Leitung einer neuen Behörde namens «Vatikan-Sekretariat für Wirtschafts- und Finanzfragen» übernehmen.[26] Dieses «Ministerium» soll für alle Wirtschafts- und Verwaltungsangelegenheiten innerhalb des Heiligen Stuhls und des Vatikanstaates verantwortlich sein. Dem Sekretariat übergeordnet wird ein neuer Wirtschaftsrat, der aus acht Kardinälen oder Bischöfen sowie sieben Laien mit herausragender Expertise in Finanzfragen bestehen soll. Des Weiteren soll die Funktion eines Generalbevollmächtigten *(Revisore generale)* geschaffen werden, der jederzeit jede Organisationseinheit unter dem Dach des Heiligen Stuhls und des Vatikanstaates prüfen kann. Weiterhin wird festgelegt, dass die APSA die Zentralbank des Vatikanstaates bleibt und die Kompetenzen der AIF nicht beschnitten werden.

Anfang April 2014 fällt auch die Entscheidung über die Zukunft des IOR. Das Institut wird nicht abgewickelt, soll aber nur noch «spezielle Dienste» für die katholische Kirche weltweit übernehmen.[27] Im Mai zeigt sich «Moneyval» von den Reformen sehr angetan.

Doch wie diese Strukturen mit Leben erfüllen und vor Missbrauch schützen? Neben Kardinal George Pell, der Ende März 2014 von Australien in den Vatikan übersiedelt, soll der Münchner Kardinal Reinhard Marx eine zentrale Rolle einnehmen. Papst Franziskus betraut ihn mit dem Vorsitz eines neuen Wirtschaftsrates.[28] Welche Rechte und Pflichten dieser Rat hat, von dessen Einrichtung Staatssekretär Parolin auf einer kurzen Autofahrt mit dem Papst erfährt, ist ebenso unklar wie das Verhältnis des Rates zu dem Wirtschaftssekretariat von Kardinal Pell. Für Marx, den unter Mangel an Ämtern und Titeln nicht leidenden Vorsitzenden der Deutschen Bischofskonferenz, ist es ein weiteres *lío* – aber die Grenze zwischen Wirbel und planlosem Chaos ist nicht immer zu erkennen.

Immerhin arbeiten die neuen Instanzen so gut, dass die Finanzen des Vatikans ungeachtet aller internen Kämpfe und Unstimmigkeiten alsbald aus dem Fokus der meisten Medien verschwinden. Als etwa der IOR im Mai 2015 seine von einem Wirtschaftsprüfungsunternehmen beglaubigte Jahresbilanz 2014 vorlegt, ist der Widerhall kaum zu vernehmen. Auch Moneyval – der Expertenausschuss des Europarates für die Bewertung von Maßnahmen gegen Geldwäsche und Terrorismusfinanzierung – sowie die FATF, die entsprechende Expertengruppe der OECD, zeigen sich von Jahr zu Jahr zufriedener mit dem Vatikanstaat.

Eine Kinderschutzkommission

Was ist mit dem zweiten *lío*, den Papst Benedikt seinem Nachfolger hinterlassen hat? Wie mit Geistlichen verfahren, die sich an Kindern, Jugendlichen oder Schutzbefohlenen vergangen haben, wie den Opfern Gerechtigkeit widerfahren lassen? Von sich aus kommt

Papst Franziskus in den ersten Monaten seines Pontifikates nicht auf dieses Thema zu sprechen. Offensichtlich hat es für ihn keine Priorität, zumal auch der öffentliche Druck auf den Vatikan wie fortgeblasen ist. Anders als bei allen Reisen Benedikts seit 2010 kommt es während des Weltjugendtages in Brasilien nicht zu einer Begegnung mit Missbrauchsopfern. Warum auch? Nach offizieller kirchlicher Lesart ist sexualisierte Gewalt gegen Kinder und Schutzbefohlene in Lateinamerika ein Randphänomen. Das kann man glauben, sollte es aber nicht.

Eindeutig ist Bergoglios Haltung nur auf dem Papier: «70 Prozent der Fälle von Pädophilie entstehen im Umfeld der Familie oder der Nachbarschaft. Wir kennen Berichte von Jungen, die von ihren eigenen Vätern, Großvätern, Onkeln missbraucht worden sind, nicht nur von ihren Stiefvätern. Das heißt: Es handelt sich um Perversionen psychologischer Art, die früher vorhanden sind als eine Option für den Zölibat.» (RA 107)

Das hat längst Folgen für die Auswahl und Ausbildung der Kandidaten für das Priesteramt: «Wenn es einen pädophilen Priester gibt, dann hatte er diese Perversion schon in sich, bevor er zum Priester geweiht wurde. Und auch der Zölibat heilt diese Perversion nicht. Man hat sie, oder man hat sie nicht. Deshalb muss man sehr aufmerksam sein bei der Auswahl der Priesteramtskandidaten.» (RA 107)

Bergoglio ist sich auf dem Papier auch sicher, was er seinem Vorgänger Benedikt schuldig ist. «Man kann nicht eine Machtposition einnehmen und das Leben eines anderen Menschen zerstören. In meiner Diözese ist das nie vorgekommen», behauptet Franziskus. Das kann man glauben, muss es aber nicht.

«... aber einmal rief mich ein Bischof an, um zu fragen, was man in einer solchen Situation tun solle. Ich sagte ihm, er solle ihm die kanonischen Lizenzen entziehen, ihm nicht mehr gestatten, das Priesteramt weiter auszuüben, und er solle ein kirchenrechtliches Verfahren beim entsprechenden Diözesangericht einleiten. Für mich ist das die Haltung, die man einnehmen muss, ich halte nichts von Positionen, die vorschlagen, einen gewissen Korpsgeist zu pflegen, um so zu verhindern, dass das Image der Institution Schaden nimmt ... Kürzlich wurden in Irland Fälle aufgedeckt, die schon an die zwanzig Jahre so gingen, und Papst Benedikt hat klar gesagt: ‹Null Toleranz gegenüber diesem Verbrechen.› Ich bewundere den Mut und die Geradlinigkeit von Benedikt XVI. in dieser Angelegenheit.» (RA 66) Wird Franziskus also an der Ratzingerschen «Null-Toleranz»-Linie festhalten? Diese Frage stellen sich viele in Rom.

Der langjährige *Promotor Iustitiae* Ratzingers, der maltesische Kirchenrechtler Charles Scicluna, ist seit November 2012 nicht mehr im Vatikan, sondern Weihbischof in Valletta. Schon bei seinem Weggang ist zu spüren, dass sich starke Kräfte formiert haben, um die Stellung der Glaubenskongregation hinsichtlich ihrer Zuständigkeit für Missbrauchsfälle zu schwächen: Die Kleruskongregation möchte einen Teil ihrer Kompetenzen zurückgewinnen, in der vatikanischen Gerichtsbarkeit gibt es Unmut über eine vermeintliche «Paralleljustiz», manch einer hält die Glaubenskongregation mit der Bearbeitung tausender Fälle für überfordert und plädiert für die Bildung von Gerichtshöfen auf nationaler oder regionaler Ebene.

Nicht unumstritten ist sogar die von Ratzinger vorgegebene Linie, Kleriker aufgrund besonders schwerer Verfehlungen aus dem Priesterstand zu entlassen. Der Präfekt der Glaubenskongregation, Erzbischof Gerhard Ludwig Müller, hält auch unter Papst Franziskus an dieser Position fest. Aber Benedikt hat ihn nicht zum Kardinal gemacht, was seine Stellung schwächt.

Im Dezember 2013 verkündet der Bostoner Kardinal Sean O'Malley während einer neuerlichen Zusammenkunft der K-8, Franziskus habe der Bildung einer Kinderschutzkommission zugestimmt.[29] Die Ankündigung erfolgt aus jenem heiteren Himmel, in dem das Thema umgehend wieder verschwindet. Denn mehr als die Stichpunkte, die O'Malley Papst Franziskus und der K-8 vorgelegt hat, gibt es nicht. Das Denken in Prozesskategorien von Planung, Durchführung und Auswertung scheint auch dem Papst nicht geheuer zu sein.

Hinter den Kulissen geht der Kampf erst richtig los. Das Staatssekretariat ist nicht in der Lage, Ideen und Vorhaben wie dieses in eine Struktur zu überführen. Aus den anderen Kongregationen können die Glaubenskongregation und der neue *Promotor Iustitiae*, der amerikanische Geistliche Robert W. Oliver, keine Unterstützung erwarten. Die Kommission muss ihre Arbeit wie der neue Mann für die Priesterseminare, Patrón Wong, selbst organisieren.

Anfang Februar 2014 sieht sich der Vatikan seitens der Kinderschutzkommission der UN dem Vorwurf ausgesetzt, nach wie vor zu wenig zum Schutz von Kindern und Jugendlichen vor sexueller Gewalt zu tun.[30] Innerhalb des Vatikans spielt die neuerliche Skandalisierung der Kinderschutzbestrebungen zunächst denen in die Hände, die immer davor gewarnt hatten, sich offensiv mit diesem Thema auseinanderzusetzen – damit liefere man den «Feinden der Kirche» nur noch mehr Munition. Im März 2014 kann sich die Kommission unter Vorsitz des Bostoner Kardinals Sean O'Malley endlich konstituieren. Allerdings hat sie weder ein bestimmtes Aufgabenfeld noch klar umrissene Kompetenzen, noch ist sie vollständig.

Was in der Öffentlichkeit zählt, ist die Zusammensetzung der Rumpf-Kommission: Fünf der acht Personen sind Laien, vier davon Frauen, darunter ein ehemaliges Missbrauchsopfer.[31] Es wäre allerdings merkwürdig, hätte Franziskus nicht auch in dieser Kommission einen Mann seines Vertrauens platziert: den Jesuiten Miguel Humberto Yáñez, Professor für Moraltheologie an der Päpstlichen Universität Gregoriana.

Gleichzeitig sendet Franziskus Signale, die nicht einfach zu entschlüsseln sind. In mindestens einem Fall zieht er einen rechtskräftig abgeschlossenen Fall eines Priesters an sich. Mit *lío* hat das nichts zu tun, eher ist es eine Missachtung des Kirchenrechts und ein fatales Signal an alle, die sich für eine stringente Verfahrensordnung einsetzen.

Im Mai 2014 heißt es, innerhalb der Glaubenskongregation werde eine Kommission gebildet, die sich mit Einsprüchen verurteilter Täter beschäftigen soll. Der Präfekt der Kongregation, Kardinal Müller, erfährt als einer der Letzten von diesem Schritt. Zum ersten Mitglied dieser Kommission beruft Franziskus den Erzbischof von Rosario in Argentinien, Mollaghan. Wieder argwöhnen nicht nur böse Zungen, der Papst setze ausschließlich auf Lateinamerikaner. Und was hat es damit auf sich, dass der 67 Jahre alte Erzbischof, wie Franziskus ein ehemaliger Weihbischof in Buenos Aires, in seiner

Erzdiözese wegen psychischer Probleme offenbar untragbar geworden ist? Für Beruhigung sorgt die Berufung eines einschlägig bekannten Geistlichen an die Spitze dieser Kommission: Niemand anders als der inzwischen zum Erzbischof von La Valetta beförderte Charles Scicluna soll darüber wachen, dass Täter ihrer gerechten Strafe nicht entgehen.

Es dauert fast ein Jahr, bis die Kinderschutzkommission zum ersten Mal in vollständiger Besetzung tagt: Im Februar 2015 kommen unter der Leitung O'Malleys 17 Mitglieder in der Casa Santa Marta zusammen – zwölf von ihnen sind Laien beziehungsweise Ordensfrauen. Noch immer fehlen Statuten. Diese werden im Mai 2015 veröffentlicht. Ausdruck von Widerstand oder notorischer Unfähigkeit, schnell zu arbeiten, oder gar Indiz dafür, wie unausgegoren vieles ist, was sich der Papst und seine engsten Mitarbeiter ausdenken? Von allem ist etwas dabei.

Die Signale aus der Casa Santa Marta irritieren: Schon bei der Zusammensetzung der K-8 war aufgefallen, dass zwei der acht Kardinäle im Umgang mit Tätern und Opfern keine allzu glückliche Rolle gespielt hatten. In Australien stand und steht Pells Verhalten als Erzbischof von Melbourne derart in der Kritik, dass er immer wieder in den Fokus einer Royal Commission gerät, die Art und Ausmaß der Kindesmissbrauchs in Schulen, Heimen und Kirchengemeinden aufklären soll. Der chilenische Kardinal Errázuriz Ossa wiederum hat Zweifel nicht widerlegen können, er habe lange Zeit Fernando Karadima gedeckt, einen landesweit bekannten Geistlichen, der sich über Jahrzehnte an Jugendlichen vergangen hatte und 2011 vom Vatikan aus seinem Amt entfernt worden war.

Als Franziskus im Jahr 2014 Juan de la Cruz Barros, einen Priester aus dem Umfeld Karadimas und Errázuriz Ossas, vom Amt des Militärbischofs entbindet und zum Bischof der südchilenischen Diözese Osorno ernennt, regt sich im ganzen Land lautstark Protest. Franziskus lässt sich nicht umstimmen. Im September 2015 wird bekannt, dass er Barros für ein Opfer einer von Linken angezettelten Kampagne hält.[32]

Im Juni 2015 wiederum hatte es im Vatikan geheißen, dass Bischöfe, die Missbrauchsfällen in ihrem Bistum nicht konsequent genug nachgehen, sich künftig vor einem neu gegründeten Gerichtshof innerhalb der Glaubenskongregation verantworten müssen. Die neue Kinderschutzkommission hatte den Vorschlag, der einer Ergänzung des Kirchenrechts gleichkommt, in den Kardinalsrat eingebracht. Während seines Besuchs in den Vereinigten Staaten im September 2015 schließlich trifft Franziskus auf Missbrauchsopfer – zum zweiten Mal nach einer ersten Begegnung mit insgesamt sechs Missbrauchsopfern aus Irland, England und Deutschland Anfang Juli 2014 im Vatikan. «Gott weint», sagt Franziskus. Als Papst trage er Sorge, dass die Verantwortlichen zur Rechenschaft gezogen und junge Menschen künftig geschützt würden. Freilich hatte er den amerikanischen Bischöfen zu Beginn seines Aufenthaltes in Washington großes Lob für ihren Mut bei der Aufarbeitung der Missbrauchsfälle und der Zuwendung zu den Opfern ausgesprochen. Diese Einschätzung wird von den wenigsten Zeitzeugen geteilt.

Nein, das geht nicht!

Während die Arbeit der Kinderschutzkommission im Mai 2014 erst beginnt, ist ein anderer Prozess ein Jahr nach dem Beginn des Pontifikates weitgehend abgeschlossen: Die Revision der personellen Besetzung der wichtigsten Behörden im Vatikan. Der Präfekt der Glaubenskongregation, Kardinal Gerhard Ludwig Müller, ist ebenso in seinem Amt bestätigt wie Kardinal Marc Oullet, der Präfekt der Bischofskongregation. Von der Kleruskongregation abgesehen hat sich Franziskus für Kontinuität innerhalb der Kurie entschieden – jedenfalls in den Spitzenpositionen.

Anders sieht es bei den einflussreichen Mitgliedern der Bischofskongregation im Rang eines Kardinals aus, ist diese doch das dritte Machtzentrum neben dem Staatssekretariat und der Glaubenskongregation; dies kommt darin zum Ausdruck, dass der Präfekt der Bischofskongregation als einziger Kurienkardinal außer dem Präfekten der Glaubenskongregation regelmäßig den Papst trifft. Gegenstand dieser Audienzen sind freie Bischofsstühle und die Kandidaten, von denen die Kongregation der Ansicht ist, dass der Papst sie unmittelbar ernennen oder (wie in den meisten Diözesen der Bundesrepublik) einem Domkapitel auf einer Dreierliste vorschlagen könne.

Wie ein Bischof nach dem Herzen von Franziskus beschaffen sein soll, hat er im Vatikan zum ersten Mal im Herbst 2001 erkennen lassen. Den Nuntien, die bei der Auswahl der Bischofskandidaten eine Schlüsselrolle spielen, schärft er im Juni 2013 vieles des damals Gesagten ein: «Ihr kennt das berühmte Wort, das ein Grundkriterium zur Auswahl derer darstellt, die den Leitungsdienst übernehmen sollen: ‹Si sanctus est oret pro nobis, si doctus est doceat nos, si prudens est regat nos› – Wenn er heilig ist, möge er für uns beten, wenn er gelehrt ist, möge er uns lehren, wenn er klug ist, möge er uns leiten. Bei der schwierigen Aufgabe der Sondierung für die Bischofsernennungen sollt ihr darauf achten, dass die Kandidaten volksnahe Hirten sind. Das ist das erste Kriterium: Hirten, die den Menschen nahe sind. Er ist ein großer Theologe, ein kluger Kopf: Er soll an die Universität gehen, wo er viel Gutes tun kann! Hirten! Wir brauchen sie! Sie sollen Väter und Brüder sein, sie sollen sanftmütig, geduldig und barmherzig sein; sie sollen die Armut lieben, die innere Armut als Freiheit für den Herrn und auch die äußere Armut als Einfachheit und Schlichtheit des Lebens. Sie sollen keine Mentalität von ‹Fürsten› haben. Achtet darauf, dass sie nicht ehrgeizig sind, dass sie nicht nach dem Bischofsamt streben. Es heißt, dass der selige Papst Johannes Paul II., als er bei einer ersten Audienz mit dem Kardinalpräfekten der Kongregation für die Bischöfe von diesem nach dem Auswahlkriterium der Kandidaten für das Bischofsamt gefragt wurde, mit seiner besonderen Stimme antwortete: ‹Das erste Kriterium: ‹volentes nolumus›. Die nach dem Bischofsamt streben … nein, das geht nicht. Und sie sollen der Bräutigam einer Kirche sein, ohne ständig nach einer anderen zu suchen.»

Dann wiederholt Franziskus fast wörtlich das, was er im Jahr 2001 während der Bischofssynode vorgetragen hatte: «Sie sollen in der Lage sein, die ihnen anvertraute Herde zu ‹bewachen›, also Sorge zu tragen für alles, was sie zusammenhält; für sie ‹wachsam zu sein›, auf die Gefahren zu achten, die sie bedrohen. Vor allem aber sollen sie in der Lage sein, für die Herde zu ‹wachen›, Wache zu halten, die Hoffnung aufrecht zu erhalten, damit Sonne und Licht in den Herzen sei, liebevoll und geduldig die Pläne zu unterstützen, die Gott in seinem Volk vollbringt. Denken wir an die Gestalt des Hl. Josef, der über Maria und Jesus wacht, an seine Sorge für die Familie, die Gott ihm anvertraut hat, und an den aufmerksamen Blick, mit dem er sie leitet und Gefahren umgeht. Daher sollen die Hirten vor der Herde sein, um den Weg zu weisen, inmitten der Herde, um sie zusammenzuhalten, hinter der Herde, um zu verhindern, dass jemand zurückbleibt, und weil die Herde sozusagen den Spürsinn hat, den Weg zu finden. So muss der Hirte vorgehen!»[33]

Jetzt müssen «nur» noch die Mitglieder der Bischofskongregation, die in großer Runde über die Dossiers einzelner Kandidaten beraten, so ausgewählt werden, dass sie die Absichten des Papstes und der Nuntien nicht konterkarieren.

Wider die Günstlingswirtschaft

Aus eigener Erfahrung als Erzbischof von Buenos Aires und Vorsitzender der Argentinischen Bischofskonferenz weiß Bergoglio genau, wie auf dieser Ebene Kirchenpolitik gemacht wird. Manche Kardinäle haben als Mitglieder der Bischofskongregation über Jahre, wenn nicht Jahrzehnte hinweg die Zusammensetzung ganzer Bischofskonferenzen maßgeblich bestimmen können – allen voran Joseph Kardinal Ratzinger. Gegen sein Votum wurde niemand Bischof, weder in Deutschland noch anderswo. Andere langjährige Mitglieder der Bischofskongregation waren im Gebrauch ihrer Vetomacht zurückhaltender, ließen aber kaum eine Gelegenheit aus, in Rom Kandidaten auf Bischofslisten zu setzen, von denen sie sich viel versprachen.

Damit nicht genug: Zu Zeiten von Johannes Paul II. und Benedikt XVI. war es nicht ungewöhnlich, wenn Listen auf dem Weg von der Bischofskongregation zum Papst nochmals verändert wurden oder der Papst selbst Listen so veränderte, dass «sein» Kandidat am Ende obsiegte.

Alle diese Praktiken sind Bergoglio entweder aus eigenem Erleben oder aus den leidvollen Erzählungen wohlvertraut. Im Dezember 2013 setzt er sich mit einem gründlichen Revirement der Mitglieder der *Plenaria* der Bischofskongregation von Benedikt ab.[34] Zahlreiche Günstlinge seines Vorgängers verlieren ihr Mandat, allen voran der Leiter des Obersten Gerichtshofs im Vatikan, Kardinal Raymond Burke. Der amerikanische Geistliche wird ersetzt durch den Kardinal-Erzbischof von Washington, Donald Wuerl, dem eine weitaus vermittelndere Art nachgesagt wird. Kurzen Prozess macht Franziskus auch mit dem gleichfalls von Papst Benedikt XVI. protegierten Kardinal Mauro Piacenza sowie dem Vorsitzenden der Italienischen Bischofskonferenz, Kardinal Angelo Bagnasco. Piacenza hatte schon das Amt des Präfekten der Kleruskongregation verloren und war mit der unbedeutenden Rolle des Großpönitentiars abgefunden worden. Jetzt scheidet Piacenza ebenso aus der Bischofskongregation aus wie der tief in die italienische Innenpolitik verstrickte Bagnasco.

Als Vertreter Italiens in der Bischofskongregation beruft der Papst anstelle Bagnascos einen weitgehend unbekannten Erzbischof namens Gualtiero Bassetti. Dieser leitet seit dem Jahr 2009 das Erzbistum Perugia-Città della Pieve in Umbrien. Offenbar ist er der Mann, nach dem Franziskus gesucht hat, einer, der ein Herz für Arbeiter, Familien und Obdachlose hat, kurz ein Hirte mit dem Geruch der Schafe. Wer dieses Signal im Dezember nicht versteht, dem wird im Januar 2013 auf die Sprünge geholfen. Franziskus nimmt Bassetti in das Kardinalskollegium auf. Der letzte Kardinal aus Perugia, Vincenzo Gioacchino Pecci, war im Jahr 1903 als Papst Leo XIII. gestorben.

Wer soll die katholische Kirche in Deutschland in der Bischofskongregation repräsentieren? Im Februar 2012 hatte Papst Benedikt XVI. den Mainzer Kardinal Karl Lehmann über Nacht aus der Bischofskongregation hinauskomplimentiert. Lehmanns Widersacher Joachim Kardinal Meisner (Köln) und der ebenfalls von Benedikt protegierte frühere Leiter des Päpstlichen Nothilfe-Rates Cor unum Paul Josef Cordes hatten fortan noch leichteres Spiel als zuvor. Beide werden von Franziskus aus Altersgründen nicht wieder berufen. Meisner sollte am 25. Dezember 2013 80 Jahre alt werden, Cordes im September 2014. Aus dem deutschen Sprachraum rücken der Präsident des Päpstlichen Rates zur Förderung der Einheit der Christen, der Schweizer Kardinal Kurt Koch, sowie der Bischof von Münster,

Felix Genn, nach. Die zweite Personalie ist nicht ohne Pikanterie: Genn ist Oberer des Priesterzweigs der «Johannesgemeinschaft», eines auf Hans Urs von Balthasar zurückgehenden Säkularinstituts, dem gar nicht zufällig auch Kardinal-Präfekt Marc Ouellet angehört. Der Berliner Kardinal Rainer Maria Woelki, der aus der Bildungskongregation entfernt wurde, und der Münchner Kardinal Reinhard Marx haben bei der Auswahl der Mitglieder der Bischofskongregation das Nachsehen. Kardinal Müller ergeht es nicht anders: Anders als seine beiden Vorgänger Kardinal Joseph Ratzinger und Kardinal William Levada wird er nicht Mitglied der Plenaria der Bischofskongregation.

Gut ein Jahr nach diesem ersten Revirement nimmt Papst Franziskus den Faden unausweichlicher oder auch überfälliger Personalentscheidungen wieder auf. Im November 2014 muss einer seiner lautstärksten Widersacher unter den Augen der Öffentlichkeit den Hut nehmen. Ohne viel Federlesens ersetzt der Papst Kardinal Burke an der Spitze des Obersten Gerichtshofs durch den vormaligen vatikanischen Außenminister Dominique Kardinal Mamberti. Burke wird Patron des Souveränen Malteserordens – eine Kaltstellung, wie sie eindeutiger nicht ausfallen könnte. Dass Franziskus den Amerikaner, der aus seiner Vorliebe für den von Benedikt XVI. geförderten «außerordentlichen», lateinisch-vorkonziliaren Messritus und allerlei Pomp nie ein Hehl gemacht hat, nicht zum Mitglied der Ordentlichen Vollversammlung der Bischofssynode im Oktober 2015 beruft, ist nur konsequent.

Andere Neubesetzungen lassen sich eher als Ausdruck eines gewissen Desinteresses an der Arbeit der Kurienbehörden lesen. Nachfolger des dienstältesten Kurienkardinals Zenon Grocholewski an der Spitze der Bildungskongregation wird am 31. März 2015 Giuseppe Versaldi. Der 71 Jahre alte Italiener, der zuvor die Güterverwaltung des Apostolischen Stuhles (APSA) geleitet hatte, steht nicht im Ruf, etwas von Bildungsfragen zu verstehen. Ähnlich ahnungslos ist der Nachfolger des Spaniers Antonio Cañizares Llovera an der Spitze der Liturgiekongregation. Wie Piacenza und Burke war auch Cañizares Llovera ein Geschöpf Benedikts XVI., wie Piacenza und Burke muss auch er vorzeitig seinen Platz räumen. Ihm folgt der in liturgischen Fragen völlig unerfahrene Kardinal Robert Sarah. Der aus Guinea stammende Geistliche stand zuvor an der Spitze des Päpstlichen Rates «Cor Unum».

Immerhin wird dessen Position nicht wieder besetzt – was Mutmaßungen nährt, dass eine kleine Kurienreform durch Zusammenlegung mehrerer «Päpstlicher Räte» nicht mehr lange auf sich warten lässt. Doch auch im dritten Jahr des Pontifikates geschieht zunächst nichts. Nach der elften mehrtägigen Zusammenkunft der mit der Ausarbeitung von Vorschlägen für eine Kurienreform betrauten K-9 heißt es im September 2015, die Gruppe sei weiterhin mit der Formulierung der «Präambel» eines Dokumentes zur Kurienreform befasst. Dieses Dokument gibt es jedoch nicht, zumal sich Papst Franziskus auch kaum darum bemüht, der Kurie eine Arbeitsweise aufzuerlegen, die der eines Kabinettes auch nur annähernd nahekäme. Die wechselseitige Missachtung, wenn nicht gar das wechselseitige Misstrauen ist abgrundtief – was nach der Aufzählung von 15 «Kurienkrankheiten» von spirituellem Alzheimer über existenzielle Schizophrenie bis hin zu Klatschsucht in der Weihnachtsansprache des Papstes an die Mitarbeiter der Kurie am 22. Dezember 2014 niemand verwundern kann.

Kardinäle der Armen

Dass Franziskus entschlossen ist, die sprichwörtliche Treppe von oben zu fegen, beweist er auch mit der Ausübung eines anderen wichtigen Rechtes eines Papstes: der Ernennung («Kreierung») der Mitglieder des wohl exklusivsten Gremiums des Welt, des Kardinalskollegiums.

Dessen Mitglieder rekrutieren sich seit der Internationalisierung des Kardinalskollegiums während des Pontifikats von Papst Pius XII. aus den wichtigsten Mitarbeitern des Papstes an der vatikanischen Kurie sowie aus Bischöfen wichtiger Diözesen auf allen Kontinenten. Papst Paul VI. hatte die Zahl der wahlberechtigten, da noch nicht achtzig Jahre alten Kardinäle auf 120 beschränkt, was ob des hohen Durchschnittsalters der Kardinäle alle zwei bis drei Jahre ein so genanntes Konsistorium zur Aufnahme neu ernannter Mitglieder des Kardinalskollegiums erforderlich macht. Franziskus schreitet bald zur Tat. Auch auf diesem Feld ist einiges zu tun.

Allen Lippenbekenntnissen zum Trotz hat die Reitalianisierung dieses Gremiums unter Papst Benedikt rasant an Fahrt gewonnen. Mit dem Konsistorium vom Februar 2012, vor dem Kardinalstaatssekretär Tarcisio Bertone alle Register gezogen hatte, erreicht die Zahl der Italiener unter den wahlberechtigten Kardinälen einen neuen Höhepunkt. Kopfschütteln allerorten, selbst im Vatikan. Der Unmut ist so groß, dass Benedikt im November 2013 nochmals eine Reihe neuer Kardinäle ernennt.[35]

Gerhard Ludwig Müller, der Präfekt der Glaubenskongregation, ist nicht darunter. «Zu viel Widerstand», heißt es entschuldigend. Gemünzt ist diese Aussage nicht nur auf den Umstand, dass Benedikt einen weiteren Kurialen «begünstigt» hätte. Müller hat es sich auch mit den Sympathisanten der Piusbruderschaft und Teilen des Opus Dei verscherzt. Zudem gilt er im Vatikan wegen seiner langjährigen Freundschaft mit dem peruanischen Befreiungstheologen Gustavo Gutiérrez als «links». Doch gleich welcher Umstand am Ende den Ausschlag gegeben haben mag, der Präfekt der Glaubenskongregation soll nicht zum Kreis der Papstwähler gehören.

Ratzinger setzt stattdessen auf den Präfekten des Päpstlichen Hauses, James Harvey (um mit dessen Posten seinen Privatsekretär Gänswein zu versorgen), auf den Patriarch von Antiochien, den Maroniten Béchara Boutros Raï, sodann auf den syro-malankarischen Großerzbischof Basilius Thottunkal aus Trivandrum (Indien) und auf die drei Hauptstadt-Erzbischöfe John Onaiyekan (Abuja, Nigeria), Rubén Salazar Gómez (Bogotá, Kolumbien) und Luis Antonio Tagle (Manila, Philippinen).

Im Februar 2014 wird Bergoglio nicht zögern, Müller wie auch Staatssekretär Parolin sowie Beniamino Stella, den Präfekten der Kleruskongregation, in das Kardinalskollegium aufzunehmen.[36] Andere Kuriale wie der Präsident des Päpstlichen Familienrates, der Sant' Egidio-Erzbischof Vincenzo Paglia, der zu Zeiten von Papst Johannes Paul II. und Benedikt XVI. sicher Kardinal geworden wäre, haben das Nachsehen. Dafür erhält Erzbischof Baldisseri, der Generalsekretär der Bischofssynode, den Kardinalspurpur, Italianisierung hin oder her. Wie sehr Franziskus auf die Bischofssynode setzt, zeigt sich auch in einem anderen Detail. In den Namenslisten, die während des Konsistoriums ausliegen, erscheint der Generalsekretär der Bischofssynode an zweiter Stelle, nach dem Staatssekretär und vor dem Präfekten der Glaubenskongregation. So hatte sich das Papst Paul VI. vor fast fünfzig Jahren wohl gedacht, als er die Bischofssynode ins Leben rief. Doch musste erst ein Papst vom Ende der Welt kommen, um diese Idee Wirklichkeit werden zu lassen.

Versagt bleibt die Kardinalswürde auch dem Patriarchen von Venedig und dem Erzbischof von Turin. Der Schock in Italien ist groß. Seit Generationen sind die Erzbischöfe der beiden Städte in den Senat der Kirche berufen worden. Franziskus lassen diese Prärogative und Erwartungen kalt, Karriereplanungen in der Kirche werden mit einem Mal Makulatur. Stattdessen setzt der Papst am 21. Februar 2014 einem Erzbischof das Kardinalsbirett auf, der wohl nie daran gedacht haben dürfte, Kardinal zu werden: dem Erzbischof von Perugia-Città della Pieve, Bassetti. Dieselbe Ehre widerfährt dem Bischof von Les Cayes (Haiti), Chibly Langlois, dem Erzbischof von Cotabato (Philippinen), Orlando Quevedo, und dem Erzbischof von Ouagadougou (Burkina Faso). Die Kirche der Armen nimmt Gestalt an.

Von einer anderen Übung weicht Franziskus nicht ab: die Erzbischöfe wichtiger Diözesen wichtiger Länder in das Kardinalskollegium zu berufen. Diesmal trifft es seinen Nachfolger in Buenos Aires, Erzbischof Mario Aurelio Poli, sowie die Erzbischöfe Vincent Gerard Nichols (Westminster, Großbritannien), Gérald Cyrien Lacroix (Québec, Kanada), Jean-Pierre Kutwa (Abidjan, Elfenbeinküste), Orani João Tempesta (Rio de Janeiro, Brasilien), den Erzbischof von Seoul (Korea), Andrew Yeom Soo-jung, sowie Erzbischof von Santiago de Chile, Ricardo Ezzati Andrello. Einen besonderen Akzent setzt Franziskus indes durch die Aufnahme eines Geistlichen in das Kardinalskollegium, der zu Lebzeiten eine Legende geworden ist: Loris Francesco Capovilla, den letzten Sekretär des «Konzilspapstes» Johannes XXIII.

Dann, am 22. Februar, wieder eine Zäsur. Erstmals in der Kirchengeschichte sieht man zwei Päpste bei einem Rechtsakt in Frieden vereint: Franziskus und seinen Vorgänger Benedikt XVI. Doch so spektakulär das erste gemeinsame Erscheinen im Petersdom, so unspektakulär dessen Verlauf.

Benedikt hatte sich verbeten, dass man ihm eine besondere Sitzgelegenheit anweist. Neben den Kardinälen wolle er sitzen und nicht einmal einen besonders beschrifteten Stuhl in Anspruch nehmen. So kommt es. Als sein Nachfolger den Petersdom durchschreitet und die Kardinäle als Zeichen ihrer Reverenz kurz ihren Pileolus vom Kopf nehmen, ist auch ein weißer dabei. Was zwei Jahrtausende undenkbar schien, erscheint so natürlich, als ob es niemals anders gewesen wäre.

Was Franziskus von «seinen» Männern im Senat der Kirche erwartet, gibt er ihnen unter den Augen der Welt in der Predigt in der Eucharistiefeier am 23. Februar auf den Weg: «Liebe Mitbrüder Kardinäle, Jesus, der Herr, und die Mutter Kirche verlangen von uns, diese Haltungen der Heiligkeit mit größerem Eifer und glühender zu bezeugen. Genau in diesem Mehr an ungeschuldeter, selbstloser Liebe besteht die Heiligkeit eines Kardinals. Lieben wir darum diejenigen, die uns feindlich gesonnen sind; segnen wir, die schlecht über uns sprechen; grüßen wir mit einem Lächeln, die es vielleicht nicht verdienen; trachten wir nicht danach, uns zur Geltung zu bringen, sondern setzen wir rechthaberischer Gewalt die Sanftmut entgegen; vergessen wir die erlittenen Demütigungen. Lassen wir uns immer vom Geist Christi leiten, der sich selbst am Kreuz geopfert hat, damit wir ‹Kanäle› sein können, durch die seine Liebe fließt. Das ist die Einstellung, das muss das Verhalten eines Kardinals sein. Der Kardinal – das sage ich speziell zu euch – tritt in die Kirche Roms ein, Brüder, nicht in einen Hofstaat. Vermeiden wir alle höfische Gewohnheiten und Verhaltensweisen wie Intrigen, Tratsch, Seilschaften, Günstlingswirtschaft, Bevorzugungen, und helfen wir uns gegenseitig, sie zu vermeiden. Unser Reden sei das des Evangeliums: Unser Ja sei ein Ja und unser Nein ein Nein; unser Verhalten sei das der Seligpreisungen und unser Weg jener der Heiligkeit ... Wenn in unserem Herzen der Kleinste unserer Brüder Raum findet, dann ist es Gott selber, der dort Raum findet. Wenn jener Bruder ausgesperrt wird, ist es Gott selber, der keine Aufnahme findet. Ein Herz ohne Liebe ist wie eine entweihte Kirche, die dem Gottesdienst entzogen und für anderes bestimmt ist.»[37]

Anschließend wird gefeiert, jeder Kardinal nach seiner Art. Der Papst ist nicht zu sehen. So hatte es schon Bergoglio bei Festlichkeiten jeder Art in Argentinien gehalten. Er wäre aber auch nicht überall wirklich gerne gesehen worden. Denn manch einem Adressaten erscheinen die Mahnungen des Papstes nicht gut gewählt. In den Tagen danach heißt es in Rom, vor allem in der Kurie sei die Unruhe erheblich. Kardinal Tarcisio Bertone bleibt gelassen. Er sieht keinen Grund, von der Zusammenlegung zweier Wohnungen so groß wie Suiten Abstand zu nehmen. Päpste kommen und gehen, Kardinäle bleiben. Doch Franziskus ist nach Benedikt schon der Zweite, der in Sachen Geld und Sex keinen Spaß versteht.

Der Papst vom Ende der Welt bleibt seiner Linie treu. Am 14. Februar 2015 nimmt er wieder eine Reihe Geistlicher in das Kardinalskollegium auf, deren Namen Botschaften sind: Der Bischof des vom Anstieg des Meeresspiegels bedrohten Inselstaates Tonga ist ebenso dabei wie der Erzbischof von Morelia, der Hauptstadt des mexikanischen Bundesstaates Michoacán, der von Rauschgiftkriminalität und staatlicher Straflosigkeit geprägt ist. Die vatikanische Kurie stellt in Person von Dominique Mamberti nur einen einzigen neuen Kardinal. Italien repräsentieren abermals nicht die Erzbischöfe von Turin oder Venedig, sondern der Erzbischof von Agrigent, zu dessen Diözese die Insel Lampedusa gehört. Ein anderes unübersehbares Zeichen, in diesem Fall zugunsten der Religionsfreiheit, ist die Aufnahme des Erzbischofs der burmesischen Hauptstadt Rangun in das Kardinalskollegium. Alles in allem hat Papst Franziskus nach zwei Jahren nicht nur ein Viertel der 120 wahlberechtigten Mitglieder des Kardinalskollegiums ausgetauscht. Auch die politische Botschaft ist klar: Die Berufung in den «Senat» der Kirche ist nicht länger die krönende Belohnung einer Kirchenkarriere, sondern Ausdruck der Parteinahme für Menschen, denen sich die Kirche in Not und Leid verbunden zeigen will.

Namen in der Kirche sind auch immer Nachrichten. Auf Anhieb zu entschlüsseln sind sie nicht immer. Ganz anders ist es mit den täglichen Nachrichten, die schon bald nach der Wahl von Jorge Mario Bergoglio zum Papst die Runde machen: Sie bestehen aus kurzen, einprägsamen Sätzen oder Gedanken. Aus der Kapelle des Gästehauses Santa Marta werden sie zunächst nur weitererzählt, aber schon bald von Vatikansprecher Federico Lombardi autorisiert und in das offizielle Nachrichtenwesen des Vatikans eingespeist.[38]

Auch das hat es noch nie gegeben. Papst Johannes Paul II. feierte am Morgen oft Gottesdienst im Kreis geladener Gäste. Über deren Zusammensetzung wachte eifrig dessen Sekretär Stanislaw Dziwisz. Einfach war es nicht, Zutritt zu der Kapelle im Apostolischen Palast zu erhalten, auch nicht immer billig. Papst Benedikt stellte derartige Praktiken sofort ein – was ihm auch insofern nicht schwer fiel, als er Gäste in größerer Zahl weder zu Gottesdiensten noch zu Tischzeiten schätzte. Und Papst Franziskus? In der Kapelle von Santa Marta feiert er an jedem gewöhnlichen Werktag eine Messe, zu der Gruppen hinzugebeten werden, mal aus den römischen Pfarreien, mal sind es die Gärtner und Müllentsorger, oder, wie am Geburtstag des Papstes, dem 16. Dezember 2013, Obdachlose aus der Nachbarschaft.

Eine kurze «Tagesmeditation», oft aus dem Stegreif, ein paar kurze Worte, ein Händeschütteln – in Santa Marta geht es zu wie in der Parróquia Patriarca San José. Wenn der Papst schon nicht in den Straßen Roms unterwegs sein kann, dann lädt er die Menschen aus den Straßen Roms zu sich ein. Und wie in San Miguel hören die Menschen den Papst über den Teufel predigen, von dem er glaubt, dass es ihn gibt (BS 23–26), über das «Jona-Syndrom» der Selbstgerechtigkeit, über die Beichte oder die Scham, über «ungeschminkte Christen» oder für die Politiker beten, «dass sie uns gut regieren».

Man sieht ihn am Ambo in einem schlichten Messgewand, man hört ihn predigen. Kurz, bildreich, manchmal ein wenig verrätselt. Man begegne Jesus nicht in der Ersten Klasse, heißt es irgendwann im Herbst 2013. Franziskus hat ihn dort auch nie gesucht. Anders ein deutscher Bischof namens Franz-Peter Tebartz-van Elst. Der musste angeblich ausgeruht in Indien ankommen, weil Nonnen und Elendsviertel auf ihn warteten. Ganz und gar ausgeruht gab Tebartz-van Elst auch mehr als 30 Millionen Euro für den Bau eines so genannten Diözesanen Zentrums aus, hinter dem sich eine annähernd 300 Quadratmeter große Bischofswohnung und andere Merkwürdigkeiten wie ein Raum zur Aufbewahrung von Reliquien verbargen. Verbergen ließ sich am Ende weder das eine noch das andere. Papst Franziskus nimmt im März 2014 den Amtsverzicht des Bischofs von Limburg an.[39] Straf- oder auch nur kirchenrechtliche Konsequenzen hat der aus dem Bistum Münster stammende Geistliche nicht zu gewärtigen. Statt dessen wird er nach Ablauf einer Schamfrist dem «Päpstlichen Rat für die Neuevangelisierung» zugeordnet und darf sich im Rang eines «Delegaten» an der Vorbereitung des «Heiligen Jahres der Barmherzigkeit» beteiligen, dessen Beginn Papst Franziskus für den 8. Dezember 2015 ausgerufen hat.

Wer keinen Zugang zu dem Gästehaus Santa Marta hat, kann den Papst auf dem Petersplatz sehen. Franziskus hält an der Tradition fest, Mittwoch für Mittwoch eine Generalaudienz abzuhalten. Auch bei dem sonntäglichen Mittagsgebet, «Angelus» nach dem ersten Wort des entsprechenden Gebetes zu der Gottesmutter Maria genannt, bleibt alles beim Alten. Woche für Woche gehen vom Petersplatz Bilder, Gesten und Worte des Papstes um die Welt: Franziskus, wie er das von Krankheit entstellte Gesicht eines Mannes streichelt, Franziskus, wie er einen argentinischen Priester in der Menge erspäht und mit ihm einige Worte wechselt, Franziskus, wie er ein Kleinkind in Papstmontur herzt … Mehr als 6,6 Millionen Menschen werden die Generalaudienzen während der ersten zwölf Monate des Pontifikates von Jorge Mario Bergoglio besuchen, mehr als je zuvor in einem vergleichbaren Zeitraum.

Dabei ist Bergoglio auch als Papst kein wortgewaltiger Redner, der mit seiner Stimme die Massen verzaubern könnte. Es ist nicht einmal einfach, ihn zu verstehen, so leise spricht er manchmal. Aber darauf kommt es nicht an. Seine Worte gehen zu Herzen, seine Sprachbilder brennen sich ein.

Am Gründonnerstag 2013 spricht er in der Chrisam-Messe über

Generalaudienz, 19. März 2014.

die Aufgabe der Priester: «So müssen wir hinausgehen, um unsere Salbung zu erproben, ihre Macht und ihre erlösende Wirksamkeit: in den ‹Randgebieten›, wo Leiden herrscht, Blutvergießen; Blindheit, die sich danach sehnt zu sehen, wo es Gefangene so vieler schlechter Herren gibt. Es ist eben gerade nicht in den Selbsterfahrungen oder in den wiederholten Introspektionen, dass wir dem Herrn begegnen: Selbsthilfekurse können im Leben nützlich sein, doch unser Priesterleben zu verbringen, indem wir von einem Kurs zum anderen, von einer Methode zur anderen übergehen, das führt dazu, Pelagianer zu werden, die Macht der Gnade herunterzuspielen, die in dem Maß aktiv wird und wächst, in dem wir gläubig hinausgehen, um uns selbst zu verschenken und den anderen das Evangelium zu geben, das bisschen Salbung, das wir besitzen, denen zu schenken, die absolut gar nichts haben.»[40]

Dann fährt er fort: «Genau daher kommt die Unzufriedenheit einiger, die schließlich traurig, traurige Priester, und zu einer Art Antiquitäten- oder Neuheitensammler werden, anstatt Hirten mit dem ‹Geruch der Schafe› zu sein – das erbitte ich von euch: Seid Hirten mit dem ‹Geruch der Schafe›, dass man ihn riecht –, Hirten inmitten ihrer Herde und Menschenfischer. Es ist wahr, dass die so genannte Identitätskrise des Priesters uns alle bedroht und mit einer Kulturkrise einhergeht, doch wenn wir ihre Welle zu durchbrechen verstehen, werden wir im Namen des Herrn in See stechen und die Netze auswerfen können. Es ist gut, dass die Wirklichkeit selbst uns dazu führt, dorthin zu gehen, wo das, was wir aus Gnade sind, eindeutig als reine Gnade erscheint: in dieses Meer der heutigen Welt, wo allein die Salbung zählt – und nicht die Funktion – und die ausgeworfenen Netze sich allein im Namen dessen als fruchtbringend erweisen, auf den wir vertraut haben: Jesus.»

Hirten mit dem Geruch der Schafe – das Bild sagt mehr als alle Worte. In Windeseile geht es um die Welt.

Wer hat geweint?

Freilich muss im ersten Jahr des Pontifikates nach Rom kommen, wer den Papst nicht nur hören, sondern leibhaftig sehen möchte. Dass Jorge Mario Bergoglio noch nie gern gereist ist, kann seine fast benediktinisch anmutende «stabilitas loci» nicht erklären. Nur ein Teil der Antwort ist auch, dass er nicht wie Johannes Paul II. als «eiliger Vater» in die Geschichte eingehen will. Eher hält er es in seinem ersten Jahr wie Papst Benedikt XVI., der seinerseits mit dem Stil seines Vorgängers gebrochen hatte, sich auf «Pastoralreisen» in aller Welt als «global prayer» darzustellen.

An manchen Besuchsterminen und Pflichtreisen kam Benedikt dennoch nicht vorbei. Nicht an dem XX. Internationalen Weltjugendtag der katholischen Kirche, der wenige Monate nach seiner Wahl zum Papst im August 2005 in Köln stattfand, nicht an dem XXI. Weltjugendtag im Jahr 2008 in Sydney, nicht an einer Reise zu den Vereinten Nationen nach New York und an einem Besuch im Heiligen Land, nicht an einer Reise nach Afrika, nicht an einem Flug nach Brasilien anlässlich der Eröffnung der V. Generalversammlung des Celam, nicht an einer Reise nach Mittelamerika und in die Karibik, von einigen Reisen innerhalb Italiens und kurzen Abstechern nach Spanien nicht zu reden.

Und Franziskus? Zunächst hat es den Anschein, als wolle er das

Reiseprogramm noch stärker reduzieren als sein Vorgänger und noch mehr als Benedikt XVI. Bischof von Rom sein. Als solchen sieht man ihn im ersten Jahr seines Pontifikates häufig in verschiedenen Pfarreien seiner Stadt. Dann ist er wieder Padre Jorge. Wenn er trotzdem reist, dann dorthin, wo er etwas zu sagen hat, was Politik und Gesellschaft von jenem Ort aus gesagt werden muss.

Etwa auf der italienischen Mittelmeerinsel Lampedusa, dem Ziel einer stetig steigenden Zahl Flüchtlinge aus dem tausende Kilometer langen Krisenbogen von der Westsahara bis nach Afghanistan. Manch einer kommt nicht weit und wird Opfer von Beduinen oder Schlepperbanden, die die Not der Flüchtlinge schamlos ausnutzen. Manch einer verliert sein Leben beim Untergang eines der vielen kaum seetauglichen Schiffe, die von der Küste Libyens aus Kurs auf die Insel nehmen. «Als ich vor einigen Wochen diese Nachricht hörte, die sich leider sehr oft wiederholte, drangen die Gedanken immer wieder wie ein Leid bringender Stich ins Herz. Und da habe ich gespürt, dass ich heute hierher kommen musste, um zu beten, um eine Geste der Nähe zu setzen, aber auch um unsere Gewissen wachzurütteln, damit sich das Vorgefallene nicht wiederhole»,[41] predigt Papst Franziskus am 8. Juli 2014 auf dem Sportplatz der Insel Lampedusa.

«‹Wo ist dein Bruder?› Sein Blut schreit bis zu mir, sagt Gott. Das ist keine Frage, die an andere gerichtet ist, es ist eine Frage, die an mich, an dich, an jeden von uns gerichtet ist. Diese Brüder und Schwestern von uns suchten, schwierigen Situationen zu entkommen, um ein wenig Sicherheit und Frieden zu finden; sie suchten einen besseren Ort für sich und ihre Familien, doch sie fanden den Tod. Die dies suchen, wie oft finden sie kein Verständnis, finden sie keine Aufnahme und Solidarität! Und ihre Stimmen dringen bis zu Gott! Und noch einmal danke ich euch, den Einwohnern von Lampedusa, für eure Solidarität. Neulich habe ich einen von diesen Brüdern gehört. Bevor sie hierher kamen, passierten sie die Hände der Menschenhändler, welche die Armut der anderen ausnutzen, diese Leute, für die die Armut der anderen eine Einnahmequelle ist. Wie viel haben sie gelitten! Und einige haben es nicht geschafft, hierher zu kommen.»

*Im Gespräch mit afrikanischen Bootsflüchtlingen während eines
Besuches der Insel Lampedusa.*

Franziskus weiß, wovon er redet. Einst ist seine Familie aus Italien
ausgewandert, er ist als Kind von Einwanderern in einem Land groß
geworden, dessen Sprache nicht die seiner Eltern war. Wer sollte sich
besser in das Schicksal von Flüchtlingen einfühlen als er?

«Wer ist der Verantwortliche für das Blut dieser Brüder und
Schwestern? Niemand! Wir alle antworten so: Ich bin es nicht, ich
habe nichts damit zu tun, es werden andere sein, sicher nicht ich.
Aber Gott fragt einen jeden von uns: ‹Wo ist dein Bruder, dessen
Blut zu mir schreit?› Niemand in der Welt fühlt sich heute dafür
verantwortlich; wir haben den Sinn für brüderliche Verantwortung
verloren; wir sind in die heuchlerische Haltung des Priesters und
des Leviten geraten, von der Jesus im Gleichnis vom barmherzigen
Samariter sprach: Wir sehen den halbtoten Bruder am Straßenrand,
vielleicht denken wir ‹der Arme› und gehen auf unserem Weg weiter; es ist nicht unsere Aufgabe; und damit beruhigen wir uns selbst
und fühlen uns in Ordnung. Die Wohlstandskultur, die uns dazu
bringt, an uns selbst zu denken, macht uns unempfindlich gegen die

Schreie der anderen; sie lässt uns in Seifenblasen leben, die schön, aber nichts sind, die eine Illusion des Nichtigen, des Flüchtigen sind, die zur Gleichgültigkeit gegenüber den anderen führen, ja zur Globalisierung der Gleichgültigkeit. In dieser Welt der Globalisierung sind wir in die Globalisierung der Gleichgültigkeit geraten. Wir haben uns an das Leiden des anderen gewöhnt, es betrifft uns nicht, es interessiert uns nicht, es geht uns nichts an!»

So ähnlich hatte Franziskus schon in Buenos Aires gesprochen, als im Dezember 2004 bei dem Brand eines Tanzlokals fast zweihundert junge Menschen zu Tode kamen und fast 700 verletzt wurden. Die Notausgänge waren versperrt. Immer wieder beklagte Kardinal Bergoglio die Gefühllosigkeit und die Gleichgültigkeit der Stadt.[42] Jetzt steht er nicht mehr in der Kathedrale von Buenos Aires und tröstet die Eltern, die ihre Kinder verloren haben, sondern klagt über eine Tragödie von weltweitem Ausmaß: «‹Adam, wo bist du?›, ‹Wo ist dein Bruder?› sind die zwei Fragen, die Gott am Anfang der Geschichte der Menschheit stellt und die er ebenso an alle Menschen unserer Zeit, auch an uns richtet. Ich möchte aber, dass wir eine dritte Frage anfügen: ‹Wer von uns hat darüber und über Geschehen wie diese geweint?› Wer hat geweint über den Tod dieser Brüder und Schwestern? Wer hat geweint um diese Menschen, die im Boot waren? Um die jungen Mütter, die ihre Kinder mit sich trugen? Um diese Männer, die sich nach etwas sehnten, um ihre Familien unterhalten zu können? Wir sind eine Gesellschaft, die die Erfahrung des Weinens, des ‹Mit-Leidens› vergessen hat: Die Globalisierung der Gleichgültigkeit hat uns die Fähigkeit zu weinen genommen! … bitten wir den Herrn um die Gnade, über unsere Gleichgültigkeit zu weinen, zu weinen über die Grausamkeit in der Welt, in uns, auch in denen, die in der Anonymität sozioökonomische Entscheidungen treffen, die den Weg bereiten zu Dramen wie diesem.»

In Lampedusa wie an vielen anderen Orten scheint ein Begriff durch die Worte des Papstes, der für ihn wie ein Schlüssel zur Erfahrung der Wirklichkeit ist, freilich einer negativen: *acedia*. In der klassischen Lehre von den Tugenden und Lastern zählt *acedia* zu Letzteren. Gemeint ist die Faulheit, aber nicht in erster Linie körperliche

Trägheit, oder die Unlust, sich zu bewegen. Was den Papst bewegt, ist die Teilnahmslosigkeit, der Mangel an Mitgefühl, die Tatenlosigkeit, die Trägheit des Herzens. Er beklagt die *acedia* in Lampedusa, wie er sie in Buenos Aires beklagt hat und noch an vielen anderen Schreckensorten dieser Welt beklagen wird.

Denn auch das scheint Franziskus nach dem ersten Jahr des Pontifikates klargeworden zu sein: In Rom kann er nicht bleiben, wenn er seine Mission erfüllen will: 2013 hatte er Italien nur verlassen, um an dem Weltjugendtag in Rio de Janeiro teilzunehmen. 2014 bereist er Jordanien, Palästina und Israel, dann Südkorea, bald darauf Albanien, im November spricht er in Straßburg, wenige Tage später sieht man ihn in der Türkei. Das Jahr 2015 beginnt mit einer Reise nach Sri Lanka und auf die Philippinen, es folgt ein kurzer Abstecher nach Sarajevo, im Juli verbringt der Papst acht Tage in Ecuador, Bolivien und Paraguay, im September besucht er Kuba, die Vereinten Nationen und die Vereinigten Staaten. Franziskus, der fast Achtzigjährige, schont sich kaum. Die Seligsprechung des 1980 von Todesschwadronen ermordeten Erzbischofs von San Salvador, Oscar Arnulfo Romero, lässt er jedoch im Mai 2015 von Kurienkardinal Angelo Amato vornehmen. Eine Reise nach Mittelamerika wäre des Guten zuviel gewesen – es muss reichen, dass Franziskus den Seligsprechungsprozess, der unter seinen Vorgängern Johannes Paul II. und Benedikt XVI. im Vatikan blockiert worden war, bald nach seiner Wahl zum Papst wieder in Schwung gebracht hatte.

Macht Wirbel!

Papst Benedikt XVI. hatte seine erste Auslandsreise im August 2005 zu dem 20. Internationalen Weltjugendtag der katholischen Kirche nach Deutschland geführt. Auch Papst Franziskus bricht als Erstes zu einem Weltjugendtag auf – zwar nicht in seine Heimat Argentinien, aber in das «große Vaterland» (*patria grande*) Lateinamerika.[43]

Am 22. Juli 2013, fast fünf Monate nach seinem Abflug in Buenos Aires, trifft er in Rio de Janeiro ein. Den ersten Gottesdienst feiert er an jenem Ort, an dem er sieben Jahre zuvor sein «Meisterstück»

*Abschlussmesse des Weltjugendtages am Strand von Copacabana
in Rio de Janeiro, 28. Juli 2013.*

gemacht hatte: dem Nationalheiligtum «Unsere Liebe Frau von Aparecida».

Bergoglio beschwört den *genius loci*, der inzwischen zum *genius mundi* geworden ist: «Ich habe erlebt, wie die Bischöfe, die über das Thema der Begegnung mit Christus, der Jüngerschaft und der Mission gearbeitet haben, sich ermutigt, begleitet und in gewissem Sinn inspiriert fühlten durch Tausende von Pilgern, die Tag für Tag kamen, um ihr Leben der Muttergottes anzuvertrauen ... Und tatsächlich kann man sagen, dass das Dokument von Aparecida gerade aus der Verflechtung zwischen der Arbeit der Hirten und dem einfachen Glauben der Pilger hervorgegangen ist, unter dem mütterlichen Schutz Marias.»[44]

Der Höhepunkt der Reise ist die Vigilfeier an der Copacabana. Mehr als eine Million Jugendliche und junge Erwachsene lauschen dem Papst: «Wenn ich euch sehe, die ihr heute hier seid, kommt mir die Geschichte des heiligen Franz von Assisi in den Sinn. Vor dem Kreuz hört er die Stimme Jesu, die zu ihm sagt: ‹Franziskus, geh und baue mein Haus wieder auf.› Und der junge Franziskus antwortet schnell und großmütig auf diesen Ruf des Herrn, sein Haus wiederaufzubauen. Aber welches Haus? Nach und nach wird er sich bewusst, dass es nicht darum ging, Maurer zu sein und ein Haus aus Stein wiederaufzubauen, sondern seinen Beitrag für das Leben der Kirche zu leisten. Es ging darum, sich in den Dienst der Kirche zu stellen, sie zu lieben und zu arbeiten, damit sich in ihr immer mehr das Antlitz Christi widerspiegle. Auch heute noch braucht der Herr euch junge Menschen für seine Kirche. Liebe junge Freunde, der Herr braucht euch! Auch heute ruft er jeden von euch, ihm in seiner Kirche zu folgen und Missionar zu sein.»

Bergoglio spricht sein argentinisches Spanisch, aber die Fußballmetaphern verstehen auch die Brasilianer: «Wenn unser Herz guter Boden ist, der das Wort Gottes aufnimmt, wenn wir bei unseren Bemühungen, als Christen zu leben, gleichsam «das Unterhemd durchschwitzen», machen wir eine wertvolle Erfahrung: Wir sind nie allein, wir sind Teil einer Familie von Brüdern und Schwestern, die den gleichen Weg gehen: Wir sind Teil der Kirche. ... Ich frage euch: Wollt ihr die Kirche aufbauen? [Ja ...] Wollt ihr euch gegenseitig anspornen, das zu tun? [Ja ...] Und habt ihr morgen dieses Ja, das ihr gesagt habt, wieder vergessen? [Nein ...] So gefällt es mir! Wir sind Teil der Kirche, besser noch, wir werden Erbauer der Kirche und Protagonisten der Geschichte. Liebe Jungen und Mädchen, bitte, hängt euch nicht hinten an den Lauf der Geschichte an. Seid die Vorhut! Spielt im Sturm! Schießt nach vorne! Baut eine bessere Welt auf, eine Welt von Brüdern und Schwestern, eine Welt der Gerechtigkeit, der Liebe, des Friedens, der Brüderlichkeit, der Solidarität! Spielt immer im Sturm!»

Der inoffizielle Höhepunkt ist indes eine improvisierte Begegnung mit mehr als 30 000 jungen Argentiniern, die in und vor der Kathedrale von Rio de Janeiro ausharren. Hier kann Bergoglio wieder seine Sprache sprechen, wie er sie vor Jahren in Buenos Aires gesprochen hat und wo alle ihn verstanden haben. Damals hatte er die Kinder seiner Pfarrei mit dem Wort «Hagamos lío» ermuntert: «Macht Wirbel».[45] Und jetzt?

«Ich möchte euch sagen, welche Wirkung ich vom Weltjugendtag erhoffe: Ich hoffe, dass es Wirbel gibt. Dass es hier drinnen, im Inneren, Wirbel geben wird, ja, den wird es geben. Dass es hier in Rio Wirbel geben wird, ja den wird es geben. Aber ich will, dass ihr auch in den Diözesen Wirbel macht, ich will, dass man hinausgeht ... Ich will, dass die Kirche auf die Straßen hinausgeht, ich will, dass wir standhalten gegen alle Weltlichkeit, Unbeweglichkeit, Bequemlichkeit, gegen den Klerikalismus und alles In-sich-verschlossen-sein. Die Pfarreien, die Schulen, die verschiedenen Einrichtungen sind da, um hinauszugehen ..., wenn sie es nicht tun, werden sie eine NGO, und die Kirche darf nie eine NGO sein. Die Bischöfe und Priester mögen mir verzeihen, wenn einige von hier nachher kommen und Wirbel machen. Es ist ein Rat. Danke für das, was ihr tun könnt.»

Und was sollen die Jungen tun? «Macht Wirbel, sorgt euch um die Gruppen am Rand der Gesellschaft, das heißt um die alten und die jungen Menschen. Lasst euch nicht ausschließen und lasst nicht zu, dass die Alten ausgeschlossen werden. Zweitens: ‹Mixt› nicht den Glauben an Jesus Christus. – Da sind die Seligpreisungen: Was müssen wir tun, Vater? – Schau, lies die Seligpreisungen, die werden dir gut tun. Wenn du dann wissen willst, was du konkret tun musst, lies Matthäus, Kapitel 25. Das ist der Plan, nach dem wir gerichtet werden. Mit diesen beiden Dingen habt ihr den Aktionsplan: die Seligpreisungen und Matthäus 25. Ihr braucht nichts anderes mehr zu lesen. Darum bitte ich euch von ganzem Herzen.»

Wenn einer Wirbel macht, dann der Papst.

Wirklich keine Interviews?

Bilder von den Reisen nach Lampedusa, zum Weltjugendtag nach Rio de Janeiro oder auch einer Reise nach Assisi, dem Geburtsort jenes Mannes, dessen Namen er nun trägt, und zugleich jenem Friedensort, an dem Menschen aller Hautfarben und Religion der Gewalt abschwören und einander im Gebet zugetan sind, gehen um die Welt. Professionell in Szene gesetzt, durch Berichte in Medien jeder Art verstärkt. Franziskus ist nicht nur ein Medienereignis. Wie Papst Johannes Paul II. nimmt er die Medien in Dienst.

Seine Botschaften haben jedoch niemals nur einen Adressaten. Oft sind sie mehrdeutig, manchmal doppelbödig. Zudem entpuppt sich vieles, was scheinbar zufällig daherkommt, bei genauerer Betrachtung als Teil einer Strategie, die Ketten zu sprengen, die das Amt mit sich bringt.

Wie anders hätte Papst Franziskus die Kirche und die Welt wissen lassen können, was er während der Generalkongregation über den Zustand der Kirche gesagt hatte, wenn nicht dadurch, dass ein handgeschriebener Zettel, auf dem er seine kurze Rede skizziert hatte, als Faksimile in einer kubanischen Kirchenzeitung auftaucht und dank des Internets bald jedermann auf der Welt nachlesen kann, was der Papst über den Zustand der Kirche denkt und wie er sie therapieren will?

Alles andere als Zufall ist es auch, dass in Chile das Gedächtnisprotokoll einer Unterredung erscheint, die Franziskus mit einigen Mitgliedern der Konferenz der Ordensoberen Lateinamerikas (CLAR) geführt hat.[46] Vielen im Vatikan gilt diese Vereinigung als suspekt, da tendenziell progressiv. Der Papst scheint ihr noch den Rücken gestärkt zu haben. Mehr noch: Was die Ordensoberen am 6. Juni verstanden haben wollen, ist nachgerade subversiv.[47] Dass ein Papst ihnen sagt, sie möchten mutig neue Wege beschreiten, mag noch angehen. Aber dass er ihnen rät, Interventionen der Kongregation für die Glaubenslehre getrost zu ignorieren, kommt einer Delegitimierung derjenigen Instanz gleich, mit der sich sein Vorgänger Benedikt XVI. über Jahrzehnte identifiziert hatte.

Es kommt der Sommer 2013. Bisher hat der Papst gegenüber «den Medien» sprechen lassen, jetzt spricht er selbst. Er, von dem es in Buenos Aires hieß, er gehe Medien auf jede erdenkliche Weise aus dem Weg, sucht mit einem Mal das direkte Gespräch. Die ersten, die diese Erfahrung machen, sind die Journalisten, die ihn zum Weltjugendtag in Rio de Janeiro begleiten.

Interviews während eines Papstfluges sind nicht ungewöhnlich. Aber sie gehorchten zumeist klaren Regeln. Fragen mussten meistens vorher eingereicht werden, nicht alle wurden beantwortet. Daran scheint sich nichts zu ändern: «Ich gebe wirklich keine Interviews, warum weiß ich nicht, ich kann nicht, das ist so. Es ist für mich etwas anstrengend, das zu tun, aber ich danke für diese Begleitung»,[48] versichert Franziskus während des Hinflugs den annähernd 70 Journalisten, die sich mit ihm in Rom auf den Weg gemacht haben. Eine Botschaft hatte er gleichwohl. Sie handelt von Brot und Arbeit, *pan y trabajo*: «Ein Volk hat eine Zukunft, wenn es mit zwei Dingen vorangeht: mit den jungen Menschen, mit der Kraft, weil sie es tragen, geht es vorwärts; und mit den alten Menschen, weil sie diejenigen sind, die die Lebensweisheit geben ... Stellt euch vor, wir laufen Gefahr, eine Generation zu haben, die keine Arbeit hatte, und der Arbeit entspringt die Würde des Menschen, sich das Brot zu verdienen. Die Jugendlichen sind in diesem Augenblick in einer Krise. Ein wenig sind wir an diese Kultur des Wegwerfens, des Ausgrenzens gewöhnt: mit den alten Menschen geschieht das zu oft! Aber jetzt auch mit diesen vielen jungen Menschen ohne Arbeit, auch bei ihnen kommt die Kultur des Ausgrenzens an. Wir müssen mit dieser Gewohnheit des Ausschließens brechen! Nein! Kultur des Einschließens, Kultur der Begegnung, eine Anstrengung unternehmen, um alle in die Gesellschaft zu bringen!»[49]

Auf dem Rückflug steht Papst Franziskus wieder in der Kabine. Dieses Mal hat er keine Botschaft, sondern lässt sich ebenso unvorbereitet wie ungeschützt zu allem befragen, was die Journalisten interessiert.[50] «Eine Fotografie von Ihnen, wie Sie bei unserer Abreise die Treppe des Flugzeugs hinaufsteigen mit einer schwarzen Tasche in der Hand, ist um die Welt gegangen ... Warum haben Sie Ihre schwarze Tasche getragen und nicht ein Mitarbeiter – und zweitens, ob Sie uns wohl sagen können, was darin war», möchte der italienische *vaticanista* Andrea Tornielli wissen. «Es war nicht der Schlüssel für die Atombombe darin! Nun, ich habe sie getragen, weil ich das immer so getan habe: Wenn ich reise, trage ich sie. Und was ist darin? Der Rasierapparat, das Brevier, der Terminkalender, ein Buch zum Lesen – ich habe eines über die heilige Teresita (Therese von Lisieux) mitgenommen, die ich verehre. Ich bin immer mit der Tasche gegangen, wenn ich reise: Das ist normal ... Wir müssen uns doch daran gewöhnen, normal zu sein.» Die Journalisten wissen nicht, wie ihnen geschieht.

«Haben Sie sich erschrocken, als Sie den Bericht über Vatileaks gesehen haben?», fragt Elisabetta Piqué, die mit Papst Franziskus seit Jahren auf Du und Du ist: «Nein! Ich erzähle dir eine Anekdote zum Vatileaks-Bericht. Als ich Papst Benedikt besucht habe, sind wir, nachdem wir in der Kapelle gebetet hatten, in seinem Büro gewesen, und ich habe eine große Schachtel und einen dicken Briefumschlag gesehen. Benedikt sagte mir: ‹In dieser großen Schachtel sind alle Erklärungen, alles, was die Zeugen ausgesagt haben, alles ist dort. Aber die Zusammenfassung und das abschließende Urteil sind in diesem Umschlag. Und darin heißt es ta-ta-ta …› Er hatte alles im Kopf! Was für eine Intelligenz! Alles aus dem Gedächtnis, alles! – Aber nein, ich habe mich nicht erschrocken, nein. Doch es ist ein gewichtiges Problem!»

Eine Kollegin hakt nach und fragt nach der «lobby gay» im Vatikan. Franziskus geht auch auf diese Frage ein: «Ach, es wird so viel über die Gay-Lobby geschrieben … Bis jetzt bin ich noch niemandem im Vatikan begegnet, der mir seinen Personalausweis gezeigt hat und da steht gay darin. Ja, man sagt, dass es sie gibt. Ich glaube, wenn jemand sich einem solchen Menschen gegenüber sieht, muss er das Faktum, ‹gay› zu sein, von dem Faktum unterscheiden, daraus eine Lobby zu machen. Denn die Lobbies – alle Lobbies – sind nicht gut … Wenn einer gay ist und den Herrn sucht und guten Willen hat – wer bin dann ich, ihn zu verurteilen? Der Katechismus der Katholischen Kirche erklärt das sehr schön. Er sagt – Moment, ich muss nachdenken – wie sagt er? ‹Diese Menschen dürfen nicht an den Rand gedrängt werden, sie müssen in die Gesellschaft integriert werden.› Das Problem liegt nicht darin, diese Neigung zu haben, nein, wir müssen Brüder und Schwestern sein, denn das ist nur ein Problem von vielen. Das eigentliche Problem ist, wenn man aus dieser Neigung eine Lobby macht: Lobby der Geizhälse, Lobby der Politiker, Lobby der Freimaurer – so viele Lobbies. Das ist für mich das schwerwiegendere Problem.»

Das Echo auf die fast einstündige Pressekonferenz in mehr als 9000 Metern Höhe, die Papst Franziskus an Bord des Alitalia-Airbus 340 veranstaltet, hallt noch Monate nach. Denn bald kann man das Gespräch in allen wichtigen Sprachen der Welt auf der Webseite des Vatikans nachlesen – wie im Übrigen nahezu jedes Wort, das der Papst äußert.

Pures Evangelium

Vier Wochen später das zweite Dementi der Aussage, Interviews seien nichts für ihn. Mehrere Zeitschriften des Jesuitenordens, darunter auch die deutschen «Stimmen der Zeit», veröffentlichen ein langes Gespräch mit Antonio Spadaro, dem Chefredakteur der italienischen Jesuitenzeitschrift «Civiltà cattolica». Wieder ist es so, dass denen, die Bergoglio kennen, vieles bekannt vorkommt. Doch viele sind das nicht. Also lässt der Papst wissen, was die vielen wissen sollen, die sich ein halbes Jahr nach seiner Wahl fragen, wer er sei und wohin er die Kirche steuern wolle. Interview-Offensive, Teil zwei.

Spadaro fragt ausführlich nach der Bedeutung dessen, dass Bergoglio ein Jesuit ist. «Welcher Punkt der ignatianischen Spiritualität hilft Ihnen am besten, Ihr Amt zu leben?»[51] Der Papst spricht über die «Unterscheidung der Geister»: «Ich glaube, dass man immer genügend Zeit braucht, um die Grundlagen für eine echte, wirksame Veränderung zu legen. Und das ist die Zeit der Unterscheidung. Manchmal spornt uns die Unterscheidung jedoch dazu an, etwas sofort zu erledigen, was man eigentlich später tun wollte. Und so ist es auch mir in diesen Monaten ergangen. Die Unterscheidung erfolgt immer in der Gegenwart des Herrn, indem wir auf die Zeichen achten, die Dinge, die geschehen, hören, mit den Menschen, besonders mit den Armen, fühlen. Meine Entscheidungen, auch jene, die mit dem normalen Alltagsleben zu tun haben, wie die Benützung eines einfachen Autos, sind an eine geistliche Unterscheidung gebunden, die auf ein Erfordernis antwortet, das durch die Umstände, die Menschen und durch das Lesen der Zeichen der Zeit entsteht. Die Unterscheidung im Herrn leitet mich in meiner Weise des Führens.»

Dann sagt er wieder einen dieser Sätze, die haften bleiben: «Ich sehe ganz klar, dass das, was die Kirche heute braucht, die Fähigkeit ist, die Wunden zu heilen und die Herzen der Menschen zu wärmen – Nähe und Verbundenheit. Ich sehe die Kirche wie ein Feldlazarett nach einer Schlacht. Man muss einen Schwerverwundeten nicht nach Cholesterin oder nach hohem Zucker fragen. Man muss die Wunden heilen. Dann können wir von allem Anderen sprechen. Die Wunden heilen, die Wunden heilen … Man muss unten anfangen.»

Was Franziskus über die Kirche und die Aufgabe der Bischöfe sagt, klingt so, als habe er den Text zur Hand genommen, den er während der Bischofssynode des Jahres 2001 vorgetragen hatte: «Ich träume von einer Kirche als Mutter und als Hirtin. Die Diener der Kirche müssen barmherzig sein, sich der Menschen annehmen, sie begleiten – wie der gute Samariter, der seinen Nächsten wäscht, reinigt, aufhebt. Das ist pures Evangelium. Gott ist größer als die Sünde. Die organisatorischen und strukturellen Reformen sind sekundär, sie kommen danach. Die erste Reform muss die der Einstellung sein. Die Diener des Evangeliums müssen in der Lage sein, die Herzen der Menschen zu erwärmen, in der Nacht mit ihnen zu gehen. Sie müssen ein Gespräch führen und in die Nacht hinabsteigen können, in ihr Dunkel, ohne sich zu verlieren. Das Volk Gottes will Hirten und nicht Funktionäre oder Staatskleriker.»

Wieder kommt das Gespräch auf die vielen «heißen Eisen» in der Kirche: «Wir können uns nicht nur mit der Frage um die Abtreibung befassen, mit Homoehen, mit den Verhütungsmethoden. Das geht nicht. Ich habe nicht viel über diese Sachen gesprochen. Das wurde mir vorgeworfen. Aber wenn man davon spricht, muss man den Kontext beachten. Man kennt ja übrigens die Ansichten der Kirche, und ich bin ein Sohn der Kirche. Aber man muss nicht endlos davon sprechen … Die Lehren der Kirche – dogmatische wie moralische – sind nicht alle gleichwertig. Eine missionarische Seelsorge ist nicht davon besessen, ohne Unterscheidung eine Menge von Lehren aufzudrängen. Eine missionarische Verkündigung konzentriert sich auf das Wesentliche, auf das Nötige. Das ist auch das, was am meisten anzieht, was das Herz glühen lässt – wie bei den Jüngern von Emmaus. Wir müssen also ein neues Gleichgewicht finden, sonst fällt auch das moralische Gebäude der Kirche wie ein

Kartenhaus zusammen, droht, seine Frische und den Geschmack des Evangeliums zu verlieren. Die Verkündigung des Evangeliums muss einfacher sein, tief und ausstrahlend. Aus dieser Verkündigung fließen dann die moralischen Folgen.»

Gott existiert

Wieder vergehen vier Wochen, und wieder erscheint ein langes Gespräch mit Papst Franziskus. Partner der Interview-Offensive Teil drei ist einer der bekanntesten Agnostiker Italiens, der Schriftsteller, Journalist und Sozialist Eugenio Scalfari.[52] Im September war in der von ihm gegründeten Zeitung «La Repubblica» ein Offener Brief des Papstes erschienen, in dem Franziskus zum offenen Gespräch über Fragen des Glaubens einlud. Dieser war eine Reaktion auf Scalfaris ebenfalls öffentliche «Fragen eines Nichtglaubenden an den Jesuitenpapst, der sich Franziskus nennt». Doch warum sich nur Briefe schreiben, anstatt sich in die Augen zu sehen?

Wieder schaut die Welt fast ungläubig auf das, was der Papst gesagt haben soll. «Wenn ich einen Klerikalen vor mir habe, werde ich schnurstracks antiklerikal. Klerikalismus sollte eigentlich nichts mit dem Christentum zu tun haben. Der heilige Paulus, der als Erster zu den Heiden und den Glaubenden anderer Religionen gesprochen hat, hat uns das als Erster gelehrt …»

Oder: «Als mich das Konklave zum Papst wählte, bat ich vor der Annahme (der Wahl) darum, mich für ein paar Minuten in ein Zimmer … zurückzuziehen. Mein Kopf war vollkommen leer, und eine große Furcht hatte mich überkommen. Um sie vorbeigehen zu lassen und mich zu entspannen, habe ich die Augen geschlossen, und jeder Gedanke verschwand – auch der, die Last abzulehnen, wie übrigens die liturgische Prozedur das auch erlaubt. Ich schloss die Augen, und alle Furcht oder Emotionalität war verschwunden. Auf einmal erfüllte mich ein großes Licht – das dauerte nur einen Moment, aber der kam mir sehr lang vor. Dann verlosch das Licht, ich erhob mich und ging in das Zimmer, wo die Kardinäle auf mich warteten und der Tisch, auf dem der Annahme-Akt lag. Ich unterschrieb …»

Und zum Schluss: «Lassen Sie mich etwas fragen: Sie als nicht-glaubender Laie, woran glauben Sie? Sie sind ein Schriftsteller und ein Mann des Denkens. Sie werden also an irgendetwas glauben, Sie werden einen Leitwert haben. Antworten Sie mir nicht mit Worten wie Ehrlichkeit, Suche, Sorge fürs Gemeinwohl … danach frage ich nicht. Ich frage Sie, was Sie von der Essenz der Welt, ja des Universums denken. Sie fragen sich doch sicher wie wir alle, wer wir sind, von woher wir kommen und wohin wir gehen. Selbst ein Kind fragt sich das. Und Sie? – Scalfari: Ich glaube an das Sein, also an das Gewebe, aus dem die Formen hervorkommen. – Und ich glaube an Gott. Nicht an einen katholischen Gott, den gibt es nicht. Gott existiert. Und ich glaube an Jesus Christus, seine Inkarnation … Das ist mein Sein. Kommt es Ihnen so vor, als wären wir weit auseinander?»

Ungläubig schaut allerdings auch der Sprecher von Papst Franziskus, der Jesuit Federico Lombardi. Dieser erfährt von dem Gespräch mit Scalfari erst, als es schon im Druck ist. Unter Papst Franziskus ergeht es ihm hin und wieder noch immer so, wie es ihm unter Papst Benedikt XVI. ergangen war. Der Mann, der für die Kommunikation zuständig ist, erfährt als einer der Letzten und manchmal überhaupt nicht, dass eine Entscheidung bevorsteht oder längst getroffen ist.

Es dauert nicht lange, und das Gespräch mit Scalfari wird von der Website des Vatikans entfernt. Scalfari hatte eingestanden, das Interview aus seiner Erinnerung heraus niedergeschrieben zu haben. Was der Papst wirklich gesagt und was Scalfari ihm in den Mund gelegt hat, wird sich wohl nie mehr präzise rekonstruieren lassen.[53]

Mit dem Scalfari-Interview endet eine Serie «subversiver» Interviews, deren Wirkungsgeschichte im Moment ihrer Veröffentlichung begonnen hat. Das Echo, das diese und jene Formulierung, diese und jene Frage in einem Resonanzraum von globaler Dimension namens katholische Kirche und weit darüber hinaus findet, ist gewaltig. Was immer der Papst damit bezwecken wollte, er hat es erreicht. Die Berichterstattung über sein Pontifikat erreicht nach dem Sommer eine Intensität, die der Aufmerksamkeit während der ersten Wochen kaum nachsteht.

Was noch nicht zu erkennen ist: Waren die ersten Wochen und Monate bis zum Sommer 2013 von Sondierungen geprägt, leiten die Interviews die erste Entscheidungsphase ein. Franziskus nutzt Zeitungen und Zeitschriften nicht nur, um Themen zu setzen, gezielt Fragen aufzuwerfen und Selbstauskünfte zu geben, die er in Meditationen, Predigten oder Ansprachen nicht oder nicht gut hätte platzieren können. Er bereitet die Öffentlichkeit wie die Kirche auf Veränderungen vor, die er vom Herbst an nach und nach ins Werk setzt. Kurz vor der Publikation des Scalfari-Gesprächs hat er die ersten personellen Veränderungen an der Kurie verkündet, bald darauf kommen in Rom die Kardinäle der K-8 zum ersten Mal offiziell zusammen. Die Interview-Phase ist erst einmal zu Ende.

Freilich legt das Scalfari-Gespräch eine weitere Schwachstelle offen. Die Nicht-Befassung Lombardis mit dem Vorgang zeigt, dass sich in der Binnenkommunikation des Vatikans gegenüber den Zeiten Papst Benedikts nicht viel verbessert hat. Wer auch immer jetzt genug hat: Wenige Tage vor dem Weihnachtsfest 2013 ist zu lesen, die Unternehmensberatung McKinsey sei zu Hilfe gerufen worden, um die Kommunikation des Vatikans «effizienter und moderner» zu gestalten. Ein «Gesamtplan zur Organisation der Kommunikationsmittel des Heiligen Stuhls» müsse her, zumal über «eine effizientere Strukturierung der auf mehrere Einrichtungen verteilten vatikanischen Medienarbeit» schon seit längerem nachgedacht werde.[54] Im Juni 2015, nach einer der vielen Sitzungen der im Juli 2014 um Kardinalstaatssekretär Parolin zur K-9 erweiterten Kardinalskommission, zieht Papst Franziskus per Dekret die neun eigenständigen Medieneinrichtungen des Vatikans unter dem Dach eines neuen Kommunikationssekretariates zusammen. An dessen Spitze wird der Chef des Vatikan-Fernsehens, der italienische Geistliche Dario Edoardo Viganò, berufen. Das Ziel der neuen Behörde ist klar: Doppelstrukturen zwischen Radio Vatikan, dem Fernsehen CTV, der Zeitung «Osservatore Romano», dem Rat für soziale Kommunikationsmittel und dem Internetauftritt sollen abgebaut und Synergieeffekte erzeugt werden. Der Weg dorthin liegt im Dunkeln. Für die neue Behörde gibt es im Juni 2015 nicht einmal Statuten, und außer Viganò tummeln sich an deren Spitze drei weitere Kleriker – als gäbe es nicht genügend Laien, die auf diesem Gebiet hinreichend erfahren wären.

6. FINALE

Die Freude des Evangeliums

Im Juni 2013 war das erste Päpstliche Lehrschreiben in der Geschichte der Kirche erschienen, das nicht einen, sondern zwei Verfasser hatte: «Lumen fidei».[1] Als Autoren zeichneten der Papst emeritus Benedikt XVI. und Papst Franziskus.

Im Februar hatte es zu den vielen Ungereimtheiten gehört, dass Benedikt XVI. sein Amt zur Verfügung stellte, ohne die lange geplante und weit gediehene Enzyklika über das Thema «Glaube» veröffentlicht zu haben. Seine erste Enzyklika war der Liebe, der ersten «theologischen Tugend» gewidmet: «Deus caritas est».[2] Das Thema der zweiten Enzyklika war die «Hoffnung»: «Spe salvi».[3] Das von Benedikt ihm Herbst 2012 ausgerufene «Jahr des Glaubens» sollte mit der entsprechenden Enzyklika gekrönt und die Trilogie der theologischen Tugenden abgeschlossen werden. Soweit sollte es nicht mehr kommen.

Franziskus reicht Benedikt die Hand. «Lumen fidei» erscheint unter beider Namen. Von der ersten bis zur letzten Seite trägt es die Handschrift Benedikts.

Vermächtnis zu Lebzeiten

Über den Sommer 2013 arbeitet Franziskus an seinem ersten eigenen Lehrschreiben. Enzyklika will er es nicht nennen, denn formal soll es ein Text sein, der sich an den Vorschlägen der XIII. Generalversammlung der Römischen Bischofssynode aus dem Herbst 2012 orientiert – so wie sich Papst Paul VI. 1975 in seinem Apostolischen Schreiben «Evangelii nuntiandi» an der Bischofssynode des Jahres 1974 orientiert hatte. Dieses Schreiben hat Jorge Mario Bergoglio seit Jahrzehnten begleitet, Paul VI. ihn stärker geprägt als die drei Nachfolger zusammen. Was liegt da näher, als sein erstes Lehrschreiben «Evangelii gaudium» zu nennen – «Die Freude des Evangeliums»?[4] Die Regierungserklärung von Papst Franziskus erscheint unter dem Datum des 24. November 2013, des letzten Sonntags des Kirchenjahres.

Freudig geht es freilich nicht immer zu in dem Text. Mit bitteren Worten klagt der Papst über die Gefühllosigkeit der Welt angesichts des millionenfachen Elends, er denunziert eine «Wirtschaft der Ausschließung», er schreibt als erster Papst über die «Stadtkulturen». Hemmungslos subjektiv spricht er von seinen «Kirchenträumen», verheißt eine Neuausrichtung des Papsttums und verdammt eine übertriebene Zentralisierung der Kirche, revitalisiert die alte Lehre von der Hierarchie der Glaubenswahrheiten, warnt vor der Gefahr, dass die Botschaft ihre Frische und den «Duft des Evangeliums» verliert. Schon immer hatte Bergoglio so gesprochen, 1974 als Provinzial, 1980 als Pfarrer, 1997 als Erzbischof. Das meiste, was auf den ersten Blick als unerhörte Neuerung daherkommt, ist längst gesagt. Aber von Jorge Mario Bergoglio – und nicht von einem Papst.

Es ist nicht irgendein irgendwie sonderbarer Erzbischof, sondern Papst Franziskus, der Sätze wie diese sagt: «Mir ist eine verbeulte Kirche, die verletzt und beschmutzt ist, lieber als eine Kirche, die aufgrund ihrer Verschlossenheit und Bequemlichkeit krank ist, weil sie sich an ihre eigenen Sicherheiten klammert.» (EG 49) Oder: «Der Papst liebt alle, Arme und Reiche, doch im Namen Christi hat er die Pflicht daran zu erinnern, dass die Reichen den Armen helfen, sie achten und fördern müssen.» (EG 58) Oder: «Nein zur spirituellen Weltlichkeit» (EG 95), etwa in Gestalt einer ostentativen Pflege der Liturgie, der Lehre und des Ansehens der Kirche.

310 Abschnitte hat «Evangelii gaudium», subversiv sind mindestens so viele wie meditativ, anklagend oder werbend. Der Text ist eine Summa – und angesichts des hohen Alters von Papst Franziskus fast schon ein Vermächtnis zu Lebzeiten. Am Tag nach seiner Veröffentlichung nehmen alle wichtigen Zeitungen der westlichen Welt von dem Dokument auf der Titelseite ausführlich Notiz – wie überhaupt fast jeder Schritt des Papstes seit dem Tag seiner Wahl zumindest von den westlichen Leitmedien ausführlich verzeichnet wird,

allen voran von der «International New York Times», aber auch der «Financial Times».

Den Anstoß zu einer neuen Debatte im Weltmaßstab über die großen Fragen des 21. Jahrhunderts – eine neue politische Weltordnung, eine nachhaltige und generationengerechte Wirtschaftsweise, Begrenzung der anthropogenen Einflüsse auf das Klima, Bekämpfung der Ursachen von Flucht und Migration, Gewährung von Religionsfreiheit – gibt «Evangelii gaudium» nicht. Warum auch? Die Debatten sind längst im Gang. Jetzt aber bringt sich die katholische Kirche in Gestalt von Papst Franziskus selbst wieder ins Gespräch, und das durchaus parteilich – als Anwalt des Gemeinwohls und derer, deren Stimmen allzu oft überhört werden, bis hin zu denen, die nie eine Stimme haben werden, den ungeborenen Kindern.

Doch so authentisch-sympathisch sich die Parteinahme des Papstes für die «Verdammten dieser Erde» auf den ersten Blick ausnimmt, so schnell erweisen sich seine moralische Intuitionen fast überall dort als auf Sand gebaut, wo es um die Analyse der Ursachen von Armut und Unterentwicklung, von Umweltzerstörung und Klimawandel und die entsprechenden Therapievorschläge geht.

Schon in «Evangelii gaudium» hatte Franziskus mit Sätzen wie «diese Wirtschaft tötet» (EG 53) ein fundamentales Misstrauen gegenüber der westlich-kapitalistischen Marktwirtschaft zu erkennen gegeben. In «Laudato si», der am 18. Juni 2015 in acht Sprachen veröffentlichten Enzyklika «Über die Sorge für das gemeinsame Haus», entpuppt sich dieses Ressentiment als fundamentales Missverständnis dessen, wie Wirtschaft überhaupt funktioniert. Fehlverteilungen und Fehlfunktionen sind für Franziskus nicht Folgen des Marktversagens und mangelnder Regulierung von Märkten, sondern Kennzeichen einer von Konsumismus, Hedonismus und Gier befeuerten kapitalistischen Wirtschaftsweise überhaupt.

Auf welche wissenschaftlichen Einsichten oder Quellen sich der Papst stützt, ist nicht erkennbar – was ihn nicht davon abhält, pseudowissenschaftliche Thesen über den Zusammenhang von Armut und Umweltzerstörung oder über die Notwendigkeit von wirtschaftlicher Rezession in entwickelten Ländern im selben Brustton der Überzeugung vorzutragen wie wissenschaftlich durchaus begründete Thesen über den Zusammenhang zwischen Klimawandel und menschlichem Fehlverhalten.

Auf diesen Alarmruf war es ihm jedoch in erster Linie angekommen: «Laudato si» – so genannt nach den ersten Worten des Schöpfungsgesangs des Heiligen Franziskus – muss im Sommer 2015 erscheinen, um die politischen Debatten zur Vorbereitung des Weltklimagipfels, der im Dezember 2015 in Paris stattfindet, nachhaltig zu beeinflussen. Wie es scheint, verhallt der eindringliche Ruf des Papstes zu klimapolitischer Umkehr nicht ungehört.

Ob Franziskus mit seinen Worten, Gesten, Schritten und Taten den Lauf der Geschichte verändert hat, steht also längst nicht mehr dahin. Denn auch die massive Intervention von Franziskus vor der Entscheidung in den Vereinigten Staaten, in Frankreich und Großbritannien über einen Waffengang gegen den syrischen Massenmörder Bashar al-Assad, der im August 2013 eines der wenigen weltweit geltenden Tabus brach und Chemiewaffen gegen Rebellen und Zivilbevölkerung einsetzte, hat sich als folgenreich erwiesen. Die Mahnungen des Papstes tragen dazu bei, dass der Westen guten Gewissens von einem Angriff auf Assad zurückschreckt. Mord, Folter und Terror gegen die Zivilbevölkerung gehen unvermindert weiter, bald werden Millionen Syrer zu Vertriebenen im eigenen Land oder fliehen, zunächst in die Nachbarländer Türkei, Jordanien und Libanon, dann aber nach Westeuropa, vor allem nach Deutschland.

Von keinem sichtbaren Erfolg gekrönt sind auch die Versuche des Papstes, während und nach seiner Reise nach Jordanien, Palästina und Israel im Mai 2014 den Friedensprozess im Nahen Osten wieder in Gang zu bringen. Zwar folgen der scheidende israelische Präsident Shimon Peres und Palästinenserpräsident Mahmud Abbas bald nach der Rückkehr des Papstes einer Einladung zu einem Friedensgebet, doch Ende September 2015 erklärt Abbas während der UN-Vollversammlung, dass sich seine Regierung wie schon Israel nicht länger an die Vereinbarungen des Osloer Friedensabkommens gebunden fühle.

Ungleich größeren Erfolg haben Papst Franziskus und die Vatikan-Diplomatie mit dem Versuch, zwischen dem seit 1959 kommunistisch beherrschten Kuba und den Vereinigten Staaten zu vermitteln. Nach mehrmonatigen, streng geheimen Gesprächen verkünden beide Länder im Dezember 2014, in absehbarerer Zeit ihre diplomatischen Beziehungen wiederherzustellen.

Präsident Barack Obama sieht sich im republikanisch dominierten Kongress massivem Widerstand ausgesetzt – zumal die kubanische Seite keine Anstalten macht, von ihrer repressiven Politik gegenüber Dissidenten und Menschenrechtsaktivisten wie den «Frauen in Weiß» abzurücken. Auch im Vatikan nimmt man es mit der Achtung der Menschenrechte in dem letzten kommunistisch regierten Land der westlichen Hemisphäre nicht so genau. Während Papst Franziskus Kuba im September 2015 einen dreitägigen Besuch abstattet, lässt das Castro-Regime keine Gelegenheit aus, den Papst für seine Sache in Anspruch zu nehmen. So hatten es zuvor auch die linkspopulistischen Regierungen von Ecuador und Bolivien gehalten, wohin Franziskus im Juli 2015 gefahren war.

Seinerseits tut der Papst nichts, um diese Strategie zu unterlaufen. Von Bolivien aus gehen Bilder um die Welt, die Franziskus mit einem Kruzifix mit Hammer und Sichel zeigen – einem Geschenk des bolivianischen Präsidenten Evo Morales. Zudem erweist sich der Papst zum wiederholten Mal als unerbittlicher Kritiker der Marktwirtschaft. Den Kapitalismus rückt er im bolivianischen Santa Cruz de la Sierra in die Nähe von Teufelswerk und spricht von einer «weichen Diktatur».[5]

Ausfälle dieser Art müssen Raúl Castro und sein Bruder Fidel, die Protagonisten der «harten» Diktatur auf Kuba, nicht befürchten. Statt dessen verhaften und drangsalieren sie unter den Augen der Bevölkerung vor und während des Papstbesuchs mehrere hundert Menschenrechtler. Auf dem Flug von Havanna nach Washington behauptet Papst Franziskus, von alledem nichts erfahren zu haben.

Die meisten anderen Auslandsreisen des Papstes verlaufen in weit ruhigeren Bahnen – wenn sie überhaupt stattfinden. So besucht der Argentinier in den ersten Jahren seines Pontifikates nicht ein einziges Land in Europa, obwohl es an Gelegenheiten und Anlässen nicht mangelt. In Spanien etwa gedenkt man am 28. März 2015 des 500. Geburtstags der Mystikerin und Kirchenlehrerin Teresa von Avila. Allen Einladungen und Bitten zum Trotz, sei es der Spanischen Bischofskonferenz, sei es von König Felipe VI., hält es der Papst für nicht erforderlich, einer der bedeutendsten Frauengestalten die Ehre zu erweisen, die die katholische Kirche je hervorgebracht hat.

In welchen Erfahrungen das offenkundige Ressentiment des Papstes gegen Europa wurzelt, wissen auch diejenigen im Vatikan nicht zu deuten, die ihm wohlgesonnen sind. Dass die katholische Kirche in vielen Ländern Europas personell wie geistig-geistlich ausgezehrt wirkt, taugt nicht als Erklärung. In Lateinamerika ist es vielerorts nicht anders. Gleichwohl wählt der Papst anlässlich seines Besuches des Europäischen Parlaments und der Parlamentarischen Versammlung des Europarates in Straßburg im November 2014 zur Beschreibung des Zustands Europas eine Metapher, die nicht nur Frauen als verletzend empfinden: Einerseits erinnert er an den europäischen Beitrag und die europäische Verantwortung für die «kulturelle Entwicklung der Menschheit», warnt vor einer «Globalisierung der Gleichgültigkeit» und ermuntert dazu, das «große Ideal eines vereinten und friedvollen, kreativen und unternehmungsfreudigen Europas zu verfolgen, das die Rechte achtet und sich der eigenen Pflichten bewusst ist». Andererseits spricht er von einem «Gesamteindruck der Müdigkeit, der Alterung, die Impression eines Europas, das Großmutter und nicht mehr fruchtbar und lebendig ist. Demnach scheinen die großen Ideale, die Europa inspiriert haben, ihre Anziehungskraft verloren zu haben zugunsten von bürokratischen Verwaltungsapparaten seiner Institutionen.»[6]

Von Misstönen dieser Art frei ist seine epochemachende Reise nach Sri Lanka und auf die Philippinen – immerhin die zweite in das fernöstliche Asien innerhalb nur eines Jahres, nachdem Papst Benedikt XVI. es während seines fast achtjährigen Pontifikates nicht ein einziges Mal für nötig befunden hatte, jene Weltregion zu besuchen. Franziskus hingegen setzt große Hoffnungen auf die katholische Kirche in Asien, ganz gleich ob Christen in der Minderheit sind wie in Sri Lanka oder in der erdrückenden Mehrheit wie auf den Philippinen: In Asien liege ihre Zukunft, lässt er den philippinischen Kardinal Luis Antonio Tagle wissen, der seit dem Jahr 2015 nicht nur die Katholischen Bibelföderation leitet, sondern als Nachfolger von Oscar

Palästinenserpräsident Mahmud Abbas und Papst Franziskus unweit der israelischen Grenzanlagen in Bethlehem, 22. Mai 2014.

Andrés Kardinal Rodríguez Maradiaga auch das Amt des Präsidenten von Caritas internationalis bekleidet. Orte des Leidens «seien das Gravitationszentrum des Lebens und des Nachdenkens der Kirche geworden», so lässt sich Tagle zitieren.[7] Die Worte könnten auch von Papst Franziskus stammen.

Wie schon in Südkorea, so trifft Franziskus in Sri Lanka und auf den Philippinen auf ebenso junge wie arme Kirchen, in deren Gemeinden die politischen, wirtschaftlichen und auch ökologischen

Krisen dieser Weltregion mit Händen zu greifen sind. Auf entsprechend fruchtbaren Boden fallen die Aufrufe des Papstes zu Frieden und Aussöhnung zwischen den Völkern, aber auch zu Kampf gegen Korruption und einem Ende des Raubbaus an den natürlichen Lebensgrundlagen der Menschheit.

Höhepunkt der fast einwöchigen Reise nach Fernost ist der Abschlussgottesdienst in der philippinischen Hauptstadt Manila. Mehr als sechs Millionen Menschen strömen zusammen, um mit Papst Franziskus die Eucharistie zu feiern – eine geradezu welthistorische Zahl. Als womöglich ebenfalls historisch könnte sich der Umstand erweisen, dass Papst Franziskus seinen Asien-Besuch an der Seite von Kardinal Tagle unternimmt. Diesem ungemein charismatischen Geistlichen philippinisch-chinesischer Abstammung traut Franziskus mehr als allen anderen Mitgliedern des Kardinalskollegiums zu, dereinst seine Nachfolge anzutreten

Turnaround CEO Francis

Gewiss ist drei Jahre nach dem Beginn des Pontifikates von Franziskus dieses: Der Papst vom Ende der Welt hat einer Kirche in der Krise wieder Selbstvertrauen und Zuversicht vermittelt.

In Business-Schools würden den Studenten regelmäßig die großen «turnaround CEOs» vorgestellt, hieß es schon am 19. April 2014 unter der Überschrift «The Francis effect» in einer weltweit renommierten Zeitschrift, dem «Economist»: Jetzt müsse die Harvard Business School nach Lou Gerstner von IBM, Sergio Marchionne von Fiat oder Steve Jobs von Apple eine neue Fallstudie in den Lehrplan aufnehmen: Jorge Bergoglio, den Mann, der innerhalb kaum eines Jahres die Marke «RC global» neu positioniert habe.

Als Bergoglio im Jahr 2013 sein erstes Osterfest als CEO gefeiert habe, stand das älteste multinationale Unternehmen der Welt am Abgrund. In den Schwellenmärkten verlor es Marktanteile an Wettbewerber aus dem Bereich der Pfingstkirchen, gerade auch in Lateinamerika, wo Franziskus die argentinische Filiale geleitet hatte. In den traditionellen Märkten hätten Skandale die Kundschaft abgeschreckt und die Mitarbeiter demoralisiert. Neueinstellungen gebe es kaum, trotz der Aussicht auf ein Beschäftigungsverhältnis auf Lebenszeit. Auch die Finanzen des Unternehmens waren in Unordnung, die Vatikanbank ausweichlich von Dokumenten, die an die Öffentlichkeit gelangt waren, ein Sumpf aus Korruption und Inkompetenz. Hinzu kamen ein zerstrittener und inkompetenter Unternehmensvorstand und der Rücktritt des Vorgängers Benedikt. Dieser sei von Gerüchten begleitet gewesen, der Gründer und Vorsitzende des Unternehmens habe interveniert: ein älterer, bärtiger Herr, dessen Porträt in der «Sixtina» genannten Chefetage hänge, aber nur selten zu sehen sei.

Warum die Zustimmungsrate nur ein Jahr später unter den im Allgemeinen nicht unkritischen amerikanischen Katholiken 85 Prozent betrage und Mitarbeiter von einem Franziskus-Effekt sprächen, liegt für den «Economist» auf der Hand. Im Wesentlichen habe der Papst drei grundlegende Managementprinzipien beherzigt. Das erste, eine klassische Lektion in Sachen Kernkompetenz: «Franziskus hat seine Organisation auf ihr eigentliches Unternehmensziel refokussiert: Hilfe für die Armen.»

In einer seiner ersten Entscheidungen habe er das päpstliche Appartement ausgeschlagen und mit einem Gästehaus vorlieb genommen, das er mit 50 anderen Priestern und erschöpften Besuchern teile. Sein Name sei der eines Heiligen, der dafür bekannt sei, sich um die Armen und Tiere gekümmert zu haben. Zwölf Insassen eines Jugendgefängnisses wurden die Füße gewaschen und geküsst. Außerdem verschmähe er die pelzbesetzten purpurfarbenen Schulterumhänge, die die Päpste seit der Renaissance getragen hätten, ziehe den roten Schuhen seines Vorgängers schlichte schwarze vor und strafe seinen hochgerüsteten Mercedes zu Gunsten eines klapprigen Fords mit Nichtachtung: «Dieser neue Fokus hat es der Gesellschaft ermöglicht, weniger Ressourcen auf nebensächliche Aktivitäten zu verschwenden, etwa auf Debatten über Lehrfragen oder die Aufführung ausgefeilter Zeremonien. Die ‹Armut-zuerst-Strategie› richtet sich auch auf die Schwellenmärkte, wo das Wachstumspotenzial am größten, aber der Wettbewerb am härtesten ist.»

Der «turnaround», so der Autor, wird flankiert durch zwei «management tools». Der erste: Neupositionierung der Marke. Traditionelle Lehren, etwa über Abtreibung oder Homo-Ehe, würden nicht aufgegeben, aber in einer weniger zensierenden Art vorgetragen als es bei seinen Vorgängern der Fall war. Der zweite: Umstrukturierung. Franziskus habe eine Gruppe von acht Kardinälen damit beauftragt, die Organisationsstruktur der Kirche zu durchleuchten, Unternehmensberatungen sollten die Verwaltung und die Vatikanbank auf Vordermann bringen.

«Wird die Strategie funktionieren?» Die üblichen Kritiker hielten das alles für Nebelkerzen und Spiegelfechtereien. Andere seien der Auffassung, dass es ohne grundlegendere Veränderungen nicht getan sei, vor allem nicht ohne eine stärkere Beteiligung von Frauen. Analysten deuteten das Fehlen von Plagen wie Heuschrecken und Fröschen als Zustimmung; andere verwiesen darauf, dass die Wege von Ihm unerforschlich seien.

Die Kinder von San Miguel wussten längst, dass mit dem Mann, der am 13. März 2013 auf die Benediktionsloggia des Petersdomes trat, zu rechnen sei. Das businessenglische «turnaround» kennen sie als *Hagamos lío*.

CODA

Dank

Vieles musste zusammenkommen, damit dieses Buch entstehen konnte: der Anstoß von Dr. Detlef Felken, das Placet meiner Herausgeber Dr. Günther Nonnenmacher und Berthold Kohler, die liebevolle Ermutigung durch meine Frau Ursula Kaul, die Anteilnahme von nah und fern unserer Kinder Teresa, Johanna, Maria, Tilman, Jakob und Hedwig. Danke.

Viele Personen und Persönlichkeiten haben mir über Jahre hinweg ihre Zeit geschenkt, viele ihr Herz geöffnet und mir die Augen. Die meisten möchten ihren Namen in diesem Buch nicht lesen. Ich möchte hoffen, das Vertrauen nicht enttäuscht zu haben. Danke.

Gewidmet sei das Buch meinen Eltern Hans und Marie-Therese Deckers. «Tue recht und scheue niemanden.» Danke.

Anmerkungen

OUVERTÜRE
Baue meine Kirche wieder auf

1 Gianluigi Nuzzi, Seine Heiligkeit. Die geheimen Briefe aus dem Schreibtisch von Papst Benedikt XVI., München 2012. (it: Sua Santità, Mailand 2012.)

2 Benedikt XVI. Declaratio; http://www.vatican.va/holy_father/benedict_xvi/speeches/2013/february/documents/hf_ben-xvi_spe_20130211_declaratio_ge.html. Soweit nicht anders vermerkt, werden Äußerungen von Papst Benedikt XVI. und Papst Franziskus nach dem deutschen Wortlaut zitiert, der unter www.vatican.va dokumentiert ist. Korrekturen des Verfassers nach dem jeweiligen Originaltext werden nicht eigens ausgewiesen.

3 CIC/1983 Can. 332 § 2.

4 Evangelina Himitian, Francisco. El Papa de la Gente, Madrid 2013.

5 Paul Vallely, Pope Francis. Untying the knots, London 2013.

6 Elisabetta Piqué, Francisco. Vida y Revolución, Buenos Aires 2013.

7 http://www.arzbaires.org.ar/inicio/homiliasbergoglio.html – Año 2013.

8 Als Einführungen in die Geschichte Argentiniens empfehlen sich: Michael Riekenberg, Kleine Geschichte Argentiniens, München 2009; Peter Waldmann, Argentinien. Schwellenland auf Dauer, Hamburg 2010; Sandra Carreras/Barbara Potthast, Eine kleine Geschichte Argentiniens, Berlin 2010; Nikolaus Werz, Argentinien, Schwalbach/Ts. 2012.

9 Pablo Alabarces, Für Messi sterben? Der Fußball und die Erfindung der argentinischen Nation, Berlin 2010, 50 f.

10 Vgl. die nicht minder kritische Außensicht von Waldmann 2010, Kap. 6 Mentale Muster und Grundeinstellungen, darin: Identitätsprobleme – Der Staat als Ausbeutungsobjekt – Regelsprengender Individualismus – Fehlen einer nationalen Entwicklungsstrategie.

11 Sergio Rubin/Francesca Ambrogetti, Papst Franziskus. Mein Leben, mein Weg, Freiburg i. Br. 2013 (Originalausgabe: El Jesuita. Conversaciones con el Cardinal Jorge Mario Bergoglio s. j., Buenos Aires 2010). Sigel im Text RA. Korrekturen der deutschen Übersetzung nach dem spanischen Original werden nicht eigens ausgewiesen.

12 Jorge Mario Bergoglio/Abraham Skorka, Über Himmel und Erde, München 2013, 135; 234. (Originalausgabe: Sobre el Cielo y la Tierra, Buenos Aires 2010). Sigel im Text BS.

13 Benedikt XVI., Eröffnungssitzung der V. Generalkonferenz der Bischofskonferenzen von Lateinamerika und der Karibik, http://www.vatican.va/holy_fa-

ther/benedict_xvi/speeches/2007/may/documents/hf_ben-xvi_spe_
20070513_conference-aparecida_ge.html

14 Apertura de la Congregación Provincial XV (8-2-1978), in: Jorge Mario Bergo-
glio/Papa Francisco, Meditaciones para Religiosos, Bilbao 2014 (Erstveröffentlichung San Miguel 1982), 52.

15 Apertura de la Congregación Provincial XIV (18-2-1974), in: ebd., 47.

16 In einem voluminösen Buch, das im Januar 2008 im Verlag der Vatikanbuch-
handlung über Aparecida erscheint, sucht man einen Artikel aus der Feder
Bergoglios, der Schlüsselfigur der Versammlung, vergebens.

17 Vgl. Daniel Deckers, Der Kardinal. Karl Lehmann – Eine Biographie, München
2002.

18 Vgl. Walter Kasper/Daniel Deckers, Wo das Herz des Glaubens schlägt. Die
Erfahrung eines Lebens, Freiburg i. Br. 2008.

19 Jeffrey Klaiber, Los Jesuitas en América Latina, 1529–2000, Lima 2007, 327: «…
Bergoglio ejerció una influencia decisiva sobre la provincia al reforzar valores y
estilos prevaticanos. Como consecuencia, durante esos años la provincia argentina no marchó en unión con el resto de la Compañía de Jesús en América
Latina.»

20 Vallely 2013.

21 Andreas R. Batlogg/Niklaus Kuster, Franziskus. Der neue Papst und sein Vorbild, München 2013.

1. KAPITEL
Von den Schiffen

1 Bergoglio 1990. http://www.osservatoreromano.va/es/news/historia-de-una-
vocacion#.U4Hv-pWKCUk. Es handelt sich um einen maschinenschriftlichen
Brief Bergoglios aus dem Bestand des Historischen Archivs des Salesianeror-
dens. Bergoglio schreibt ihn am 20. Oktober 1990 aus seinem «Exil» in Córdoba
an den Salesianer Cayetano Bruno.

2 Werz 2012, 18

3 Ebd. 21.

4 Ebd. 23.

5 Bergoglio 1990, 2.

6 Ebd.

7 Carreras/Potthast 2010, 263 f.

8 Vgl. Das Manifest von Córdoba. Die argentinische Jugend von Córdoba an die
freien Menschen Südamerikas, in: Angel Rama (Hg.), Der lange Kampf Lateinamerikas. Texte und Dokumente von José Marti bis Salvador Allende, Frankfurt
a. M. 1982, 173–192.

9 Vgl. Víctor Raúl Haya de la Torre, Was ist die A.P.R.A.?, in: Rama 1982, 193–
199.

10 Bruno Groppo, Arbeiterbewegungen im Schatten des Peronismus. Soziale Bewegungen in Argentinien, in: Jürgen Mittag/Georg Ismar, El pueblo unido?

Soziale Bewegungen und politischer Protest in der Geschichte Lateinamerikas, Münster 2009, 255–277, 255 ff.

11 Lila M. Caimari, Perón y La Iglesia Católica. Religión, Estado y Sociedad en la Argentina (1943–1955), Buenos Aires 1995, 41 f.

12 Carreras/Potthast 2010, 164 f.

13 Alabarces 2010, 62 f.

14 Caimari 2005, 61.

15 Bergoglio 1990, 2.

16 Caimari 2005. 62.

17 Carreras/Potthast 2010, 167.

18 Alabarces 2010, 48 ff.

19 Alejandro Bermúdez, Pope Francis: Our Brother, our Friend. San Francisco 2013, 131 f. Sigel im Text B.

20 Caimari 2005, 61.

21 Zur «urbanen Moderne» vgl. Riekenberg 1999, 126 ff.

22 Alabarces 2010, 49.

23 Himitian 2013, 26 f.

24 Vgl. Javier Cámara/Sebastián Pfaffen, Darlo todo, Darse todo. Relato biográfico del Papa Francisco, Madrid 2015, 39.

25 Ebd., 29.

26 Zur der Antinomie «Gauchos und Kreolen» vgl. Alabarces 2010, 39 ff. und Riekenberg 2009,128 ff.

27 Vgl. Juan Domingo Perón, Wir arbeiten für alle Argentinier. Botschaft an die Arbeiter am 1. Mai 1944, in: Rama 1982, 270–278.

28 Ausführlich Caimari 1995, 57 ff.

29 Ebd. 146 ff.

30 Ebd. 142.

31 Vgl. Klaiber 2007, 247 f.

32 Cámara/Pfaffen, 40.

33 Ebd.

34 Vgl. Carreras/Potthast 2010, 185 f.

35 Waldmann 2010, 73 ff.

36 Caimari 1995, 189.

37 Vgl. Klaiber 2007, 247 f.

38 Vgl. als «Spätwerk» Raúl Prebisch, Die lateinamerikanische Peripherie im globalen System des Kapitalismus, in: Rama 1982, 396–411.

39 Ein Jahr später findet dieses Massaker, das unter dem Namen des Ortes José León Suárez (Provinz Buenos Aires) bekannt wird, seinen literarischen Niederschlag in dem für den «new journalism» wegweisenden dokumentarischen Roman «Operación Masacre» von Rodolfo Walsh. Dieser wird ein Jahr nach Militärputsch 1977 auf offener Straße von Soldaten erschossen.

2. KAPITEL
Es hat mich getroffen

1 Piqué 2013, 62.

2 Bergoglio 1990, 3.

3 Über die Entstehung des Buches gibt Francesca Ambrogetti im Jahr 2013 Auskunft in Alejandro Bermúdez, Pope Francis: Our Brother, our Friend. San Francisco 2013, 99–112.

4 Über die Entstehung des Buches «Über Himmel und Erde» berichtet Skorka in Bermúdez 2013, 116 f.

5 Bergoglio 1990, 4 f.

6 Vgl. Carmelo Juan Giaquinta, La Facultad de Teología «La Inmuculada Concepción», in: Virginia Azcuy et al., Lucio Gera, Escritos Teológico-Pastorales de Lucio Gera, Vol. 1, 1956–1981, Buenos Aires 2006, 179–192. Der zweite Band der Theologisch-pastoralen Schriften umfasst die Jahre 1982 bis 2007 und erschien in Buenos Aires 2007 (Azcuy 2007).

7 Klaiber 2007, 388 ff.

8 Bergoglio 1990, 5.

9 Eine detailverliebte Schilderung der Novizatszeit bieten Cámara/Pfaffen, 55–123.

10 http://www.stimmen-der-zeit.de/zeitschrift/online_exklusiv/details_html?k_beitrag=3906412

11 http://w2.vatican.va/content/francesco/de/speeches/2013/june/documents/papa-francesco_20130607_scuole-gesuiti.html; die Episode spielt wohl im Jahr 1968, womöglich angeregt durch einen Besuch des Generaloberen der Jesuiten, Pedro Arrupe, in Argentinien.

12 Bergoglio 1992, 20.

13 Klaiber 2007, 107–154.; siehe auch Mariano Delgado, Gott in Lateinamerika. Texte aus fünf Jahrhunderten. Ein Lesebuch zur Geschichte, Düsseldorf 1991, XIV. Gottesstaat auf Erden, 292–307.

14 Vgl. Klaiber 2007, 246 f.

15 http://www.latercera.com/noticia/mundo/2013/03/678-513790-9-la-casona-donde-ber

16 Piqué 2013, 67

17 Bergoglio 1990, 5.

18 Ebd.

19 Piqué 2013, 69.

20 http://www.laciviltacattolica.it/it/quaderni/articolo/3343/j-m-bergoglio,-il-»maestrillo«-creativo-intervista-allalunno-jorge-milia

21 Piqué 2013, 72.

22 Henri de Lubac, Die Kirche. Eine Betrachtung, Einsiedeln 1968, 339.

23 Ebd. Das Zitat stammt aus A. Valensin, Le Sourire de Léonard da Vinci, in: Etudes 271 (1952), 47.

24 http://www.clarin.com/mundo/Texto-manuscrito-entregado-Bergoglio-Ortega_0_889711208.html

25 EN 93.

26 De Lubac 1968, Vorbemerkung.

27 http://www.episcopado.org/portal/2000–2009/doc_download/43-1966-de-claracion-pastoral-del-espiscopado-argentino-la-iglesia-en-el-periodo-posconciliar.html

28 Deckers 2002, 169–181.

29 Sebastián Politi, Teología del Pueblo. Una propuesta argentina a la Teología Latinoamericana, in: Nuevo Mundo. Revista de Teología Latinoamericana, 1992, Nr. 43/44, 1–359, hier, 185 ff.; Juan Carlos Scannone, La Teología argentina del Pueblo y la Pastoral del Papa Francisco, MS 2014, 2 ff. Eine Sammlung kurzer Texte Angelellis aus den Jahren 1965–1970 findet sich bei Azcuy 2006, 195–201.

30 Vgl. die Sammlung kurzer Texte von Schwester Laura Renard bei Azcuy 2006, 207–218.

31 Zur Biographie vgl. Virginia Azcuy, Una Biografía Teológica de Lucio Gera, in: Azcuy 2006, 23–59;, Ricardo Ferrara/Carlos M. Galli, Presente y futuro de la teológia en Argentina (Homenaje a Lucio Gera), Buenos Aires 1997 (Bibliographie 1013–1930). Auf deutsch liegen nur vor: Lucio Gera, Evangelisierung und Förderung des Menschen, in: Peter Hünermann/Juan Carlos Scannone (Hg.), Lateinamerika und die katholische Soziallehre: ein deutsch-lateinamerikanisches Dialogprogramm, Teil 1: Wissenschaft, kulturelle Praxis, Evangelisierung, Mainz 1989, 245–299; Margit Eckholt, « … bei mir erwächst die Theologie aus der Pastoral». Lucio Gera – ein «Lehrer in Theologie» von Papst Franziskus, in: Stimmen der Zeit Heft 3/März 2014, 157–172.

32 Siehe die bei Azcuy 2006 versammelten Texte aus den Jahren 1956–1962, vor allem «Reflexión sobre Iglesia, burguesía y clase obrera» (103–112).

33 Vgl. die kurze Sammlung von Texten Pironios bei Azcuy 2006, 201–207 und 474–481.

34 Carmelo Giaquinta, Rasgos para una semblanza teológica, in: Ferrara/Galli 1997, 60–68, hier 63 f.

35 Einige kurze Texte Tellos finden sich bei Azcuy 2006, 481–489.

36 Vgl. José Pablo Martín, El Movimiento de Sacerdotes para el Tercer Mundo, in: Nuevo Mundo. Revista de Teología Latinoamericana 1991, Nr. 41/42, 1–317; Politi, 141 ff.; vgl. Lucio Gera, Reflexión, in: Azcuy 2006, 579–604.

37 http://de.scribd.com/doc/95815931/Palabras-del-Cardenal-Bergoglio-en-la-presentacion-de-libro-sobre-el-padre-Tello

38 Vgl. Politi, 73 ff.; einige kurze Texte finden sich bei Azcuy 2006, 471–471.

39 Ebd. 191 f.

40 Vgl. auch Jorge R. Seibold, Solidarität: Ihre Problematik im Ausgang vom kulturellen Ethos Argentiniens, in: Peter Hünermann/Juan Carlos Scannone, Lateinamerika und die katholische Soziallehre: ein deutsch-lateinamerikanisches Dialogprogramm, Band 3: Demokratie, Mainz 1993, 165–196.

41 Vgl. Lateinamerikanische Bischofskonferenz: Botschaft an die Völker Lateinamerikas, in: Rama 1982, 354–361.

42 Vgl. Gerardo T. Farrell, Die historische Entwicklung der katholischen Soziallehre im päpstlichen und lateinamerikanischen Lehramt, in: Peter Hünermann/Juan Carlos Scannone (Hg.), Lateinamerika und die katholische Soziallehre: ein deutsch-lateinamerikanisches Dialogprogramm, Teil 1: Wissenschaft, kulturelle Praxis, Evangelisierung, Mainz 1989, 19–50.

43 http://www.vatican.va/roman_curia/congregations/cfaith/cti_documents/rc_cti_index-members_ge.html#Primo quinquennios

44 http://blog.pucp.edu.pe/media/3860/20130326-jbergoglio_libro_pobres_fe.pdf.

45 Enrique C. Bianchi, Pobres en este mundo, ricos en la fe. La fe de los pobres de América Latina según Rafael Tello, Buenos Aires, 2012.

46 http://blog.pucp.edu.pe/media/3860/20130326-jbergoglio_libro_pobres_fe.pdf.

47 Ernesto Guevara, Der Mensch und der Sozialismus in Kuba (März 1965), in: Rama 1982, 335–353, hier 335.

48 http://www.episcopado.org/portal/2000–2009/doc_download/44-1967-declaracion-pastoral-del-episcopado-argentino.html

49 Ebd.

50 http://www.episcopado.org/portal/2000–2009/doc_download/52-1969-documento-de-san-miguel-declaracion-del-episcopado-argentino.html

51 Carreras/Potthast 2010, 211.

52 Nello Scavo, Bergoglios Liste. Papst Franziskus und die argentinische Militärdiktatur. Eine Geschichte von verschwundenen Menschen und geretteten Leben. Mit einem Vorwort von Adolfo Pérez Esquivel, Freiburg i. Br. 2014 (it. La Lista de Bergoglio, Bologna 2013).

53 Maria Agudelo et. al., Fe cristiana y cambio social en America Latina, Salamanca 1973.

54 Gera 1989.

55 Vgl. Carlos M. Galli, Die städtische Volksreligiosität vor den Herausforderungen der Modernität, in: Hünermann/Scannone 1989, 301–335.

56 http://www.vatican.va/roman_curia/congregations/cfaith/documents/rc_con_cfaith_doc_19840806_theology-liberation_en.html

57 Scannone hatte sie erstmals 1982 entwickelt in: ders., La teología de la liberación. Características, corrientes, etapas», Stromata 48 (1982), 3–40

58 Vgl. auch Juan Carlos Scannone, Los aportes de Lucio Gera a la Teología en perspectiva latinoamericana, in: Azcuy 2006, 455–459.

59 Bergoglio 2014/1982, 21.

3. KAPITEL
Soldat in der Schule des Volkes

1 Klaiber 2007, 294 f.

2 Bergoglio 2014/1982, 20.

3 Himitian 2013, 63.

4 Ebd. 89 ff.

5 Ein Zeitzeuge spricht in Scavo 2014 von der *Universidad del Salvador* als «von der einzigen Hochschule von Buenos Aires, an der Dissidenten studieren konnten» (74).

6 Vgl. Piqué 2013, 87 ff.

7 Vgl. ebd. 2013, 87.

8 Bergoglio 1990, 4.

9 Bergoglio 2014/1982, 92.

10 Alberto Methol Ferré/Alver Metalli, El Papa y el Filósofo, Buenos Aires 2013, 23.

11 Carreras/Potthast 2010, 212 f.

12 Ebd., 214.

13 Vgl. Jeffrey Klaiber, The Church, Dictatorships, and Democracy in Latin America, Maryknoll 1998, 72 f.

14 http://www.lanacion.com.ar/156573-los-restos-del-padre-mugica-llegan-a-la-villa; Eine «säkulare», aber um so lesenswertere Schilderung des Wirkens des fanatischen Peronisten Carlos Mugica hat der Literaturnobelpreisträger des Jahres 2001, V. S. Naipaul, nach seinem ersten Besuch in Argentinien im Jahr 1972 überliefert. V. S. Naipaul, Amerika. Lektionen einer neuen Welt, München 2003, 86 ff.

15 Emilio Mignone, Iglesia y Dictadura. El papel de la Iglesia a la luz de sus relaciones con el régimen militar, 3. Auflage, Buenos Aires 2013 (Erstausgabe 1986), 28 f.

16 Vgl. Klaiber 1998, 42–65.

17 Ebd., 20–41.

18 Vgl. Mignone 2013/1986, 81–99.

19 Zu einem gegenteiligen Urteil kommt Mignone 2013/1986, 49–79. Weitaus kritischer urteilt auch Klaiber 2007, 66–91: «From all this it clearly can be affirmed that the bishops did try to call the attention of the military, both in writing and in person, to its acts. Furthermore, there were cases in which the opportune intervention of the bishops probably saved some lives. But the criticism leveled at the hierarchy resides in the fact that it did not take a clear and decisive public stand in the defense of human rights. Furthermore, at times their words contradicted their actions.» (80)

20 CONADEP 1984, Capitulo II. Víctimas. E. Religiosos. Der Bericht ist abrufbar unter http://www.desaparecidos.org/nuncamas/web/index.htm

21 Horacio Verbitsky, ein unerbittlicher publizistischer Gegner Bergoglios, hatte im Juli 2005 in der Kirchner-nahen Zeitung «Paginas 12» die Einleitung eines Seligsprechungsprozesses der ermordeten Pallottiner als Schachzug Bergoglios dargestellt, um seine eigene Geschichte weißzuwaschen und sich als Nachfolger Benedikts ins Spiel zu bringen. http://www.pagina12.com.ar/diario/elpais/1-54434-2005-07-31.html

22 Vgl. auch Scavo 2014, 106–121.

23 Himitian 2013, 303. Bergoglios Datierung des Anrufs stimmt nicht mit der Chronologie der Ereignisse überein.

24 Einer der wenigen Bischöfe, die öffentlich an dem «Unfalltod» Angelellis zweifeln, stirbt ein Jahr später ebenfalls bei einem Autounfall: Carlos Ponce de León, Bischof von San Nicolás. (Klaiber 1998, 82 f.) Im Juli 2014 werden zwei ehemals ranghohe Militärs wegen Mordes an Angelelli zu lebenslangen Freiheitsstrafen verurteilt.

25 Ebd.

26 Vgl. Scavo 2014.

27 http://www.lanacion.com.ar/829155-la-iglesia-reivindico-al-obispo-angelelli.

28 Vgl. die Geschichte des uruguayischen Gewerkschafters Eduardo Mosca bei Scavo 2014, 57–65.

29 http://www.theguardian.com/world/2013/mar/14/pope-francis-argentina-military-junta. Himitian 2013, 85 datiert den Anruf auf die Zeit kurz nach dem Verschwinden der Tochter.

30 CONADEP 1984. Über die Rolle des Fregattenkapitäns Alfredo Astíz alias Gustavo Niño der bei «Liquidierung» der Gruppe von Santa Cruz siehe Scavo 2014, 31–36.

31 Anm. 29.

32 http://www.pagina12.com.ar/diario/elpais/1-154782-2010-10-12.tml.

33 http://www.youtube.com/watch?v=kaYF7OMIS2A.

34 Urteil im ESMA-Prozeß vom 28. Dezember 2011, 746–748.. http://www.espaciomemoria.ar/megacausa_documentacion.php?cabezal=megacausa&barra=me gacausa; An der Chronologie der Ereignisse sind Zweifel angebracht. Das Jahr 1971 verbringt Bergoglio weitgehend, wenn nicht ganz in Spanien. Ob er dem Provinzkonsult angehört hat, wie Yorio behauptet, ist wie vieles andere in Akten niederlegt, die auf Jahrzehnte hin nicht für die Öffentlichkeit bestimmt sind.

35 Piqué 2013, 91.

36 Die ins Deutsche übersetzte Niederschrift der «Befragung von Kardinal Bergoglio im Rahmen des ‹ESMA-Prozesses› 2010» bildet den Schluss von Scavos «Bergoglios Liste», 163–211.

37 Urteil im ESMA-Prozeß, 743 f.

38 Franz Jalics, Kontemplative Exerzitien. Eine Einführung in die kontemplative Lebenshaltung und in das Jesusgebet, Würzburg 1994, 303.

39 http://www.pagina12.com.ar/diario/elpais/1-215961-2013-03-17.html

40 CONADEP 1984.

41 http://www.jesuiten.org/aktuelles/details/article/erklarung-von-pater-franz-jalics-sj.html.

42 http://www.jesuiten.org/aktuelles/details/article/erganzende-erklarung-von-pater-franz-jalics-sj.html; Verbitsky vermerkt die Abkehr seines Kronzeugen für die Komplizenschaft Bergoglios mit den Militärs äußerst ungnädig. http://www.pagina12.com.ar/diario/elpais/1-216255- 2013-03-21.html

43 http://www.pagina12.com.ar/imprimir/diario/elpaisll-2l5796-2013-03-l4.html;

44 http://www.bbc.co.uk/mundo/ultimas_noticias/2013/03/130314_ultnot_perez_esquivel_papa.shtml.; vgl. auch das Vorwort Pérez Esquivels zu Nello Scavos «Bergoglios Liste», 9–18.

45 Was den unerbittlichen Bergoglio-Gegner Horacio Verbitsky veranlasst, den Friedensnobelpreisträger zu beschimpfen, der seine unfehlbaren Darlegungen über die Komplizenschaft Bergoglios mit den Militärs in Zweifel gezogen hatte. http://www.pagina12.com.ar/diario/elpais/ 1-216484-2013-03-24.html

46 Himitian 2013, 299–302; siehe auch das Oliveira gewidmete Kapitel in Scavo 2014, 66–72.

47 Siehe jetzt noch einmal Scavo 2014, 52–54.

48 Mignone 2013/1986, 159 f.

49 Klaiber 1997, 328 berichtet, dass im Jahr 1974 der argentinische Jesuit Juan Luis Moyano von argentinischen Militärs festgenommen und nach drei Monaten außer Landes gebracht wurde. In Peru habe dieser daraufhin in einem Armenviertel der Hafenstadt Ilo gearbeitet und sei 1991 von dem Generaloberen der Jesuiten, Kolvenbach, zum Sozius des argentinischen Provinzials ernannt worden. In der biographischen Literatur über Bergoglio sowie in seinen Selbstzeugnissen werden diese Begebenheiten nicht erwähnt. Klaiber interpretiert diese Ernennung als klares Zeichen des Ordensgenerals, das er der argentinischen Provinz eine andere Ausrichtung geben wollte. Im ESMA-Prozess des Jahres 2010 wird Bergoglio jedoch nach dem Jesuiten gefragt: «In Mendoza ist mit einem anderen Jesuiten genau dasselbe passiert, Juan Luis Moyano, der … aber das war vor der Diktatur … da fanden wir sofort heraus, wo er festgehalten wurde. Wir erhielten die Möglichkeit, ihn außer Landes zu schaffen, und er ging nach Deutschland, um dort sein Studium abzuschließen. Er … geriet in eine Razzia unter Katecheten.» (Zitiert nach Scavo 2014, 204.)

50 Carreras/Potthast 2010, 223.

51 Politi 1992, 304–316.

52 In Argentinien liegt EN seit 1978 in einer kommentierten Ausgabe vor, an der Lucio Gera und Gerardo T. Farrell mitgewirkt haben. Vgl. Comentarios introductórios a los capítulos de la Evangelii nuntiandi, in: Azcuy 2006, 745–814.

53 Bergoglio 2014/1982, 49–60.

54 Pablo Sudar et al., Evangelización, Liberación y Reconciliación, Buenos Aires 1988.

55 Vgl. Gabriele Burchardt, Was Rom änderte. Zur Revision des Puebla-Dokumentes, in: Herder Korrespondenz 34 (1980), 91–95.

56 Vgl. Los Teólogos de la Liberación en Puebla, Madrid 1979. Lucio Gera wird in diesem Band nicht erwähnt. Er gilt nicht als Befreiungstheologe.

57 DP 1134–1165. DP 1134 unterstellt allerdings schon der II. Generalversammlung des Celam in Medellín, eine «klare, prophetische, vorrangige und solidarische Option für die Armen» zum Ausdruck gebracht zu haben.

58 Scannone 2014, 7. Vgl. auch Farrell 1989.

59 Vgl. Gustavo Gutiérrez, la Fuerza histórica de los Pobres, Salamanca 1982, 133–168. In diesem Text kritisiert Gutiérrez die von Lucio Gera vertretene Theologie des Volkes mit dem Argument, diese weiche dem «Gesellschaftskonflikt» aus, so dass bei aller «Volks»-Rhetorik «nichts passiert». (141)

60 Vgl. Lucio Gera, Pueblo, Religión del Pueblo e Iglesia (1976), in: Azcuy 2006, 717–744.

61 Methol Ferré/Metalli, 23.

62 Ebd., 24.

63 Pedro Trigo, Schöpfung und Geschichte, Düsseldorf 1989; ders., ¿Ha muerto la Teología de la Liberación?, Bilbao 2006.

64 Vgl. Michael Sievernich (Hg.), Impulse der Befreiungstheologie für Europa. Ein Lesebuch, München/Mainz 1988.

65 Carlos Mesters, Die Botschaft des leidenden Volkes, Neukirchen-Vluyn 1982; ders., Sechs Tage in der Kellern der Menschheit, Neukirchen-Vluyn 1982, ders.,

Das Wort Gottes in der Geschichte der Menschheit, Neukirchen-Vluyn 1984, ders., Por trás das Palavras, Petrópolis 1984.

66 Ernesto Cardenal, Das Evangelium der Bauern von Solentiname, 2 Bände, Wuppertal 1976/78.

67 Düsseldorf 1992. Vgl. zum Folgenden die Seiten 39–50.

68 Vgl. Hugo Assmann et. al., Die Götzen der Unterdrückung und der befreiende Gott, Münster 1984.

69 Scannone 1992, 43.

70 Ebd. 15.

71 Ignatius von Loyola, Geistliche Übungen 313, in: ders., Gründungstexte der Gesellschaft Jesu, übersetzt von Peter Knauer, Würzburg 1988 (Deutsche Werkausgabe 2), 244.

72 Piqué 2013, 101.

73 http://www.clarin.com/sociedad/Recordaron-Bergoglio-Parroquia-fundo-dirigio_0_1106889436.html

74 Piqué 2013, 102.

75 Himitian 2013, 99.

76 Jorge Mario Bergoglio, Reflexiones en esperanza, Buenos Aires 1982 (Neuauflage Vatikan 2013).

77 In der Widmung heißt es Pozzolli, in Bergoglios Autograph aus dem Jahr 1990 ist von Pozzoli die Rede.

78 Bergoglio 2014/1982, 13 f.

79 Jorge Mario Bergoglio, Discurso inaugural, In: Congreso Internacional de Teología «Evangelización de la cultura e inculturación del Evangelio», in: Stromata 61 (1985), 161–165.

80 Piqué 2013, 107.

81 http://www.desaparecidos.org/nuncamas/web/index.htm; deutsch: Hamburger Institut für Sozialfoschung (Hg.), «Nie wieder! Ein Bericht über Entführung, Folter und Mord durch die Militärdiktatur in Argentinien, Weinheim/Basel, 1987.

82 Carreras/Potthast 2010, 236 f.

83 Klaiber 2007, 327.

84 Bergoglio 2014/1982, 20.

85 Piqué 2013, 107.

86 Horacio Verbitzky lässt einen ehemaligen Novizen Bergoglios im Jahr 2010 berichten, wie die Provinz ihn nach seinem Austritt um Geld betrogen habe. Über Bergoglio heißt es in einem Brief des mittlerweile zum Priester geweihten Mannes aus dem Jahr 1989 unter anderem, er sei ein Soziopath gewesen, der vor keinem psychologischen Mittel zurückschreckte, um angehende Jesuiten von sich abhängig zu machen. http://www.pagina12.com.ar/diario/elpais/1-144965-2010-05-02.html

87 Piqué 2013, 109.

88 http://www.stimmen-der-zeit.de/zeitschrift/online_exklusiv/details_html?k_beitrag=3906412.

4. KAPITEL
Miserando atque eligendo

1 Himitian 2013, 120f.

2 Neben der Betonung der Kategorien Volk, Nation und Religion ist die Würdigung der Marienfrömmigkeit eines der hervorstechendsten Merkmale der Theologie des Volkes. Vgl. Lucio Gera, María y la Evangelización, in: Azcuy 2007, 113–132, sowie Enrique Bianchi, María en América, vida, dulzura y esperanza nuestra, in: Revista Vida Pastoral 50 (2010), http://www.san-pablo.com.ar/vidapastoral/includes/articulos/imprimir

3 Vgl. Floreal H. Forni, Die Armut in Argentinien. Dimensionen einer neuen Wirklichkeit, in: Peter Hünermann/Juan Carlos Scannone (Hg.), Lateinamerika und die katholische Soziallehre: ein deutsch-lateinamerikanisches Dialogprogramm, Band 2: Armut, Mainz 1993, 87–111.

4 Carreras/Potthast 2010, 245.

5 Ebd. 248.

6 http://www.lanacion.com.ar/70205-bergoglio-sera-el-sucesor-de-quarracino.

7 http://www.lanacion.com.ar/71766-habra-asientos-vacios-en-la-misa-del-pontifice.

8 http://www.lanacion.com.ar/74417-una-multitud-oro-ante-san-cayetano.

9 Vgl. auch das Gespräch mit José María di Paola in Bermúdez 2013, 121–129. Als dieser wegen seines Einsatzes gegen die Überschwemmung der *villas* mit Rauschgift Todesdrohungen erhält, stellt Bergoglio sich öffentlich vor den Priester.

10 http://www.lanacion.com.ar/91579-un-monopolio-ideologico-coarta-la-libre-ensenanza.

11 http://www.lanacion.com.ar/74417-una-multitud-oro-ante-san-cayetano.

12 http://www.lanacion.com.ar/81426-un-incipiente-debate.

13 http://www.lanacion.com.ar/80485-se-inicia-el-sinodo-de-america

14 http://www.lanacion.com.ar/91579-un-monopolio-ideologico-coarta-la-libre-ensenanza

15 http://www.lanacion.com.ar/92013-bergoglio-toma-la-posta

16 Ebd.

17 http://www.lanacion.com.ar/93106-bergoglio-insto-a-ocuparse-de-los-enfermos-y-los-ancianos

18 http://www.lanacion.com.ar/93106-bergoglio-insto-a-ocuparse-de-los-enfermos-y-los-ancianos

19 http://www.lanacion.com.ar/93415-chiara-lubich-hablo-ante-8000-focolares

20 http://www.lanacion.com.ar/112414-santoral

21 http://www.lanacion.com.ar/166199-comida-navidena-en-la-iglesia-de-la-merced

22 http://www.lanacion.com.ar/93726-la-iglesia-evoco-en-la-catedral-a-las-victimas-del-holocausto-judio

23 Skorka lässt die Freundschaft mit Bergoglio mit der Frage nach «seiner» Fußballmannschaft beginnen (Bermúdez 2013, 114.)

24 http://www.arzbaires.org.ar/inicio/homiliasbergoglio.html – Predigt vom 25. Mai 1999

25 http://www.lanacion.com.ar/98402-bergoglio-critico-a-las-elites

26 http://www.lanacion.com.ar/105250-el-traslado-esconde-intenciones-politicas

27 Carreras/Potthast 2010, 250.

28 http://www.vatican.va/holy_father/john_paul_ii/angelus/2001/documents/hf_jp-ii_ang_20010121_ge.html; eine Woche später werden sechs Kardinäle «nachnominiert», darunter der Mainzer Bischof Karl Lehmann. http://www.vatican.va/holy_father/john_paul_ii/angelus/2001/documents/hf_jp-ii_ang_20010128_ge.html

29 http://www.lanacion.com.ar/48754-argentinos-candidatos-a-la-purpura

30 http://www.lanacion.com.ar/49648-dos-cardenales-argentinos

31 Deckers 2002, 358–379.

32 Kasper/Deckers 2008, 150–153; 167–175.

33 http://www.lanacion.com.ar/306907-en-el-vaticano-se-oyen-voces-de-transicion

34 http://www.vatican.va/news_services/press/sinodo/documents/bollettino_20_x-ordinaria-2001/04_spagnolo/b07_04.html#S.E.R.Mons. Jorge Mario BERGOGLIO, S. I., Arzobispo de Buenos Aires (Argentine).

35 http://www.vatican.va/news_services/press/sinodo/documents/bollettino_20_x-ordinaria-2001/04_spagnolo/b09_04.html

36 http://www.lanacion.com.ar/692986-fuerte-repercusion-en-la-iglesia-argentina

37 http://www.lanacion.com.ar/690452-el-cardenal-lavo-los-pies-a-doce-madres

38 http://www.lanacion.com.ar/695112-comenzo-la-campana-contra-los-papables

39 Vallely 2013, 79 ff.

40 http://www.lanacion.com.ar/702669-homenaje-al-trabajo.

41 Vgl. Gutiérrez 1982, vor allem die Aufsätze in II. De Medellín a Puebla.

42 V. Naipaul, Amerika. Lektionen einer neuen Welt, München 2003, 75.

43 Vgl. Jeffrey Klaiber, Prophets and Populists: Liberation Theology, 1968–1988, in: The Americas 46 (1989), 1–15. Auch Klaiber zählt Gera nicht zu dem Befreiungstheologen.

44 Deckers 2002, 197 ff.

45 Vgl. auch Michael Sievernich, Ende oder Wende. Neuere Beiträge zur Befreiungstheologie, in: Theologische Revue 95 (1999), 355–364.

46 http://www.celam.org/conferencia_domingo.php

47 Gespräch mit Stefania Falasca (2007), http://www.30giorni.it/articoli_id_16590_l5.htm

48 http://www.vatican.va/holy_father/benedict_xvi/speeches/2007/may/documents/hf_ben-xvi_spe_20070513_conference-aparecida_ge.html

49 http://www.vatican.va/holy_father/benedict_xvi/audiences/2007/documents/hf_ben-xvi_aud_20070523_ge.html

50 Falasca 2007.

51 Ebd.
52 Ebd.
53 Ebd.
54 http://www.celam.org/aparecida.php

5. KAPITEL
Wider die Trägheit des Herzens

1 http://www.arzbaires.org.ar/inicio/homiliasbergoglio.html – geplante Predigt für den 28. März 2013.

2 Paolo Rodari/Andrea Tornielli, Der Papst im Gegenwind, Kißlegg 2011, Rückentext.

3 http://www.vatican.va/holy_father/benedict_xvi/angelus/2012/documents/hf_ben-xvi_ang_20120106_epifania_ge.html

4 http://de.radiovaticana.va/news/2013/12/09/moneyval:_vatikanisches_finanzsystem_arbeitet_transparent/ted-754302

5 http://www.vatican.va/holy_father/john_paul_ii/speeches/2001/documents/hf_jp-ii_spe_20010104_legionari-cristo_ge.html;

6 http://www.vatican.va/holy_father/john_paul_ii/speeches/2004/november/documents/hf_jp-ii_spe_20041130_legionaries_sp.html

7 Vgl. das Gespräch von Daniel Deckers mit Charles Scicluna unter dem Titel «Tsunami in Rom», in: Frankfurter Allgemeine Sonntagszeitung v. 3. März 2013, 8.

8 http://de.radiovaticana.va/news/2014/05/07/vatikanvertreter_bei_der_uno_nennt_zahlen_zu_missbrauch/ted-796959

9 http://w2.vatican.va/content/francesco/de/speeches/2013/march/documents/papa-francesco_20130316_rappresentanti-media.html

10 http://w2.vatican.va/content/francesco/de/speeches/2013/march/documents/papa-francesco_20130313_benedizione-urbi-et-orbi.html

11 Vgl. Daniel Deckers, Der Karneval ist aus, in: Frankfurter Allgemeine Sonntagszeitung v. 24. März 2013, 4.

12 http://w2.vatican.va/content/francesco/de/angelus/2013/documents/papa-francesco_angelus_20130317.html

13 Walter Kasper, Barmherzigkeit. Grundbegriff des Evangeliums – Schlüssel christlichen Lebens, Freiburg i. Br. 2014.

14 Piqué 2013, 141 ff.

15 http://www.terredamerica.com/2013/07/11/mi-ha-telefonato-il-papa-anzi-mi-ha-ritelefonato-capisco-che-suona-poco-umile-dire-cosi-ma-per-una-cosa-di-questo-tipo-non-ci-sono-eufemismi/

16 Daniel Deckers, Wille zur Umkehr, in: Frankfurter Allgemeine Zeitung v. 9. Februar 2012, 3.

17 http://www.dbk.de/themen/bischofssynode/

18 Daniel Deckers, Vatikan will Ansichten der Katholiken kennenlernen, in: Frankfurter Allgemeine Zeitung v. 2. November 2013, 1.

19 http://erzbistum-koeln.de/news/Antworten_der_Glaeubigen_im_Blick/

20 http://w2.vatican.va/content/francesco/it/speeches/2014/february/documents/papa-francesco_20140221_concistoro-ora-terza.html

21 Walter Kasper, Das Evangelium von der Familie, in: Frankfurter Allgemeine Zeitung v. 3. März 2014, 6.; ders., Das Evangelium von der Familie, Freiburg i. Br. 2014.

22 http://w2.vatican.va/content/francesco/en/speeches/2014/october/documents/papa-francesco_20141018_conclusione-sinodo-dei-vescovi.html.

23 http://press.vatican.va/content/salastampa/it/bollettino/pubblico/2013/04/13/0223/00502.html.

24 http://press.vatican.va/content/salastampa/it/bollettino/pubblico/2013/07/12/0464/01046.html.

25 Piqué 2013, 121 ff.

26 http://press.vatican.va/content/salastampa/it/bollettino/pubblico/2014/02/24/0136/00288.html

27 http://press.vatican.va/content/salastampa/it/bollettino/pubblico/2014/04/07/0244/00548.html

28 http://press.vatican.va/content/salastampa/it/bollettino/pubblico/2014/03/08/0171/00360.html

29 http://press.vatican.va/content/salastampa/it/bollettino/pubblico/2013/12/05/0811/01823.html

30 http://press.vatican.va/content/salastampa/it/bollettino/pubblico/2014/01/16/0032/00067.html

31 http://press.vatican.va/content/salastampa/it/bollettino/pubblico/2014/05/03/0320/00706.html

32 http://www.elmostrador.cl/noticias/pais/2015/10/03/papa-francisco-respalda-a-cuestionado-obispo-barros-y-dice-que-osorno-sufre-por-tontos/

33 http://w2.vatican.va/content/francesco/de/speeches/2013/june/documents/papa-francesco; Siehe oben 4.22.

34 http://press.vatican.va/content/salastampa/it/bollettino/pubblico/2013/12/16/0845/01901.html

35 http://press.vatican.va/content/salastampa/it/bollettino/pubblico/2012/10/24/0606/01381.html

36 http://press.vatican.va/content/salastampa/it/bollettino/pubblico/2014/01/12/0024/00041.html

37 http://w2.vatican.va/content/francesco/de/homilies/2014/documents/papa-francesco_20140223_omelia-nuovi-cardinali.html. Schon am 12. Januar 2014 hatte er den neuernannten Kardinälen einen Brief geschrieben, in dem unter anderem der Satz zu lesen war: «Das Kardinalat bedeutet weder eine Beförderung, noch eine Ehrung, noch eine Auszeichnung; es ist einfach ein Dienst, der eine Weitung des Blickes und eine Öffnung des Herzens verlangt.» http://w2.vatican.va/content/francesco/de/letters/2014/documents/papa-francesco_20140112_nuovi-cardinali.html

38 http://w2.vatican.va/content/francesco/de.html#

39 http://press.vatican.va/content/salastampa/it/bollettino/pubblico/2014/03/26/0211/00470.html

40 http://w2.vatican.va/content/francesco/de/homilies/2014/documents/papa-francesco_20140417_omelia-crisma.html

41 http://w2.vatican.va/content/francesco/de/homilies/2013/documents/papa-francesco_20130708_omelia-lampedusa.html

42 http://www.lanacion.com.ar/669964-drama-oracion-y-reclamos

43 Piqué 2013, 283–301.

44 http://w2.vatican.va/content/francesco/de/speeches/2013/july/documents/papa-francesco_20130727_gmg-veglia-giovani.html

45 http://w2.vatican.va/content/francesco/de/speeches/2013/july/documents/papa-francesco_20130725_gmg-argentini-rio.html

46 http://www.youtube.com/watch?v=NHDaeXo_RdU

47 Das Gedächtnisprotokoll wird am 12. Juni in dem chilenischen Internetportal «reflexiónyliberación. cl» veröffentlicht. Im Internet ist es inzwischen nicht mehr verfügbar.

48 http://w2.vatican.va/content/francesco/de/speeches/2013/july/documents/papa-francesco_20130722_gmg-intervista-volo-rio.html

49 http://w2.vatican.va/content/francesco/de/speeches/2013/july/documents/papa-francesco_20130722_gmg-intervista-volo-rio.html

50 http://w2.vatican.va/content/francesco/de/speeches/2013/july/documents/papa-francesco_20130728_gmg-conferenza-stampa.html

51 http://www.stimmen-der-zeit.de/zeitschrift/online_exklusiv/details_html?k_beitrag=3906412

52 http://www.repubblica.it/cultura/2013/10/01/news/papa_francesco_a_scalfari_cos_cambier_la_chiesa-67630792/

53 In einer im Oktober 2014 in der Libreria Editice Vaticana veröffentlichten Sammlung von Interviews und Gesprächen mit Journalisten (Papa Francisco, Entrevistas y conversaciones con periodistas) fehlt das Scalfari-Gespräch nicht.

54 http://press.vatican.va/content/salastampa/it/bollettino/pubblico/2013/12/19/0852/01925.html

6. FINALE
Die Freude des Evangeliums

1 http://w2.vatican.va/content/francesco/de/encyclicals/documents/papa-francesco_20130629_enciclica-lumen-fidei.html

2 http://www.vatican.va/holy_father/benedict_xvi/encyclicals/documents/hf_ben-xvi_enc_20051225_deus-caritas-est_ge.html

3 http://www.vatican.va/holy_father/benedict_xvi/encyclicals/documents/hf_ben-xvi_enc_20071130_spe-salvi_ge.html

4 http://w2.vatican.va/content/francesco/de/apost_exhortations/documents/papa-francesco_esortazione-ap_20131124_evangelii-gaudium.html

5 https://w2.vatican.va/content/francesco/es/speeches/2015/july/documents/papa-francesco_20150709_bolivia-movimenti-popolari.html.

6 http://w2.vatican.va/content/francesco/de/speeches/2014/november/docu-
ments/papa-francesco_20141125_strasburgo-parlamento-europeo.html

7 http://de.radiovaticana.va/news/2015/07/23/papst_zukunft_der_kirche_
liegt_in_asien/1160338

Literaturhinweise

Pablo Alabarces, Für Messi sterben? Der Fußball und die Erfindung der argentinischen Nation, Berlin 2010.

Hugo Assmann et. al., Die Götzen der Unterdrückung und der befreiende Gott, Münster 1984.

Maria Agudelo et. al., Fe cristiana y cambio social en America Latina, Salamanca 1973.

Virginia Azcuy et al., Lucio Gera, Escritos Teológico-Pastorales de Lucio Gera, Vol. 1, Buenos Aires 2006; Vol. 2, Buenos Aires 2007.

Andreas R. Batlogg/Niklaus Kuster, Franziskus. Der neue Papst und sein Vorbild, München 2013.

Jorge Mario Bergoglio/Papa Francisco, Meditaciones para Religiosos, Bilbao 2014 (Erstveröffentlichung San Miguel 1982).

ders., Reflexiones en esperanza, Vatikan 2013 (Erstveröffentlichung Buenos Aires 1982).

ders., Discurso inaugural, In: Congreso Internacional de Teología «Evangelización de la cultura e inculturación del Evangelio», in: Stromata 61 (1985), 161–165.

ders., Historia de una vocación, 20. Oktober 1990, http://www.osservatoreromano.va/es/news/historia-de-una-vocacion#.U4Hv-pWKCUk

ders./Abraham Skorka, Über Himmel und Erde, München 2013 (Originalausgabe: Sobre el Cielo y la Tierra, Buenos Aires 2010). Sigel im Text BS.

Enrique C. Bianchi, María en América, vida, dulzura y esperanza nuestra, in: Revista Vida Pastoral 50 (2010).

ders., Pobres en este mundo, ricos en la fe. La fe de los pobres de América Latina según Rafael Tello, Buenos Aires 2012.

Alejandro Bermúdez, Pope Francis: Our Brother, our Friend, San Francisco 2013. Sigel im Text B.

Gabriele Burchardt, Was Rom änderte. Zur Revision des Puebla-Dokumentes, in: Herder Korrespondenz 34 (1980), 91–95.

Lila M. Caimari, Perón y La Iglesia Católica. Religión, Estado y Sociedad en la Argentina (1943–1955), Buenos Aires 1995.

Javier Cámara/Sebastián Pfaffen, Darlo todo, Darse todo. Retrato biográfico del Papa Francisco, Madrid 2015.

Ernesto Cardenal, Das Evangelium der Bauern von Solentiname, 2 Bände, Wuppertal 1976/78.

Sandra Carreras/Barbara Potthast, Eine kleine Geschichte Argentiniens, Berlin 2010.

Daniel Deckers, Der Kardinal. Karl Lehmann – Eine Biographie, München 2002.

Mariano Delgado, Gott in Lateinamerika. Texte aus fünf Jahrhunderten. Ein Lesebuch zur Geschichte, Düsseldorf 1991.

Margit Eckholt, «… bei mir erwächst die Theologie aus der Pastoral». Lucio Gera – ein «Lehrer in Theologie» von Papst Franziskus, in: Stimmen der Zeit Heft 3 / März 2014, 157–172.

Ricardo Ferrara/Carlos M. Galli, Presente y futuro de la teológia en Argentina (Homenaje a Lucio Gera), Buenos Aires 1997.

Bruno Groppo, Arbeiterbewegungen im Schatten des Peronismus. Soziale Bewegungen in Argentinien, in: Jürgen Mittag/Georg Ismar, El pueblo unido? Soziale Bewegungen und politischer Protest in der Geschichte Lateinamerikas, Münster 2009.

Gustavo Gutiérrez, La Fuerza histórica de los Pobres, Salamanca 1982.

Hamburger Institut für Sozialfoschung (Hg.), «Nie wieder! Ein Bericht über Entführung, Folter und Mord durch die Militärdiktatur in Argentinien, Weinheim/Basel 1987.

Evangelina Himitian, Francisco. El Papa de la Gente, Madrid 2013.

Lucio Gera, Evangelisierung und Förderung des Menschen, in: Peter Hünermann/Juan Carlos Scannone (Hg.), Lateinamerika und die katholische Soziallehre: ein deutsch-lateinamerikanisches Dialogprogramm, Teil 1: Wissenschaft, kulturelle Praxis, Evangelisierung, Mainz 1989, 245–299.

Peter Hünermann/Juan Carlos Scannone (Hg.), Lateinamerika und die katholische Soziallehre: ein deutsch-lateinamerikanisches Dialogprogramm, Teil 1: Wissenschaft, kulturelle Praxis, Evangelisierung, Mainz 1989; Teil 2: Armut, Mainz 1993; Teil 3: Demokratie, Mainz 1993.

Ignatius von Loyola, Gründungstexte der Gesellschaft Jesu, übersetzt von Peter Knauer, Würzburg 1988.

Franz Jalics, Kontemplative Exerzitien. Eine Einführung in die kontemplative Lebenshaltung und in das Jesusgebet, Würzburg 1994, 303.

Walter Kasper/Daniel Deckers, Wo das Herz des Glaubens schlägt. Die Erfahrung eines Lebens, Freiburg i. Br. 2008.

ders., Barmherzigkeit. Grundbegriff des Evangeliums – Schlüssel christlichen Lebens, Freiburg i. Br. 2013.

ders., Das Evangelium von der Familie, Freiburg i. Br. 2014.

Javier Cámara/Sebastian Pfaffen, Darlo todo, Darse todo. Relato biográfico del Papa Francisco, Madrid 2015.

Jeffrey Klaiber, Prophets and Populists: Liberation Theology, 1968–1988, in: The Americas 46 (1989), 1–15.

ders., The Church, Dictatorships, and Democracy in Latin America, Maryknoll 1998.

ders., Los Jesuitas en América Latina, 1529–2000, Lima 2007.

Henri de Lubac, Die Kirche. Eine Betrachtung, Einsiedeln 1968.

José Pablo Martín, El Movimiento de Sacerdotes pare el Tercer Mundo, in: Nuevo Mundo, in: Revista de Teología Latinoamericanana 1991, Nr. 41/42 (1991) 1–317.

Carlos Mesters, Die Botschaft des leidenden Volkes, Neukirchen-Vluyn 1982.

ders., Sechs Tage in der Kellern der Menschheit, Neukirchen-Vluyn 1982.

ders., Das Wort Gottes in der Geschichte der Menschheit, Neukirchen-Vluyn 1984.

ders., Por trás das Palavras, Petrópolis 1984.

Alberto Methol Ferré/Alver Metalli, El Papa y el Filósofo, Buenos Aires 2013.

Emilio Mignone, Iglesia y Dictadura. El papel de la Iglesia a la luz de sus relaciones con el régimen militar, 3. Auflage, Buenos Aires 2013 (Erstausgabe 1986).

V. S. Naipaul, Amerika. Lektionen einer neuen Welt, München 2003.

Gianluigi Nuzzi, Seine Heiligkeit. Die geheimen Briefe aus dem Schreibtisch von Papst Benedikt XVI., München 2012. (it: Sua Santità, Mailand 2012.)

Elisabetta Piqué, Francisco. Vida y Revolución, Buenos Aires 2013.

Sebastián Politi, Teología del Pueblo. Una propuesta argentina a la teología latino-americana, in: Nuevo Mundo. Revista de Teología Latinoamericana 1992, Nr. 43/44, 1–359.

Angel Rama (Hg.), Der lange Kampf Lateinamerikas. Texte und Dokumente von José Marti bis Salvador Allende, Frankfurt a. M. 1982.

Michael Riekenberg, Kleine Geschichte Argentiniens, München 2009.

Paolo Rodari/Andrea Tornielli, Der Papst im Gegenwind, Kißlegg 2011.

Sergio Rubin/Francesca Ambrogetti, Papst Franziskus. Mein Leben, mein Weg, Freiburg i. Br. 2013 (Originalausgabe: El Jesuita. Conversaciones con el Cardinal Jorge Mario Bergoglio s. j., Buenos Aires 2010). Sigel im Text RA.

Juan Carlos Scannone, La teología de la liberación. Características, corrientes, eta-pas», in: Stromata 48 (1982), 3–40.

ders., La Teología argentina del Pueblo y la Pastoral del Papa Francisco, MS 2014.

Nello Scavo, Bergoglios Liste. Papst Franziskus und die argentinische Militärdikta-tur. Eine Geschichte von verschwundenen Menschen und geretteten Leben. Mit einem Vorwort von Adolfo Pérez Esquivel, Freiburg i. Br. 2014 (it. La Lista de Bergoglio, Bologna 2013).

Michael Sievernich (Hg.), Impulse der Befreiungstheologie für Europa. Ein Lese-buch, München/Mainz 1988.

ders., Ende oder Wende. Neuere Beiträge zur Befreiungstheologie, in: Theologische Revue 95 (1999), 355–364.

Pablo Sudar et al., Evangelización, Liberación y Reconciliación, Buenos Aires 1988.

Pedro Trigo, Schöpfung und Geschichte, Düsseldorf 1989; ders., Ha muerto da Teo-logía de la Liberación?, Bilbao 2006.

Paul Vallely, Pope Francis. Untying the knots, London 2013.

Peter Waldmann, Argentinien. Schwellenland auf Dauer, Hamburg 2010.

Bildnachweis

Register

Abbas, Mahmud 332, 335
Abboud, Omar 210
Äneas 222
Agosti, Ramón 122
Aguer, Héctor 180, 185, 193, 204
Alberdi, Juan Bautista 25
Albistur, Fernando 110 f., 165, 168
Alfonsín, Raúl 140, 170, 185–188
Alighieri, Dante 51
Alliende, Joaquín 153
Amadori, Luis César 45
Amato, Angelo 315
Ambrogetti, Francesca 13, 45, 68, 74, 130, 136, 138, 141, 216, 223
Angelelli, Enrique 89, 108, 111, 124–129, 186
Aramburu, Juan Carlos 94, 99, 124, 126, 136, 146, 189, 193, 227
Aramburu, Pedro Eugenio 64 f., 96
Arienzo, Juan d' 51
Arns, Evaristo 215
Arroyo, Ricardo 183
Arrupe, Pedro 75, 102 f., 106–108, 127, 135, 141, 150, 175, 180
Assad, Bashar al- 332
Assmann, Hugo 156, 238
Aymans, Winfried 285
Aziz, Damasceno 251

Bagnasco, Angelo 301
Baldisseri, Giuseppe 278, 280 f., 286, 304 f.
Balestrino de Careaga, Esther 49 f., 130–133
Baltar, Amelita 52
Balthasar, Hans Urs von 302
Barletta, Leónidas 50
Barros, Juan de la Cruz 297
Bassetti, Gualtiero 301, 305

Beethoven, Ludwig van 52
Benedikt XV., Papst 87
Benedikt XVI., Papst 8–11, 13 f., 16–20, 36, 44, 54, 93, 195, 211 f., 233–235, 240 f., 246, 249, 253–258, 263 f., 267, 270–274, 276, 278 f., 281, 285 f., 289 f., 293–295, 300–302, 304, 306–308, 311, 315, 319, 321, 325 f., 329, 334, 337
Benítez, Hernán 58, 61
Bergoglio, Alberto Horacio, Bruder von Jorge Mario Bergoglio 42–44, 71
Bergoglio, Giovanni (Juan) Angelo, Großvater von Jorge Mario Bergoglio 23, 28–31, 34, 37 f., 217
Bergoglio, Juan Lorenzo, Bruder von Giovanni (Juan) Angelo Bergoglio 34
Bergoglio, María Elena, Schwester von Jorge Mario Bergoglio 42, 46, 71, 78
Bergoglio, Mario José Giuseppe Francisco, Vater von Jorge Mario Bergoglio 23, 28–31, 34, 37, 40, 42, 44 f., 48 f., 56, 69, 78 f., 101, 181, 218, 313
Bergoglio, Marta Regina, Schwester von Jorge Mario Bergoglio 42 f., 71
Bergoglio, Oscar Adrián, Bruder von Jorge Mario Bergoglio 42–44, 71
Bernardini, Adriano 273
Bertello, Giuseppe 289
Bertone, Tarcisio 18 f., 240, 255, 259, 275 f., 286, 290, 304, 307
Betta de Berti, Ana María 182
Bianco, Luis 132 f.
Bignone, Reynaldo 169 f.
Boasso, Fernando 89
Bonamín, Victorio 121
Borges, Jorge Luis 50 f., 82
Bosco, Giovanni Melchiorre 18, 23, 41, 200, 287

Brandmüller, Walter 282
Brown, Dan 273
Brülhart, René 256, 290
Burke, Raymond 301 f.

Caggiano, Antonio 193
Calabresi, Ubaldo 179, 191 f.
Camaño, Eduardo 221
Cámara, Hélder 215
Campagnolo, Adán Noe 124
Cámpora, Héctor 117 f.
Cañizares Llovera, Antonio 302
Capovilla, Loris Francesco 305
Cardenal, Ernesto 155
Careaga, Ana María 131 f.
Carjaval, Jiménez 232
Carlo, Nicolás de 58
Carolis, Germán de 81
Carranza, Carlos 81, 105, 158
Carriquiry, Guzmán 227
Carter, James (Jimmy) Jr. 148
Casaroli, Agostino 183 f.
Caselli, Esteban 185
Castellano, Ramón José 98
Castillo, Ramón 54
Castrillón Hoyos, Darío 233, 240
Castro, Fidel 95, 237, 333
Castro, Raúl 95, 333
Cervantes, Miguel de 51, 81
Cervera, Fernando 144, 159–163
Chenu, Marie-Dominique 84
Chomeini, Ajatollah 19
Cipriani Thorne, Luis 248
Clemens XIV., Papst 76, 267
Congar, Yves 84, 93
Copello, Santiago Luis 57 f.
Cordes, Paul Josef 282, 285, 301
Costa, Nino 219
Cruz, Juana Inés de la 81

Danneels, Godfried 233
Demare, Lucas 45
Dezza, Paolo, Pater 175
Dios Murias, Carlos de 127 f.
Dolan, Timothy 280
Domínguez, Clara 201
Domon, Alice 50, 132 f.
Dourrón, Luis 137, 141

Duarte de Perón, María Eva (Evita) 53,
    58, 61 f., 64, 119
Duhalde, Eduardo 12, 219, 221
Duquet, Léonie 50, 132 f.
Dziwisz, Stanislaw 9, 308

Egan, Edward 231 f.
Erdö, Péter 289
Errázuriz Ossa, Francisco Javier 235 f.,
    241, 246, 251, 288, 297
Eterović, Nicola 278
Evita s. Duarte de Perón, María Eva
Ezzati Andrello, Ricardo 305

Fabrizi, Aldo 44
Falcón, Ada 52
Farrell, Gerardo Tomás 89, 203
Felipe VI., König 334
Fellay, Bernard 211
Fernández, Víctor Manuel 273, 285
Fernández de Kirchner, Cristina 12, 53,
    213 f., 219, 222, 224, 269
Filippo, Virgilio 58
Fiorito, Miguel Ángel 166 f.
Franziskus von Assisi, Hl. 21, 231, 262,
    267, 316–318
Freyberg, Ernst von 256, 290
Frondizi, Arturo 55, 65, 80

Gänswein, Georg 20, 255, 270, 274, 304
Galli, Carlos María 285
Galtieri, Leopoldo 169
Gardel, Carlos 51
Genn, Felix 301 f.
Gera, Lucio 89–94, 98–100, 153 f., 156,
    171, 203, 237, 239, 250
Gerstner, Lou 336
Giaquinta, Carmelo 91
Gogna de Sívori, María, Großmutter
    von Jorge Mario Bergoglio 39, 68,
    166
Gómez, Rubén Salazar 304
Goñi, Uki 131, 133
Goulart, João 95
Gracias, Oswaldo 288
Grocholewski, Zenon 302
Groër, Hans-Hermann 256
Guardini, Romano 173

Guevara, Ernesto (Che) 95, 237
Guido, José María 80
Gutiérrez, Gustavo 91, 99, 156, 237, 304

Hadrian VI., Papst 267
Harvey, James 304
Haya de la Torre, Víctor 31
Herranz, Julián 233
Hesayne, Miguel 124
Himitian, Evangelina 10, 46, 50, 165
Hitchcock, Alfred 274
Hölderlin, Friedrich 39, 51
Hummes, Cláudio 263, 287

Ibáñez, Blasco 26 f.
Ibarra, Duarte 68, 167, 218
Ignatius (Iñigo) von Loyola 75, 110, 112, 150, 168, 222, 265 f.
Illia, Arturo Umberto 80
Illich, Ivan 91

Jalics, Francisco (Franz, Ferenc) 16, 134–145, 181, 204, 234
Jesaja 268 f.
Jesus Christus 9, 74, 101, 164, 181, 191, 217, 246, 259 f., 268, 300, 306, 308, 311, 313, 316–318, 325
Jiménez, Mauricio 105
Jobs, Steve 336
Johannes XXIII., Papst 83, 87, 184, 212, 305
Johannes Paul I., Papst 152
Johannes Paul II., Papst 9, 14–16, 18 f., 36, 44, 54, 129, 144, 152, 169, 175, 177, 180, 188, 192 f., 196 f., 202, 207 f., 212–214, 227–230, 232 f., 238–241, 249, 256 f., 263, 272, 276, 279, 289 f., 299 f., 304, 308, 311, 315, 318
Josef, Hl. 29, 163, 165, 230, 300
Juan Diego, Hl. 241
Justo, Augustín Pedro 35

Kajetan, Hl. 49, 196–198, 200 f.
Karadima, Fernando 297
Karlic, Estanislao 192, 196, 202, 227
Kasper, Walter 14, 211, 228, 233, 268, 285
Kelly, Alfredo 126

Kelly, James 162
Kennedy, John Fitzgerald 83
Kirchner, Cristina s. Fernández de Kirchner, Cristina
Kirchner, Néstor 11 f., 53, 126, 129, 171, 213, 219, 221 f., 234, 270
Klaiber, Jeffrey 16
Klaschka, Bernd 155
Koch, Kurt 301
Kolvenbach, Hans-Peter 175, 180
Kutwa, Jean-Pierre 305

Lacroix, Gérald Cyrien 305
Laghi, Pio 124, 126
Lahze Gaid, Yoannis 275
Laje, Enrique 83 f.
Langlois, Chibly 305
Lanusse, Alejandro Agustín 116
Lefèbvre, Marcel 210 f.
Lehmann, Karl 14, 228, 233, 238, 301
Leo XIII., Papst 32, 56, 87, 301
León, Luis de 81
Levada, William 302
Levingston, Roberto Marcelo 116
Lombardi, Federico 267, 308, 325 f.
Lonardi, Eduardo 64 f.
Longueville, Gabriel 127 f.
López, Aída 89
López Rega, José 117, 119
López Trujillo, Alfonso 233, 240
Lorscheider, Aloisio 229
Lubac, Henri de 84–87, 93, 260
Lubich, Chiara 207
Luchini, Oscar 41
Luciani, Albino s. Johannes Paul I.

Maciel Degollado, Marcial 256 f.
Magnani, Anna 44
Maizani, Azucena 52
Mamberti, Dominique 302, 307
Manzoni, Alessandro 51
Maradona, Diego 40
Marchionne, Sergio 336
Marechal, Leopoldo 51
Marengo, Manuel 89
Marini, Guido 266 f.
Maritain, Jacques 55
Martínez de Hoz, José Alfredo 120

Martínez Ossolo, Enrique 127
Martínez de Perón, María Estela (Isabel) 117–120, 141
Martini, Carlo Maria 180, 233, 235
Marx, Karl 132
Marx, Reinhard 281, 285, 289, 293, 302
Massera, Emilio 109, 122, 124, 134, 147
Meisner, Joachim 19, 285, 301
Mejia, Jorge 226 f.
Menem, Carlos 11, 53, 129, 186–188, 191, 203, 212 f., 219, 221, 226, 291
Merello, Tita 4 f.
Messi, Lionel 40
Mesters, Carlos 154 f.
Metalli, Alver 116
Methol Ferré, Alberto René 116, 153 f., 156 f., 227, 239
Mignone, Emilio Fermin 146 f.
Mignone, Monica 146
Milia, Jorge 82, 274
Mirás, Eduardo Vicente 230
Mollaghan, José Luis 296
Monsengwo Pasinya, Laurent 288
Montini, Giovanni Battista s. Pius XII.
Morales, Evo 333
Müller, Gerhard Ludwig 9, 282, 295 f., 298, 302, 304
Mugica, Carlos 118 f., 135
Mussolini, Benito 24, 44

Naipaul, V. S. 237
Navone, John 190 f.
Nevares, Jaime Francisco de 123 f., 170
Nichols, Vincent Gerard 305
Nicolás Pachón, Adolfo 265
Novak, Jorge 124

Obama, Barack 333
O'Farrell, Justino 89, 92 f.
O'Farrell, Ricardo 106
Oliveira, Alicia 145 f.
Oliver, Robert W. 295 f.
O'Malley, Sean Patrick 17, 258, 288, 295
Onaiyekan, John 304
Onganía, Juan Carlos 80, 95, 97, 116
Ortega y Gasset, José 272
Ouellet, Marc 17, 258, 302

Pacelli, Eugenio s. Pius XII.
Paglia, Vincenzo 304
Paola, José (Pepe) María Di 199 f.
Parolin, Pietro 275 f., 286 f., 289, 293, 304, 326
Patrón, Wong, Jorge Carlos 277, 286 f., 296
Paul III., Papst 76
Paul V., Papst 87
Paul VI., Papst 93, 97, 106, 149–152, 212, 237 f., 259, 283, 303, 305, 329 f.
Paulus, Apostel 222, 246, 324
Paz, Octavio 33
Pecci, Vincenzo Gioacchino s. Leo XIII.
Pedacchio Leáníz, Fabián 275
Pedernera, Wenceslao 128
Pell, George 289, 292 f., 297
Peres, Shimon 332
Pérez Esquivel, Adolfo 123, 144 f.
Périsset, Jean-Claude 278
Perón, Juan Domingo 31, 50, 53–65, 79, 83, 90, 95, 98, 108, 117 f., 146, 188
Pfirter, Rogelio 82
Piacenza, Mauro 276 f., 301 f.
Piazzolla, Astor 52
Piña, Joaquín 193
Pinochet, Augusto 122
Piñón, Francisco 116
Piqué, Elisabetta 10, 81, 162, 173–175, 321
Pironio, Eduardo 90, 141
Pius VII., Papst 76
Pius XI., Papst 56, 83
Pius XII., Papst 57, 61, 64, 87, 212, 236, 303
Poli, Mario Aurelio 305
Pozzoli, Enrique 23, 34, 37, 42, 68 f., 73, 79, 167
Prebisch, Raúl 63
Primatesta, Raúl 227
Puerta, Ramón 220

Quarracino, Antonio 10, 16, 94, 100, 168 f., 177, 179 f., 183–185, 188–194, 202–204, 208 f., 228, 254, 291
Quevedo, Orlando 305
Quiroga, Estela 46, 49

Rahner, Karl 93
Raï, Béchara Boutros 304
Ratzinger, Joseph s. Benedikt XVI.
Re, Giovanni Battista 240
Renard, Laura 89
Ricciardelli, Rodolfo 135 f.
Roca, Julio Argentino 25
Roca, Julio Argentino Jr. 36
Rodríguez Maradiaga, Oscar Andrés 202 f., 232 f., 236, 241, 246, 251, 287 f., 334 f.
Rodríguez Saá, Adolfo 220 f.
Romero, Oscar Arnulfo 315
Roncalli, Angelo s. Johannes XXIII.
Rosas, Juan Manuel de 77
Rosell, Luisa 109, 215
Rossi, Angel 157–159, 164, 166, 168
Rouco Varela, Antonio María 233
Rúa, Fernando de la 191, 219 f.
Rubin, Sergio 13, 45, 68, 74, 130, 136, 138, 141, , 216, 223
Ruiz Escribano, Joaquín 106
Russi, José 119

Sábato, Ernesto 170
Sandri, Leonardo 15
Sanguinetti, Julio María 223
Sarah, Robert 285, 303
Sarmiento, Domingo Faustino 25
Sastre, Esther 89
Sayer, Josef 155
Scalfari, Eugenio 86, 324–326
Scannone, Juan Carlos 72, 75, 98–101, 106, 119, 154–157, 168 f., 203, 285
Scarano, Nunzio 290
Scavo, Nello 99, 130
Scherer, Odilo Pedro 17, 251, 258
Schönborn, Christoph 256, 285
Schotte, Jan Pieter 278
Scicluna, Charles 295, 297
Scola, Angelo 17, 20, 257 f.
Segundo, Juan Luis 91, 154, 156
Semeraro, Marcello 231 f., 289
Serra, Mario José 141, 204
Sievernich, Michael 173
Silva Henríquez, Raúl 122
Sily, Alfredo 89

Sívori, Vicente, Onkel von Jorge Mario Bergoglio 23
Sívori de Bergoglio, Regina María, Mutter von Jorge Mario Bergoglio 23, 37–44, 69, 71, 73, 79, 101, 161, 166, 181, 218, 231
Skorka, Abraham 69, 85, 195 f., 209 f., 212, 262, 275
Sodano, Angelo 8, 15, 18, 169, 185, 226, 239 f., 253, 256, 259, 286
Sosa, Julio 52
Spadaro, Antonio 176, 285, 322
Stella, Beniamino 276, 286, 304
Swinnen, Andrés 147, 157

Tagle, Luis Antonio 258, 304, 334–336
Tauran, Jean-Louis 20 f., 261 f.
Tebartz-van Elst, Franz-Peter 309
Tello, Rafael 89, 91 f., 94, 98, 100, 239
Tempesta, Orani João 305
Teresa von Avila 333 f.
Therese von Lisieux 218, 320
Thomas von Aquin 85
Thottunkal, Basilius 304
Torcuato de Alvear, Marcelo 32, 35
Tornielli, Andrea 320
Torres, Camilo 96, 237
Tortolo, Adolfo Servando 121, 124
Trigo, Pedro 154
Turkson, Peter 17, 258

Vallejos, Sarita 235
Vallely, Paul 10
Vallini, Agostino 274
Vasallo de Bergoglio, Rosa Margarita, Großmutter von Jorge Mario Bergoglio 23, 28 f., 34, 37–40, 71, 101, 166, 217, 219
Verbitsky, Horacio 139, 143 f., 234, 270
Versaldi, Giuseppe 302
Videla, Jorge Rafael 122, 134, 137, 145, 147
Viganò, Dario Edoardo 326 f.
Vonier, Ansgar 84

Wagner, Richard 52
Williamson, Richard 210 f.

Woelki, Rainer Maria 302
Wojtyla, Karol Jozef s. Johannes Paul II.
Wuerl, Donald William 301

Xuereb, Alfredo 274 f.

Yáñez, Miguel Humberto 162, 296
Yeom Soo-jung, Andrew 305

Yorio, Orlando, Pater 16, 134–146, 181, 204, 234
Yorio, Rodolfo 139
Yrigoyen, Hipólito 31 f., 35, 48, 55

Zaspe, Vicente Faustino 89, 124, 141
Zini, Julián, Pater 198
Zollitsch, Robert 281, 289